权威·前沿·原创

皮书系列为
"十二五""十三五"国家重点图书出版规划项目

河南蓝皮书

BLUE BOOK OF HENAN

2017年河南社会形势分析与预测

SOCIETY OF HENAN ANALYSIS AND FORECAST (2017)

决胜全面小康　让百姓更有获得感

主　编／牛苏林
副主编／张　侃

社会科学文献出版社
SOCIAL SCIENCES ACADEMIC PRESS (CHINA)

图书在版编目(CIP)数据

2017年河南社会形势分析与预测.决胜全面小康 让百姓更有获得感/牛苏林主编.--北京:社会科学文献出版社,2017.5
(河南蓝皮书)
ISBN 978-7-5201-0511-8

Ⅰ.①2… Ⅱ.①牛… Ⅲ.①社会分析-河南-2017②社会预测-河南-2017 Ⅳ.①D668

中国版本图书馆CIP数据核字(2017)第056651号

河南蓝皮书

2017年河南社会形势分析与预测
——决胜全面小康 让百姓更有获得感

主　　编／牛苏林
副 主 编／张　侃

出 版 人／谢寿光
项目统筹／任文武
责任编辑／高　启　高振华

出　　版／社会科学文献出版社·区域与发展出版中心(010)59367143
　　　　　 地址:北京市北三环中路甲29号院华龙大厦　邮编:100029
　　　　　 网址:www.ssap.com.cn
发　　行／市场营销中心(010)59367081　59367018
印　　装／北京季蜂印刷有限公司
规　　格／开　本:787mm×1092mm　1/16
　　　　　 印　张:22.75　字　数:343千字
版　　次／2017年5月第1版　2017年5月第1次印刷
书　　号／ISBN 978-7-5201-0511-8
定　　价／79.00元

皮书序列号／PSN B-2005-043-1/9

本书如有印装质量问题,请与读者服务中心(010-59367028)联系

△ 版权所有 翻印必究

河南蓝皮书系列编委会

主　　任　魏一明　张占仓

副 主 任　周　立　袁凯声

成　　员　（以姓氏笔画为序）

卫绍生　万银峰　毛　兵　牛苏林　王玲杰
王建国　王　超　王景全　任晓莉　闫德亮
完世伟　吴海峰　张占仓　张林海　张新斌
张福禄　李太淼　周　立　袁凯声　曹　明
魏一明

主要编撰者简介

牛苏林 河南省社会科学院社会发展研究所所长,研究员,河南省管专家,兼任河南省社会学学会副会长、秘书长,河南省统一战线理论研究会副会长,民盟中央兼职研究员。长期从事哲学、宗教学、社会学研究,独立承担国家社会科学规划课题2项,省部级课题多项,出版著作《不朽思想的历程》《马克思恩格斯的宗教理解》《河南:走向现代化》《构建和谐中原》《河南社会发展与变迁》等多部,发表学术论文数十篇。

摘 要

本书由河南省社会科学院主持编撰，系统概括了近年来尤其是2016年河南社会建设所取得的主要成绩，全面梳理了当前社会形势发展的特点，剖析了面临的热点、难点及焦点问题，对河南社会发展未来走势进行了科学的分析、研究，并对全省2017年的社会发展提出了对策建议。

2016年河南社会蓝皮书依据党的十八届三中、四中、五中、六中全会精神和河南省十次党代会精神，以决胜全面小康、加强民生建设、推进共享发展、让百姓更有获得感为主线，对河南全省的民生建设、贫困治理、社会救助、社会治理、公共安全等重大问题进行全面、深入、系统的解读。

全书由主报告、改善民生与共享发展、贫困治理与社会救助、社会治理与体制创新、公共安全与网络舆情五大部分组成。主报告由河南省社会科学院"河南社会形势分析与预测"课题组撰写，代表本书对河南社会形势分析与预测的基本观点。主报告认为，2016年河南以加强供给侧结构性改革为抓手，提高供给体系质量和效率，更加注重稳增长、促改革、调结构、强基础、惠民生、防风险的综合平衡，全面深化改革开放，着力补齐民生短板，加快推进共享发展，实现了全省经济稳中向好，人民生活水平持续提升的发展态势。但同时，一系列发展中的问题和困难也日益凸显。比如，资源环境约束加剧，大气污染问题日益严重；全面脱贫进入倒计时，扶贫攻坚任务艰巨；就业压力没有根本性缓解，就业结构性矛盾突出；城乡居民收入增速落后于经济增速，与全国水平的差距有拉大的趋势；人口老龄化挑战加剧，老龄化问题对经济社会发展的负面影响日益显现；快速城镇化带来一系列社会问题，人的城镇化任重道远等。2017年，是河南"十三五"规划走向深入的一年，也是全面贯彻落实河南省十次党代会精神，加快推进共享发

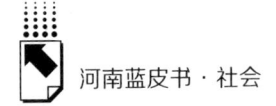

展的关键一年。始终把保障和改善民生、推进共享发展摆在社会发展的优先位置，全面推进精准扶贫、精准脱贫，进一步加强社会建设、创新社会治理，妥善解决好新型城镇化进程中的突出问题，大力推进生态建设、打造美丽绿色河南，提升基本公共服务质量，将是河南决胜全面小康、推进社会建设全面发展面临的主要任务。

改善民生与共享发展、贫困治理与社会救助、社会治理与体制创新、公共安全与网络舆情等几大板块，邀请省内专家学者分别从不同视角对河南社会的重大事项进行深入剖析，客观反映了2016年河南社会发展的基本状况、矛盾和问题，提出了在决胜全面小康进程中补齐民生短板、推进共享发展的对策建议，展望了2017年河南社会形势的发展趋向。

目 录

Ⅰ 主报告

B.1 着力补齐民生短板 加快推进共享发展
——2016~2017年河南社会发展形势分析与预测
………………………………… 河南省社会科学院课题组 / 001
  一 2016年河南社会发展形势及特点分析……………… / 002
  二 2016年河南社会发展面临的主要问题……………… / 025
  三 2017年河南社会发展基本态势与政策建议………… / 035

B.2 2016年河南省107县（市）政府门户网站信息
公开水平评估报告 ………………………………… 付光伟 / 050

B.3 2016年河南省辖市应急能力评价报告
………………………………… 牟 笛 陈 安 岳超龙 / 067

Ⅱ 改善民生与共享发展

B.4 河南城乡居民收入分配问题研究报告 ……………… 任晓莉 / 080
B.5 河南省就业结构性矛盾问题研究报告 ……………… 闫 慈 / 091

B.6　河南省"医养结合"养老服务问题研究报告 ………… 冯庆林 / 105
B.7　河南民办教育研究报告 …………………………… 胡大白 / 115
B.8　河南职业教育发展报告 …………………………… 王建庄 / 130
B.9　河南省"村改居"社区老人的适应困境及其融入
　　　路径研究 …………………………………………… 徐京波 / 144

Ⅲ　贫困治理与社会救助

B.10　河南省区域性整体贫困问题研究报告 …………… 李三辉 / 160
B.11　河南省精准扶贫、脱贫攻坚发展战略与对策展望 …… 孟　白 / 174
B.12　河南省贫困县财政发展状况研究报告 …………… 高芙蓉 / 185
B.13　河南精准扶贫政策实施状况与问题研究 ………… 何汇江 / 197
B.14　河南黄河滩区居民迁建试点案例研究
　　　………………… 河南省人民政府发展研究中心社会处课题组 / 210

Ⅳ　社会治理与体制创新

B.15　河南建立政府投资和重大项目带动就业评估机制问题
　　　研究报告 …………………………………… 李红见　赵露洁 / 221
B.16　河南乡村治理面临的突出问题及对策研究 ……… 崔学华 / 234
B.17　河南省城乡社区建设与社会治理状况分析报告 …… 罗英豪 / 242
B.18　河南省专业社会工作发展现状调查与发展预测
　　　………………………………… 张明锁　王志坤　蒋山山 / 255

Ⅴ　公共安全与网络舆情

B.19　2016年度河南省食品安全现状与消费者感知差异分析
　　　………………………………… 周　丹　王　欣　陈　安 / 275

B.20　河南省网络舆情分析报告 …………………………… 殷　铬 / 292
B.21　河南省新的社会阶层政治参与研究 …………………… 赵晓歌 / 303
B.22　河南省重大拆迁事件分析报告 ………………………… 潘艳艳 / 316

Abstract　………………………………………………………………… / 330
Contents　………………………………………………………………… / 332

皮书数据库阅读 使用指南

主报告

General Report

B.1
着力补齐民生短板　加快推进共享发展

——2016~2017年河南社会发展形势分析与预测

河南省社会科学院课题组*

摘　要： 2016年是河南"十三五"规划的开局之年，也是省十次党代会召开，中原崛起河南振兴富民强省迈出坚实步伐，决胜全面小康、让中原更加出彩，站上新的历史起点的关键一年。一年来，河南以加强供给侧结构性改革为抓手，提高供给体系质量和效率，更加注重稳增长、促改革、调结构、强基础、惠民生、防风险的综合平衡，全面深化改革开放，着力补齐民生短板，加快推进共享发展，实现了全省经济稳中向好，人民生活水平持续提升的发展态势。但同时，一系列发展中的问题和困难也日益凸显。比如，资源环境约束加剧，大气

---

* 课题负责人：周立、牛苏林；执笔：牛苏林、张侃。

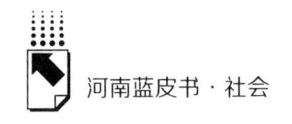

污染问题日益严重;全面脱贫进入倒计时,扶贫攻坚任务艰巨;就业压力没有根本性缓解,就业结构性矛盾日益突出;城乡居民收入增速落后于经济增速,与全国水平有拉大的趋势;人口老龄化对经济社会发展的负面影响日益显现;快速城镇化带来一系列社会问题,人的城镇化任重道远等。2017年,是河南"十三五"规划走向深入的一年,也是全面贯彻落实河南省十次党代会精神,加快推进共享发展的关键一年。始终把保障和改善民生、推进共享发展摆在社会发展的优先位置,全面推进精准扶贫、精准脱贫,进一步加强社会建设、创新社会治理,妥善解决好新型城镇化进程中的突出问题,大力推进生态建设、打造美丽绿色河南,提升基本公共服务质量,将是河南决胜全面小康、推进社会建设全面发展面临的主要任务。

关键词: 改善民生 共享发展 贫困治理 生态建设

一 2016年河南社会发展形势及特点分析

2016年是"十三五"规划的开局之年,是全面建成小康社会决胜阶段进入倒计时,推进结构性改革的攻坚之年;2016年还是省十次党代会召开,中原崛起河南振兴富民强省迈出坚实步伐,决胜全面小康、让中原更加出彩,站上新的历史起点的关键一年。一年来,在省委省政府的正确领导下,全省牢固树立和贯彻落实创新、协调、绿色、开放、共享的发展理念,加强供给侧结构性改革,全面深化改革开放,深入推进创新驱动,加快"四化"同步发展,实现了全省经济稳中趋升、稳中有进、稳中向好的发展态势。2016年,中国(郑州)跨境电子商务综合试验区、郑洛新国家自主创新示范区、中国（河南）自由贸易试验区正式获批，河南的国家级战略规划增加为六个，有力加快了全省经济社会发展和结构优化升级的步伐。总体上看，2016年全省综合经济实力、城镇化发展状况、创新发展能力和人民生活水平都跨上新的台阶，实现了"十三五"发展的良好开局，为河南决胜全面小康、实现中原崛起迈出了坚实的一步。

（一）国民经济稳中有进，结构优化取得新成效

2016年，在国际经济走势分化、国内经济增幅放缓与结构性矛盾相互交织的形势下，省委、省政府科学把握发展大势，全面实施粮食生产核心区、中原经济区、郑州航空港经济综合实验区、中国（郑州）跨境电子商务综合试验区、郑洛新国家自主创新示范区、中国（河南）自由贸易试验区六大国家战略规划，一方面经济保持了较快增长，总量不断扩大，实力明显增强；另一方面经济结构得到持续优化，经济发展方式转变成效显著，经济发展的质量得到不断提升。2016年，全省经济保持总体平稳、稳中有进的运行态势，实现了"十三五"良好开局。河南省统计局发布数据显示，初步核算，2016年河南省生产总值突破4万亿，达到40160.01亿元，比上年增长8.1%，增速高于全国平均水平1.4个百分点，稳居全国第5位。① 农业生产稳中有增，2016年全省粮食总产量1189.32亿斤，再获丰收，畜牧业生产总体稳定；工业生产发展稳定，2016年全省规模以上工业增加值增长8.0%，高于全国2.0个百分点，从走势看，增速从1~2月的7.5%稳步回升，自6月以来持续稳定在8.0%的增长水平，企业效益继续好转，1~11月，全省规模以上工业企业实现利润总额4620.68亿元，增长6.0%；服务业增长加快，全省服务业增加值占GDP比重达到41.9%，同比提高1.7个百分点。② 结构优化、转型升级取得新成效，经济发展质量持续提升。

---

① 靳静波：《2016年河南省生产总值首次迈进"4万亿朋友圈"》，《河南日报》2017年1月22日。
② 河南省统计局：《2016年全省经济实现"十三五"良好开局》，河南省统计局网站，2017年1月22日。

近年来,河南第三产业占国民生产总值比重不断提升,产业结构优化升级的成效逐步显现(见图1)。

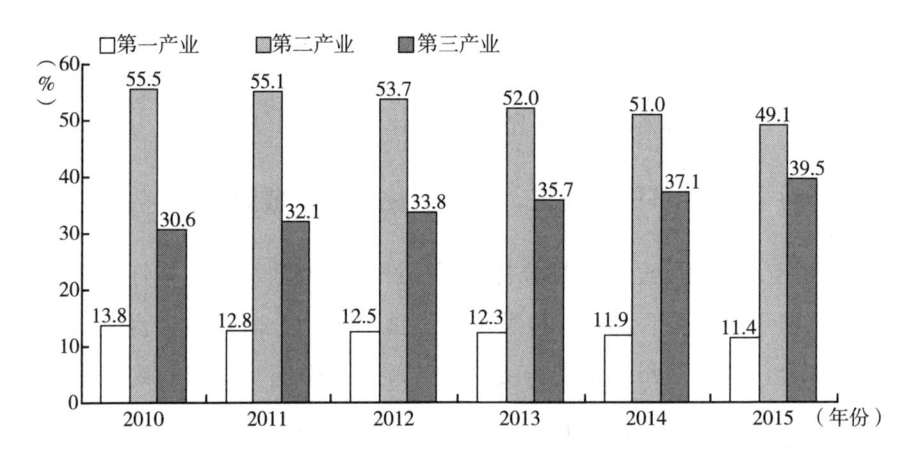

图1 2010~2015年河南省三次产业结构示意图

数据来源:根据历年《河南统计年鉴》数据整理。

2016年,第一产业增加值4286.30亿元,同比增长4.2%;第二产业增加值19055.44亿元,同比增长7.5%;第三产业增加值16818.27亿元,同比增长9.9%。第三产业增速最高,对GDP增长的贡献率为49.3%,继续成为拉动经济增长的主要力量。一方面工业生产结构持续优化。高成长性制造业增速加快、占比提高,工业发展继续向中高端迈进。全省装备制造业增长12.7%,增速高于全省工业4.7个百分点,占全省工业比重为16.6%,同比提高0.6个百分点;传统产业的结构更加合理,技术含量不断提高,转型升级成效继续显现。另一方面需求结构不断改善。一是投资结构持续优化。全省服务业投资增长17.1%,分别高于全省固定资产投资、工业投资增速3.4个和8.2个百分点;占全省投资比重为48.5%,同比提高1.4个百分点。工业投资中,装备制造业投资增长9.4%,高于制造业投资增速3.6个百分点;占制造业投资比重为25.5%,同比提高0.8个百分点。二是消费升级类商品增长较快。全省限额以上单位商品零售额中计算机及其配套产品增长49.2%,体育娱乐用品类增长37.3%，电子出版物及音像制品类增长32.0%，均远高于限额以上企业（单位）消费品零售额增速。

（二）财政投入持续向民生领域倾斜，着力补齐资金短板

近年来，河南省财政投入持续向民生领域倾斜，着力解决民生领域发展普遍存在的资金投入不足问题，促进了各项社会事业的快速发展。2016年，全省财政民生支出5784.8亿元，占财政支出比重达77.6%，比2015年提高了0.2个百分点，其中投入重点民生实事资金1319.9亿元。[①] 其中，教育支出1348.3亿元，同比增长6.1%，统一了城乡义务教育"两免一补"政策和生均公用经费基准定额，完善了普通高中教育经费保障机制；社会保障和就业支出1069.2亿元，同比增长13%，城市、农村最低生活保障月人均补助水平分别提高到不低于240元和132元，农村五保对象年集中供养、分散供养标准分别提高到不低于4000元和3000元；医疗卫生与计划生育支出775.9亿元，同比增长8.1%，推进实施了省属医院财政经费核拨机制改革，按医疗服务数量、质量和满意度等因素核定经费，引导医院提升医疗服务水平；公共文化支出35.4亿元，同比增长10.3%，深入实施文化惠民工程，继续推动博物馆、纪念馆、美术馆、公共图书馆、文化馆（站）免费开放；住房保障支出266.3亿元，同比增长2.5%，实现棚户区改造融资516亿元，支持棚户区改造项目开工建设36.9万套；公共安全支出357.9亿元，同比增长18.8%，深化政法经费保障机制改革，大力支持信访稳定和社会治安综合治理，加强弱势群体法律援助、社区矫正和司法救助工作，支持加大安全监管执法和食品药品安全专项治理力度；筹措专项扶贫资金41亿元，同比增长37%，支持实施了一批整村推进、产业扶贫、扶贫搬迁和省派第一书记驻村帮扶等扶贫项目。[②]

[①] 河南省财政厅：《关于河南省2016年财政预算执行情况和2017年预算（草案）的报告》，2017年1月16日。
[②] 河南省财政厅：《关于河南省2016年财政预算执行情况和2017年预算（草案）的报告》，2017年1月16日。

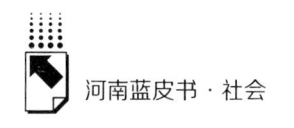

（三）城镇化水平快速提升，人口市民化进程加快

近年来，河南的城镇化发展不断提速。2016年河南常住人口城镇化率48.5%，同比提高1.65个百分点，比2011年的40.57%增加了7.93个百分点，增速较快，远大于全国同期增加6.08个百分点的平均水平，显示出河南在促进农业人口转移、推动人口市民化方面成效显著，追赶趋势明显（见图2）。从总体看，河南全省人口市民化保持年均1.5个百分点左右的增长幅度。2014年11月，河南省政府出台《关于深化户籍制度改革的实施意见》，要求"建立城乡统一的户口登记制度。取消农业户口与非农业户口性质区分，统一登记为居民户口"。这一措施的出台标志着农业和非农二元分隔的户籍管理模式的终结，河南推进人口市民化的体制障碍得到进一步清除。

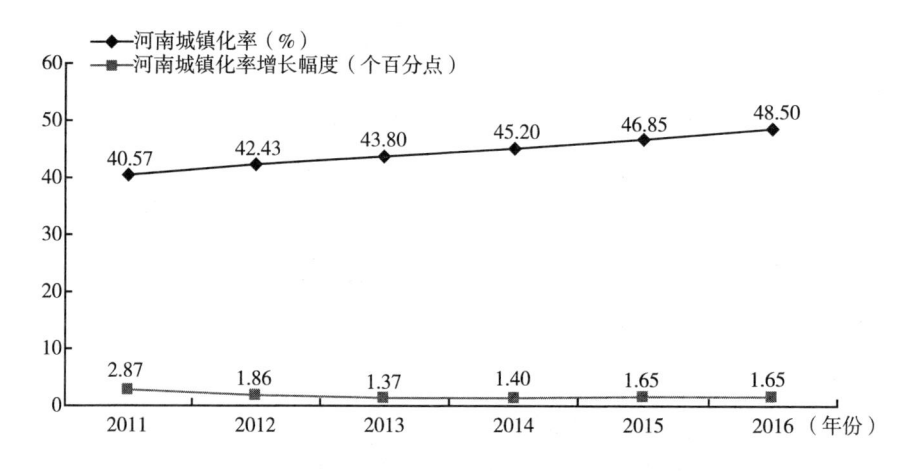

图2 2011~2016年河南城镇化率及其增速示意图

数据来源：根据历年《河南统计年鉴》数据整理。

2016年10月，《2016年河南省推进新型城镇化工作重点》出台，主要针对农业人口向城镇转移落户、中原城市群建设、中小城市和特色镇发展、城镇综合承载能力建设、城乡发展一体化、重点领域改革六个当前新型城镇化工作的重点领域进行了周密的计划安排与详细举措制定，为确保河南省新型城镇化工作实现"十三五"良好开局奠定了基础。2016年12

月,《河南省居住证实施办法》颁布实行,河南开始全面实施居住证制度。居住证含金量颇高,涵盖了六项基本公共服务和九项便利。六项基本公共服务分别是教育、就业、医疗卫生、文化体育、法律服务、国家和河南省规定的其他基本公共服务;九项便利分别是按国家有关规定办理出入境证件、换领和补领居民身份证、机动车登记、申领驾驶证、报名参加职业资格考试、申请职业资格、办理生育服务、享受上级政府规定的不受户籍限制的跨区域补贴政策和60岁以上居住证持有人享受免费乘坐公交车。这一制度的实行,惠及河南520万流动人口,进一步推动了河南人口城镇化的发展。

(四)教育现代化水平不断提升,教育领域综合改革全面启动

2016年,河南继续坚持教育优先发展、育人为本、改革创新、促进公平、完善制度、提高质量、强化服务,推动各级各类教育协调高质发展。

1. 教育经费投入持续增长

2016年全省财政教育支出1348.30亿元,同比增长6.1%,全省公共财政教育投入比2010年翻了一番多(见图3)。

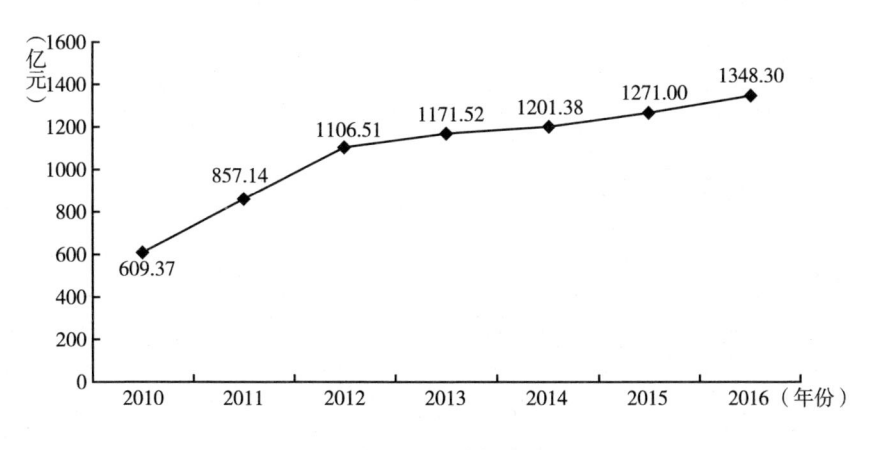

图3 河南省教育经费投入示意图

数据来源:根据历年《河南统计年鉴》数据整理。

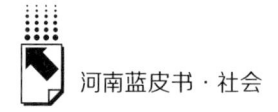

2. 学前教育发展迅速，入园率大幅提高

河南省大力推进学前教育发展，努力提高学前教育普及水平及保教质量，覆盖城乡、布局合理、办园条件达标的学前教育网络雏形初显，学前教育机构和教职工数量都稳步提升（见图4）。2015年，学前三年毛入园率达到83.2%，比2011年时的55.50%增加了27.7个百分点，学前教育的普及程度得到了极大提升（见图5）。2016年，新建、改扩建幼儿园2266所，新增约18万个幼儿学位，进一步缓解了"入园难"问题。

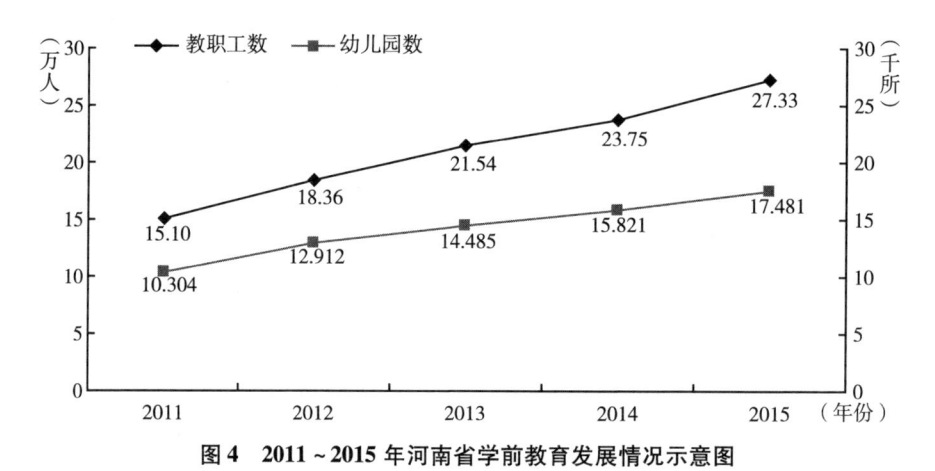

图4　2011～2015年河南省学前教育发展情况示意图

数据来源：根据历年《河南省教育事业发展统计公报》数据整理。

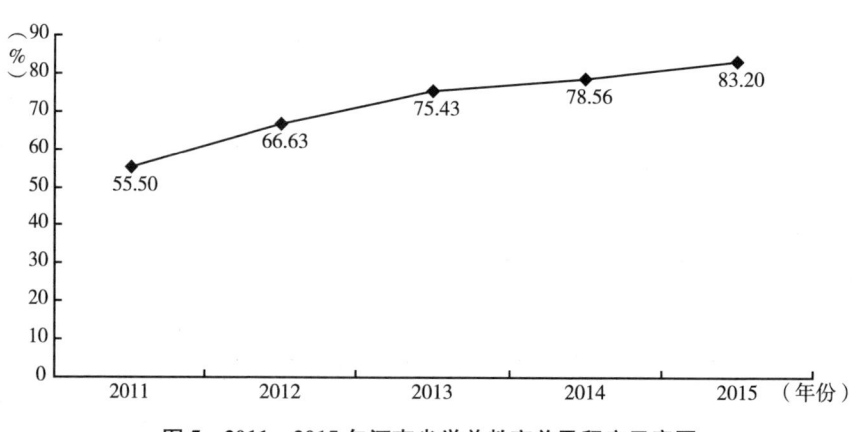

图5　2011～2015年河南省学前教育普及程度示意图

数据来源：根据历年《河南省教育事业发展统计公报》数据整理。

3. 义务教育加快推进"全面改薄",着重抓质量和公平

2016年初,河南教育厅召开了"全省全面改薄工作推进会暨全省教育工作会议",指出2016年河南教育发展的重点是推进"全面改薄"工作,"全面改薄"就是要从校舍、仪器设备、生活设施、师资队伍全方位做到保底线,补短板,全面实现义务教育学校标准化的要求。河南的"全面改薄"工作成效显著,截至2016年10月底,河南省"全面改薄"工作累计投入资金159.55亿元,为4897所义务教育薄弱学校建设了校舍、室外运动场等配套设施,为6145所义务教育学校配备生活设施、课桌椅、计算机、教学仪器设备、图书等,均超额完成了2016年度任务。①

4. 高中阶段教育普及发展平稳,中等职业教育向内涵式发展转变

2015年,高中阶段毛入学率达到90.30%。职业教育方面,中等职业教育更加注重内涵式发展和自身质量的提升。与2010年相比,2015年中等职业教育双师型专任教师占比提高了3个百分点;专任教师学历合格率提升了7个百分点;专任教师具有研究生及以上学历占比提高了3.5个百分点。

5. 高等教育入学率持续快速上升,高等教育质量得到进一步提升

高等教育大众化水平逐步提高,大学毛入学率稳步提升,2015年已经达到36.5%。2016年,普通高考录取率达到83%。河南高等教育正在从大众化向普及化阶段平稳过渡。河南高等教育在高层次发展上也成就显著,2015年,全省研究生培养机构27处,一级博士学位授权点55个。

2016年10月,河南颁布了《河南省教育综合改革方案》(以下简称《方案》),确定了河南省到2020年教育领域综合改革的主要目标和举措,对办学体制、管理体制、考试招生制度、人才培养模式、资源配置方式等诸多领域的改革进行了详细的规划,为河南的教育改革指明了方向。《方案》指出,2018年全省城镇小学、初中消除超大班;义务教育阶段择校比例控

---

① 许会增:《"全面改薄"让河南农村小学旧貌换新颜》,大河网,http://news.dahe.cn/2016/12-27/108044103.html,2016年12月27日。

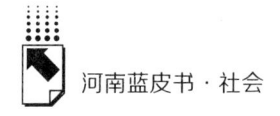

制在10%以内；优质高中分配生比例要在50%以上，并逐步向薄弱初中倾斜。扩大和落实高校自主权，高校可依法自主设置专业；2020年基本形成分类考试、综合评价、多元录取的考试招生模式。

（五）社会保障覆盖面快速扩大，社会保障统筹层次和水平不断提高

近年来，河南社会保障事业实现了较快发展，社会保障体系框架进一步完善，社会保障覆盖范围不断扩大，社会保险待遇水平大幅提高。

1. 社会保险体系得到进一步完善，覆盖面持续扩大

随着社保体系的不断完善，全省进入社保体系的人数越来越多，覆盖面逐步扩大，受益人数持续增加，人人享有基本生活保障的目标不断推进。截至2015年底，河南全省参加城镇职工基本养老保险人数1508.70万人，其中参保职工1148.95万人，参保离退休人员359.75万人。参加城乡居民基本养老保险人数4854.43万人。参加城镇基本医疗保险人数2344.90万人，其中参加城镇职工基本医疗保险人数1200.72万人，参加城镇居民基本医疗保险人数1144.18万人。参加失业保险人数783.33万人，年末领取失业保险金人数16.24万人。参加工伤保险人数856.70万人。参加生育保险人数609.46万人。[①] 各类参保人员养老保险关系在地区之间、制度之间实现顺畅衔接。2016年，全省退休人员基本养老金标准平均上调6.5%，新农合和城镇居民医保补助标准提高到每人每年420元。在全国率先实行新农合和城镇居民大病保险省级统筹、即时结报，有效缓解了群众因病致贫问题。

2. 社会救助水平不断提升

近年来，河南城乡社会救助发展迅速，已经初步建立起了惠及全民、覆盖城乡、制度健全、相互衔接的新型社会救助体系（见表1）。救助保障水平也在不断提升，2016年，城乡低保月人均补助水平分别提高到不低于240

---

① 国家统计局河南调查总队：《2015年河南省国民经济和社会发展统计公报》，河南统计网，http://www.ha.stats.gov.cn/hntj/tjfw/tjgb/qstjgb/webinfo/2016/02/1455680060827752.htm，2016年2月28日。

元和132元；农村特困人员集中和分散供养标准分别提高到每人每年不低于4000元和3000元。①

表1 河南城乡社会救助发展状况

年份	城镇居民最低生活保障金（亿元）	农村居民最低生活保障金（亿元）	城市享受最低生活保障人数（万人）	农村享受最低生活保障人数（万人）	城乡医疗救助金（亿元）	医疗救助人员（万人次）
2011	34.50	39.90	141.90	365.80	4.87	122.10
2012	31.02	42.47	133.44	372.29	6.49	107.03
2013	36.63	53.26	131.05	389.83	9.44	107.96
2014	31.97	49.47	118.90	395.26	7.13	74.33
2015	31.70	55.80	107.86	393.25	7.13	69.86

数据来源：根据历年《河南统计年鉴》数据整理。

3. 基本养老服务体系逐步建立，养老服务模式在探索中不断完善

立足于河南人口老龄化的特点和养老需求的新趋势、新动向，河南积极探索适合自身的养老服务模式，初步建立起了"以居家为基础、社区为依托、机构为支撑"的养老服务体系。2016年，河南继续提高退休人员基本养老金水平。筹措2亿元以上财政资金，支持城乡养老服务体系建设，开展医养结合试点，新增养老床位2.2万张。

（六）扶贫攻坚持续深入，精准扶贫成效初显

扶贫脱贫是"十三五"时期河南全面建成小康社会工作的一个重点和难点，河南把"三山一滩"确定为新阶段扶贫开发重点区域，坚持区域发展与精准扶贫相结合，突出"转、调、搬、改"的扶贫举措，同步实施农村低保、医疗救助、生态建设和环境保护，大力开展扶贫攻坚工作。

---

① 陈润儿：《2017年河南省政府工作报告》，河南省人民政府网站，http://www.henan.gov.cn/zwgk/system/2017/02/21/010707740.shtml，2017年2月22日。

1. 加强顶层设计，形成了比较完备的贫困治理政策体系

（1）切实加强组织领导。河南把脱贫攻坚作为重大政治任务和第一民生工程来抓，成立由省委书记任第一组长、省长任组长的脱贫攻坚领导小组，层层签订脱贫攻坚军令状，从省直机关选派优秀干部，到53个贫困县挂职。县委常委、副县长，主抓脱贫攻坚工作。市县两级成立由党政主要负责同志任组长的脱贫攻坚领导小组，充实强化了扶贫机构队伍。结合党委换届，乡镇配备一名专抓扶贫工作的副书记，明确了专职扶贫工作人员，基层一线扶贫力量得到加强。

（2）加强政策设计，贫困治理政策体系日趋完备。省委省政府在出台《关于打赢脱贫攻坚战的实施意见》《贯彻实施〈中共河南省委、河南省人民政府关于打赢脱贫攻坚战的实施意见〉重要政策措施分工方案》的基础上，围绕解决好"扶持谁、谁来扶、怎么扶、如何退"的问题，制定了"三个五"精准扶贫政策性文件，形成了比较完备的贫困治理政策体系。

（3）建立健全贫困治理三大推进机制。一是建立联系帮扶机制。省委省政府制定《省级领导干部和部分省直单位联系贫困县脱贫攻坚实施方案》，明确37名省级领导干部联系38个国定贫困县、15个省直主要部门联系15个省定贫困县的脱贫攻坚工作，不脱贫不脱钩。各市县也分别建立了领导干部和部门联系帮扶贫困乡、村、户制度，有力推动了脱贫攻坚工作。二是实行常态督导机制。省委、省政府印发《关于开展脱贫攻坚督导工作的通知》，明确10名厅级干部任组长，组成10个督导组，对全省脱贫攻坚工作开展为期五年的常态化督导。各市县建立了督导、督查机制，全省共派出近700个督导组进行拉网式、不间断的督导检查。三是强化扶贫考核机制。省委、省政府出台《河南省贫困县经济社会发展目标暨扶贫开发考核评价办法》，扶贫开发占60%考核比重，经济社会发展占40%考核比重。按照县级自评、市级初审、省级复审、实地核查的步骤，引入第三方评估，对53个贫困县年度工作进行了严格考核，考核结果分A、B、C、D四个等次通报全省，发挥了很好的"指挥棒"作用。出台《河南省脱贫工作成效考核办法》，从减贫成效、精准识别、精准帮扶、扶贫资金等四个方面，每年对各省辖市、省直管县（市）党委政府脱贫工作成效进行考核，其中对精准识别、精准帮扶的考核，日常督查占40%权重、年度核查占30%权重，第三方评估占30%权重。

2. 以"六个精准"为重点，大力实施精准扶贫

（1）把精准识别贫困人口作为精准脱贫的基础和关键。按照省委、省政府统一部署，全省全面开展了贫困人口建档立卡"回头看、再核实"，进一步做细识别工作，确保应进则进、该退则退，不漏一人、不错一户。要求各地做到"三个严格"，即严格遵循识别标准，把农民人均纯收入2855元作为判断贫困户的基本标准，统筹考虑"两不愁、三保障"因素；严格把握识别方法，实行"一进二看三算四比五议六定"工作法，做到一环不漏；严格执行识别程序，采取"农户申请、村民评议、村两委确定、乡镇政府核定"的步骤，对确定的扶贫对象名单，必须要有驻村第一书记或驻村工作队长、包村干部、村委会主任、村支书、乡镇长、乡镇书记"六签字"。通过"三个严格"和"回头看、再核实"等措施，确保精准识别全覆盖，为精准施策打下了坚实基础。

（2）按照贫困地区和贫困人口的具体情况，在精准帮扶措施上实施"五个一批"工程。一是通过发展生产脱贫一批。一方面实施转移就业脱贫，劳务协作对外输出一批，产业发展就地吸纳一批，鼓励居家灵活就业一批，扶持自主创业带动一批，中介组织介绍就业一批，开发公益岗位安置一批。截至2016年9月底，全省已对42.3万贫困人口实施了转移就业扶贫。另一方面实施产业扶持脱贫，省委、省政府结合河南实际，组织各地因地制宜，选准产业发展方向，带动贫困户脱贫增收。截至2016年9月底，全省已有60.6万名贫困人口在产业扶贫的带动下走上脱贫致富之路。二是通过易地搬迁脱贫一批。对于"一方水土养不起一方人"难以就地脱贫的贫困人口，坚持"政策鼓励、农民自愿、资金补贴、县市包干"的原则，实施易地搬迁脱贫。2016年全省投资39.85亿元，建设搬迁安置点349个，搬迁9.74万人。三是通过生态补偿脱贫一批。出台《河南省加快推进林业脱贫攻坚工作的实施意见》《全省林业科技推广服务脱贫攻坚工作方案》，制定《河南省"十三五"林业脱贫攻坚规划》。安排生态护林员以支持脱贫，按照"一人参与护林，全家实现脱贫"的原则，优先选聘贫困程度深、家庭成员多的贫困人口为护林员，全省计划安排10万名护林员，带动36万贫困人口脱贫，2016年已下拨1亿元财政专项资金。实施林业生态建设扶贫，实施造林和森林抚育、退化防护林改造、易地搬迁生态修复重建、良种基地建设、优质苗木繁育等重点林业生态工程，通过政府购买服务的形式，使贫困人口参与工程建设、获得劳务收入，并为贫困地区营造"绿色银行"，为长期稳定脱贫打下坚实基础。四是通过发展教育脱贫一批。建立建档立卡贫困家庭学生接受教育保障和资助制度。从2016年秋季学期开始，实施全面覆盖建档立卡贫困家庭学生保障和资助政策，确保不让一个建档立卡贫困家庭学生因贫失学。大力改善贫困地区学校办学条件。计划"十三五"期间投入资金245.56亿元，支持53个贫困县改善办学条件。实施贫困地区乡村教师支持计划，每年为贫困地区招聘特岗教师不少于8000名，鼓励符合条件的当地学生报考特岗教师，同等条件下优先聘用。五是通过社会保障兜底一批。通过实施最低生活保障兜底、特困人员救助供养、保险救助等扶贫措施，对部分农村贫困人口实施兜底保障。比如，推进农村最低生活保障制度与扶贫政策有效对接，把农村低保对象年人均保障标准由每人每年2600元提高到2960元，月人均补助水平由127元提高到132元。对贫困人口参加新型农村合作医疗个人缴费部分，由财政给予补贴，对新型农村合作医疗或大病保险支付后自付费用仍有困难的，加大医疗救助力度。把贫困家庭作为农村危房改造重点，确保住房最危险、经济最贫困的农户有基本安全住房。截至2016年9月底，全省已对35.6万贫困人口实施了社会保障兜底扶贫，对4.8万因突发灾祸致贫返贫人口实施了特殊救助。

（3）严格脱贫标准，绘制精准脱贫路线图。一是严格脱贫标准。省委、省政府制定《河南省贫困退出实施办法》，精细化确定贫困人口、贫困村、贫困县退出标准，要求各地严格按照"统计摸底、民主评议、核实认可、公告公示、脱贫销号"的程序规范操作，严格实施脱贫验收，确保结果让群众认账、成效让群众买账。二是明确精准脱贫时间表和路线图。根据省委、省政府制定的《河南省建档立卡贫困人口脱贫和贫困县摘帽滚动计划》，2016年底，兰考县和滑县已实现贫困县脱贫摘帽；2017~2019年，将分别实现10个、28个和13个贫困县脱贫摘帽；2016~2020年，将分别实现110万、100万、90万、70万和60万农村贫困人口稳定脱贫。各市县分别制订脱贫滚动计划，将脱贫时间精准到村到人。① 三是留出缓冲期。为避免出现边脱贫、边返贫现象，确保稳定脱贫，明确贫困人口、贫困村、贫困县退出后，攻坚期内国家和省里现有扶贫政策保持不变、支持力度不减、工作队伍不撤。同时，对率先摘帽的贫困县仍给予一定奖励，以形成正向激励。

3. 强化扶贫攻坚责任制，凝聚社会治贫合力

（1）严格落实责任。按照"中央统筹、省负总责、市县落实"的脱贫攻坚工作机制，省委、省政府对脱贫攻坚工作负总责；省辖市党委和政府做好上下衔接、域内协调、督促检查，把精力集中在贫困县如期摘帽上；县级党委和政府承担主体责任，书记和县长是第一责任人；省直单位以及市县有关部门在职责范围内承担部门责任；驻村第一书记、驻村工作队在所在地县级党委和政府的领导下承担驻点责任，形成人人肩上有担子、个个身上有任务的责任体系。

（2）释放政策活力。一是用活用好财政资金政策。2016年共投入各级财政专项扶贫资金59.07亿元，同比增长36%，其中省级投入12.42亿元，增长49%；市县投入18.34亿元，增长27%。新增政府债券扶贫资金34.85亿元，用于脱贫工程。中央提出，今年在不少于三分之一的国定贫困县开展财政涉农资金整合试点，河南省制定出台《河南省开展统筹整合使用财政涉农资金试点实施办法》，一次性在全省所有贫困县推行财政涉农资金整合试点，在中央20类61项资金整合范围基础上，明确13类28项省级财政资金整合范围，年度整合资金规模可达172亿元。加强财政扶

---

① 曹晓晴：《河南公布"十三五"脱贫攻坚时间表：今年110万人脱贫》，《河南日报》2016年3月30日。

贫资金监督管理，将地方政府债券、专项建设基金、政策性收益、国家开发性和政策性金融机构提供的融资贷款、社会捐赠资金等扶贫相关资金全部纳入监管范围，实现资金监管全覆盖。二是放大金融保险政策。协调各类金融机构出台面向贫困地区和贫困群众的特惠支持政策，争取国家开发银行为河南提供500亿元脱贫攻坚信贷支持，加快推进兰考县普惠金融试验区和滑县财政金融试验区建设，建立扶贫小额贷款风险补偿机制，探索保险扶贫模式、金融扶贫产品，抢抓国定贫困县企业IPO免排队上市机遇，用好用足各类金融助推脱贫攻坚政策。三是落实建设用地政策。对列入县级以上扶贫规划的建设项目，优先保证新增建设用地计划指标，利用城乡建设用地增减挂钩政策，积极组织"退宅还耕"、结余增减挂钩指标的交易，所得收益用于扶贫开发。

（3）形成社会合力。完善牵头联系机制，推动党政机关、人民团体、国有企业、高等院校、科研院所等把定点扶贫作为政治责任抓实抓好。2016年6月21日各民主党派中央开展脱贫攻坚民主监督工作启动会议后，河南进一步鼓励各民主党派、无党派人士积极服务脱贫攻坚工作大局，组织各民主党派对口平顶山、新乡、濮阳、南阳、商丘、信阳等6个扶贫任务重的省辖市开展脱贫攻坚民主监督工作。开展"千企帮千村"行动，组织民营企业对口帮扶贫困县、贫困村。今年扶贫日前后，组织了省扶贫基金会成立大会、爱心包裹捐赠仪式、大型扶贫公益节目《脱贫大决战》启动仪式、"咱们一起奔小康"主题宣传等系列活动，广泛动员和凝聚各方面力量参与脱贫攻坚。

（七）城乡就业规模持续扩大，就业结构进一步优化

河南省通过大力实施就业优先战略和更加积极的就业政策，各方面主动作为，综合施策，使全省就业工作稳步推进，就业形势总体上保持稳定，城镇新增就业逐年增加，就业规模持续扩大。2016年，城镇新增就业145万人，农村劳动力新增转移就业62万人。就业结构得到进一步优化。随着河南产业结构的转型升级，快速扩张的第三产业特别是得益于政府改革红利而

充满活力的小微企业成为吸纳就业的主力军,第一产业的从业人数在逐年下降,第二产业的从业人数则在2013年达到一个高峰后开始下降,第三产业的从业人数呈稳步上升的趋势(见图6)。

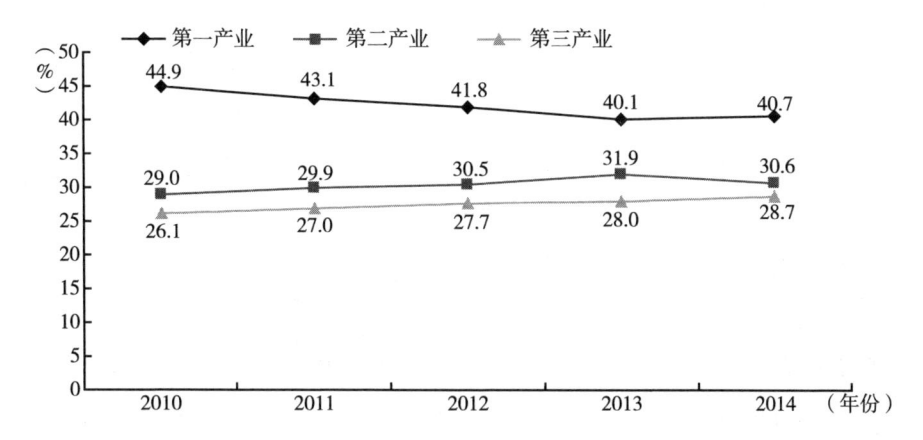

图6　2010~2014年河南省三大产业从业人员比例趋势变化图

数据来源:根据历年《河南统计年鉴》数据整理。

2016年,河南就业形势稳中有进,主要就业指标完成好于预期。

1.主要就业指标超额完成

2016年河南省城镇新增就业145.1万人,完成年度目标任务的145.1%,较上年增长0.7个百分点,达到"十二五"以来的历史高位。全省城镇新增就业连续多年保持在140万人以上,占全国1/10,不仅保持了河南省就业局势的稳定,也为全国就业大局的稳定做出了贡献。各项就业创业指标超额完成,城镇新增就业好于预期。城镇登记失业率为3%,低于年初确定的4.5%的控制目标。

2.特殊群体就业基本稳定

实施"化解煤炭钢铁行业过剩产能,实现脱困发展、援企稳岗专项"方案,通过内部退养、转岗安置、解除劳动关系等方式,确保了职工分流安置工作稳步推进。截至2016年底,全省分流安置职工5.86万人,占需分流安置总数6.42万人的91.3%,高于全国平均水平5.7个百分点。统筹做好

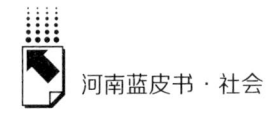

各类困难群体就业工作。加强就业服务和援助，全省失业人员再就业48.02万人，完成年度目标任务的137.2%；就业困难人员实现就业19.19万人，完成年度目标任务的159.9%。同时，通过开发公益性岗位进行托底帮扶，确保"零就业家庭"实现动态清零。

3. 农村劳动力返乡就业创业增多

新增农村转移就业劳动力中省内转移超过90%。省内转移人数高于省外输出人数的拐点出现在2011年。近年来省内转移就业人数及占比呈逐年递增的态势。从转移就业规模看，截至2016年底，全省累计转移就业总量达2876万人，比上年增长2.2%。省内转移就业每年以1%左右的速度增长，总量达1709万人，占59.42%。尤其是2016年当年新增转移就业的62万名农村劳动力中，有90.3%在省内实现了转移就业，占比首次突破90%。农村贫困人口就业也取得新进展。强力推进"农村劳动力转移就业脱贫攻坚"，通过建档立卡、免费技能培训、拓宽就业渠道等形式，帮助44.83万名贫困农村劳动力实现了转移就业。

4. 大众创业成效显著，创业成为支撑就业的最大力量

2016年，全省各类孵化基地达230个，省级创业创新平台达125个，国家级平台24个，"大众创业、万众创新"对就业的带动效用显现。2016年，通过实施"助力大众创业专项工作方案"，全省新增发放创业担保贷款129.92亿元，累计发放总量达到861.22亿元，居全国第一；开展创业培训25.32万人；帮助14.7万人实现创业，带动43.5万人就业，占城镇新增就业的30%。促进农民工返乡创业工作全面启动，当年新增返乡创业农民工15.52万人，增幅25.6%，吸纳农民工就近就地转移就业和城镇其他人员就业129.37万人。

（八）城乡居民收入保持较快增长，整体生活水平显著提高

2016年，河南以全面建成小康社会为主线，把城乡居民收入水平和生活质量提高作为重要发展目标，通过促进工资增长、提高离退休人员待遇、扩大就业、鼓励创业，扶助困难群体等多种举措，城乡居民收入和生活水平

都稳步提升。

1. 城乡居民收入持续增长,城乡收入差距整体缩小

2016年,河南居民人均可支配收入为18443.08元,增长7.7%,是全国收入水平的77.4%。按常住地分,城镇居民人均可支配收入为27232.92元,是全国城镇收入水平的81.0%,增长6.5%;农村居民人均可支配收入为11696.74元,是全国农村收入水平的94.6%,增长7.8%(见图7)。农村居民收入的增长速度快于城镇居民。

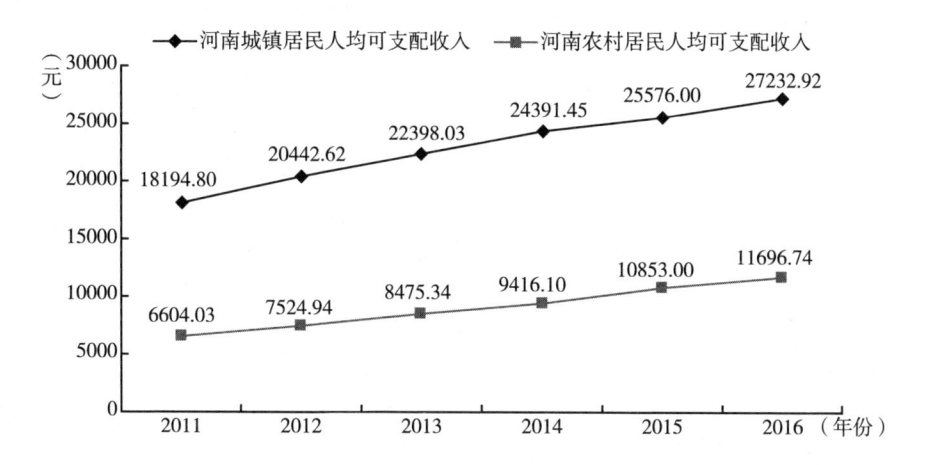

图7 2011~2016年河南省城乡居民人均可支配收入趋势图

资料来源:根据历年《河南统计年鉴》、2015年《河南省国民经济和社会发展统计公报》数据整理。

2. 居民消费价格基本稳定,人民生活水平不断提升

近年来,河南居民消费价格的增长速度整体呈逐年下降状态,物价整体平稳(见图8)。2016年,河南省居民消费价格同比上涨1.9%,其中城市上涨1.9%,农村上涨2.0%。

河南在城乡消费水平大幅提升的同时,恩格尔系数也呈持续下降趋势,表现出了"量""质"双双向好(见图9)。从恩格尔系数看,可以说河南城乡居民生活已经解决了温饱,实现了小康,正努力向富裕阶段迈步前行。

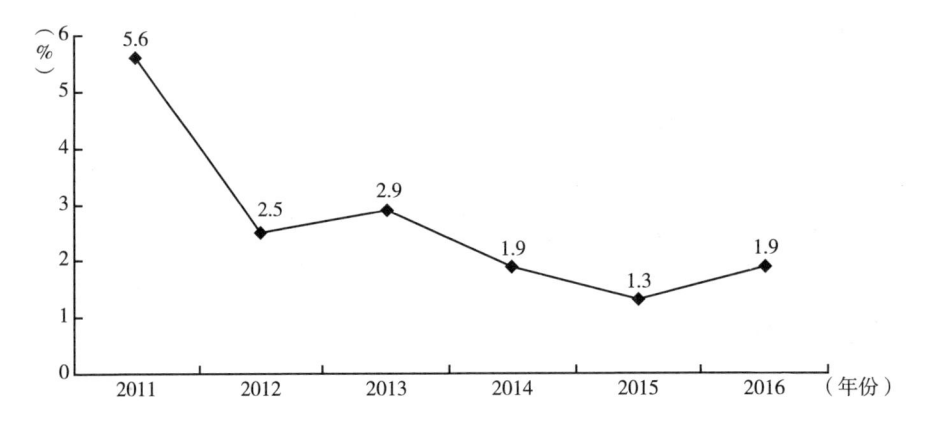

图8　2011～2016年河南省居民消费价格指数增速变化趋势

数据来源：根据历年《河南统计年鉴》和《河南省国民经济和社会发展统计公报》数据整理。

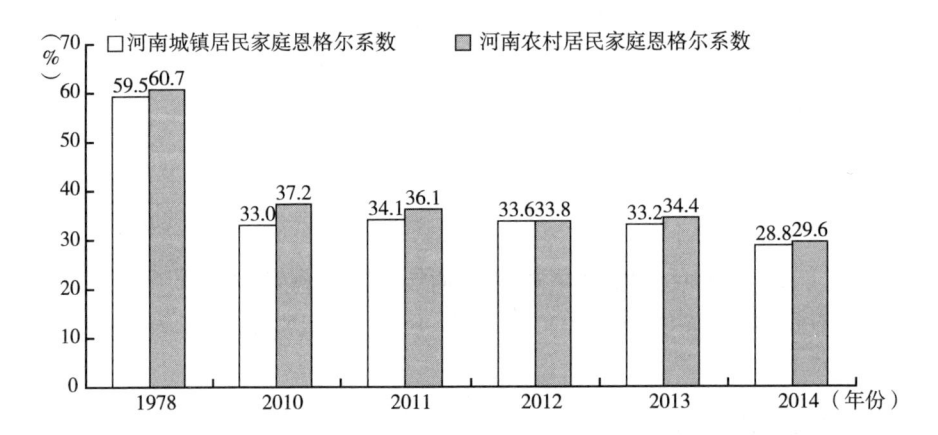

图9　1978年及近年来河南城乡居民家庭恩格尔系数变化示意图

数据来源：根据历年《河南统计年鉴》数据整理。

（九）医疗卫生改革不断深化，卫生事业取得新进展

2016年，河南继续坚持医疗、医保、医药三医联动，推出一系列重大措施，推进医疗卫生体制改革不断深化，卫生医疗事业得到快速发展，城乡居民健康状况进一步改善，为全省经济社会和谐发展提供了有力保障。

1. 加大基层医疗卫生机构建设力度

2016年，改扩建21所县级医院、133所乡镇卫生院、23所妇幼保健机构、15所疾病预防控制机构、35个县级医院临床重点专科。[①]

2. 进一步完善全民医保体系，巩固提升基本医保水平

2015年，职工医保、城镇居民医保和新农合三项基本医保参保（合）率稳定在95%以上。2016年，城乡居民基本公共卫生服务经费标准从人均40元提高到45元，新型农村合作医疗和城镇居民医保年人均补助标准从380元提高到420元；将职工医保、城镇居民医保政策范围内住院费用支付比例分别提高到80%和75%，进一步提高了大病保险人均筹资水平和支付比例。[②] 2016年11月，省政府审议通过了《关于开展困难群众大病补充医疗保险工作的实施意见（试行）》，这标志着在全省全面建立起覆盖所有困难群众的大病补充医疗保险制度，困难群众大病最高可报90%，为困难群众构建起了基本医疗保障、大病保险、大病补充保险、医疗救助、慈善救助等多层次医疗保障体系，解决了困难群众因贫看不起病、因病加剧贫困的问题，使大病患者能得到及时有效救治。

3. 充分利用"互联网+"等先进的信息技术，让优质医疗资源惠及基层

实施"互联网+医疗健康"下基层科技惠民工程，利用已建成的远程医学中心网络，完善了118个县级远程医学中心站病理处理系统，完成基层医疗人员培训20万人次、会诊2万余人次、健康咨询5万余人次。目前，"智慧医疗"已在全省各地的众多医院落地。以郑大一附院远程医疗为例，经过多年建设，郑大一附院远程医疗系统已覆盖全省107个县（市）的130余家医院，并连接了四川、新疆等地的医院，建设了远程医疗会诊中心，实现了线上预约、远程会诊、图文信息传送等功能，大大节约了医院的人力物力，提高了基层医院的诊疗能力。此外，郑州市颐和医院，以及漯河、焦

---

① 尚国傲、王佳：《2016河南民生实事回访：今年最高兴的事儿就是看病不用跑省城了》，大河网，http://hnwj.dahe.cn/2016/1209/112060.html，2016年12月9日。

② 裴蕾：《河南公布今年16项重点民生实事医保年人均补助增40元》，《郑州晚报》2016年4月29日。

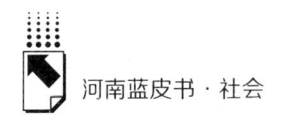

作、南阳等地域的智慧医疗进展也非常迅速，使更多的人从中获益。

4. 医疗卫生事业发展成效显著

（1）基本公共卫生服务均等化广泛普及。2016年，全省财政医疗卫生与计划生育支出775.9亿元，增长8.1%。人均基本公共卫生服务经费标准提高到45元。免费为城乡居民提供13类47项基本公共卫生服务。累计建立城乡居民电子化健康档案9495.3万份，建档率达92.2%。2015年末共有卫生机构（含村卫生室）71397个，卫生机构病床床位48.96万张，比2010年增加了49%；卫生技术人员（含村卫生室）51.98万人，比2010年增加了39%。

（2）重大疾病防治措施得力。扩大国家免疫规划稳步实施，一类疫苗常规接种达到3123.2万人次，0～6岁儿童规划疫苗接种率平均达96.8%，保持了全省无脊髓灰质炎患者。结核病规范治疗有序推进，艾滋病防治工作扎实有效开展，手足口病、发热伴血小板减少综合征得到有效控制，严重精神障碍患者救治救助工作稳步推进。

（3）妇幼健康工作成效突出。2015年底，全省0～6岁儿童健康管理902.1万人，孕产妇健康管理178.4万人，新生儿疾病筛查率达80%，免费婚检率74.8%，国家免费孕前优生健康检查项目基本实现城乡居民全覆盖。

（4）卫生综合监督和食品安全保障有力有效。持续开展打击非法行医、推进依法执业专项行动，监督户次、监督覆盖率、办案数量等主要指标均位居全国前列。公共场所卫生监督示范区持续扩大，全省食品安全风险监测覆盖率达93%以上，首次发布了7项食品安全地方标准，力求从源头上严把食品安全关。

（十）社会治理全面创新，治理现代化水平持续提升

党的十八大以来，河南高度重视社会治理工作，立足省情，积极创新，社会治理能力和现代化水平都得到了全面提升。

1."平安河南"建设稳健推进，社会治安大局持续平稳

（1）充分利用现代科学技术，全方位构建立体化防控体系。深入开

展"视频监控规范提升年"活动，全省市、县、乡视频监控平台全面建成，监控点总数达到33万多个，已覆盖到主要道路和重点区域，村（社区）覆盖率达90%以上。近年来，省委政法委、省综治委统筹协调，将社会治安防控任务逐一细化分解、全面部署。建立健全对黑拐枪、盗抢骗、黄赌毒等犯罪常态化打击整治机制，重拳打击危害人民群众生命财产安全的犯罪活动。市、县、乡三级建立专职治安巡防队伍，乡镇（街道）专职巡防队员平均达到15人以上，全省巡防队员总人数达9.4万余人。

（2）加强基层建设，构筑平安首道防线。着力加强基层政法综治组织体系、矛盾纠纷化解体系、社会治安防控体系、综合服务管理体系的"四个体系"建设，确保基层有人管事、有钱办事、有章理事。全省近50%的基层单位和80%的村、社区基本实现了"发案少、秩序好、社会稳定、群众满意"的目标，基层和行业平安创建覆盖面不断扩大，积聚小平安成就大平安。

（3）关注特殊群体，扎实做好管理、服务工作。相对于工作、生活稳定的人群，流动人口的安全需求更为强烈。河南省十分重视对流动人口的服务和管理。为了加强特殊人群服务管理工作，所有省辖市和89.9%的县（市、区）成立了社区矫正机构，68个县（市、区）建成了社区矫正中心，17个省辖市、152个县（市、区）建立了社区矫正信息管理平台。大力开展校园及周边治安秩序集中整治行动，在校园附近建立治安岗亭5840个，在城市中小学校、幼儿园设立执勤"护学岗"8815个。"平安校园"创建活动覆盖率达100%。

2.社会组织数量增速较快，规模不断扩大

河南社会组织的数量也呈逐年快速增长的趋势。2012年河南各类社会组织数量为20970个，2013年为22983个，2014年为27238个，2015年为29207个。2015年河南省各类社会组织的数量位居中部六省第1位（见表2）。从社会组织增长速度上看，从2012年开始，河南省社会组织数量的增长整体上处于上升趋势，2015年增速有所回落（见表3）。

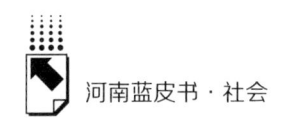

表2 2015年中部六省社会组织规模概况

单位：个

省份	社会团体	民办非企业	基金会	合计
河南	11728	17365	114	29207
湖南	13188	14272	222	27682
湖北	12086	15179	106	27371
安徽	12527	11841	95	24463
江西	8235	7034	50	15319
山西	6396	5773	67	12236

数据来源：根据各地《统计年鉴》数据整理。

表3 河南省社会组织数量及增长速度

单位：个，%

年份	社会组织			合计	较上年增长速度
	社会团体	民办非企业	基金会		
2012	10915	9978	77	20970	7.4
2013	10817	12068	98	22983	9.6
2014	11158	15976	104	27238	18.5
2015	11728	17365	114	29207	7.2

数据来源：根据历年《河南统计年鉴》数据整理。

3.依法维权和多元化矛盾纠纷解决机制逐步完善，社会矛盾化解成效显著

近年来，河南全省上下以"解决实际问题"为核心，以"维护社会稳定"为目标，多措并举、攻坚克难，化解了大量社会矛盾纠纷案件，为全省经济社会跨越式发展创造了和谐稳定的社会环境。全省已有劳动争议调解员1.1万人，劳动法律监督员1.3万人，专兼职人民调解员20.58万人，行业性、专业性人民调解委员会771个，调解矛盾纠纷约108.13万起，调成率97%。基本实现"小事不出村、大事不出乡、难事不出县、矛盾不上交"。通过拓展人民调解组织类型，扩大人民调解工作领域，在全社会织就了一张宽领域、广覆盖的矛盾纠纷排查预警网络，推进行业性、专业性调解组织建设。搭建、完善了县、乡、村和行业系统不同层次、不同层面的平台，实现矛盾纠纷"一站式"受理。健全社会力量参与矛盾纠纷调处化解的机制,吸纳第三方力量参与矛盾纠纷调处化解工作。全省18个省辖市、10个省直管县(市)、148个县(市、区)把基层矛盾纠纷预防化解工作纳入经济社会发展总体规划;全省共排查出各类矛盾纠纷220380起,化解211527起,化解率达到95.98%。

二 2016年河南社会发展面临的主要问题

(一)资源环境约束加剧,大气污染问题严重,推动绿色低碳发展任务艰巨

近年来环境污染特别是大气污染问题得到了民众越来越多的关注。2016年虽然全省环境保护工作取得了积极进展,但"冰冻三尺非一日之寒",环境保护面临的形势依然十分严峻,资源环境约束日益趋紧,环境污染严重,生态系统退化的趋势还没有得到根本改变,资源环境承载能力已经接近或达到上限,环境质量改善的拐点还没有真正到来,环境质量改善幅度与人民群众的期待要求还有不小差距。同时,河南省工业化、城镇化、农业现代化进程还在如火如荼地推进之中,产业结构偏重、能源结构不合理等问题短期内难以根本改变,加之一些地方和部门环保责任落实不力、执法监管不严、基层能力不足等问题突出,环境保护面临的压力和挑战巨大。实现环境质量的总体改善,需要各级有关部门齐抓共管和全社会共同参与,打好污染防治攻坚战。2014年和2015年河南18个省辖市城市环境空气优、良天数占比都为50.2%,即平均183天。2015年全省省辖市城市环境空气质量级别总体为中污染。其中,只有信阳市环境空气质量级别为轻污染,其他17个市均为中污染。2016年上半年,全省18个省辖市环境空气优、良天数比例仅为46.8%(85天),其中,信阳市在60%(109天)以上,鹤壁、开封、周口、驻马店、济源、许昌、安阳、濮阳、南阳、平顶山、焦作、三门峡、漯河、洛阳14个市在40%(72天)以上;新乡、商丘、郑州3个市在40%(72天)以下。特别是郑州市,常年都被列入环保部监测的空气质量最差城

市的前十名中，这不仅严重影响了郑州的城市形象和核心竞争力，也为河南的中部崛起和郑州作为国家中心城市的发展带来了很多的负面影响。2016年河南全省全年PM10平均浓度128微克/立方米，同比下降5.2%；PM2.5平均浓度73微克/立方米，同比下降8.8%；全年优良天数196天，比上年增加13天。虽说整体表现要好于2015年，但是河南的大气污染问题依然严重，跨年雾霾的出现也再一次提醒我们，河南的环境治理任重而道远。

（二）全面脱贫进入倒计时，扶贫攻坚任务艰巨

河南省是全国贫困人口超500万人的六个省份之一，对河南来说，贫困问题是全面建成小康社会最大的路障，也可以说，解决了贫困问题，河南全面建成小康社会就有了坚实的基石。"十二五"时期河南省的扶贫开发工作虽然取得明显绩效，但贫困治理依然是"十三五"时期最艰巨、最难啃的"硬骨头"。河南省现有53个贫困县，其中国定贫困县38个、省定贫困县15个。截至2015年底，有6492个贫困村、430万农村贫困人口。大别山区、伏牛山区、太行山区、黄河滩区这"三山一滩"地区，农村贫困人口占全省的71%，是脱贫攻坚的重点区域。有44个贫困县在"三山地区"，占全省贫困县总数的83%。河南在"十三五"规划中明确提出，到2020年要实现"现行国家标准下农村贫困人口实现脱贫，贫困县全部摘帽，解决'三山一滩'区域性整体贫困"。可以说，河南的贫困治理工作时间紧、任务重，也是"十三五"时期河南社会发展的重点和难点。河南的贫困治理还有以下几大难题需要重点解决。

1. 贫困地区的经济发展相对缓慢，与全省经济发展水平的差距仍在拉大

以比较典型的区域性整体贫困地区大别山区和伏牛山区为例，伏牛山地区的经济发展较不稳定，在2012年人均生产总值有一个十分明显的V形下跌（见图10），从长期看，伏牛山地区人均生产总值与全省水平的差距也是呈逐步拉大的趋势。2010年，伏牛山地区人均生产总值是全省水平的83.83%，到了2014年，则只有全省水平的77.21%，差距拉大了6.62个百

分点。大别山地区的人均生产总值增长平稳（见图11），与全省水平的差距有缩小的趋势，从2010年是全省水平的57.81%，增加到2014年是全省水平的65.18%，差距缩小了7.37个百分点，但是相对于伏牛山地区，大别山地区的经济基础更加薄弱，起点更低，要想如期完成脱贫任务的困难更大，经济发展速度亟待快速提高。

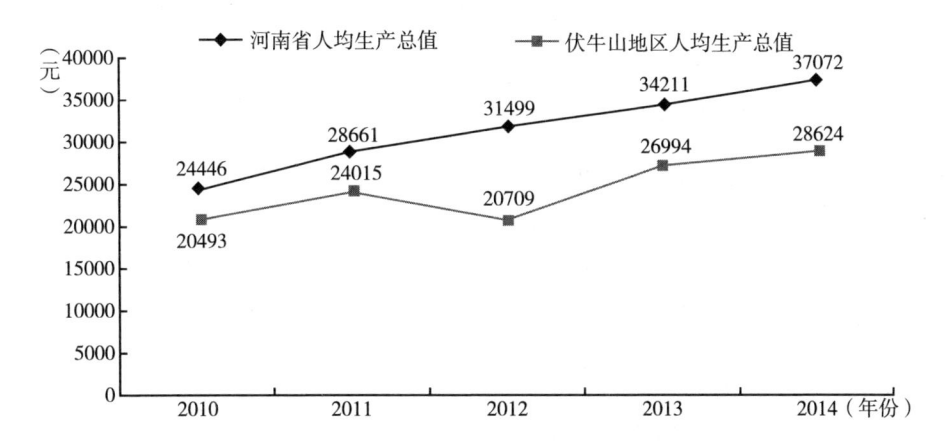

图10 2010~2014年伏牛山地区人均生产总值增长示意图

数据来源：根据历年《河南统计年鉴》数据整理。

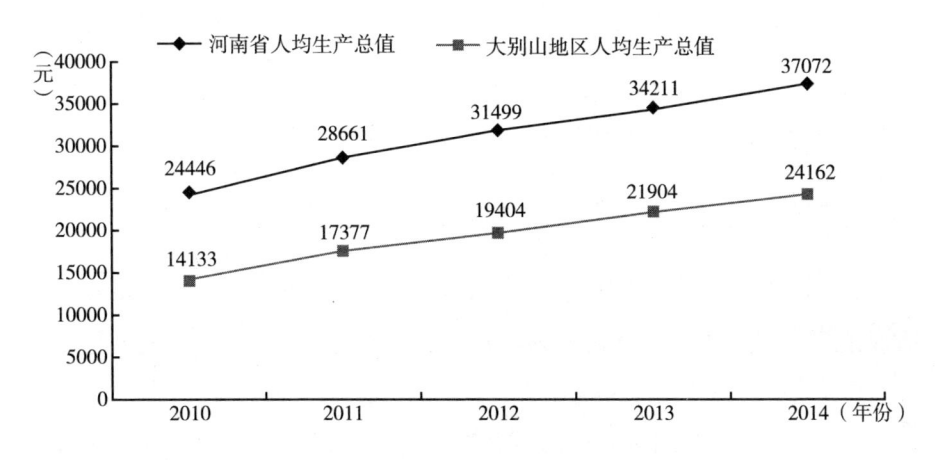

图11 2010~2014年大别山地区人均生产总值增长示意图

数据来源：根据历年《河南统计年鉴》数据整理。

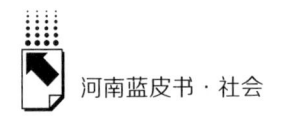

2. 区域间收入差距不断拉大，相对贫困问题仍然严重

河南省城乡居民收入差距拉大的总体趋势仍在加剧。河南省城乡居民收入差距由2000年的2780.44元，扩大到2016年的15536.18元。就农村内部来看，收入差距也并未明显缩小，2011年贫困地区农民人均纯收入是全省农民人均纯收入的82.43%，2014年这一比例为83.25%，只增加了0.82个百分点，但绝对额还减少了417.53元。农村收入差距的问题不容忽视。

3. 扶贫投入严重不足

近年来，随着国家、省财力不断增强，投入扶贫开发的资金连年大幅度增长，但与实际需要相比差距很大。2016年，全省一般公共支出预算合计6158.8亿元，实际完成7456.6亿元，筹措专项扶贫资金41亿元，仅占实际总支出的0.5%。并且，贫困地区往往由于区位劣势造成财政困难，集体经济基础相对薄弱，市、县用于专项的财政扶贫资金更是有限。

4. 扶贫合力尚未完全形成

市场经济体制的特性决定了优势资源总是向经济发达的地区倾斜，因此贫困地区很难分享市场经济体制带来的丰硕成果，加之缺乏政策性的引导机制，日积月累下只能愈发积贫积弱。随着近几年河南省不断推进强农惠农政策，并向贫困地区引入多种投资渠道，在一定程度上扭转了优势资源分配不均的情况，但是统筹协调度不够、合力不强，缺少完善的机制整合优势资源。因此，要建立行之有效的管理体制，形成强有力的合力，打造不同地区的特色扶贫机制，早日实现河南省全面脱贫。

（三）就业形势依然严峻，结构性矛盾日益凸显

随着河南经济的平稳快速发展，河南的就业趋势整体向好。2016年全省城镇新增就业145.1万人，完成年度目标任务的145.1%，较上年增长0.7个百分点；失业人员再就业48.02万人，就业困难人员实现就业19.19万人，分别完成年度目标任务的137.2%和159.94%；城镇登记失业率保持在3%的低位；"零就业家庭"实现了动态清零。但是，人才市场供需不对接、不匹配的问题却越来越严重。2016年前6个月进入全省公共人力资源

市场招聘的企业提供岗位 86.1 万个，登记求职人员 84.4 万人，求人倍率 1.02，就业达成率一直在 30% 以下，供需匹配度较低；高技能人才的求人倍率大于 3。据监测数据提供，河南省 111 家招聘企业上半年提供技术岗位 3205 个，但实际只招聘到 923 人，就业达成率仅为 28.8%。由此可见，河南省当前的就业局面日趋复杂，就业矛盾日益尖锐，其中就业结构性矛盾已逐渐成为影响河南省就业的主要症结。就业结构性矛盾凸显带来的影响是多方面的，具体说来有以下几个方面。

1. 影响就业规模的持续扩大

由于受经济结构调整的影响，一方面是传统行业和劳动密集型行业在面临淘汰落后产能、产业结构升级的压力下，挤压流转出大量低端劳动力，出现大批失业人员，他们多数缺乏技能、工作稳定性较差，不可避免地对就业规模造成影响。另一方面，新兴行业人才供不应求。河南省战略性新兴产业正在启动发展，其本身具有较强的就业拉动作用，但是，高素质专业人才和技能人才的匮乏，造成劳动力结构中高层次人才严重不足，一定程度上又制约了新兴产业的就业规模。

2. 影响就业质量的提高

第一，结构性矛盾导致市场供需不匹配，抬高了创业门槛，制约了创业环境，带给初始创业者更多的困难。第二，结构性矛盾影响就业素质的提高，一部分高校人才和怀揣一技之长的劳动者难以在实际工作岗位中实现自身价值，从而挫伤了他们进一步提高自身素质的愿望。其中，在就业结构性矛盾的背景下，高校毕业生求职难度增加，更易产生实际值与期望值不对等的情况，部分毕业生在就业市场中竞争力相对较弱，只能在一些低端产业解决就业问题，这样就形成部分学生"高不成、低不就"的自愿性失业，难以实现其就业素质的持续提升。第三，结构性矛盾影响劳动标准的实施，从总体上弱化了求职者的市场主体地位，导致部分企业降低劳动标准招用职工，从而影响了就业质量的提升。

3. 影响经济的转型和产业的调整

河南省新兴产业发展面临的最大瓶颈依然是高素质人才的匮乏。尤其是

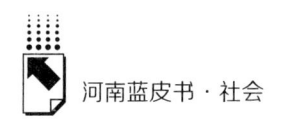

就业结构性矛盾直接影响着产业和经济的转型调整。传统行业重视劳动力数量而非质量，然而新兴产业则需要大量的高素质人才，尤其新兴产业多属于技术密集型产业，对劳动力的素质要求较高，由此对高校毕业生的知识能力水平提出了更高要求，也对当前教育体制和培养模式提供了改革的方向。因此，如何解决新兴产业劳动力短缺和传统产业劳动力转移安置的问题是当前河南省化解就业结构性矛盾的重中之重。

（四）快速城镇化进程中的问题凸显，以人为本的新型城镇化建设任重道远

近年来河南的城镇化发展迅速，2016年河南常住人口城镇化率为48.5%，同比提高1.65个百分点，比2010年的37.7%增长了10.8个百分点。但是相应的配套建设并没有跟上，对比河南与全国的城镇基础设施水平，无论是城市、县城还是建制镇，河南都明显低于全国平均水平。河南的城镇化快速发展面临着人口城镇化与土地城镇化失衡、城镇化进程与农业现代化进程不同步、城市承载能力不足、城镇建设速度与城镇管理水平不匹配、郑州"一城独大"和城镇化失衡等一系列问题和矛盾。城镇化快速推进中存在的这些问题和矛盾也进一步阻碍了城镇化的进程，并以各种现实社会问题的形式表现出来，在2016年具体表现为以下几个方面。

1. 中心城市房价再一次飙升

以郑州为代表的中心城市房价再一次飙升，引发新一轮的限购，同时也再一次阻碍了人口城镇化的推进。在2015年末中央房地产去库存政策的导向下，河南的房地产又被热炒，特别是郑州的房价一路飙升，在全国范围内增速都遥遥领先。这与中央和省里的去库存本意明显是违背的，本来房地产去库存政策的目的是要去产能，一方面将之前房地产热潮时候大量建设的挤压房子卖出，另一方面则是鼓励广大进城的农民工在城镇买房安居从而更好地实现农民市民化。但是由于种种原因，产生了意外后果，导致一方面大中城市房价飙升，另一方面中小城镇的房地产积压问题还是难以解决。以房价飙升最严重的郑州为例，为了遏制高涨的房价，郑州时隔三年，在2016年

9月重启限购,并在12月进一步升级了限购政策。这些政策在抑制了房价的同时也阻碍了外来人口在郑州买房,而高昂的房价和水涨船高的房租让外来务工人员在城市里的生活成本陡增,人口城镇化的进程也势必被阻碍,并且由于安居难以实现而带来的不满情绪和生活的不稳定,也给城市社会治理带来了新的潜在隐患。

2. 社会治理难度增加

大规模的城市城中村拆迁,在改造了城市环境和释放了土地存量的同时也让外来务工人员更容易被区隔和边缘化,增加了社会治理的难度。以郑州为例,郑州近年来快速推进市内的城中村改造,预计到2016年年底,郑州市四环外、城市规划区内及周边三公里范围内的棚户区改造项目也将全部拆迁完毕。郑州城中村将要成为历史,也影响到上百万"郑漂"需要重新找寻自己在城市中的定位,这一方面增加了他们在城市的生活成本,另一方面高昂的房价也让他们更加疏离于城市的氛围,在城市扎根的理想变得更加遥远,同时也给城市治理带来了更大的隐患。

3. 新型农村社区建设中问题重重,农民利益受损

近年来,河南一些地方在建设新农村社区时贪大图快,占用大量耕地,浪费巨额资金,让百姓不堪重负。据有关部门统计,2013年以来,河南省有1366个新型农村社区停建,直接损失600多亿元。据新华社记者调查,部分新型农村社区建设采用的是政府免除费用、放宽政策、适当奖励、零地价出让土地、开发商垫资等模式。有的社区建成了"半拉子",有的社区楼盖好了却没有人愿意买。新型农村社区成"烂尾"工程后,各级政府层层把责任向下推,最后推到村一级,强制让村民买房。这样,新型农村社区的建设不仅没有达到最初改善农民生活环境、提高生活质量,释放土地资源,更好地集约化利用耕地的目的,反而还成为大量占用耕地损害农民利益的工程,这其中的问题不能不引人深思。城镇化无疑是经济社会发展的大趋势,可是经济发展有其规律性,乡村发展有其自身的规律和节奏,单纯只是为了追求速度和效率而不考虑村民的生活习惯、文化传统和物质利益,无疑就会产生问题,造成适得其反的效果。

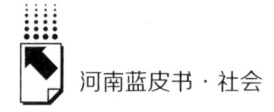

河南城镇化进程中产生问题的原因，一言以蔽之，是由不重视规律性、忽视人的城镇化，过于追求速度和效率，过于追求政绩导致的，而这也正是新型城镇化建设中所要着力避免和纠正的。充分吸取以往的经验教训，以人为核心，尊重经济社会发展的规律和文化传统，才能让城镇化之路越走越宽，越走越好。

（五）城乡居民收入增速落后于经济增速，与全国水平的差距有拉大的趋势

1. 农民收入增速快于城镇居民

河南作为农业大省和国家级粮食生产核心区，在农业上倾注了很多的优惠政策和财政支持，因此农民的收入增速要快于城镇居民。2016年也保持了这一趋势，河南居民人均可支配收入为18443.08元，同比增长7.7%。按常住地分，城镇居民人均可支配收入为27232.92元，同比增长6.5%；农村居民人均可支配收入为11696.74元，同比增长7.8%。整个"十二五"时期，河南城镇居民人均可支配收入年均增长10.6%，农村居民人均纯收入年均增长13.2%。可见，在2016年城乡居民的收入增速都有较大幅度的下降，其中城镇居民收入增速下降了4.1个百分点，农村居民收入增速下降了5.4个百分点。这也说明了2016年由于经济大环境的影响，河南整体经济发展质量有所下降。

2. 居民收入增速低于国民生产总值增速

2016年河南省的生产总值增速为8.1%，全省居民收入增速为7.7%，低于生产总值增速。另外，虽然2016年河南的生产总值保持了较快增长，增速比全国平均水平还高了1.4个百分点，但城乡居民收入与全国平均水平的差距却在拉大（见图12），特别是农村居民收入与全国平均水平有一个较大幅度的下降，降幅达到了11.34个百分点。这也反映出河南经济发展的质量有待提高，经济的快速发展并没有给民众带来切实的利益。总之，河南整体的城乡居民收入水平低于全国水平、城乡居民收入与经济的发展没有形成良好的正比联动关系、城乡居民收入增速整体落后于经济发展的增速,这一现实是河南经济社会发展中迫切需要解决的难点问题。

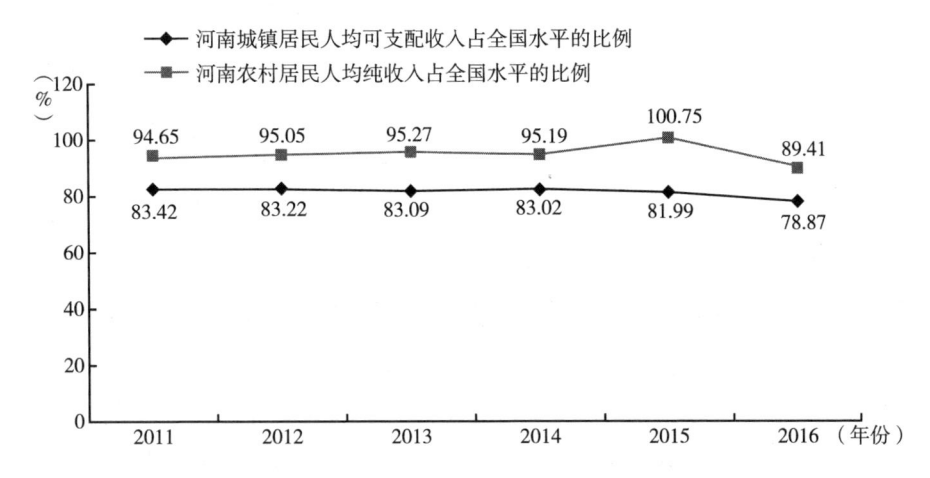

图12　2011~2016年河南省城乡居民收入占全国水平的比例变化趋势图

数据来源:根据历年《河南统计年鉴》《河南省国民经济和社会发展统计公报》《中国统计年鉴》《国民经济和社会发展统计公报》数据整理。

(六)人口社会问题日益凸显,结构性矛盾逐渐加剧

河南是全国人口第一大省,数据显示,截至2015年末,河南共有户籍人口10722万人,全国每10个人里边,就有一个是河南人。作为人口大省的河南,一方面享受到了长期人口红利带来的好处,另一方面随着经济社会的发展,一系列人口社会问题也在逐步累积,人口结构性矛盾逐渐加剧。

1. 人口数量众多,影响了经济社会发展成果的人均获得水平

近年来河南经济社会发展势头良好,国民生产总值稳居全国第五,增速也高于全国平均水平,位于全国前列。但是人均居民收入和人均生产总值则要远低于全国平均水平,处于下游水平。以2015年为例,2015年河南省生产总值37010.25亿元,居全国第5位,可是全省居民人均可支配收入只有17125元,是全国平均水平的77.96%,低于全国居民人均可支配收入的中位数19281元;2015年河南人均生产总值在全国31个省区市里面排

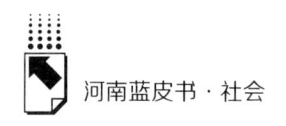

名第22位。

2. 人口老龄化加剧，社会负担日益加重

2015年河南常住人口中0~14岁少儿人口、15~64岁劳动适龄人口和65岁及以上老年人口分别为2012万人、6555万人和913万人，占常住人口的比重分别为21.22%、69.15%和9.63%。常住人口年龄结构与2010年相比，少儿人口比重提高1.22个百分点；65岁及以上老年人口增加127万人，比重上升1.27个百分点；劳动年龄人口比重下降1.49个百分点，人口结构的变化，加快了老龄化进程，增加了社会负担。① 按照国际通行标准，65岁及以上人口占总人口的7%以上就进入老年型人口社会，依此标准河南从2000年就已经进入了老龄化社会，并且老龄化程度呈逐年加深的态势。2015年人口总抚养比（总体人口中非劳动年龄人口数与劳动年龄人口数之比）为44.61%，比2010年上升3.05个百分点，自2008年达到最低后连续7年上升。② 同时，由于河南是人口输出大省，大量的劳动适龄人口外出到省外务工经商，也进一步加深了河南省常住人口的老龄化程度。伴随着老年人口比重的持续上升，河南劳动适龄人口的比重在2008年达到最高点72.3%之后逐年回落，劳动适龄人口总量在2009年达到最多6821万人，目前已下降到6600万人以下，并呈逐年减少态势，这为河南的经济社会发展带来了很大的不利影响。

3. 人口素质仍然不高，人口大省向人力资源强省的转变难以一蹴而就

截至2015年底，全省常住人口中，具有大学（大专及以上）教育程度的人口为639万人；具有高中（含中专）教育程度的人口为1394万人；具有初中教育程度的人口为3806万人；具有小学教育程度的人口为2351万人（以上各种受教育程度的人包括各类学校的毕业生、肄业生和在校生）。③ 同

---

① 徐驰：《河南的人口秘密：1.07亿仍排第一老龄化趋势加重》，人民网，http：//henan.people.com.cn/n2/2016/0616/c356896 - 28519884.html，2016年6月16日。
② 刘江浩：《河南总人口为10722万常住人口9480万全国第三》，《大河报》2016年6月15日。
③ 徐驰：《河南的人口秘密：1.07亿仍排第一老龄化趋势加重》，人民网 - 河南分网，http：//henan.people.com.cn/n2/2016/0616/c356896 - 28519884.html，2016年6月16日。

全国相比,河南中小学教育程度人口比例与全国基本持平,然而,常住人口中具有大学(大专及以上)教育程度的人口为639万人,所占总人口比例差不多只是全国平均水平的一半。这也说明河南省虽说在基础教育发展方面已经达到了较好水平,但是在高等教育方面仍落后于国内平均水平,人口素质水平亟待提升。

三 2017年河南社会发展基本态势与政策建议

(一)基本态势分析

1. 全面贯彻落实河南省第十次党代会精神,加快推进共享发展面临更高要求

河南省第十次党代会报告从战略高度上对河南社会发展、民生建设做出了全面规划和部署,在统筹推进"五位一体"总体布局和协调推进"四个全面"战略布局中,进一步加强了社会建设的重要地位。河南省第十次党代会报告提出了"决胜全面小康、让中原更加出彩"的总体目标,在报告的第六部分针对社会发展、民生建设提出了许多新思想、新部署和新要求,再一次重申了"以人民为中心"的发展思想,庄重提出要增强人民群众的获得感,"使改革发展成果更多更公平惠及全体人民"。报告强调从五个方面来增强人民群众的获得感:发展社会主义民主,充分调动人民积极性;加强思想文化引领,凝聚强大精神力量;坚决打赢脱贫攻坚战,确保全面小康不落一人;着力保障和改善民生,夯实人民幸福之基;切实改善生态环境,建设天蓝地绿水净的美丽家园。在改善民生方面,报告又着重从就业优先发展、办好人民满意的教育和健康中原建设三大方面进行了详尽的论述。党代会报告将社会发展、民生建设的出发点和落脚点放在增强人民获得感上,对加快推进共享发展提出了新的更高的要求,这也为"十三五"时期河南的社会建设指明了方向,新的一年里,大力推进扶贫攻坚,着力补齐民生短板,坚守底线突出重点,不断提高公共服务共建能力和共享水平,解决好人民群众最关心最直接最现实的利益问题,让改革的成果惠及每一个人,将成

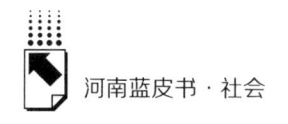

为河南社会建设的重要目标和任务。

2. "多区叠加"的国家发展战略有利于提升河南在区域经济格局中的地位，政策红利得到集中释放

改革开放以来，国家相继实施了东部率先、西部开发、振兴东北、中部崛起等区域战略。"十三五"期间国家将以区域发展总体战略为基础，以"一带一路"建设、京津冀协同发展、长江经济带建设为引领，形成沿海沿江沿线经济带为主的纵向横向经济轴带，使城市群成为集聚人口和产业的主要平台。国家区域发展战略的调整，意味着未来我国区域发展将更加注重统筹协调，通过培育若干带动区域协同发展的增长极，为经济中高速增长培育广阔的区域空间。同时，实施新的区域发展战略的过程，也是区域格局重新洗牌和重塑区域关系的过程，依据自身优势寻求新的区域定位和区域政策，培育区域新的增长极、增长带和增长点，是地方政府的明智选择。河南省现在有国家粮食生产核心区、中原经济区、郑州航空港经济综合实验区、中国（河南）自由贸易试验区、中国（郑州）跨境电子商务综合试验区和郑洛新国家自主创新示范区六大国家级发展战略，这对于"十三五"时期河南社会发展的推进具有十分重大的积极影响，有力推动了河南省经济社会发展和结构优化升级的步伐。随着六大国家战略的实施，河南在全国大局中的地位将明显提升，腹地效应更加凸显，有利于加快中原崛起河南振兴进程。2017年更好地采取各种有力举措，培育厚植和充分发挥中原腹地新优势，不仅关乎未来河南发展的动力活力，还会对中原崛起的愿景产生深远的影响。总之，2017年，河南要进一步发挥自身优势，抓住产业梯度转移和国家支持中部发展的重大机遇，一方面积极推动河南传统产业的转型、升级，大力发展高新技术产业和新兴产业，抢占未来发展制高点，提高经济整体素质和竞争力，将河南的蛋糕做大；另一方面要着力推动共享发展和民生建设，改革收入分配体制，全面增强民众获得感，将河南的蛋糕分好。

3. 新型城镇化加速推进给河南社会发展提供了动力源泉

加速推进城镇化是全面建成小康社会的重要途径，也是扩大内需的重要途径。2017年河南的城镇化进程将更加注重城镇化的内涵式发展，大力提倡和推动新型城镇化道路。新型城镇化以增进人的实质幸福为核心,注重与新型工业化、信息化和农业现代化的融合,将是一种不以牺牲资源环境为代价的高水平质量导向型城镇化。目前,尽管存在一些城镇化驱动力减弱的因素,如农村人口结构老龄化、农业生产条件受限、土地城镇化难以为继、城乡收入差距不断缩小等,但城镇化驱动力增强的因素也仍会在这一时期发挥出重要作用。一是城乡基本公共设施和服务的差异将是推动新型城镇化深入发展的重要和显著因素。不断加强的市政公用设施和公共服务设施建设,以及城镇不断增加的基本公共服务供给,将产生更强的人口凝聚力和吸纳能力,促使农村人口不断向各级城镇迁移和流动。二是举家迁移也是推动城镇化进程的重要驱动因素。我国的人口流动正逐渐由分散的、跑单帮式的流动向家庭型流动转变,流动人口的举家搬迁和流动将是未来很长一段时期的趋势,也成为推动城镇化进程的重要驱动因素。

根据《河南省新型城镇化规划(2014~2020年)》,河南省到2020年,常住人口城镇化率达到56%左右,争取新增1100万左右的农村转移人口;户籍人口城镇化率达到40%左右。常住人口和户籍人口城镇化率的同时提升将带动经济社会的转型发展,也将进一步激活并释放河南经济社会发展的动能。这可以从两方面来理解:一是城镇化是促进经济增长的重要源泉。城镇化主要通过供给和需求两个途径影响经济增长。从供给侧来看,城镇化促进了产业结构的提升,随着城镇化的推进,原来从事劳动生产率较低的第一产业的劳动力转向从事高效的第二、第三产业,促进了产业结构的升级转换,社会创造财富的能力得到不断提高;同时,城镇化促进了人口和经济活动在空间上的聚集,这种集中便利了经济活动利用相互间的技术和资金外部性来提高生产率。就需求侧而言,城镇化通过农业劳动力的转移和规模化经营带来劳动生产率的提高,进而提高农村居民收入,同时还将带动大量农村居民向城镇居民转化,由此促进消费需求的增长;同时,城镇化将拉动投资需求,随着流动人口进入城市,产生了对住房、交通、能源、教育、绿化、城市安全系统等城市基础设施的需求,从而带动投资的快速增长。这也将为河南"十三五"时期社会的平稳较快发展提供强有力的支撑。二是城镇化

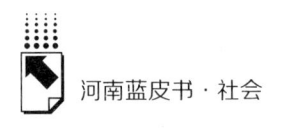

也是解决农业、农村、农民问题的重要途径，是推进区域协调发展的有力支撑，是扩大内需和促进产业转型升级的重要抓手，对实现全面建成小康社会目标，加快实现河南的综合实力进入全国第一方阵，成为中部崛起的核心支撑具有重大历史和现实意义。加快推进城镇化发展既有利于稳定经济增长，也有利于促进社会公平正义与社会稳定，是坚持共享发展、增进人民福祉的内在要求。

目前，河南城镇化水平低于全国平均水平，这一方面说明河南城镇化要达到国家平均水平的发展任务压力颇重；另一方面也意味着河南新型城镇化发展的空间还很大，具有加速城镇化发展的巨大潜力和强大动力，随着河南工业化发展不断深入，城镇化也逐渐成为河南经济增长的重要驱动力量。当前要注意切实改变"摊大饼"式的旧有城镇化模式，推进基于城镇化的综合配套体制改革，变城乡分割为城乡一体化，从等级制城镇化变为居民权利较为均质的城镇化，抑制土地城镇化，加快人口的城镇化，并基于新的居民形态建构城市、城乡和空间秩序的新体制，提高城市人口密度，提升人力资本和城市的集聚功能，重塑城市的产业竞争力。只有这样，城镇化才能产生聚集效应和规模经济效应，切实提高经济社会发展的效率。

4. 城乡居民收入差距仍在拉大，提高共享发展水平任务艰巨

（1）城乡居民收入整体偏低，不仅占人均国民生产总值的比例较低，也低于全国城乡居民收入的平均水平。河南省第十次党代会报告中明确提出要"增强人民群众在决胜全面小康、让中原更加出彩中的获得感"。而近年来河南省的经济总量在全国稳居第五，增速排名前列，但是人均收入水平始终不尽如人意，提高共享发展水平、让民众享受到经济发展成果的任务艰巨。2016年河南城镇居民人均可支配收入只是全国水平的78.9%；农村居民人均可支配收入是全国水平的89.4%。总量增长与人均收入水平的脱节，除了河南人口基数较大这一因素之外，也显示出了河南经济发展质量不高，过于依赖投资和贸易拉动，产业结构不合理，导致经济增长与收入水平的增长不成比例，共享发展遇到阻碍。

（2）不同区域、行业之间收入差距在不断拉大，共享发展水平亟待提高。河南省城乡人均收入差距之比近年来有所减少，由2011年的农村居民人均收入只是城镇居民人均收入的36%，到2016年达到了43%，但绝对差距却有增大的趋势，2016年人均收入差距绝对数额比2011年增加了3945.41元（见表4）。

表4 2011~2016年河南省城乡居民人均收入差距状况表

单位：元，%

年份	城镇居民人均可支配收入	农村居民人均纯收入	城乡居民人均收入差额绝对值	农村居民收入占城镇居民收入的比例
2011	18194.80	6604.03	11590.77	36
2012	20442.62	7524.94	12917.68	37
2013	22398.03	8475.34	13922.69	38
2014	24391.45	9416.10	14975.35	39
2015	25576.00	10853.00	14723.00	42
2016	27232.92	11696.74	15536.18	43

资料来源：根据历年《河南省国民经济和社会发展统计公报》整理。

从区域看，2015年城镇非私营单位就业人员平均工资最高的郑州人均收入为52376元，最低的鹤壁人均收入为39187元，鹤壁人均收入只达到郑州人均收入的75%。从行业看，2015年平均工资最高的金融业工资74441元，最低的住宿和餐饮业为33854元，两者相差40587元。从社会成员收入差距看，低收入群体较多，全省60%的居民收入低于全省平均水平，其中40%的居民收入低于全省平均水平的75%。同时，贫困区域和人口数量较多。河南省有53个贫困县，8100多个贫困村，近600万贫困人口，是全国贫困人口超500万人的6个省份之一，扶贫脱贫的任务十分艰巨。这些对于2017年河南民生建设和共享发展都是十分巨大的挑战和亟待解决的问题。

5. 创新驱动战略的实施将增强河南经济社会发展的内生动力

"十二五"以来，我国积极探索经济增长方式从要素驱动、投资驱动向创新驱动转变，党的十八大报告中明确提出要实施创新驱动发展战略。河南省"十三五"规划中明确提出，要"把发展的基点放在创新上，推进科技创新、制度创新、管理创新、文化创新等各方面创新，加快培育新的增长动力和竞争优势，实现由要素驱动为主向创新驱动为主转变"，"把创新放在发展全局的核心位置，拓展产业发展空间，发挥科技创新在全面创新中的引领作用，释放市场化改革和人力资本红利，强化基础设施支撑，创造新需求新供给，加快实现发展动力转换，提高发展质量和效益"。河南省第十次党代会也提出要"坚持以新发展理念引领发展"，加快产业转型升级、大力实施创新驱动发展战略，打造发展新支撑。可见，加快实施创新驱动战略，加快构建产业新体系将会是2017年河南经济社会发展的主要内容，也将给河南经济社会的发展带来一系列新的变化和增长。

（1）加快推进体制机制创新，实行综合配套改革，化解重点领域和关键环节中的深层次矛盾，构建有利于科学发展的体制机制，将为河南经济社会发展提供强大动力。同时，满足人民群众日益增长的物质文化需求，提供更加优质的公共服务、更加丰富的精神文化产品、更加完善的社会治理、更加安全的生活环境，也将为河南经济社会发展提供新的增长点。

（2）创新驱动将促使河南在新一轮科技和产业革命中实现弯道超车，抢占国内国际竞争的新的制高点。通过创新环境的改善和创新能力的提升，尤其是重大核心技术的突破和关键技术的交叉融合，创新驱动将逐步缩小河南在高新技术产业方面与国内发达省份的整体技术差距，并在部分领域达到国内乃至国际领先地位，为"十三五"时期建设创新型河南和科技强省奠定坚实的基础。

（3）创新驱动将带动河南产业分工地位的大幅度攀升。通过创新要素的加快积聚和创新能力的更快提升，创新优势将逐步弥补河南正在削弱的劳动力成本优势，带动河南比较优势产业从劳动密集型向技术和知识密集型转变，推动河南向产业链上游的提升。

（4）创新是知识积累的过程，可以不断提高人力资本的质量，促进经济增长。创新驱动的本质是人才驱动，通过营造激励创新的公平环境、建立技术创新市场导向机制、完善成果转化激励政策等一系列有效措施，将有效提升人力资本质量，激发人才创新创业活力和企业创新内生动力，促进科技成果向现实生产力转化，支撑河南经济发展方式的根本性转变。

（5）生产领域的创新可以改进产品质量和增加产品种类，扩大整个市场的产品供给；交易和流通环节的创新可以降低交易成本，使市场在更高的产量水平下达到均衡；而颠覆性创新则意味着增加新的产品市场，这些都将对经济社会的发展产生重要的影响。

6. 持续推进全面深化改革将激发社会发展活力，释放新的改革红利

近年来，河南行政体制改革和政府职能转变取得重要进展，河南省在省级层面已取消、调整和下放180多项行政审批项目和部门非行政许可审批事项，保留的行政审批项目仅394项。投资体制改革进一步深化，利率市场化改革迈出重大步伐，价格改革取得重要进展，垄断行业改革不断推进。依法治国开启新征程，全面从严治党开创新局面。具体说来，全面深化改革的一系列举措主要从三个方面激发了河南经济社会发展的活力。一是经济体制改革和行政体制改革将通过净化市场环境、规范政府行为来增强微观主体活力，进一步调动各方面积极性，提升社会的创新能力，为提升经济发展质量提供坚实的基础。在"十二五"时期和2016年改革的作用下，河南企业的经营活力和生产能力都有大幅度提高，通过企业的理性判断和市场出清后，"僵尸企业"大幅减少，2017年这一状况会得到进一步改善。二是政治体制改革将进一步强化对权力的制约和监督，推动依法治国进程。大力推动政府职能转变将加强和改善政府的服务职能，提高政府治理能力，达到净化市场的作用，为经济、社会体制改革扫除障碍，使改革红利充分释放；构建法治政府将形成约束公权力的有效机制；深化司法制度改革、废除劳教制度等举措将为依法治国奠定坚实基础。三是社会体制改革将有效保障和改善民生，促进社会公平正义。分配制度、薪酬制度和养老制度等方面的改革将进一步完善收入分配结构和社会保障体系，使社会体系更加公平和可持续。

（二）政策建议

1. 始终把保障和改善民生、推进共享发展摆在社会发展的优先位置

改革和发展的出发点与落脚点都在人，要始终坚持以人民为中心的发展思想，不断推进共享发展，增强人民群众的获得感。要始终把保障和改善民生作为社会建设的根本，努力完善机制，补齐短板，牢守底线，不断提高人民生活水平和质量。要强化民生考核，把涉及人民群众安全、健康和基本保障的指标都放在突出位置。加快推进收入分配体制改革，努力实现"两同步""两提高"，让居民收入增长和经济发展同步，劳动报酬增长和劳动生产率提高同步，提高居民收入在国民收入分配中的比重，提高劳动报酬在初次分配中的比重。完善工资正常增长机制和支付保障机制，确保职工工资随着经济增长和企业利润提高而增长，进一步完善党政机关事业单位工资正常增长机制，逐步缩小与全国平均水平的差距，进而带动全社会工资水平提高。坚持实施更加积极的鼓励创业就业政策，抓好重点群体就业工作，密切关注就业形势的变化，做好相关政策储备，努力稳定和增加就业。加快构建基本公共服务体系，力争全省涉及民生的基本公共服务均等化指标实现区域齐头并进，进一步完善民生领域收入稳定增长机制，不断增强公共服务供给能力，加大公共资源向农村、贫困地区和社会弱势群体的倾斜力度，促进资源配置均衡、公共服务均等、发展机会公平，合理配置教育资源，全面推进人口素质的提高。

2. 注重建章立制，立足实际，全面推进精准扶贫精准脱贫

2017年是全面脱贫攻坚进入倒计时的第二年，河南扶贫攻坚任务艰巨，一定要注意方式方法，建立长效机制，科学推进贫困治理。

（1）要发挥制度优势，完善省、市、县、乡、村五级贫困治理格局。一是要落实党政一把手的责任，各级党委和政府要不辱使命，当好扶贫开发工作第一责任人，把脱贫攻坚作为2017年的头等大事和第一民生工程来抓，亲自部署和协调任务落实。上率下行，发挥制度优势，汇集成强大的扶贫合力，不断完善五级贫困治理格局。二是要落实贫困县的主体责任。把实现脱贫摘帽作为首要任务，大幅度提高减贫脱贫成效在贫困县考核指标中的比重，对贫困县实行扶贫工作"一票否决"。不断完善"摘帽"激励机制、专项考评机制等，把减贫脱贫成效作为贫困地区市、县党政主要领导干部奖惩任用的重要依据，激发基层工作积极性。三是要落实行业部门的责任，进一步明确行业部门的扶贫责任和义务,建立健全对口扶贫、科技扶贫、人才扶贫、社会扶贫等帮扶工作机制。

(2) 要以减贫脱贫结果为导向,实施精准扶贫战略。按照"六精准"的要求(扶持对象精准、项目安排精准、资金使用精准、措施到户精准、驻村派人精准、脱贫成效精准),全面落实中央精准扶贫精准脱贫战略。一是要精准识别贫困对象,扶贫资金要落实到户,不能冒领,不能随意扩大扶贫范围,也不能把贫困县帽子当作获取扶贫资金的路子,让扶贫资金在阳光下运行。二是要精准实施扶贫措施,认真总结扶贫经验,根据不同情况因地制宜,抓住关键"短板",采取开发扶贫、生态扶贫、移民扶贫、教育扶贫、基础设施建设扶贫、信贷扶贫、项目扶贫等不同措施。三是要精准制定减贫目标的路线图、时间表,决不能让贫困地区和贫困群众在全面建成小康社会中掉队,贫困地区一片不能丢,贫困人口一个不能漏。

(3) 要强化贫困地区的人力资本投资,为贫困群众"拔掉穷根"。坚持把能力建设放在扶贫工作的首要位置,以增强扶贫对象自我发展能力为着力点,不断增强贫困乡村和贫困群众的内生动力和发展活力。注重对贫困地区的人力资本投资,拓展个人的社会资本支持网络,使扶贫对象能够从各类培训中真正受益。注重发展贫困地区的教育(尤其是远程教育)事业,鼓励高校毕业生到片区农村支教,为贫困家庭子女提供平等的受教育与其他发展机会,防止贫困代际传承。逐步改变贫困地区传统、落后、安贫的文化习俗。

3. 进一步加强社会建设,创新社会治理

"推进国家治理体系和治理能力现代化"已全面纳入今后我国经济社会发展规划,成为实现党和国家长治久安的重大战略。社会治理战略地位的提升,对人口大省的河南实现科学发展的指导意义尤为重大。

(1) 要进一步完善社会治理格局,更加注重发挥社会组织的协同参与作用。发挥政府主导作用,鼓励和支持社会各方面参与,实现政府治理和社会自我调节、居民自治良性互动。一方面政府要加快职能转变,从更多的经济活动转向社会公共服务,通过政府"瘦身放权",为社会组织发挥作用开

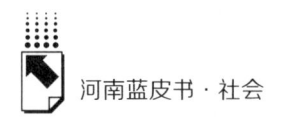

辟更大空间；另一方面要充分发挥社会组织的社会管理功能。

（2）要注重源头治理，及时预防和化解社会矛盾。一是推动关口前移。建立重大事项社会稳定风险分析和评估机制，对涉及群众利益的重大工程、重大政策，要把社会风险评估作为政府决策的必须程序。二是建立基层大调解工作体系，以人民调解为基础，加强人民调解、行政调解和司法调解的衔接联动，努力把矛盾纠纷化解在萌芽状态。三是完善信访工作机制。探索信访代理制度，在区县构建信访代理工作的"三级平台、四级网络"，方便群众维权。

（3）要注重解决当前社会治理的盲区和薄弱环节。一是进一步加强对流动人口的服务管理，建立健全流动人口动态管理机制，完善实有人口全覆盖管理和服务机制，逐步实现居住地管理和服务，促进来豫人员融入河南。二是强化食品安全、安全生产和公共安全的全程监管，进一步提高城市安全水平。三是加强虚拟社会管理，建立网上网下一体化管理体系，完善网上舆情引导机制，第一时间回应社会关切。四是进一步加强对城中村、城乡接合部的社会服务管理。对于这些薄弱环节，社会管理要及时跟进、有效应对，提高社会管理科学化水平。

4. 妥善解决好新型城镇化进程中的突出问题

河南作为农业大省和人口大省，城镇化率落后全国8.85个百分点，积极稳妥地推进新型城镇化健康发展，妥善解决好新型城镇化进程中的突出问题，意义重大而深远。

（1）要妥善处理好新型农村社区问题。河南省"十二五"规划纲要和省第九次党代会报告把新型农村社区建设视为统筹城乡发展的切入点和五级城镇化体系末端，经过几年的实践证明，这个定位超越了河南发展阶段，偏离了河南实际，不宜在新型城镇化进程中全面实施。一是不符合当下的中央精神。2013年中央一号文件，即中共中央、国务院《关于加快发展现代农业进一步增强农村发展活力的若干意见》中明确指出："农村居民点迁建和村庄撤并，必须尊重农民意愿，经村民会议同意。不提倡、不鼓励在城镇规划区外拆并村庄、建设大规模的农民集中居住区，不得强制农民搬迁和上楼居住。"中央一号文件的指向非常明确，必须尊重农民的意愿，不能强制。二是不符合河南省情。根据河南省现实情况应当区别对待不同的农村地区：经济条件较好、公共基础设施比较完善，或第二、第三产业比较发达的地区，其基本定位可直接纳入城镇体系，或作为城镇化体系的末端；一些经济和产业条件尚不成熟的地区、新型农村社区可定位为城乡之间的过渡形态，而不是真正的城镇体系的环节；那些欠发达地区根本不具备条件的，可依然保持原有的乡村格局。所以，把新型农村社区全部纳入城镇化体系，这一定位不符合河南省基本省情，在实践中会出现盲动、偏激和"一刀切"倾向。同时，新型农村社区建设是一项复杂的系统工程，涉及城乡体制转换、集体资产改制、土地流转、建设资金、农民就业、社会保障、社区管理和农民权益等重要问题，在一系列体制路障和现实难题没有破解之前，新型农村社区建设势必会对地方财政、地方经济发展造成巨大负担，最终难以为继。三是不符合广大农民利益。农民的长效利益难以保障。党的十八届三中全会《决定》提出，"赋予农民更多财产权利。……保障农户宅基地用益物权，改革完善农村宅基地制度，选择若干试点，慎重稳妥推进农民住房财产权抵押、担保、转让，探索农民增加财产性收入渠道"。新型农村社区把农民宅基地收了，农民通过住房增加财产性收入的渠道就完全被堵死了，这种做法既不符合当下中央改革精神，也侵害了农民利益，同时也不利于社会稳定。

新型城镇化是一个长期的自然历史过程，并非是一个简单的"人地集中"的空间位置腾挪和居住环境的变动，如何妥善处理好农民的土地流转、就业、社会保障等问题，使农民能够真正"搬得进、留得住、富得起"，是衡量一个社区建设质量的重要指标。如果社区居民的长效利益无法保障，若干年后新型农村社区将会成为新的社会矛盾爆发点。

（2）要妥善解决好常住人口市民化问题。实现常住人口市民化，是城镇化的首要任务。中央城镇化工作会议把实现常住人口市民化作为城镇化的首要任务，抓住了我国城镇化的主要矛盾和难点，也为今后推进城镇化指明了工作重点。2016年，我国城镇化率达到57.35%，城镇常住人口达到了7.9亿人，与世界平均水平大体相当，但农业转移人口市民化进展缓慢，户籍人口城镇化率还比较低，仅为37%左右，这意味着2亿多名农民工及其随迁家属处于"半城镇化"状况（河南省大约有1200万名以及越来越多的农民工市民待遇问题有待解决），未能在教育、就业、医疗、养老、保障性住房等方面平等享受城镇居民的基本公共服务，市民化进程滞后。他们既不属于农村也没有融入城市，游离于二元结构之间，有专家称之为三元结构。所以中央把这2亿多名农民工及其随迁家属市民化作为城镇化的首要任务。由于历史欠账和财力所限，城镇化应首先解决存量问题，随着制度的完善和财力的增加，再逐步解决增量问题。

（3）要把充分转移就业作为推进新型城镇化优先发展的目标。人随着就业走，就业随着产业走，这是一条自然而然的或称内生型的城市化发展道路。即使是一些大城市或地方一直执行有条件的限制发展战略，并对外来人口实施诸如户籍、购房、子女入学等限制政策，但依然阻挡不了农民进城的热情，原因就在于城市劳动生产率要高于农村。城市的本质是人口与产业的集聚，大城市的资源配置水平更高，对人们的吸引力更大，因此，推进新型城镇化，促进农民就业转移，必须遵循人随着就业走，就业随着产业走这样一条内生型的发展道路，把充分转移就业作为推进新型城镇化优先发展的目标。

城镇化的前提是解决就业，若生产方式不发生转换，仅仅是居住方式发生转换，城镇化是没有意义的。城镇化很大的一个作用，就是把很多产业都集中在某个区域，发挥规模优势和集聚效应。城镇化目标的实现，必须是产业发展的结果，如果没有产业的发展，农村人口到了城镇，无法实现就业，城镇化则将对社会、经济的发展造成负担。因此，尽管城镇化给我们的经济发展带来了很多投资和提升竞争力的机会，尽管新型城镇化是经济增长的新引擎，但在这个问题上不能拔苗助长，必须在经济发展和产业发展的基础上来推进城镇化，只有工业化水平超过城镇化发展水平，城镇化具备加快发展的经济基础，才能水到渠成。

解决农民城镇化问题必须坚持产业主导、市场在前、就业为先的原则，避免出现有城无市场、无产业问题，城市扩容要以产业扩展和提升为前提。

一是推进工业园区、产业集聚区的发展，提供更多的就业岗位；二是大力发展现代服务业，扩充就业容量；三是利用"阳光工程""雨露计划"等培训载体，大力开展农民进城劳动技能培训，满足进城务工需求。

5. 大力推进生态建设，打造美丽绿色河南

2016年的严重雾霾困扰着河南也侵蚀着河南民众的健康，河南的环境污染已经成为河南经济社会发展不能承受之重。2017年，大力推进环境污染治理，打造青山碧水工程，已成为最为紧迫的任务，建设良好的生态环境已经成为最普惠的民生工程。

（1）要大力推进城市环境综合整治。进一步完善所辖市县城市污水垃圾处理设施，提高垃圾无害化处理率和污水处理率。加强大气污染防治，严格执行机动车辆销售环保准入制度。加强城市交通运输和工程施工过程的防尘、抑尘管理，强化饮食服务、娱乐场所生活噪声的控制。倡导低碳生活和消费方式，加快建筑节能步伐。

（2）要大力推进农村环境综合整治。严格农村工业项目环境准入，防止落后产能向农村转移。加强农村生态环境集中连片整治，控制农药、化肥、农膜和家禽家畜粪便等污染源。

（3）要强化节能减排"硬约束"。要以水资源管理"三控"、能源"双控"目标为抓手，把扩大有效投资与淘汰落后产能有机结合，探索建立环保标准、调整城镇土地使用税、实行差别电价水价等新机制，倒逼企业技改和产业升级，从而从源头上改善污染问题。

（4）要推进生态省建设，实施山水林田湖生态保护与修复工程，建设"四区三带"区域生态网络及黄河明清故道生态走廊，增加省内树木覆盖面积，全面加强森林生态、湿地生态、流域生态、农田生态和城市生态系统建设，构筑起绿水生态屏障。

6. 进一步增加基本公共服务供给，在均等化的基础上提升质量

随着经济社会的快速发展，河南基本公共服务有了跨越式的发展，涵盖就业、教育、医疗等方面的全方位、多领域的基本公共服务体系已经建立。但同时看病难、看病贵，择校问题、大班额等一系列问题也日益凸显，如何

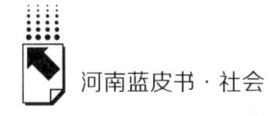

在均等化的基础上进一步提高基本公共服务的质量，让民众能够更公平、更容易地享受到人性化服务，是2017年社会建设中一个亟须解决的问题。

（1）要推动教育事业的协调全面发展。坚持教育优先发展战略，全面深化教育领域综合改革，促进教育公平，提升教育服务能力。强化基础教育的普惠性和公益性，要一手抓硬件标准化建设，努力实现城乡教育在校舍、仪器等方面的无差别化；一手抓软件的提升和资源均衡化，通过师资校际间定期流动、教师的大轮训、定期培训、提高待遇等一系列手段，切实稳定并提高城乡教师队伍素质。加快建设现代职业教育体系，促进校企深度融合，推动职业学校与行业、企业联合培养高素质技术技能人才。优化高等教育结构，建立高校分类管理、分类指导体制机制，促进高等教育质量全面提高。完善城乡公共教育服务体系，优化城乡教育资源配置，实行义务教育学校校长、教师定期交流制度，完善城镇教师支援农村教育工作制度，推进城乡义务教育均衡发展，加快缩小校际之间、城乡之间、地区之间的差距。

（2）要切实提高全民健康水平。针对河南目前人口老龄化日益加剧、健康消费增加等实际情况，结合医药卫生体制改革和医保制度完善，系统推进涵盖医疗、卫生、养老、药品、保险等在内的大健康产业制度和服务体系建设。加强公共卫生服务，继续实施国家基本和重大公共卫生服务项目，提高人均基本公共卫生服务经费标准。加强重大疾病防控，以健康中原建设为抓手，以慢性病和重大疾病综合防控为重点，坚持防治结合。巩固和完善基本药物制度，有序扩大基本药物制度的实施范围。深化基层医疗卫生机构综合改革，加快推动县级公立医院改革，取消以药补医，理顺医药价格，建立科学补偿机制。全面推进医疗卫生工作下移，采取整体托管、双向转诊、组建医疗联合体等多种方式，强化三级医院与县级医院、基层医疗机构的紧密型协作关系。完善分级诊疗模式，促进优质医疗资源纵向流动，逐步实现基层首诊、分级诊疗、双向转诊、急慢分治。推动健康服务业发展，鼓励社会办医，努力形成以非营利性医疗机构为主体，营利性医疗机构为补充的社会办医体系。

（3）在保障房领域，建立市场配置和政府保障相结合的住房制度，积极发展租赁型保障性住房，建立严格的廉租住房申请、审批和退出制度，对廉租住房保障对象实施动态管理。合理确定廉租住房保障标准，逐步扩大廉租住房覆盖面，争取由最低收入住房困难家庭扩展到低收入住房困难家庭，做到"应保尽保"。采取货币补贴和实物配租相结合的方式实施保障，逐步提高实物配租的比例。推进合理科学的集中成片棚户区、城中村改造，建立资金安全保障机制、项目责任机制、监督检查机制和公平合理的新房分配机制，确保让民众真正受益。按照"多方筹集资金，集中力量办大事"的原则，充分尊重农民的起居、风俗习惯和经济承受能力，调动农民主动改善住房条件的积极性，不断探索加快农村住房建设步伐，切实提高农村住房建设标准和质量。

参考文献

陈润儿：《2017年河南省政府工作报告》，《河南日报》2017年1月22日。

谢伏瞻：《2016年河南省政府工作报告》，《河南日报》2016年2月3日。

河南省政府：《河南省国民经济和社会发展第十三个五年规划纲要》，《河南日报》2016年5月18日。

河南省统计局：《2016年全省经济实现"十三五"良好开局》，河南省统计局网站，2017年1月22日。

河南省统计局：《2015年河南省人口抽样调查主要数据公报》，河南省统计局网站，2016年6月14日。

周青莎：《近年来河南省综合治理和平安建设工作综述》，《河南日报》2016年6月24日。

刘瑞朝：《上半年河南环境质量状况公告出炉你家环境咋样》，《大河报》2016年8月13日。

李小建、仉建涛：《中原经济区"三化"协调发展咨询建议集》，社会科学文献出版社，2016。

谷建全：《河南实施创新驱动发展战略研究》，社会科学文献出版社，2016。

张宝锋等：《河南建成小康社会的理论与实践》，社会科学文献出版社，2016。

B.2
2016年河南省107县（市）政府门户网站信息公开水平评估报告

付光伟*

摘　要：	在坚持结果导向、公众视角、政策为本的原则下，构建出评估县级政府网上信息公开水平的指标体系。据此对河南省107个县（市）的门户网站政务信息公开水平进行全面的量化评估，结果显示，永城市、柘城县、南乐县、台前县、范县的网上信息公开位居全省前五名。全省县级政府网上信息公开水平平均得分为57.1分，比去年提高5.6分。与2015年相比，全省县级政府门户网站信息公开水平的差异性在逐渐缩小，公开内容正在从局部公开向全面公开过渡，公开质量有所提高，正在从数量优先逐步向数量、时效性和详细性同步的方向发展。研究还发现，县级政府网上信息公开水平主要受地级市政府的影响。
关键词：	河南信息公开　指标体系　量化评估

一　问题的提出

继2007年《中华人民共和国政府信息公开条例》颁布之后，2015年4月国务院办公厅印发《2015年政府信息公开工作要点》，要求认真落实《政

---

* 付光伟，河南大学哲学与公共管理学院公共管理系副教授。

府信息公开条例》，增强政府信息公开实效，促进法治政府、创新政府、廉洁政府和服务型政府建设。2016年2月，中办、国办又印发《关于全面推进政务公开工作的意见》，要求提升政务公开能力，强化政府门户网站作为信息公开第一平台的作用。同年11月，国务院办公厅又制定了《关于全面推进政务公开工作的意见》实施细则。

为贯彻落实党中央、国务院加强政府信息公开工作的指示，2008年，河南省相继出台了《河南省政府信息公开指南编制规范》《河南省政府信息公开目录编制规范》《河南省政府信息公开保密审查制度》《河南省依申请公开政府信息工作制度》《河南省政府信息公开新闻发布会管理制度》《河南省关于违反政府信息公开规定行为责任追究制度》《河南省2016年政务公开工作要点实施方案》等一系列规章制度，全省各级地方政府信息公开工作全面铺开并进入深入实施阶段。

从2008年算起，河南省政府信息公开工作已经走过了8个年头。目前，各级政府机关信息公开工作现状如何，哪些方面做得比较好，哪些方面需要加强，需要做出科学的评估，以便为今后的政府信息公开工作提供努力的方向和实务的指导。本报告在构建衡量县级政府网上信息公开指标体系的基础上，以河南省107个县（市）的政府门户网站为分析对象，对其网上信息公开状况进行量化评估。[1]

二 指标体系的构建

（一）指标设置的基本原则

1. 结果导向

在目前国内为数不多的有关政府信息公开的评估中，不仅考虑到实际的公开结果，也把相关机构对信息公开的组织实施以及领导人的主观态度纳入

---

[1] 2014年10月，开封县更名为祥符区，成为开封市第五个市辖区，河南省108县（市）变为107县（市）。

到评估指标体系之中,而且这一部分所占分值还不低,有的指标体系中该部分的比重甚至占到30%左右。本次评估坚持结果导向,不涉及县政府的主要领导人对信息公开工作重视程度,也不涉及县政府在信息公开工作中的组织实施,只看政府门户网站中政府信息公开的实际状况。

2. 公众视角

政府信息公开的目的在于方便社会大众对政府行为的监督。基于此,衡量县政府网上信息公开质量高低的一个重要标准就是是否有利于社会大众对政府行为进行监督。所以,本次评估坚持公众视角的原则,从公众信息需求的强烈性以及获得信息的方便性、及时性、实用性上,设计各项指标及其权重。比如,针对目前很多政府领导人不愿公布自己的照片,怕被人民群众挑毛病,我们的指标体系中就专门设计一项——领导简介中是否有照片。又比如,公众最关心政府的"三公经费",所以,指标体系中这一方面的信息公开就赋予了更高的权重。

3. 政策为本

河南省107个县（市）的网上信息公开工作,都是以国务院和省政府的相关政策规定为依据而展开的,因此,相关政策文件规定的标准也是本次评估指标体系设计的重要依据。比如河南省政府办公厅于2013年印发的《关于贯彻落实国办发〔2013〕73号文件精神做好政府信息公开重点工作的通知》以及《国务院办公厅关于印发2015年政府信息公开工作要点的通知》（国办发〔2015〕22号）,对各级政府信息公开的重点领域做出了明确界定,这些都成为评估指标体系设计的重要依据。

（二）评估指标体系

在上述三个原则的指导下,调查组将评估指标体系分为主动公开、政策解读、申请公开三个板块,分别赋值80分、10分和10分,为一级指标。各一级指标下面又分出众多二级指标及其相对应的三级指标,不同指标的权重又根据其对群众实际意义的大小和上级政府的重视程度而赋予不同的分值。在评分细则部分,对三级指标的具体评分要求做出了详细的规定,基本上都是量化的，力求准确，具有较强的可操作性，有效地减少评分过程中评分者主观因素的干扰（见表1）。

表1 河南107个县（市）政府网上信息公开评估指标体系

一级指标	二级指标	三级指标	评分细则
主动公开（80）	领导简介(5)	简历(2)	详细介绍2分,简略得1分,无0分
		分工(1)	有职责分工1分,无0分
		照片(2)	有2分,无0分
	专栏建设(5)	目录(3)	有3分,无0分
		指南(1)	有1分,无0分
		索引号(1)	有1分,无0分
	预算决算(6)	数量(3)	1年1分,2年2分,3年及以上3分
		及时(3)	在4月1之前公开,每个得1分,最多3分
	三公经费(12)	数量(6)	3条以下1分,每增3条得1分,最多6分
		详细(6)	部门公开3条以下1分,每多3条得1分
	行政收费(12)	全面(8)	1个条目1分,最多8分
		及时(4)	2016年公开项目每条得2分,最多4分
	行政审批(10)	全面(6)	3条以下1分,每增3条得1分,最多6分
		及时(4)	2016年公开项目每条得2分,最多4分
	征地拆迁(10)	全面(4)	1条1分,最多4分
		及时(3)	2015年和2016年发布的,每条1分,最多3分
		详细(3)	有补偿标准的,1条1分,最多3分
	教育公开(10)	全面(4)	3条以下1分,每增3条得1分,最多6分
		及时(3)	2016年的信息,1条1分
		详细(3)	学校列表或收费方面的信息,每条1分
政策解读（10）	计划规划(10)	全面(5)	5条以下1分,每增加3条得1分,最多5分
		详细(5)	专项规划1条1分,最多5分
	政策解读(6)	全面(2)	5条以下1分,每增加5条得1分
		及时(2)	2016年的解读,1条1分
		详细(2)	针对本县的政策解读,1条1分
	政民互动(4)	渠道(2)	3条以上得1分,每增加3条得1分
		回应(2)	有效回复,1条1分
申请公开（10）	申请指南(2)	规范性(2)	咨询电话1分,监督电话1分
	申请渠道(2)	全面性(2)	一个渠道1分,最多2分
	答复情况(6)	及时性(6)	网上申请,看回复的内容和时间判分

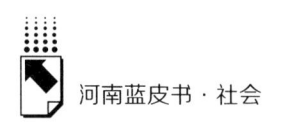

三 调查过程及结果分析

（一）调查过程

上述评估指标体系在2015年已经制定完毕，并进行过一次评估。为了进行纵向比较，2016年的评估沿用了2015年的评估指标体系。2016年10月，课题组成员依据评估指标体系，对全省107个县（市）的政府门户网站开始评分。①为了确保评分尺度基本一致，本次评估采取每人负责2个二级指标的做法，而不是一个人将一个县"全包"，这样做的好处是保证同一指标的评分标准的一致性和稳定性，但是也大大增加了研究人员的工作量。尽管如此，课题组成员都尽心尽力，按时完成了评分任务。特别是负责申请公开部分的成员，要向全省107个县（市）的政府信息公开部门发邮件或者打电话，申请2015年本县（市）的婴儿出生性别比数据，然后根据回复是否及时进行评分，工作量是很大的。评分工作于2016年11月份顺利结束。

（二）结果分析

1. 全省107个县（市）政府门户网站信息公开平均得分为57.1，比去年提高5.6分

本次调查结果显示，河南省107个县（市）政府网上信息公开总体水平偏低，平均得分只有57.1分（满分为100分）。如果以60分为及格线，其结果意味着河南省县级政府门户网站信息公开总体水平处于及格线以下。但是，从纵向比较来看还是有一定的进步和提高，采用相同的指标体系，2015年全省107个县（市）的平均得分是51.5分，2016年的得分比2015

---

① 负责评分任务的课题组成员由河南大学哲学与公共管理学院2015级本科学生曾广俊、刘中梅、汪文华、高方然、孙桦桦、徐鸣德组成，在此对他们的工作表示感谢。

年提高了5.6分。得分提高的主要原因是一些得分特别低的县（市）数量明显减少，2015年度，得分在40分及以下的县（市）有22个，占全省县（市）总数的20.4%；2016年度，得分在40分及以下的县（市）只有3个（见图1），占全省县（市）总数的2.8%。

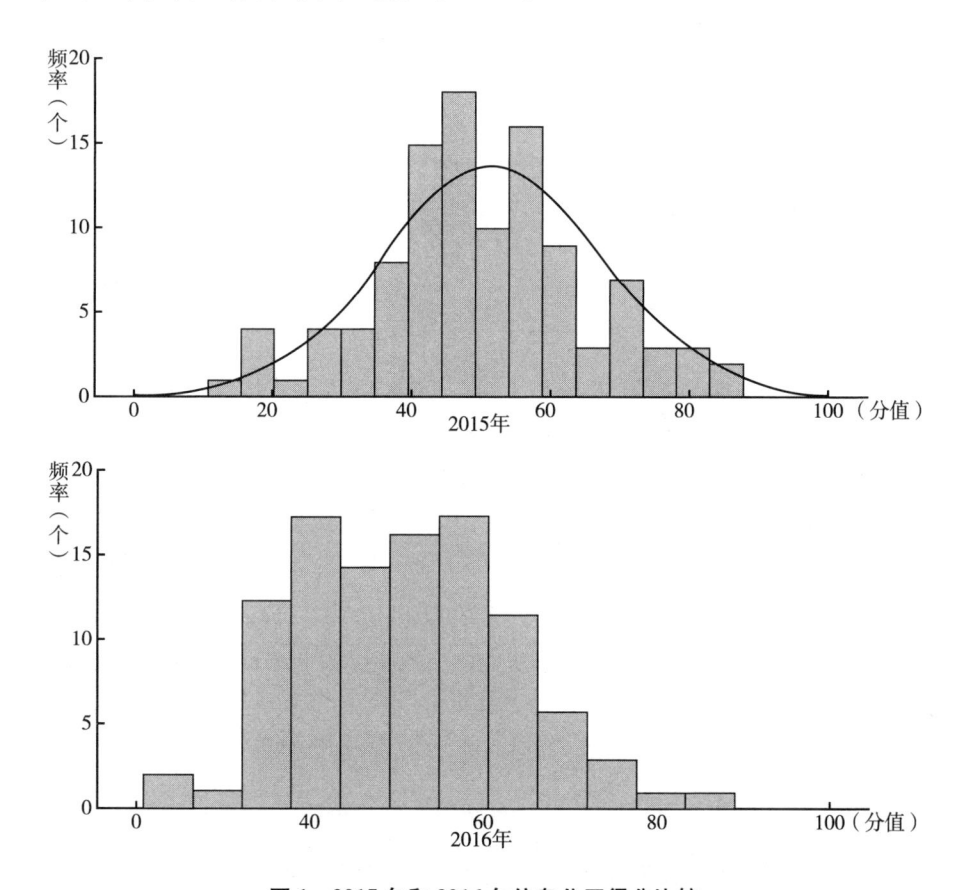

图1　2015年和2016年信息公开得分比较

2. 107个县（市）门户网站信息公开水平的差异性在逐渐缩小

2015年，全省县级政府门户网站得分差异性非常大，总得分的标准差为15.783，但是到2016年，全省县级政府门户网站信息得分的差异逐步缩小，各县总得分的标准差下降至10.895。从得分最高县（市）与最低县（市）的比较可以更加明显看出这种变化。2015年，政府门户网站信息公开得分最高的5个县（市）分别是舞钢（89）、淇县（87）、巩义（82）、安阳县（81）和新乡县（81），这5个县（市）的平均得分为84分。得分最低的5个县（市）分别是民权（19）、原阳（18）、新蔡（18）、宁陵（16）和卢氏（13），这5个县（市）的平均得分为16.8分。最高平均得分与最低平均得分相差67.2分。但是在2016年，得分最高的5个县（市）分别是永城（90）、柘城（82）、南乐（79）、台前（78）、范县（76），这个5个县（市）的平均得分是81分。得分最低的5个县（市）分别是兰考（41）、西峡（41）、项城（37）、商水（34）和虞城（33），这5个县（市）的平均得分是37.2分（见图2）。最高平均得分与最低平均得分相差43.8分。

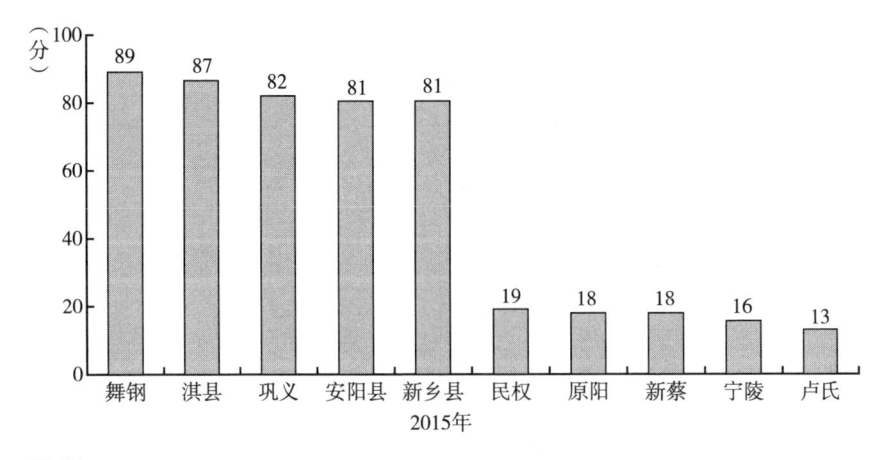

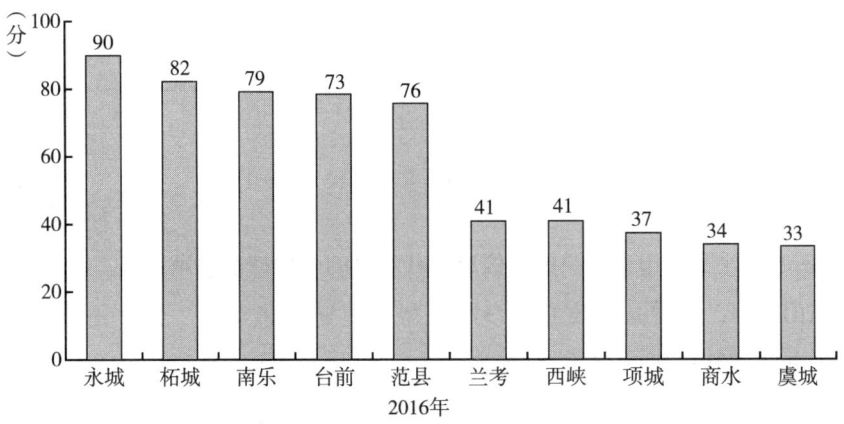

图2 2015年和2016年度信息公开得分前5名和最后5名县（市）比较

3. 公开内容正在从局部公开向全面公开过渡

在 2015 年，政府信息公开各项目的得分率差异较大，得分率较高的主要是政策解读和专栏建设两项。三公经费、征地拆迁、计划规划等与当地百姓利益密切相关的信息，公开水平则明显滞后。因此可以说，2015 年，河南省县级政府门户网站的信息公开呈现一种局部公开图景，在宏观方面公开的多，在微观方面的公开的少，在老百姓不甚需要的方面公开的多，而在老百姓切实需要的方面公开的少。但是，2016 年政府信息公开各公开项目的得分率差异在明显缩小，征地拆迁、教育公开、政民互动等方面的公开水平大幅度提高（见图3），正在从局部公开向全面公开过渡。

4. 从数量优先逐步向数量、时效和详细同步提高过渡

政府网上信息公开水平的高低，可以从数量、时效和详细三个层面去衡量。2015 年的评估显示，河南省 107 个县（市）政府门户网站信息公开在这三个衡量维度上的得分率都不高且高低差异明显，数量方面的得分率最高，达到 58.91%；时效性的得分率次之，达到 44.2%；详细性最低，只有 34.36%。但是从 2016 年的评估情况来看，这三个衡量维度的得分率都有明显提高，数量和时效方面的得分率都超过了 60%，而且，三个维度的得分率差异明显缩小（见图4）。结果表明，河南省县（市）政府门户网站信息公开的正在发生由数量优先到数量、时效和详细性同步提高过渡。

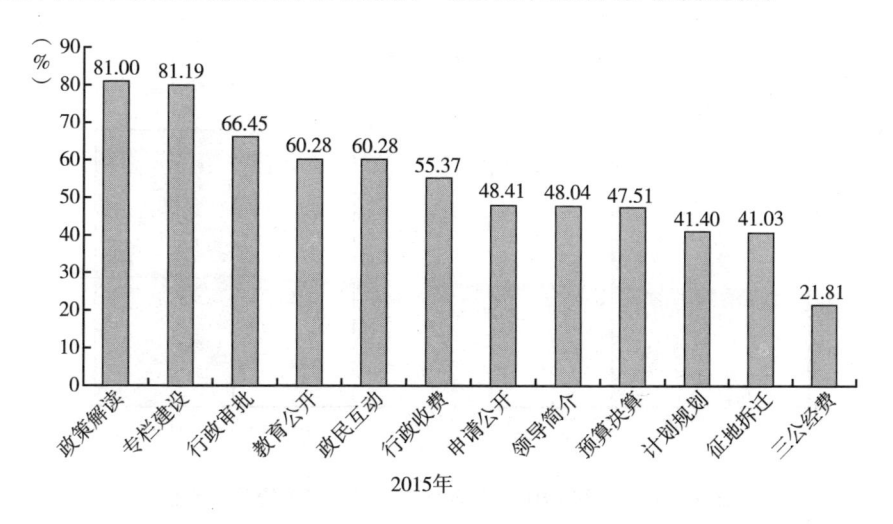

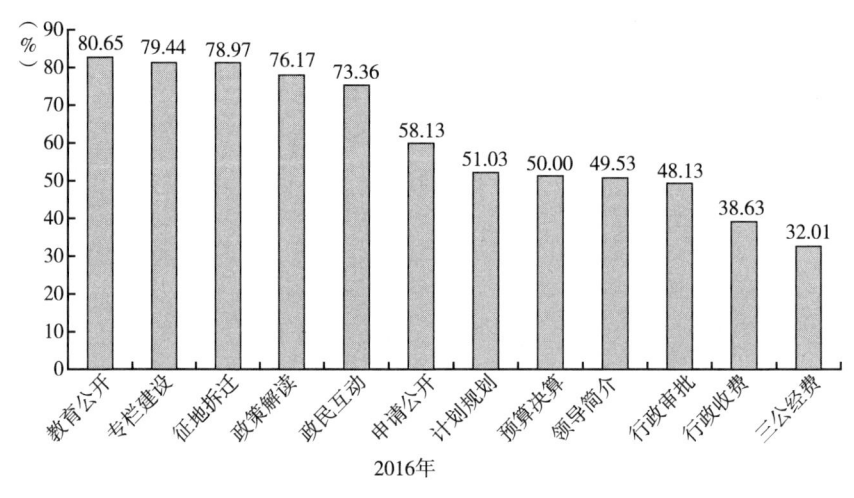

图3 2015年和2016年政府信息公开各项目得分率比较

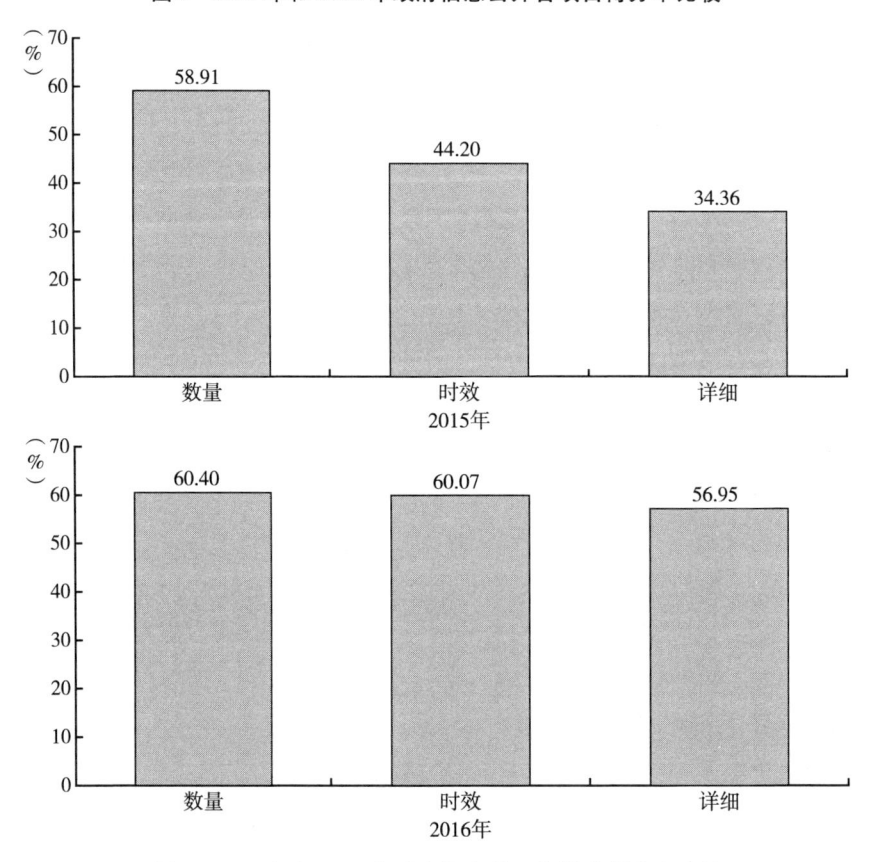

图4 2015年和2016年政府信息公开各维度得分率比较

(三)原因初探

为什么同在一个省级政府辖区之内,各县(市)政府网上信息公开的水平会存在那么大的差异?课题组在既有数据的基础上尝试分析其中的原因。

1. 公共财政实力对县级政府信息公开水平有一定的影响

如果说政府实施网上信息公开需要一定的财政投入的话,那么,一个县的公共财政实力会在一定程度上影响政府网上信息公开的水平。从图5可以看出,县级政府公共财政收入与网上信息公开水平之间呈现出一种正向的相关关系,即公共财政收入越高的县(市),政府网上信息公开得分也越高。但是,散点拟合的直线整体趋势比较平缓,计算的皮尔森相关系数也只有0.339,说明公共财政收入与县政府网上信息公开水平之间的关系不那么强烈。

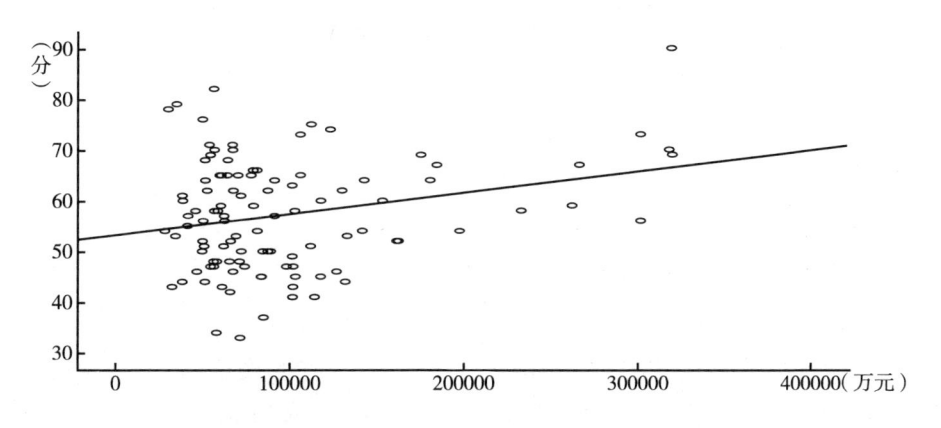

图5 县政府公共财政收入与网上信息公开得分的散点图

2. 城镇化水平对县级政府网上信息公开水平的影响很微弱

从需求角度讲,公众对通过网络获取相关公共信息的需求越强烈,政府的紧迫感也会越强,从而会提高门户网站信息公开的水平。与农村相比,城镇居民更有能力也更有意愿通过政府门户网站获取相关政务信息。基于此,城镇化率越高的县,政府网上信息公开水平则可能越高。但是,从图6可以看出，城镇化率与政府网上信息公开得分之间的拟合直线更为平缓，皮尔森相关系数只有0.176。这说明，城镇化水平对县级政府门户网站信息公开的影响很微弱，需求角度解释还不如供给角度的解释有说服力。

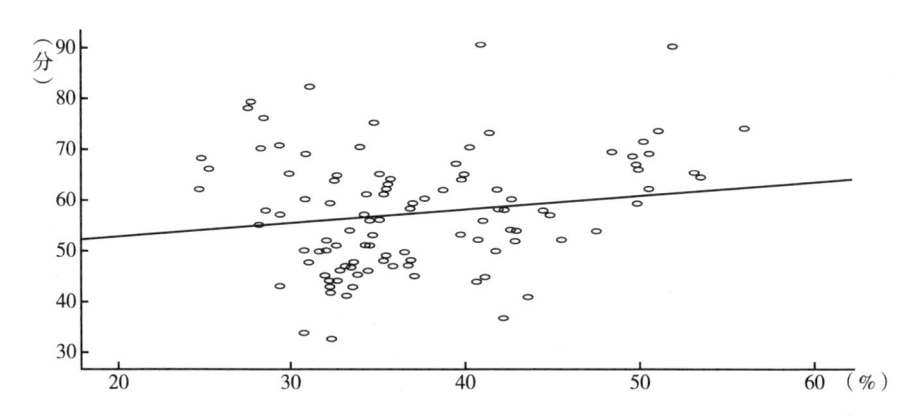

图6 城镇化率与政府网上信息公开得分的散点图

3. 地市级政府的重视程度对县级政府网上信息公开水平有显著影响

在自上而下推进政府政务信息公开的行政实践中，县级政府网上信息公开行为，不仅受到国务院和省政府的强制性约束，而且受到地市级政府的直接约束。因此，如果地市级政府领导层重视网络政务公开，那么，辖区内所有县级政府将会更加重视网上政务信息公开工作。这样一来，全省107个县（市）网上信息公开水平的差异，主要体现在地级市之间，而地市辖区内各县政府之间则差异减小。这个假设是否成立，可以通过协方差分析来检验，如表2所示，公共财政收入、城镇化率和地级市三个自变量中，只有地级市变量（16个地级市加1个直管县类型）对于河南省县政府网上信息公开得分具有显著的影响，其他两个自变量对于因变量的影响都不具有统计显著性，说明前述的推理得到了有力的证实。

从图7可以看出，各地级市所属县政府信息公开的平均得分存在较为明显的差异。濮阳市下辖濮阳县、清丰县、南乐县、范县、台前县5个县，其门户网站政务公开平均得分为73分，在全省17个地级市和1个省直管县类别中排名第一。其次是鹤壁和郑州。10个省直管县的政务公开平均得分为

表2 政府网上信息公开得分的协方差分析

来源	Ⅲ型平方和	自由度	均方	F	Sig.
校正模型	5103.145	19	268.587	3.124	0.00
截距	12685.571	1	12685.571	147.541	0.00
公共财政收入	139.147	1	139.147	1.618	0.207
城镇化率	36.089	1	36.089	0.420	0.519
地级市	4369.275	17	257.016	2.989	0.000
误差	7480.275	87	85.980	—	—
总计	361710.000	107	—	—	—
校正的总计	12583.421	106	—	—	—

注：a. R方=0.406（调整R方=0.276）

60.5分，排在全省第5位。平均得分明显偏低的是开封和周口两市，所属县政府政务公开平均得分分别为43分和44.13分。

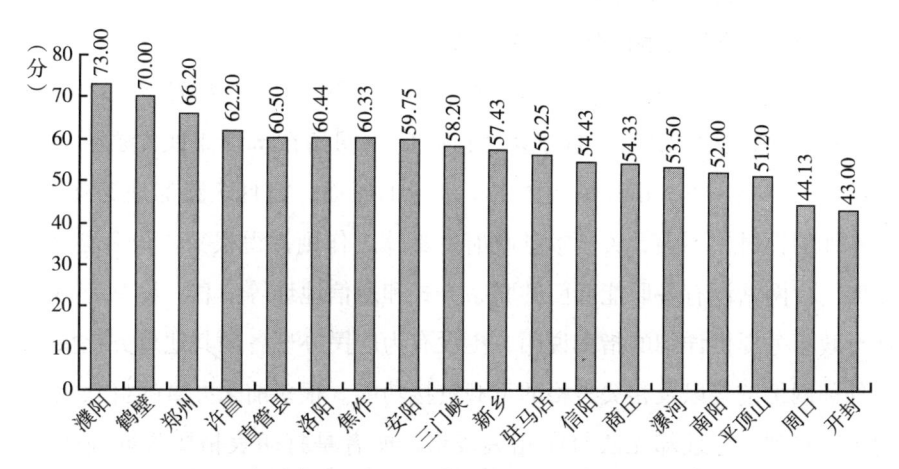

图7 各地级市所属县政府信息公开平均得分的比较

四 不足与改进建议

（一）存在的不足

对比前述评估指标体系，河南省107个县（市）政府网上信息公开还

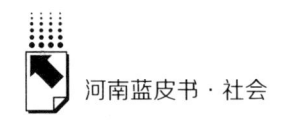

存在以下几点不足,需要加以改进。

1. 缺乏政务信息公开的基本工作机制

按照政策要求,各级地方政府需要设置专门的岗位和人员负责政府网上信息公开工作,完善相关工作机制。但是从此次评估来看,部分县(市)缺乏一些最基本的工作机制和实施框架。一是部分县政府门户网站没有"政务公开"这一栏目,网站公开的信息没有加以整理和分类,按照时间随意罗列,没有为每条公开的政务信息建立索引号,便于内部保存和公众索取。二是缺乏常态化的信息更新和维护机制,多数县(市)政府网上信息更新不及时,对于政民互动以及公众申请信息公开的回应不及时,甚至没有回应,多数回复没有针对性。三是多数县(市)没有建立起政府系统内部常规化的信息收集和发布机制,有的县(市)是各职能部门自行公开,部门网站内容丰富,而政府门户网站则内容缺乏。

2. 无效需求信息多而有效需求信息少

政府网上信息公开,服务的对象是地方民众,工作的出发点是群众的需求。在本次评估中发现,部分县(市)门户网站在玩"王顾左右而言他"的游戏,中央、省、市政策解读占了大量的版面,而且多数都是泛泛而谈,对本地的针对性不强,关于本县政府的具体工作则提得很少。很多县(市)政府门户网站没有各职能部门的联系方式和通信地址等信息,没有为办理各项行政事务提供详细的指南说明,更没有为居民办理各项其他事务提供有效的外部网络链接以及相关表格的下载链接功能。很多前来办事的群众找不到地址,找到了地址却无法打印相关表格,或者是打印表格要收取高额的费用。这都对政府的行政效率和服务态度造成极其不良的影响。

3. 政民互动渠道少且不畅通

政府网上信息公开不仅仅是单向的信息发布,而且以网络为中介还可以进行政府与人民群众的双向互动,这也是政府信息公开工作的重要组成部分。比如新郑市政府网站,设置了多种政民互动的渠道,不仅有市长信箱和部门信箱,还有网上信访和民意征集。对于诸如居民通过网络反映的"关于炎黄广场噪音扰民"的投诉,新郑市政府相关部门给予了及时解决。洛阳市政府将市长热线扩展为110联动，下属各县级政府也设置了相应的110联动中心，及时回应公众的诉求。但是，与此形成鲜明对比的是，个别县（市）门户网站根本没有设置"政民互动"的栏目，或者设置了但是根本打不开，反映的问题如石沉大海，没有任何回应。

4. 网站公共信息的可得性差

政府网上信息的发布，不应该只是发布完了就万事大吉，而是要考虑到怎么样发布才能够使公众能够更方便、更快捷地获取各自所需要的信息。本次评估调查显示，部分县（市）政府网站发布的信息确实很丰富、很全面，但是想找一条对自己有用的信息，如果不是信息检索高手则很难找到。而普通大众，多数人只是会打开一个网页，如果发布的信息没有条理性，重要的信息藏得太隐蔽，或者信息检索的指南说得不清楚，则很难找到自己需要的信息，所以表现为信息发布了但是可得性差。

（二）改进建议

针对前述的问题，我们提出如下改进建议，供相关部门参考。

1. 强化地市级政府的直接领导作用

如前述分析，虽然县级政府的公共财政实力在一定程度上有利于网上信息公开工作的推动，城镇化水平从需求的角度助推县级政府的网上信息公开工作，但是，地市级政府的直接领导作用对县级政府网上信息公开水平的影响更大也更直接。所以，应该强化地市级政府对于县级政府网上信息公开的直接领导作用，通过地市级政府的整体规划与强制性命令，尽快提升河南省县级政府网上信息公开的水平和质量。

2. 建立健全信息公开的管理机制

县级政府网上信息公开工作需要以具体的职能部门为抓手。因此，今后需要完善各县（市）政府办公室下属的信息化办公室（各县称谓可能不同）的职能和权限，建立信息化办公室与县政府各职能部门之间常态化的信息传递、收集、管理机制。建立和完善常规化的信息发布、保管、回应、更新机制，建立信息化办公室工作绩效考评机制。明确各职能部门信息收集、上报、发布的责任，规范各职能部门政务信息上报、更新等行为。

3. 深入推进"互联网+政务服务"

目前，部分地方政府的政务公开工作是为了公开而公开，没有将政务公开作为和谐政民关系、建设廉洁政府、服务型政府的重要手段来抓，所以视野不够宽阔，动力不够强，工作成效也不甚明显。一是各县级政府领导人应该将政府信息公开工作看作维护人民群众知情权的一项重要工作来抓，县级政府在县域之内开展的各项公共活动，事关千家万户的切身利益，每位地方百姓都有知道的权利，开展信息公开工作正是为了满足人民群众知情权的实现。二是应该将信息公开与廉洁政府建设结合起来，政府主动公开信息，让政务活动在阳光下运行，可以有效地减少暗箱操作，推动廉洁政府的建设。三是县级政府领导人还要将网上信息公开工作与强化社会监督结合来抓，推动市县两级政府工作部门全面公开权力清单和责任清单，并通过政府门户网站集中展示，及时动态更新，方便公众获取和监督。

附录：2016年河南省107个县（市）门户网站政务公开得分排名

序号	县（市）	得分	序号	县（市）	得分	序号	县（市）	得分
1	永城市	90	17	长葛市	69	33	上蔡县	64
2	柘城县	82	18	博爱县	68	34	固始县	63
3	南乐县	79	19	清丰县	68	35	新郑市	62
4	台前县	78	20	荥阳市	67	36	内黄县	62
5	范 县	76	21	汝州市	67	37	鄢陵县	62
6	襄城县	75	22	滑 县	66	38	舞阳县	62
7	沁阳市	74	23	新乡县	66	39	陕 县	62
8	新密市	73	24	汝阳县	65	40	镇平县	61
9	安阳县	73	25	舞钢市	65	41	息 县	61
10	嵩 县	71	26	卫辉市	65	42	孟津县	60
12	淇 县	71	27	卢氏县	65	43	伊川县	60
12	中牟县	70	28	平舆县	65	44	封丘县	60
13	洛宁县	70	29	泌阳县	65	45	登封市	59
14	夏邑县	70	30	偃师市	64	46	方城县	59
15	巩义市	69	31	濮阳县	64	47	遂平县	59
16	浚 县	69	32	灵宝市	64	48	辉县市	58

续表

序号	县(市)	得分	序号	县(市)	得分	序号	县(市)	得分
49	温县	58	69	延津县	52	89	叶县	46
50	孟州市	58	70	潢川县	52	90	义马市	46
51	罗山县	58	71	南召县	51	91	光山县	46
52	新蔡县	58	72	邓州市	51	92	宝丰县	45
53	原阳县	57	73	西平县	51	93	临颍县	45
54	修武县	57	74	宜阳县	50	94	沈丘县	45
55	商城县	57	75	鲁山县	50	95	太康县	45
56	禹州市	56	76	郏县	50	96	尉氏县	44
57	内乡县	56	77	汤阴县	50	97	获嘉县	44
58	社旗县	56	78	睢县	50	98	汝南县	44
59	正阳县	55	79	许昌县	49	99	杞县	43
60	林州市	54	80	淅川县	48	100	宁陵县	43
61	渑池县	54	81	新野县	48	101	淮阳县	43
62	新县	54	82	民权县	48	102	通许县	42
63	郸城县	54	83	扶沟县	48	103	兰考县	41
64	长垣县	53	84	武陟县	47	104	西峡县	41
65	桐柏县	53	85	唐河县	47	105	项城市	37
66	淮滨县	53	86	西华县	47	106	商水县	34
67	新安县	52	87	鹿邑县	47	107	虞城县	33
68	栾川县	52	88	确山县	47			

参考文献

周丽:《政府信息公开诉讼中的困境与对策》,中南民族大学硕士学位论文,2012。
赵斌辰:《对我国政府信息公开的研究》,西北大学硕士学位论文,2011。
袁扬法:《政府信息公开内部监督研究》,南京大学硕士学位论文,2016。
顾俊慰:《论〈政府信息公开条例〉的意义与不足——兼论我国政府信息公开制度的构建和完善》,苏州大学硕士学位论文,2009。

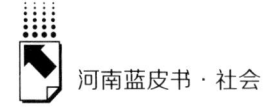

朱友刚：《服务型政府视角下的政府信息公开研究》，山东大学博士学位论文，2012。

刘小康：《政府信息公开的审视：基于行政决策公众参与的视角》，《中国行政管理》2015年第8期。

李学：《法令之后：政府信息公开经验现实的反思——基于省级〈政府信息公开报告〉文本的内容分析》，《社会科学》2011年第9期。

闫霏：《基于政府网站的政府信息公开效果评价》，《情报杂志》2012年第1期。

胡小明：《从政府信息公开到政府数据开放》，《电子政务》2015年第1期。

B.3 2016年河南省辖市应急能力评价报告*

牟笛 陈安 岳超龙**

摘　要： 本文在全面了解河南省2016年突发事件基本数据的基础上，根据应急表现能力评价原则，以各省辖市2016年实际突发事件及其应急处置为载体，考察河南省2016年各省辖市的应急表现能力。评价结果显示，洛阳、郑州等省辖市应急管理流程规范、使用了先进的管理手段，应急表现能力较强，排名靠前；许昌、周口等省辖市应急管理有明显漏洞、造成重大人员伤亡，应急表现能力较弱，排名靠后。

关键词： 河南　突发事件　应急管理　防灾减灾

一　引言

应急表现能力是指政府、组织和个人在实际发生的突发事件中应急管理行为所表现出来的基本素质。应急表现能力从准备、响应、援救、恢复的各阶段展现出来。应急表现能力直接影响应急管理活动的效率，是顺利开展应

---

* 本文为以下课题的阶段性成果：中国科协高端科技创新智库青年项目"城市灾害系统综合风险分析及其在海绵城市中的应用"（DXB-2KQN-2016-031）；中国科学院科技战略咨询研究院"国家及部门委托的有关第三方评估任务"子课题"应急管理与风险评估方法与现状研究"；国家社科基金后期资助项目"管理机制设计理论及其应用"。
** 牟笛，中国科学院科技战略咨询研究院，博士后；陈安，河南理工大学研究员、教授；岳超龙，中国科学院大学、中国科学院古脊椎动物与古人类研究所，在读博士。

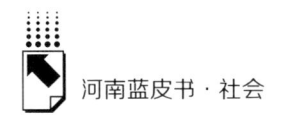

急工作的必要条件。

根据《中华人民共和国突发事件应对法》，突发事件是指突然发生，造成或者可能造成严重社会危害，需要采取应急处置措施予以应对的自然灾害、事故灾难、公共卫生事件、社会安全事件。① 除社会安全事件因分级标准难以把握而未作分级之外，其他突发事件均分为特别重大、重大、较大、一般4级。② 应急表现能力主要用于评估应急管理主体处置不同类别、不同等级突发事件的能力。

河南省共有18个省辖市，分别为安阳市、鹤壁市、济源市、焦作市、开封市、漯河市、洛阳市、南阳市、平顶山市、濮阳市、三门峡市、商丘市、新乡市、信阳市、许昌市、郑州市、周口市、驻马店市。本文在全面了解河南省2016年突发事件基本数据的基础上，根据应急表现能力评价原则，以各省辖市2016年实际突发事件及其应急处置为载体，考察河南省2016年各省辖市的应急表现能力，给出排名结果，提出应急管理建议。

二 突发事件概况

2016年，河南省自然灾害主要有低温冷冻、雪灾、洪涝、风雹、地质灾害等。共造成直接经济损失23.2亿元，农作物受灾面积18.6万余公顷，283万余人受灾，20余人死亡③。其中，六月初至七月中下旬的洪涝、风雹灾害影响最大，直接经济损失占全年的99%左右，农作物受灾面积和受灾人口均占全年的98%左右。

按照中华人民共和国国家标准《企业职工伤亡事故分类标准》，2016年河南省生产伤亡事故共涉及物体打击、机械伤害、起重伤害、触电、淹溺、灼烫、火灾、高处坠落、坍塌、冒顶片帮、火药爆炸、其他爆炸、中毒和窒

---

① 国务院法制办公室：《中华人民共和国突发事件应对法》，人民出版社，2008。
② 国务院法制办公室：《中华人民共和国突发事件应对法注解与配套》，中国法制出版社，2008。
③ 数据来源：国家减灾网，http://www.jianzai.gov.cn。

息、其他伤害14类。高处坠落和坍塌事故发生数量最多,其中高处坠落事故13起,坍塌事故12起。除7起物体打击事故外,其余事故均未超过5起(见图1)。

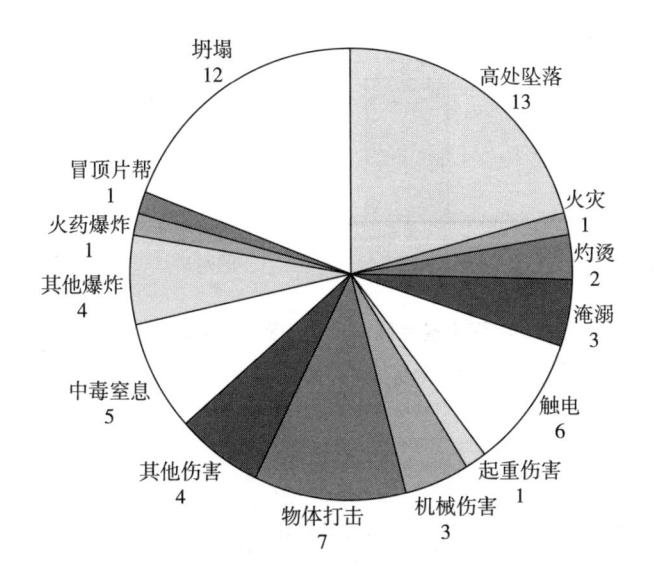

图1 2016年河南省生产伤亡事故统计

数据来源:河南安全生产网,http://www.hnsaqscw.gov.cn/viewCmsCac.do?cacId=40288177343d854301343dc2f85201d4。

公共卫生方面,2016年河南省传染病疫情近38万例,死亡1262人。基本无甲类传染病,乙类传染病以病毒性肝炎、肺结核、梅毒等发病率最高,丙类传染病以手足口病、流行性感冒、流行性腮腺炎发病率最高。艾滋病、肺结核、狂犬病、肝炎、手足口病的死亡率较高①。

2016年平均每月位于河南省的木马和僵尸网络服务器总数占全国的4.27%,全国排名4~8位;飞客蠕虫病毒占全国的5.87%,排名3~6位;被篡改的网站占全国的12.25%,排名3~4位;被植入后门的网站占全国的8.34%,排名3~5位(见图2)。

---

① 数据来源:河南省卫生厅网站,http://www.hnwst.gov.cn/cms/showsubpage.jsp?columnId=363。

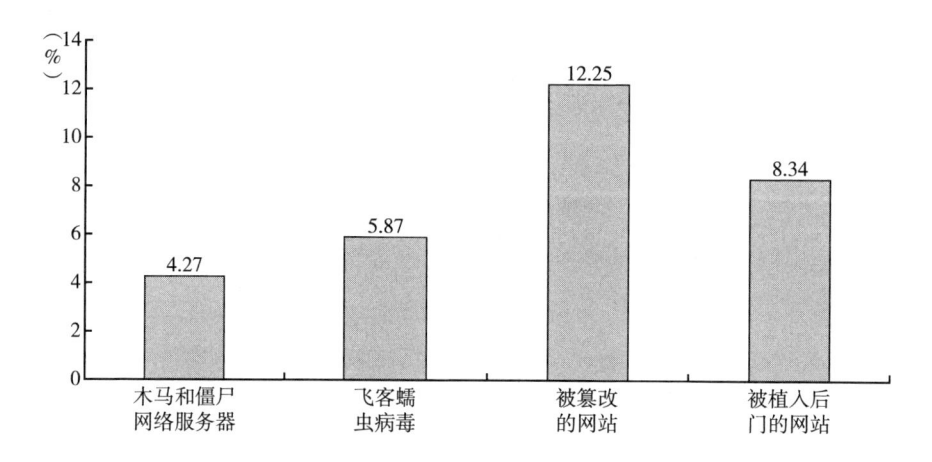

图 2　2016 年河南省互联网安全问题占全国比例（月平均）

数据来源：河南省通信管理局网站，http://www.hca.gov.cn/wlyxxaq/index.jhtml。

三　应急表现能力

（一）评价指标

本文针对应急管理的准备、响应、援救、恢复 4 个阶段分别设置评价指标（见表1）。准备阶段的评价标准主要包括是否有可操作的应急预案（A01）、是否有专业且充足的应急人员（A02）、是否有应急物资储备（A03）、是否有监测预警行为（A04）、向上级汇报及向民众发布事件信息是否及时且准确（A05）等。响应阶段的评价标准主要包括应急指挥是否协调（B01）、应急行动是否及时（B02）、应急资源调配是否合理（B03）、现场控制情况（B04）、事件原因是否明晰（B05）、媒体应对是否得当（B06）等。救援阶段的评价标准主要包括是否有现场防护措施（C01）、是否对公众进行正确指导（C02）、伤员救治情况（C03）等。恢复阶段的评价标准主要包括人员安抚情况（D01）、是否减缓事件影响（D02）、是否进行事件评估（D03）、如何改进管理措施（D04）等。

表 1　评价指标

A　准备	A01	应急预案
	A02	应急人员
	A03	应急物资
	A04	监测预警
	A05	信息发布
B　响应	B01	指挥协调
	B02	行动时效
	B03	资源调配
	B04	现场控制
	B05	事件探因
	B06	媒体应对
C　救援	C01	现场防护
	C02	公众指导
	C03	伤员救治
D　恢复	D01	人员安抚
	D02	影响减缓
	D03	事件评估
	D04	管理改进

每项指标分值范围为 1~5 分，应急表现能力强为高分值，应急表现能力差为低分值。得到总分后进行数学运算，以百分制记分。

（二）突发事件汇总

本文共统计河南省 18 个省辖市 55 起重要突发事件①。其中，安阳市 4 起、鹤壁市 2 起、济源市 3 起、焦作市 3 起、开封市 3 起、漯河市 1 起、洛阳市 4 起、南阳市 6 起、平顶山市 3 起、濮阳市 1 起、三门峡市 4 起、商丘市 2 起、新乡市 1 起、信阳市 1 起、许昌市 1 起、郑州市 12 起、周口市 3 起、驻马店市 1 起（见表 2）。

本文采取冒泡排序的方法，基于 55 起突发事件，两两比较各省辖市的

---

① 陕西省应急管理办公室网站，http：//yjb.shanxi.gov.cn/html/0/46/46.html；河南省人民政府网站，http：//www.henan.gov.cn/yjya/；河南省应急管理网，http：//www.hnsemo.com。

应急表现能力。将应急表现能力差的省辖市排名位置调后，应急表现能力强的省辖市排名位置调前。持续调整，直到没有任何一个省辖市的排名位置需要比较。

表2 2016河南重要突发事件汇总

省辖市	总数(起)	自然灾害	事故灾难	公共卫生事件	社会安全事件
安阳市	4	1	3	—	—
鹤壁市	2	—	2	—	—
济源市	3	—	3	—	—
焦作市	3	1	2	—	—
开封市	3	—	3	—	—
漯河市	1	—	1	—	—
洛阳市	4	1	2	—	1
南阳市	6	—	5	—	1
平顶山市	3	1	2	—	—
濮阳市	1	—	1	—	—
三门峡市	4	—	4	—	—
商丘市	2	—	1	—	1
新乡市	1	—	1	—	—
信阳市	1	—	1	—	—
许昌市	1	—	1	—	—
郑州市	12	—	10	1	1
周口市	3	—	3	—	—
驻马店市	1	—	1	—	—

（三）应急表现能力评价

在2016年河南省省辖市应急表现能力中，洛阳、郑州等省辖市应急表能力较强，周口、许昌等省辖市应急表现能力较差（见表3）。

洛阳市在处理7月19日一肥料厂仓库的火灾时，洛阳支队偃师大队、洛阳市消防指挥中心在接到报警后，分头赶往现场，并迅速向市政府汇报，启动重大灾害事故应急救援联动机制，调动市政府应急办、公安局、安监局、环保局等部门赶往现场增援，并且中共洛阳市委多位领导参加火灾扑救

表3 2016河南18个省辖市应急表现能力排名

排名	省辖市	排名	省辖市	排名	省辖市
1	洛阳市	7	新乡市	13	商丘市
2	郑州市	8	信阳市	14	漯河市
3	安阳市	9	濮阳市	15	驻马店市
4	鹤壁市	10	焦作市	16	开封市
5	济源市	11	三门峡市	17	周口市
6	平顶山市	12	南阳市	18	许昌市

指挥。灾情得到控制后，洛阳市政府批示，妥善处理现场遗留物质，确保不发生次生灾害；督促安监、公安等有关部门尽快查明情况，依法依规对有关人员追究责任；采取一切必要措施，确保人民群众生命安全。此次事件没有人员伤亡。其应急准备、响应、救援、恢复过程严格执行应急管理程序，各步骤有序有据，充分利用时间，将事故后果降至最低。市政府及救援队伍业务水准高，能依情况灵活制定措施，保证对紧急事件处以专业应对。这反映出洛阳市将突发事件预演、应对、处置及善后纳入日常工作计划中，但凡遇到突发事件可在第一时间采取措施，避免错失抢救的黄金时机。

郑州市作为河南省的省会城市，是区域的经济及交通中心。近年来，郑州市经济发展势头迅猛，带来了大量的人流及繁重的交通压力。面对突发事件的应急能力不仅关乎人民群众的生命财产安全，也会影响地区的社会稳定和秩序。2016年，郑州市在处理突发事件时，多次采用了先进的检测、通信设备，在保证事件得以妥善处理的情况下及时向公众通报，体现了都会城市维护社会安定的能力及信心。在事故灾难方面，5月21日，郑州市高新区一精密设备厂发生爆炸起火，并引燃相邻的服装厂。郑州消防支队接警后迅速调派26辆消防车140名官兵赶赴现场处置，历时5小时将火势全部扑灭。事故造成6人死亡、7人受伤。12月18日，郑州市新世界百货大楼发生火灾，郑州市消防支队200人到场救火、疏散，历时3小时控制住火情，现场无人员伤亡。事后，河南省公安厅、商务厅联合在全省范围内开展商场、市场消防安全专项治理活动。火灾一直是威胁城市稳定发展的重要突发事件。应对预案的有无及事件响应能力的快慢直接影响人民生命财产的挽救程度。从上述两次火灾扑救情况看出，郑州市各地区消防力量不仅响应能力突出，其专业水准也保证了能够及时控制局势，事件之后负责部门能够查漏补缺、防患未然，更体现出应对突发事件、保障人民安全的意识。公共卫生事件方面，9月12日河南确定首例输入性寨卡病毒病例，患者在危地马拉工作2月余，于当地时间9月4日出现头痛发热等情况。9月8日该患者飞抵郑州，在口岸经入境检疫筛查时，因发热出疹被怀疑感染寨卡病毒。机场检疫流程保证了病毒携带者的有效识别，避免了病毒的大范围传染。技术手段在这次全国范围的流行性病毒防治中发挥了重大作用。硬件设备齐全与否，软件的应用是否全面是社会发展新阶段中地方政府综合能力的重要体现。

安阳市地处河南省最北部，是豫、晋、冀三省交界地区区域性中心城市。安阳地势西高东低，西部系太行山东麓，东部属黄淮海平原，地形复杂多样。安阳是河南省重要的矿产资源城市之一，也是区域交通中心。复杂的地区面貌，日常化的繁重工业生产及交通压力，使得突发事件隐患激增。如何应对这一局面，不仅仅需要事件发生时的及时反应，更重要的是树立安全意识及完善的统筹规划。9月3日，安阳市林州市河顺镇马家山村村民进入水库涵洞关闭水闸时误吸毒气晕倒，4人遇难。事件发生后，林州市委市政府迅速成立处置工作领导小组，由卫生部门牵头，抽调医疗专家，抢救伤员，开展安抚救助，稳定家属情绪。及时报告上级有关部门，并组织该市水务、公安、消防、环保、农牧等单位进行了现场调查，对洞内气体进行了仪器检测，对水库水质进行采样分析，并要求公安、水利等部门，尽快查明原因。

鹤壁市位于河南省北部，是太行山东麓向华北平原的过渡地带，多条国道纵贯全境南北，国家西气东输工程、南水北调工程傍城区而过。2月28日，鹤壁市浚县一建筑材料厂锅炉爆炸，3人遇难。事故发生后，鹤壁市委、市政府主要领导要求全力抢救受伤人员，查明事故原因，处理善后事宜，并在全市开展安全生产和特种设备安全大检查，消除各种安全隐患。8

月2日，鹤壁市一房屋倒塌，1人埋压。特勤消防中队接到指挥中心派警后，10分钟之内赶到现场，成功将被困人员救出，响应迅速，救援及时。

济源市位于黄河北岸，北隔太行山与山西晋城相接，西临王屋山，南临洛阳，东接焦作。该市经济发达，矿产资源丰富，已形成能源、化工、冶金等工业生产体系。2月9日，济源市九里沟景区一悬崖有游客坠亡。壹基金救援联盟河南户外救援总队接到求救电话后与当地110、119等方面联手实施救援，游客因抢救无效身亡。事故发生后，济源市政府应急办召开专题会议，除对此次救援进行总结外，对各应急单位的合作及今后的救援训练提出了合理化建议。该事件中，社会组织在应急救援中起到了积极的作用。6月11日，济源市商业城一房屋倒塌。接报警后，王屋中队出动2车14人赶赴现场救援。事故致1死2伤。9月27日，济源市济阳公路隧道内发生车祸，4人被困车中。接警后，指挥中心调派特勤中队出动2车14人赶赴现场救援，4人获救并送往医院治疗。

平顶山市位于河南省中部，是豫中地区的中心城市。该市是中原经济区重要的能源和重工业基地，是国家重要的能源原材料工业基地、中国优秀旅游城市。4月5日，平顶山市郏县一冶炼炉爆炸，造成2死2伤。事故发生后，郏县县委、县政府主要领导带领有关部门立即赶到现场，进行事故善后、伤员救治等工作。5月31日凌晨，汝州市发生山体塌方事故，3名民工被掩埋，经抢救无效死亡。事故发生后，市、乡两级政府立即组织公安、消防、安监、卫生等部门人员抢险救援。

新乡市地处河南省北部，紧邻省会郑州。该市是中原经济区及中原城市群核心区城市之一，也是豫北的经济、教育、交通中心。7月10日，新乡暴雨中发生一起电动车仓库火灾事故，火势严峻，但无人员伤亡。该事件是由于仓库中堆满易燃物造成的，对于易燃易爆物品的管理和管制有待加强。

信阳市位于河南省东南部、淮河上游。该市为河南、安徽、湖北三省通衢，是江淮河汉间的战略要地和鄂豫皖区域性中心城市。5月14日，230国道一辆货车与中巴客车相撞，致6死24伤。市政府进行通报，并对肇事司机进行控制。

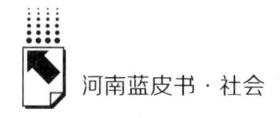

濮阳市位于河南省东北部，石油、天然气、盐、煤等资源丰富，是国家重要的石油化工基地、石油机械装备制造基地和商品粮生产基地。2月9日，濮阳市开发区一住户发生火灾，3人死亡。接警后，市消防支队派出3个中队出动12台消防车65人，迅速将火灾扑灭，现场搜救完毕。

焦作市位于河南省西北部，是华夏民族早期活动的中心区域之一。5月2日，焦作市武陟县黄河驾部控导工程，一摩托车撞到大坝防护墩上，医护人员在施救时，一辆轿车撞入现场救治人群，先后造成6人死亡，1人受伤。该事件中体现出该市在应急救援过程中在现场防护方面存在明显不足。5月23日，焦作一民房发生建筑倒塌，3人在施工过程中被掩埋。焦作中站区消防大队接到指挥中心调度后到达现场，经过4个多小时的营救，3名被困人员被成功救出。在救援过程中，焦作市副市长宫松奇到达现场指挥，共有10辆消防、50余名消防官兵参与了救援，应急资源充分。7月19日，焦作市出现强降雨天气，导致63人被困。焦作市迅速启动抗洪抢险应急救援机制，开展紧急救援，与沁阳市领导一同分析研判汛情，指挥救援工作，要求全力以赴确保群众生命财产安全，历时2个多小时将被困人员全部营救上岸。该事件体现了多区域的联防联动，应急协调性良好。

三门峡市位于河南西部，是多省交界的经济、文化中心。9月19日，三门峡市陕州区境内310国道张茅段下岭后村一装汽油的槽罐车发生侧翻，无人员被困，罐内汽油出现泄漏。事故发生后，陕州区安监、民警、路政等部门到现场成立临时联合指挥部，陕州中队出动两辆水罐消防车赶赴现场处置。

南阳市位于河南省西南部，是豫陕鄂区域性中心城市、河南省域次中心城市。该市为豫西南政治、经济、文化、科教、交通、金融和商贸中心。2016年2月29日午间，南阳市一中门口，一车辆失控冲向学生，致1死10伤。事件发生后，市一中教师和学生一边报警，一边开展现场营救，逐班级核实有关情况，稳定学生情绪，加强保卫防范。犯罪嫌疑人及其他相关人员被公安机关抓获，南阳市公安局官方微博通报。7月20日，南阳市新野县沙河桥梁被上游冲下的两条采砂船撞断。断桥现场没有任何警示标志，夜晚非常危险。2016年9月3日是南阳市方城县七峰山景区玻璃栈桥的第一个开放日，因景区免费造成游客爆棚，致使景区周边交通拥堵和人员滞留。不到10点就已经出现部分游客滞留山顶的情况，18时左右玻璃栈桥已经封闭，应急准备明显不足。

商丘市位于河南省最东部，豫鲁皖三省交界处，是河南省最大的煤炭能源基地和淮海经济区核心区共同体城市。7月23日，永城市日月湖景区发生一起不明物爆炸案，造成5名市民不同程度受伤。永城市公安局一边对伤者全力抢救，一边迅速组织民警连夜侦查。但至7月26日仍未有明确结果。

漯河市位于河南省中南部，曾是"内陆经济特区"，是中国首个"食品名城"。3月29日16时许，漯河市临颍县黄帝庙乡靳庄村北头的十字路口，一辆红色越野车与一辆120救护车相撞，5死2伤。

驻马店市位于河南中南部，多条国道纵贯南北。8月14日，驻马店市一游泳馆冲洗间内，因工作人员提前用三氯异氰尿酸消毒片配兑消毒剂所致氯气弥漫，20多名泳客中毒被送往医院。游泳馆积极配合医院对患者进行救治，承担所有费用及因此造成的一切后果。该事件反映出该市对于从事危化品相关工作人员的培训力度不足，应予以加强。

开封市位于河南省中东部，是中原经济区的核心城市之一。9月6日，开封市日兰高速公路发生一起追尾事故，1人被困。交通大队迅速出动救援编队、灭火编队及20名现役官兵前往处置，同时调集固阳镇政府专职消防队两辆水罐消防车前往增援。但因事故现场火势凶猛，高速道路上聚集众多车辆，并且将应急通道堵死，消防大队到场事件延误。在解救被困人员时，第一事故现场后方8公里处又发生一起追尾事故，2名人员被困。该事件反映出该市在应急处理过程中救援力度不够、现场防护不足。

周口市位于中国河南省东南部，交通四通八达，已形成了以食品加工、纺织服装、医药化工为支柱，以电力、机械、皮革皮毛为特色的门类齐全的工业体系。4月28日，省道周口市淮阳县郑集乡境内，一接送学生的车辆与重型半挂车辆发生碰撞，造成1人死亡，14人受伤。淮阳县公安局进行

通报,司机和校方负责人均已被警方控制。6月28日,周口市太康县5名学生在水塘边玩水,不慎溺水,4人身亡。该事件体现出该市对于公共设施的防护能力不足,应加大应急准备工作。11月14日,周口市一国道发生车祸事故,致1人被困。接到报警后,鹿邑大队消防官兵立即奔赴现场展开营救。经过15分钟的救援,被困者被救出,并交由现场医护人员进行救治。

许昌市位于河南省中部,是中原城市群和中原经济区核心城市之一。1月25日,长葛市一座危桥在破拆施工时发生坍塌事故,2名工人被埋。该桥位于长葛市的主干道上,长期严重影响交通。2010年鉴定为危桥,2016年才予以拆除。该事件反映出,许昌市相关机构对于市区规划不完善,施工过程中的防护也明显不足。

四 结语

在2016年河南省18个省辖市应急表现能力评价中,洛阳、郑州等省辖市应急管理流程规范,使用了先进的管理手段,应急表现能力较强,排名靠前;许昌、周口等省辖市应急管理有明显漏洞、造成重大人员伤亡,应急表现能力较差,排名靠后。

从2016年整体来看,洪涝、风雹灾害使河南省遭受重大经济损失,人员伤亡惨重;火灾灾情较为突出;部分省辖市在应急准备、响应、救援阶段仍存在明显不足。在2017年工作中,对于自然灾害事件,应加强预警预报工作,推广防洪、防雹技术,完善防灾减灾设施。对于事故灾难,针对不同类型的事故灾难应建立成熟、完善的处置机制,对具体工作人员进行技能培训,提高民众应对能力。对于公共卫生事件,应利用已有的先进设备,紧密联防,防止事件影响扩散。对于社会安全事件,应及时控制现场,保护民众的人身财产安全。此外,除郑州市外,河南其他省辖市突发事件曝光程度均较低,应提高全省应急管理工作的通报力度,充分发挥媒体、公众的监督作用。

参考文献

田依林:《城市突发公共事件综合应急能力评价研究》,武汉理工大学博士学位论文,2008。

孙宁宁:《城市突发公共事件应急能力评价指标体系研究》,大连理工大学硕士学位论文,2009。

薛寅:《城市灾害心理救援应急能力评价研究》,哈尔滨工业大学硕士学位论文,2015。

宋英华:《基于熵权模糊法的公众应急能力评价研究》,《科研管理》2014年第12期。

郭太生、寇丽平:《重点单位突发事件应急能力评价指标体系研究》,《中国人民公安大学学报》2010年第6期。

荣莉莉、杨永俊:《一种基于知识供需匹配的预案应急能力评价方法》,《管理学报》2009年第12期。

改善民生与共享发展

Report on Improve People's Livelihood and Share Development

B.4 河南城乡居民收入分配问题研究报告

任晓莉*

摘　要： 近年来，河南以城乡统筹、区域协调为方向，以适应、把握和引领新常态为大逻辑，不断做大共享的"蛋糕"，百姓共享的成果不断扩大，获得感不断增强，全省城乡居民收入水平持续提升，收入差距问题得到有效缓解，不仅实现了农民收入增速多年来对城镇居民的赶超，而且城乡居民收入差距呈不断缩小的态势，且收入差距悬殊度低于全国平均水平。今后河南的发展在于准确把握新阶段经济变化和未来发展要求，正视居民收入分配中出现的困难和问题，采取具有针对性的改革措施，提升居民收入水平，破解共享发展难题，既通过改革把"蛋糕"做大，又通过改革把蛋糕分好，实现经

---

* 任晓莉，河南省社会科学院区域经济研究中心研究员。

济社会良性发展。

关键词： 收入分配　城乡居民收入　分配差距

近年来，为使发展成果更多更公平惠及全体人民，朝着共同富裕方向稳步前进，河南省采取了一系列有利于提高收入水平、缩小收入差距的制度和政策，促进就业创业和居民收入增长，持续增加城乡居民尤其是中低收入劳动者收入，使城乡居民收入不断增长，收入分配差距逐步缩小。在进入经济新常态的新形势下，如何面对新阶段经济变化和未来发展要求，正视收入分配中出现的困难和问题，继续保持居民城乡收入差距缩小的势头，更好地解决民生问题，走共同富裕道路，是摆在河南各级政府面前的重大现实问题。

一　河南城乡居民收入分配变化的典型化事实

近年来，河南进一步彰显共享理念，围绕经济发展为了全体人民共同富裕的根本目标，持续加快富民强省步伐，共享的蛋糕做得更大，共享的成果更加丰厚。全省城乡居民收入持续增加，人民的获得感更加提升，社会事业全面发展，经济社会开始逐步实现从"单一经济发展"到"经济与社会的全面发展"，从"重物轻人"到"以人为本"的战略转型，关注民生、关注实现共享发展、关注人民的"生活质量"成为河南经济社会发展的出发点和落脚点。在经济发展取得巨大成就的同时，全省城乡居民收入水平不断上升，收入差距问题不断缓解，经济社会持续发展的活力不断增强。

（一）全省居民参与国民收入分配的份额保持上升势头

保持居民收入较快增长，并在国民收入分配中占合理比重是建设共享社会，实现社会公平的重要举措。多年来，随着经济的快速发展和经济体制改革不断深化，全省居民收入在国民收入中的比重保持上升势头，促进了经济发展和人民生活水平的提高。我们根据2010~2015年全省城镇居民人均可支配收入、农村居民人均纯收入、全省城镇居民人口数和农村居民人口数进行粗略估算，计算出全省全部居民收入总量，进而计算出居民收入占GDP的总量，分析其占GDP比重的变化趋势。总体来看，河南居民收入在国民收入分配中所占份额总体上保持不断上升的势头。2011~2015年连续出现较显著的增长，占比分别达到44.17%、46.29%、44.56%、47.90%和49.62%（见表1）。说明河南省高度重视民生改善和居民收入的增长，采取的一系列增加居民收入的措施取得了显著成效。特别是2015年，河南居民收入在国民收入分配中所占份额接近50%。2016年，河南经济稳中有进，经济的"蛋糕"进一步做大，GDP突破4万亿元大关，居民收入和占国民收入分配的份额将进一步提高。

表1 2008~2015年河南居民收入占GDP的比重变化

单位：亿元，%

年份	GDP总量	全省全部居民收入			全部居民收入占GDP的比重
		合计	城镇居民总收入	农村居民总收入	
2008	18019	7554	4728	2826	41.92
2009	19480	8385	5401	2984	43.05
2010	23931	9987	6455	3532	41.73
2011	26931	11896	7742	4154	44.17
2012	29599	13712	9144	4568	46.29
2013	32156	14328	9279	5049	44.56
2014	34938	16734	11407	5327	47.90
2015	37002	18361	12847	5514	49.62

资料来源：据各年度《河南统计年鉴》相关数据计算整理。

（二）全省城乡居民收入差距继续呈缩小态势

城乡居民收入差距大、农民收入水平低是河南特色二元结构的重要特征和矛盾所在，多年来，河南"以促进农民增收为核心"，采取了一系列制度和政策，加大统筹城乡发展力度，使城乡居民收入差距出现逐年缩小的趋势。10年来，除个别年份外，农民收入增速连续超过城镇居民收入增速，特别是近5年，全省农民收入增速加大，农民收入增速平均每年超过城镇居民收入增速4个百分点，城乡收入差距倍差由2003年的3.02下降到2015年的2.35（见表2）。同时，河南城乡人均收入倍差继续低于全国平均水平，2015年河南城乡居民人均收入倍差只有2.35，而同期全国为2.73，说明河南城乡居民收入差距比低于全国平均水平，城乡居民之间的收入差距悬殊度低于全国平均水平。

表2　2005~2015年河南及全国城乡居民收入占比变化态势

单位：元，%

年份	城镇居民人均可支配收入		农村居民人均纯收入		河南城乡居民人均收入之比	全国城乡居民人均收入之比
	金额	增长率	金额	增长率		
2005	8668	12.50	2871	12.46	3.02∶1	3.22∶1
2006	9811	13.19	3261	13.58	3.01∶1	3.28∶1
2007	11478	16.99	3852	18.12	2.98∶1	3.33∶1
2008	13231	15.27	4454	15.63	3.42∶1	3.31∶1
2009	14372	8.62	4807	7.93	2.99∶1	3.33∶1
2010	15930	10.84	5524	14.91	2.89∶1	3.23∶1
2011	18195	14.21	6604	19.55	2.76∶1	3.13∶1
2012	20443	12.36	7525	13.95	2.72∶1	3.10∶1
2013	22398	9.56	8475	12.62	2.64∶1	3.03∶1
2014	23672	5.68	9966	17.59	2.37∶1	2.97∶1
2015	25576	8.04	10853	8.90	2.35∶1	2.73∶1

资料来源：据相关年度《河南统计年鉴》《中国统计年鉴》相关数据整理。

（三）农民收入增长持续快于城镇居民收入增长

从2006年至今，河南农村居民人均收入增速持续高于城镇居民人均收入，延续了城乡居民收入之比缩小的势头，成为2016年河南经济社会发展的一大亮点。近年来，河南农民收入实现快速增长的原因在于农民外出务工

人数增加、工资上涨。与此同时，河南一系列强农惠农富农政策力度大、含金量高。此外，农民收入的多元化增长态势也越来越明显。工资性收入成为农民增收的最大动力来源。农民外出务工数量继续增加，工资水平稳步提高，工资性收入对农民增收的贡献率高达50%以上。这也显示，依靠市场的力量、依靠农民转移就业的推动，实现了农民收入增速对城镇居民的赶超。

二 河南城乡居民收入分配存在的差距与问题

河南城乡居民收入保持了稳步的增长，全省居民享受到了共享发展理念下所带来的改革成果，收入差距也呈逐步缩小的态势。但是，与全国部分省份相比，仍然存在城乡居民收入水平整体不高且低收入人数较多，省内城乡之间、区域间的收入差距比较突出等问题。

（一）与全国及典型省份相比仍存在较大差距

2015年全国城镇居民人均可支配收入为31195元，农村居民人均可支配收入为11422元，同期，河南省城镇居民人均可支配收入为25576元，农村居民人均可支配收入为10853元，河南城镇和农村居民的人均可支配收入均不及全国平均水平，分别是其81.9%和95%。农村居民人均可支配收入接近全国平均水平，值得欣慰，这也印证了我们前面对河南农村居民收入增长快于城镇居民收入增长的结论。为了进一步检验河南居民的人均收入水平，我们分别选取了浙江、江苏、广东、山东、湖北、湖南、陕西和四川等典型省份进行比较。这些省份分别来自中、东、西部地区，与这8个典型省份相比，河南城镇居民人均可支配收入排最后，只达到第一名浙江省的58%，河南农村居民人均可支配收入排第7位，只达到第一名浙江省的51%（见表3）。河南居民收入水平总体上与人均收入最高的浙江省相比，只及浙江省的50%左右。河南追赶的任务还很繁重。

表3 2015年河南省与典型省份居民收入对比

省份	城镇居民人均可支配收入		农村居民人均可支配收入	
	金额(元)	排序	金额(元)	排序
全国	31195		11422	
河南	25576	9	10853	7
浙江	43714	1	21125	1
江苏	37173	2	16257	2
广东	34757	3	13360	3
湖北	27051	6	11844	5
湖南	28838	5	10993	6
山东	31545	4	12930	4
陕西	26420	7	8689	9
四川	26205	8	10274	8

资料来源：根据相关省份《2015年国民经济和社会发展统计公报》整理。

（二）全省区域间居民收入差距没有明显改善

区域之间收入分配的差距是全省经济运行中存在的突出问题。从绝对差距来看，全省各地区城乡居民收入分配的差距没有明显的改善。2015年，河南城镇居民人均收入水平只有5个省辖市在全省平均水平（25576元）以上，分别是郑州（31099元）、洛阳（28686元）、济源（26532元）、安阳（26513元）和平顶山（25592元）。其中郑州市城镇居民收入是全省平均水平的1.2倍，其他四市城镇居民收入水平均接近全省平均线。而位居全省后三位的驻马店、信阳和周口城镇居民收入分别只达全省平均水平的0.88%、0.87%和0.82%。全省农村居民人均纯收入为10853元，其中，郑州、济源、焦作、许昌、鹤壁、漯河、新乡、安阳、三门峡农村居民人均纯收入居全省平均线以上（见表4），而农业传统大市驻马店、商丘和周口列全省后三位，即第16、17、18位，分别只达全省平均水平的0.84%、0.82%和0.79%。城乡居民收入与当地经济发展水平呈正相关，排序也基本一致，这说明要提高当地城乡居民收入水平的核心和根本还是发展经济，做大"蛋糕"。

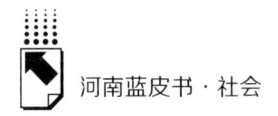

表4 2015年河南省辖市城乡居民人均收入排序

省份	城镇居民人均可支配收入		农村居民人均纯收入	
	金额（元）	全省排序	金额（元）	全省排序
全　省	25576	—	10853	—
郑　州	31099	1	17125	1
开　封	22923	15	10304	13
洛　阳	28686	2	10667	11
平顶山	25592	5	10450	12
安　阳	26513	4	11721	8
鹤　壁	24540	12	12995	5
新　乡	25349	6	11772	7
焦　作	25236	7	13751	3
濮　阳	24928	10	9790	15
许　昌	25225	8	13355	4
漯　河	24755	11	11980	6
三门峡	23825	13	11084	9
南　阳	25140	9	10777	10
商　丘	23572	14	8885	17
信　阳	22434	17	9844	14
周　口	21019	18	8576	18
驻马店	22608	16	9174	16
济　源	26532	3	14469	2

资料来源：《河南统计年鉴（2016）》。

（三）行业收入分配差距仍比较突出

2015年河南行业职工平均工资排名前4位的分别为金融业、电力燃气及水供应业、信息传输业、采矿业。它们的工资分别是全省平均工资的1.64倍、1.45倍、1.34倍、1.07倍。排名后5位的行业分别为住宿和餐饮业、农林牧渔业、批发零售业、建筑业和制造业，它们的工资分别为全省平均工资的75%、87%、88%、90%、91%（见表5）。总的来看，全省行业收入具有几个特征：一是具有垄断性或带有较明显垄断性的行业平均工资普遍较高，如金融类行业、电力燃气及水供应业等；二是具有高新技术特征的行业平均工资较高，如信息传输业等；三是农林牧渔业与大部分制造业、采掘业等基础性产业和弱质行业的平均工资偏低；四是市场竞争比较充分的行业平均工资较低，如餐饮业等。

表5　2015年城镇人员平均工资排序

单位：元，%

行业	金额（元）	与全省平均工资之比
全省平均	45403	—
金融业	74441	164
电力、燃气、水	65713	145
信息传输业	60671	134
采矿业	48777	107
制造业	41338	91
建筑业	41283	90
批发零售业	39990	88
农林牧渔业	39941	87
住宿餐饮业	33854	75

资料来源：《河南统计年鉴（2016）》。

未来几年，河南居民收入差距仍会处在中高位徘徊状态，既不会出现明显扩大也不会出现明显缩小的趋势。其实，在市场经济条件下，因发展的基点不同、条件不同，在不同行业、地区、人群间出现一定的收入差距是正常的，有一定的合理性，尤其是在诚实劳动和市场环境公平的前提下，人们的收入有差距，都是社会能够接受的，如对教育投资较多的人能获得更为优厚的职业待遇等。

三　解决收入分配问题的对策选择

"十三五"规划建议提出，到2020年国内生产总值和城乡居民人均收入比2010年翻一番，实行有利于缩小收入差距的政策，明显增加低收入劳动者收入，扩大中等收入者比重。中共河南省委九届十一次全会强调"推进共享发展，迈向幸福新生活"，指出了全面建成小康社会的出发点和落脚点。在共享理念指导下，收入分配问题的解决主要集中于三大方面：一是通过各种制度安排，着眼于做大蛋糕；二是通过恰当的收入分配方案设计，让收入的天平更多倾向于重点人群和普通民众；三是重点解决和缩小那些由于机会不平等、资源分配不均衡以及权力寻租造成的不合理的收入差距。

（一）千方百计做大蛋糕，实现共享发展

收入增长的核心在于经济持续增长，所以要深入贯彻和积极落实河南省委省政府的各项决策部署，主动适应和把握经济发展新常态，一方面采取更加有效有力的稳增长、调结构措施，保持全省经济稳中有进、稳中向好的发展态势，不断提高经济发展的数量和质量；另一方面加快收入分配制度改革，致力于缩小行业收入差距、城乡劳动力收入差距、权利收益差距、财产占有差距、体制性收入差距等，从而为提高居民收入，扩大共享面、增强共享力、提升共享度打下基础。

（二）促进城乡一体化，实现公共服务均等共享

当前，河南经济社会发展正处于关键转型期，必须加快从不平衡发展向统筹兼顾、协调发展转变，实现城乡区域协调平衡发展，逐步缩小城乡居民之间在公共服务、社会保障方面过大的差距。既要不断提高城乡居民基本公共服务均等共享水平，同时也要注意尽力而为，防止将公共服务均等化等同于绝对平均化，确保城乡区域协调发展、基本公共服务均等共享。要采用政府主导的方式，把工业与农业、城镇与乡村、城镇居民与农村居民作为一个整体，统筹谋划、综合研究，通过体制改革和政策调整，促进城乡在规划建设、产业发展、市场信息、生态环境保护、社会事业发展等的一体化，实现城乡在政策上的平等、产业发展上的互补，公共服务上的一致，实现城乡经济社会全面、协调、可持续发展。

（三）以创业带就业，扩大增收渠道

就业是增收之本，也是共享发展之本。"十三五"时期，作为人口大省，河南就业任务十分繁重，不仅总量压力巨大，而且劳动力技能水平与市场需求不匹配、劳动力供给与需求失衡的结构性矛盾也很突出。河南要实施更加积极的就业政策，选择有利于扩大就业的经济发展战略，实现经济发展与扩大就业良性互动。在保持经济竞争力的同时，大力发展新业态、新产业和就业容量大的行业，创造更多就业岗位，同时加强职业技能培训，加强就业援助，帮助就业困难者就业，提高劳动者就业能力。为此，要进一步落实和完善援助政策措施，将日常援助和集中援助相结合，提高针对性和有效性，通过鼓励企业吸纳、公益性岗位安置等多种渠道帮助就业困难人员尽快就业，确保零就业家庭动态清零。加大创业宣传力度，营造鼓励创业、宽容失败的社会氛围，培育创业文化，让大众创业、万众创新蔚然成风。

（四）增加教育资源，提升教育资源共享水平

教育作为重大民生，关乎千家万户，关系每个人的发展和未来的生活。目前，教育发展不平衡问题仍然存在。城乡、区域、群体、校际之间教育差距仍然比较显著。应当把共享作为发展的重要原则在教育领域认真加以践行，特别是要解决好突出的城乡教育不公问题，实现教育资源的均衡配置，政府教育拨款多向农村倾斜，逐步消除城乡教育投入上的差距。同时为解决优质教师短缺问题，实行城乡优质教师轮换制度，使城乡教师在互动中逐步缩小能力和水平差异；鼓励更多优质教师到农村薄弱学校任教，并为此配备专项经费。另外，要加大农村教育投入，加强农民工职业培训，防止农村贫困人口因教育短缺而造成贫困代际传递。

（五）加快完善分配体系，着力推进分配体制改革

深化工资分配制度改革，以提高劳动报酬在初次分配中的比重为重点，提高最低工资标准；健全工资水平的决定机制，使工资水平与生产力发展相

适应；建立工资的正常增长机制，工资增幅与劳动生产率提高科学挂钩；完善最低工资增长机制，保障处于弱势地位的劳动者权利；继续深化财税体制改革，提高个人所得税起征点，依据纳税人实际能力征收，依据个人收入净所得征纳，建立综合与分类相结合的个人所得税制；加快推进社会保障制度改革，着力解决最低生活保障、基本医疗、基本养老、住房需求等问题，完善城乡居民最低生活保障制度；建立新型社会救助体系，逐步形成以最低生活保障为基础，以养老救助、医疗救助、教育救助、住房救助、被征地农民的生活救助、司法救助等专项救助为支撑，以社会互助、社会帮扶为补充，与经济社会发展相适应、覆盖城乡的新型社会救助体系，基本实现困难群众及困难问题全覆盖。

参考文献

彭腾、詹博：《城镇化的城乡居民收入分配效应》，《广西社会科学》2016年第11期。

陈学法、丁浩：《江苏城乡居民收入差距的现状、原因与运行趋势》，《江苏师范大学学报》（哲学社会科学版）2016年第11期。

兰敏：《城乡居民收入差距纾解之道》，《人民论坛》2016年第10期。

温涛等：《城乡居民收入差距的时空演化与区域差距——基于收入结构的视角》，《当代经济研究》2012年第11期。

马斌、张富饶：《城乡居民收入差距影响因素实证分析》，《中国农村经济》2008年第2期。

张红宇：《城乡居民收入差距的平抑机制：工业化中期阶段的经济增长与政府行为选择》，《管理世界》2004年第4期。

B.5
河南省就业结构性矛盾问题研究报告

闫 慈*

摘　要： 就业问题始终是当前社会发展中的核心问题，是经济、民生、教育等诸多社会运转环节中的重中之重。河南省作为人口大省，只有保证劳动就业市场的稳定有序，才能促进社会的良性发展。目前，河南省就业环境基本良好，但存在着一定的就业结构性矛盾问题，必须要吸纳社会各方面力量，加快转变经济发展方式，依靠科技创新、提高劳动者素质、转变管理模式等手段着力推动自主创业，同时打破政策壁垒，全力扩大就业机会，提高就业质量，进一步加快河南省由人口资源大省转变为人力资源强省的步伐。

关键词： 河南　就业　结构性矛盾

在经济下行压力持续加大、产业结构调整的大背景下，河南省就业形势总体保持平稳，但同时结构性矛盾依然突出，严重制约着就业问题的解决。

一　河南省就业结构性矛盾现状

近年来河南省经济持续稳步发展，随着经济规模的扩大，就业机会也逐渐增多。2016年1～6月城镇新增就业73.15万人，完成全年任务的

---

* 闫慈，河南省社会科学院社会发展研究所实习研究员。

73.15%，同比增长1.66%；失业人员再就业25.07万人，完成全年任务的71.63%，同比增长0.79%；就业困难人员实现就业8.68万人，完成全年任务的72.33%，同比下降2.69%。农村转移劳动力新增53万人，开展农民工培训39万人。目前全省累计转移就业2867万人。虽然人力资源市场供求基本平衡，但供求不对接、不匹配的问题却越来越严重，2016年前6个月进入全省公共人力资源市场招聘的企业提供岗位86.1万个，登记求职人员84.4万人，求人倍率为1.02，但就业达成率一直在30%以下，供需匹配度较低；高技能人才的求人倍率大于3。据监测数据提供，河南省111家招聘企业上半年提供技术岗位3205个，但实际只招聘到923人，就业达成率仅为28.8%。这反映出河南省就业矛盾依然突出，其中就业结构性矛盾已成为影响河南省就业的主要因素。

（一）影响就业规模的持续扩大

就业结构性矛盾影响就业规模的扩大，主要表现在对低端产业的调整和高端产业的发展两方面。受经济结构调整的影响，一些传统行业和劳动密集型行业在面临淘汰落后产能、产业结构升级的压力下，必然挤压流转出大量低端劳动力，出现大批失业人群，从而对就业规模造成影响。比如，2015年河南省淘汰落后产能焦炭90万吨、电力72万千瓦、化纤0.5万吨，涉及7家企业。特别是受经济下行压力影响，河南煤炭、钢铁、电解铝等传统产业经营困难，企业开工不足甚至停工。以平煤、郑煤为例，虽然没有出现大量裁员，但已采取减员增效措施，实行轮岗或减薪工作，甚至部分停工放假，只发生活费，面临隐性失业显性化风险，稳岗压力逐步加大。据对全省2196家企业监测，截至2015年9月底，有698家企业出现不同程度的岗位流失，占监测企业总数的31.8%。与此同时，河南省战略性新兴产业正在启动发展，但由于高素质专业人才和技能人才的匮乏，造成劳动力结构中高层次人才严重不足，一定程度上又制约了新兴产业的就业规模。

（二）影响就业质量的提高

随着就业结构性矛盾的不断加剧，严重影响着就业质量的提升。一是结构性矛盾引发市场供需严重不匹配，抬高了创业门槛，制约了创业环境，带给初始创业者更多的困难。二是结构性矛盾影响就业素质的提高，一部分高学历、高素质人才和怀揣"特长"的劳动者难以在实际工作岗位中实现自我价值，从而挫伤了他们的就业积极性和进一步提高自身素质的愿望。在就业结构性矛盾的影响下，高校毕业生求职难度增加，更易产生实际值与期望值不对等的情况，部分毕业生在就业市场中竞争力相对较弱，只能在一些低端产业解决就业问题，一定程度上也影响了其就业素质的持续提升。三是结构性矛盾影响从业标准的实施，结构性矛盾所导致的市场不平衡，从总体上弱化了求职者的市场主体地位，部分企业降低劳动标准招用职工，从而影响了就业质量的提升。

（三）影响经济的转型和产业的调整

就业结构性矛盾的加剧，还会影响和制约经济转型与产业调整转变。经济发展方式，就是要从主要依靠制造业向三次产业协调发展转变，产业调整则是要大力发展一批新兴产业，升级一批传统产业，淘汰一批落后产能。从河南三产结构来看，2015年河南第二产业比全国平均水平高出7.9个百分点，而第三产业则比全国平均水平低10.3个百分点（见表1），产业转型升级压力巨大。产业结构调整必然伴随着劳动力结构的调整，如果就业结构性矛盾加剧，人往哪里去的问题解决不好，也必然会拖累甚至反过来影响产业结构的调整。这种影响主要体现在三个方面：一是发展新兴产业面临的高素质劳动力的短缺问题。河南正在开启实施战略性新兴产业，但高素质专业人才和技能人才的匮乏是其间遇到的最大难题。二是传统产业改造带来的劳动力的转移安置困难问题。难点在于如何全面提升传统产业从业人员技能水平，妥善实现安置。三是构建现代服务业面临的大学生整体能力不足的挑战。近些年来，河南省服务业虽有稳步增长，但现代服务业整体发展水平还有待提高。

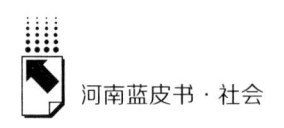

表1 2015年河南三产比重与全国比较

单位：%

	第一产业	第二产业	第三产业
全国	9.0	40.5	50.5
河南	11.4	48.4	40.2

二 当前就业结构性矛盾分析

（一）产业结构变动对就业结构影响日益突出

1. 河南省就业结构现状分析

伴随河南省产业结构调整，河南省就业结构也随之不断发生变化。第一产业占GDP的比重从2000年的23%下降到2015年的11.4%，下降11.6个百分点，相应地第一产业从业人员从2000年的64%下降到2015年的39%，降低25个百分点；第二产业产值比重先升后降，从2000年的45.4%上升到2008年的55.9%，随后又下降到2015年的48.4%，但第二产业对就业的吸纳能力则一直处于上升态势，从2000年的17.5%到2013年的31.9%，增加14.4个百分点（2014~2015年略有下降）；第三产业产值比重稳中有升，从2000年的31.6%上升到2015年的40.2%，就业结构比重则从2000年的18.5%上升到2015年的30.2%，增加11.7个百分点（见表2）。以此可以得出如下结论：一是河南省的产业结构与就业结构具有很不相称的特点，就业结构调整滞后于产业结构调整，由此反映出河南省的就业结构性矛盾；二是随着第一产业产值比重不断下降，其就业结构比重也在逐年下降，但依然偏高；三是近几年第二产业产值比重逐步下降，但就业需求比重未见减少；四是第三产业产值比重增长缓慢，但从业人员占比逐年加大，对于改善就业结构、扩大就业容量起到了积极作用。

表2 2000~2015年河南省产业结构和就业结构比重比较

单位：%

年份	产业结构比重			就业结构比重		
	第一产业	第二产业	第三产业	第一产业	第二产业	第三产业
2000	23.0	45.4	31.6	64.0	17.5	18.5
2001	22.3	45.4	32.3	63.0	18.1	18.9
2002	21.3	45.9	32.8	61.5	18.8	19.7
2003	17.5	48.2	34.3	60.2	19.6	20.2
2004	19.3	48.9	31.8	58.1	20.4	21.5
2005	17.4	51.8	30.8	55.4	22.1	22.5
2006	15.1	53.8	31.0	53.3	23.6	23.0
2007	14.4	54.3	31.3	50.6	25.8	23.7
2008	14.5	55.9	29.7	48.8	26.8	24.4
2009	13.9	55.1	31.0	46.5	28.2	25.4
2010	13.8	55.5	30.6	44.9	29.0	26.1
2011	12.8	55.1	32.1	43.1	29.9	27.0
2012	12.5	53.7	33.8	41.8	30.5	27.7
2013	12.3	52.0	35.7	40.1	31.9	28.0
2014	11.9	51.0	37.1	40.7	30.6	28.7
2015	11.4	48.4	40.2	39.0	30.8	30.2

数据来源：2000~2014年数据来自《河南统计年鉴（2015）》，2015年数据来自河南省统计局内部资料。

2. 河南省三次产业就业结构偏离度分析

为更深入地考察三次产业对劳动力就业影响的情况及就业增长的变动趋势，我们采用就业结构偏离度概念，来测量就业结构与产业结构的偏离程度。其公式表达如下：就业结构偏离度 =（某产业计算期GDP的比重/同期该产业从业人员比重）-1。当数值等于0时，表明产业结构和就业结构完全协调一致；当数值小于0时，表明该产业人力资源供给过多，绝对值越大说明人员冗余越多，需要及时从该产业转移出部分人员；当数值大于0时，表明该产业人员供给不足，绝对值越大说明人员越紧缺，应该及时引进。

测量结果表明，第一产业就业结构偏离度一直小于0，且在-0.7左右保持稳定，表明第一产业存在大量劳动力亟待转移；第二产业就业结构偏离度呈逐年下降趋势，但绝对值普遍大于第三产业偏离度，表明第二产业依然是吸引劳动力就业的生力军；第三产业就业结构偏离度先降后升，表明近年来第三产业对人力资源的需求越来越旺盛（见表3）。

表3 2005~2015年河南省三次产业就业结构偏离度

年份	第一产业	第二产业	第三产业
2005	-0.686	1.344	0.369
2006	-0.717	1.280	0.348
2007	-0.715	1.105	0.321
2008	-0.703	1.086	0.217
2009	-0.701	0.954	0.220
2010	-0.693	0.914	0.172
2011	-0.703	0.843	0.189
2012	-0.701	0.761	0.220
2013	-0.693	0.630	0.275
2014	-0.708	0.667	0.293
2015	-0.708	0.571	0.331

数据来源：2005~2014年数据来自《河南统计年鉴（2015）》，2015年数据来自河南省统计局内部资料。

3. 细分行业就业结构偏离度

从具体行业来看，农林牧渔业就业结构偏离度普遍小于0，且稳定在-0.7左右，表明农村大量劳动力急需转移；工业就业结构偏离度普遍大于1，但呈逐渐下降趋势，一方面表明就业人员供给严重不足，另一方面也表明工业对于就业吸引力逐渐减弱；建筑业就业结构偏离度小于0，且绝对偏离度呈上升趋势，说明建筑业对于劳动力的需求处于饱和状态；交通运输、仓储和邮政业以及住宿和餐饮业就业结构偏离度逐渐减弱，趋于均衡状态；批发和零售业就业结构偏离度有升高趋势，预示劳动力过剩有待转移；金融业与房地产业均大于0，说明两者劳动力供给严重不足，其原因在于近几年金融市场的飞速发展和房地产市场的不断升温，使这两个行业对人才的需求愈发旺盛（见表4）。

表4 2005~2014年河南省具体行业就业结构偏离度

年份	农林牧渔业	工业	建筑业	交通运输、仓储和邮政业	批发和零售业	住宿和餐饮业	金融业	房地产业
2005	-0.678	2.252	-0.260	0.785	-0.041	0.307	3.649	19.143
2006	-0.692	2.163	-0.336	0.794	-0.139	0.336	3.889	17.600
2007	-0.708	2.016	-0.438	0.677	-0.223	0.360	4.154	16.529
2008	-0.704	2.010	-0.471	0.620	-0.296	0.317	4.081	12.842
2009	-0.694	1.792	-0.427	0.212	-0.272	0.023	5.763	11.800
2010	-0.686	1.767	-0.465	0.071	-0.297	-0.047	6.744	10.964
2011	-0.697	1.683	-0.481	0.017	-0.318	0.039	6.854	9.457
2012	-0.695	1.567	-0.480	0.099	-0.296	0.024	7.769	8.026
2013	-0.685	1.418	-0.493	0.071	-0.285	0.076	8.200	7.829
2014	-0.700	1.280	-0.447	0.333	-0.335	-0.017	10.077	8.188

数据来源：根据历年《河南统计年鉴》整理而得。

从以上分析我们可以判断，河南省就业结构性矛盾比较突出，一方面农村剩余大量劳动力无法得到有效转移，另一方面劳动力多集中在"低端产业"，"高端产业"存在着人力资源严重不足的窘境，因此造成"就业难"与"招工难"并存的就业结构性矛盾现象。

（二）河南高校毕业生就业结构性问题突出

近年来，河南高校毕业生人数持续增加，2015年河南高校毕业人数是50万人，2016年达到51万人。大学生就业面临巨大压力，就业难度逐年升级。分析其原因，当前河南高校毕业生"就业难"问题主要来自在以下几个方面。

1. 高校毕业生的知识结构、能力水平与企业岗位需求存在结构性矛盾

随着每年毕业季的到来，人才市场上就会增加更多的毕业生资源，这就愈发加重了就业市场的承载压力，加之用人单位对人才知识结构、能力结构的要求不断提高，毕业生能够顺利进入到工作岗位的难度明显增大。同时，由于我国当前的高等教育体制还处在转型期，诸多高校普遍存在着知识僵化、学用脱节、重知识轻能力的现象，使得相当一部分大学毕业生已有的知

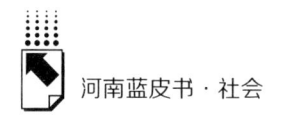

识结构、能力水平很难达到用人单位的要求，相互之间存在结构性的矛盾。

2. 高校各专业毕业生人数与社会对各专业需求人数存在结构性矛盾

随着教育部不断落实高校的办学自主权，在一定程度上为高校的自身发展带来良好机遇，但由于专业设置权和招生人数权的下放，也引发了一系列问题，其中扎堆设置热门专业成为各高校竞相选择的"香饽饽"，初衷是为了就业而设置专业，实则造成毕业生的严重积压，远远超过社会需求，于是出现了大学毕业生人数的专业分布与社会对各专业毕业生的实际需求之间的结构性矛盾。

3. 高校毕业生的就业期望值与社会提供的就业岗位待遇存在结构性矛盾

由于教育资源的相对落后，河南高校毕业生在就业市场上竞争力较弱，大量应届毕业生难以进入高端行业，迫使部分毕业生只能在省内一些低端产业解决就业问题，这样就形成部分学生"高不成、低不就"的自愿性失业；从薪酬待遇来看，农林牧渔业、批发和零售、住宿和餐饮业对学历层次要求较低，但薪酬待遇也低于大学生就业期望。收入期望落差导致很多大学生不愿意从事这些行业，致使造成"就业难"。

（三）特殊群体就业结构性矛盾问题突出

近几年来，河南农村富余劳动力转移就业的压力一直存在，再加上在化解过剩产能、处置"僵尸企业"过程中造成的失业人员，几大因素交织叠加，就业压力处于高位。劳动力侧供给质量不高，供求不匹配、不对接，造成无效供给或过剩供给，"招工难"与"就业难"现象并存，结构性矛盾更为深刻。据统计，普通求职者求人倍率为1.02，高技能人才的求人倍率一直处在3以上。大龄、低技能劳动者实现就业和稳定就业更加困难，主要存在几个方面的问题：一是劳动者的技能水平与社会需求相脱节。随着科技进步、技术更新、新兴产业的兴起，用工单位对就业人员的知识、技术水平要求不断提高。二是大龄特别是45岁以上高年龄段的劳动者，自身文化素质普遍偏低，且无一技之长，往往成为就业难度最大的群体。

三 解决就业结构性矛盾的基本思路

（一）重视挑战，迎接机遇

当前就业结构性矛盾已经成为就业市场的主要症结，从整体看，剩余劳动力依然居多，就业压力始终未能减轻。加之由于产业结构、城乡结构、教育结构的不断变化，也造成就业结构性矛盾的加剧。因此要采取积极有效的措施应对当前的就业问题。

（二）分析成因，总结特点

就业结构性矛盾的具体表现是劳动力供求结构性不匹配，其原因包含劳动力供给与需求两方面因素，还有供求匹配过程中的负面影响。因此，针对不同类型的就业结构性矛盾，应该采取适时、有针对性的措施：对劳动技能不匹配的情况，可以加强其业务能力培训的方式；对地区间不匹配的情况，可以通过转移劳动力的方法解决。一定要科学、合理地分析就业结构性矛盾的成因，总结特点、把握形势、采取有效措施解决就业结构性矛盾问题。

（三）明确目标，把握方向

解决就业结构性矛盾问题绝非一蹴而就，要不断加快经济转型和产业结构调整的相互适应，健全和完善相应的就业政策体系建设和长效工作机制，要有长期应战的准备，积极乐观地应对日益突出的就业结构性矛盾。近期来讲，在全国开展化解过剩产能突击战中，要保障就业人员的平稳转移，降低失业风险，同时要尽快培养出大批高素质、高能力的劳动者进入到当前发展迅速的新兴产业中来，解决创新人才、技能人才不足的现状。要将产业政策与就业政策相互衔接与融合，逐步建立起促进结构调整和稳定、扩大就业良性互动、协调发展的机制。

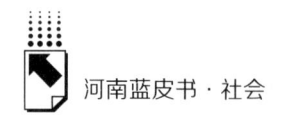

四 应对就业结构性矛盾的对策建议

（一）建立经济增长与扩大就业联动机制

一是要确立"就业优先"的整体布局规划。通过不断完善各项财政政策、税收政策、产业政策等，鼓励和引导企业进一步加大经济投入以保障就业机会的扩大，同时努力实现经济增长与扩大就业的良性互动。二是在不断促进经济增长方式转变的同时，要将就业空间的扩展与之结合。将产业升级的着力点放在发展前景最优的第三产业中，大力发展生产性服务业，培育新型消费产业，并引导和发展社会组织和社会群体加入到服务性行业中去。三是要鼓励民营经济发展，开辟专享通道支持自主创业发展小型企业，从而带动就业岗位的增加，形成良好的创业型社会环境。要把握"万众创新、大众创业"的历史机遇，充分发挥创业对就业增长的拉动作用，激发社会创业活力，打造创业型社会。

（二）促进就业政策与结构调整相结合

一是合理利用现有资源促进第一、第二、第三产业结构的转型升级，尤其要大力推动现代服务业发展。在包括电子商务、社区服务、家庭服务、健康服务、养老服务等领域，形成放开搞活就业扶持的相关政策。同时，积极推动包括研发、信息、科技、物流、金融、咨询等智力密集型的现代服务业发展，实行鼓励支持创新研发带动大学生就业的政策。二是切实落实相关的便利工商登记、财政支持、金融信贷、税收减免等扶持政策。就业和社会保险政策要主动跟进，在小额贷款、就业资金扶持、社保补贴、岗位补贴等方面加大扶持力度，营造良好条件，引导劳动者进入这些领域就业创业。三是积极引导劳动力市场合理流动，促进劳动力就业结构优化配置。要打破城乡现有的制度障碍，消除城乡分割的就业格局，建立一体化的就业机制和开放竞争的劳动力市场，促进劳动力市场特别是农村劳动力的合理流动。

在破解就业结构困局的问题上，政府要在创新和完善社会政策上下功夫，统筹做好各项社会保险制度的衔接工作。一是认真贯彻落实《社会保险法》《劳动合同法》，督导用人单位依法为劳动者缴纳各项社会保险费用，强化征缴和待遇落实，加大对企业工资分配的宏观调控力度，大力打击恶意欠薪行为。二是在有序推进农民工市民化进程中，要切实解决农民工住房、子女入学、落户城镇等突出问题。三是全面落实各级政府的创业优惠政策，要从市场准入、贷款发放、收费减免、纳税服务、创业培训服务等方面支持创业，为返乡农民工创业提供政策支持，鼓励和吸引外出务工成功人士携技、携资回乡就业创业。四是积极开展"千户百强"家庭服务企业创建活动，深入推进家庭服务职业化，支持农民工在家庭服务业领域创业就业。

（三）以高校毕业生为重点，统筹做好城乡重点群体就业工作

1. 继续实施高校毕业生就业推进计划

重点做好"两个计划""三项服务"和"四个活动"的开展和落实。

（1）两个计划。一是高校毕业生岗位拓展计划，多渠道开发适合高校毕业生的就业岗位，引导高校毕业生基层就业，鼓励中小企业更多地吸纳高校毕业生，积极开发基层公共管理和社会服务岗位用于吸纳更多的高校毕业生就业；二是大学生创业引领计划，加强对高校毕业生的创业教育和培训，强化创业服务，完善创业扶持政策，促进高校毕业生自主创业。

（2）三项服务。一是开展职业培训。认定部分高校及培训机构作为高校毕业生定点培训机构，开发一批适合高校毕业生的培训项目，组织有培训意愿的高校毕业生参加。二是健全就业见习制度，规范就业见习单位管理，继续认定一批省级就业见习示范单位，提升就业能力。三是完善实名登记。面向所有在河南省求职的离校未就业高校毕业生（包括非本地户籍）进行实名登记，建立高校毕业生实名登记数据库和台账，根据其就业需求，提供有针对性的就业服务。

（3）四个活动。一是全省产业集聚区企业与高校毕业生岗位对接洽谈

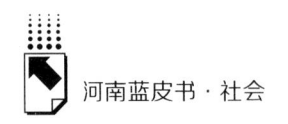

活动；二是高校毕业生春季、夏季和秋季网络招聘月活动；三是民营企业招聘周活动；四是就业创业服务进校园活动。通过组织开展这些就业服务专项活动，搭建起高校毕业生与用人单位的桥梁，促进高校毕业生尽快实现就业。

2. 切实做好农村富余劳动力转移就业工作

要进一步建立健全城乡劳动者平等就业制度，营造公平就业的社会环境。鼓励发展小型微型企业、农产品加工业和休闲农业，为农村富余劳动力开辟更多的就业门路，加大对新生代农民工的培训力度，鼓励和支持农民工返乡就业创业。

3. 结合化解产能过剩工作，妥善做好下岗失业人员的转移就业工作

今年供给侧结构性改革的首要任务即是化解过剩产能，妥善安置职工则是其中的重点议题。一是鼓励企业内部分流，通过稳岗补贴等形式将富余职工安置在新开辟的岗位；二是促进转岗就业创业，通过开展职业能力培训，发放培训补贴，加强失业人员的再就业能力；三是公益性岗位兜底。对就业困难人员建档立卡，提供"一对一"就业援助。全力以赴兜住民生底线，为顺利化解过剩产能和推进供给侧结构性改革创造有利条件。

4. 加强对困难群体的就业援助

通过"政策对接""保障对接""岗位对接""帮扶对接""服务对接"等有效方式，落实就业援助政策，建立健全就业援助长效工作机制，促进就业困难人员实现稳定就业。

（四）教育培训要与产业发展紧密结合，从源头化解就业结构性矛盾

坚持突出技能培训、提高培训质量。一是创新技能培训的体制机制。探索建立农村劳动力免费培训办法，完善政府购买培训成果机制。强化职业技能鉴定，把参加职业技能鉴定并取得职业资格证书作为获得职业培训补贴的必备条件和检验培训效果的主要标准。二是切实提升培训效能。根据产业集聚区用工标准和农民工就业需求，突出培训重点，以保证培训质量为目的，

指导各培训机构科学设置培训科目。通过推行培训实名制、提高培训补贴标准和强化就业服务等措施，建立培训项目管理制度，切实提升培训效能。三是技能培训要靠前。要主动深入企业、乡村，全面收集供需信息，主动与产业集聚区企业对接，根据企业用工需求对就业人员进行培训，提高就业率。四是建立社会化就业培训体系。通过发挥职业技术院校、就业培训中心的基础作用，结合社会培训力量的重要作用，开展社会性的技能培训，提高就业人员的职业技能水平。

（五）完善就业服务体系，提高就业服务能力

统筹人力资源市场，充分发挥市场配置人力资源的决定性作用，打破地域、性别、行业间的歧视，维护劳动者平等就业权利。积极推进公共就业服务标准化、制度化、专业化和信息化建设，健全公共就业服务体系和基层就业服务平台，为劳动者和用人单位提供方便快捷的就业信息对接服务。当前，进一步完善就业服务体系需要从以下方面着力：一是全力推进"人力资源网上超市"建设，进一步健全网络功能，为供求双方进行无缝对接。二是加强基层公共服务平台标准化建设，逐步把基层公共就业服务平台触角延伸到乡村、社区。三是进一步规范人力资源市场，建立定期举办招聘会制度，加大宣传力度，准确采集和发布供求信息，吸引更多的求职者和用人单位进场。四是抓好校企合作，使企业成为学生实习就业的基地，院校成为企业用人的"蓄水池"，实现培训服务与企业用工有效对接。探索建立政府和企业共同对校企合作先进学校给予补贴和奖励制度。

（六）加强就业形势的分析研判

相对经济运行情况来讲，就业结构的变化有一个滞后性。要密切关注新常态下就业形势和就业结构的变化，健全完善就业形势分析制度和就业失业信息监测、失业预警制度，着重关注重点领域、重点群体、重点企业的就业失业问题，对企业用工和人力资源供求状况实行动态监测和管理，高度关注和监控规模性裁员，科学制定因就业、失业引发的社会矛盾化解预案，确保

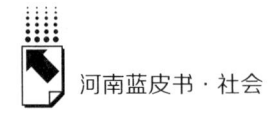

就业局势总体稳定。建立健全创业服务信息系统，提高创业群体与社会、市场、政府之间的有序沟通与信息互通。

参考文献

梁达：《从根本上解决就业结构性矛盾》，《宏观经济管理》2014年第8期。

李宝芳：《试论我国就业的结构性矛盾》，《长春理工大学学报》2013年第8期。

陈红新：《大学生就业的结构性矛盾与解决途径探索》，《中国大学生就业》2014年第4期。

李宝芳：《民工荒与大学生就业难的结构性矛盾浅议》，《未来与发展》2011年第3期。

马世洪：《以供给侧改革破解大学生就业市场结构性矛盾》，《中国高等教育》2016年第10期。

辜胜阻、王敏、李睿：《就业结构性矛盾下的教育改革与调整》，《教育研究》2013年第5期。

楼世洲：《大学生结构性就业失衡：专业与行业的实证分析》，《清华大学教育研究》2013年第5期。

陈云：《我国就业结构性问题及政策研究》，《中国劳动》2015年第17期。

曹洪军：《论大学生就业的供给侧结构性改革》，《学术论坛》2016年第5期。

王霆：《提升就业能力解决大学生结构性失业问题研究》，《人口与经济》2011年第3期。

B.6
河南省"医养结合"养老服务问题研究报告[*]

冯庆林[**]

摘　要： "医养结合"养老服务是实现健康养老的关键因素，能否同时获得基本养老保障和高质量的医疗保障服务，已成为影响老年人选择养老方式的重要因素。近些年来河南为满足全省老人养老现实需求及完善基本养老服务体系建设，在启动和推进"医养结合"养老服务方面付出巨大努力。但由于目前河南省"医养结合"养老服务尚处于初始阶段，在实际运作中面临着诸多困难及制约因素。通过分析，笔者认为亟待通过政策创新出台具有较强针对性、可行性、实效性、前瞻性的政策措施，推动"医养融合"发展，促进各种"医养结合"为老服务的新型模式脱颖而出。

关键词： 河南省　养老服务　"医养结合"

所谓"医养结合"养老服务，就是整合医疗资源与养老资源，融合医疗服务和养老服务，最终实现医疗功能与养老功能契合、生活照料与康复关怀复合的新型养老服务模式。努力搞好"医养结合"养老服务，不仅有利

---

[*] 本文系2016年度河南省政府决策研究招标课题"河南医养结合养老模式创新的政策选择"阶段性成果，课题立项号：2016B205。
[**] 冯庆林，河南省社会科学院社会发展研究所，助理研究员。

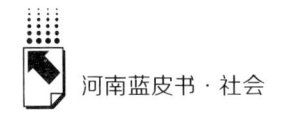

于实现养老资源利用效益的最大化,满足人民群众日益增长的多层次、多样化健康养老服务需求,而且对完善当前河南养老服务体系建设,以及在全省全面建成小康社会,都具有重要意义。

一 河南推进"医养结合"养老服务的实践探索

"医养结合"养老服务是实现健康养老的关键因素,能否同时获得基本养老保障和高质量的医疗保障服务,已成为影响老年人选择养老方式的重要因素。自2000年河南进入老龄化社会以来,全省老龄化程度呈现逐渐加深态势。为满足全省老人养老现实需求及完善基本养老服务体系建设,近些年来河南在启动和推进"医养结合"养老服务方面,付出巨大努力。

(一)科学规划,政策推动

2011年6月27日,河南省政府下发了《河南省社会养老服务体系建设规划(2011~2015年)》,其中提出在机构养老层面,将重点推进供养型、养护型、医护型养老机构建设,每个县级以上城市至少建有一所政府主办的以收养失能、半失能老年人为主的老年养护机构。

2014年3月17日,《河南省人民政府关于加快发展养老服务业的意见》经省政府第22次常务会议研究原则通过。其中提出,积极推进养老服务工作的"医养结合",促进医疗卫生资源进入养老服务机构、社区和居民家庭,转变服务模式,主动为失能、半失能和独居老人提供上门服务,开设家庭病床。支持有条件的养老服务机构设置医疗机构,开展护理、康复等服务。其中特别提出,鼓励个人举办家庭化、小型化的养老服务机构,鼓励社会力量兴办规模化、连锁化的养老服务机构,鼓励民间资本对企业厂房、商业设施及其他可利用的社会资源进行整合和改造,用于养老服务。这类政策措施的有效实施,无疑为启动和推进"医养结合"养老服务扫除了障碍。

2016年5月23日,河南省民政厅、河南省卫计委转发民政部、国家卫计委关于做好"医养结合"服务机构许可工作的通知,要求认真贯彻执行。

其中提到，做好"医养结合"服务机构许可的政策宣讲和"医养结合"服务机构筹建指导工作，支持医疗机构设立养老机构，支持养老机构设立医疗机构。

2016年7月10日，河南省老年医学学会医养结合分会成立。分会成立后，将整合国内外的资讯、动向，形成专业、权威的数据库，为政府部门相关政策落地实施、"医养结合"探索提供指导和参考。同时，还将引入各方面资源，培训"医养结合"实用型人才，出台相关岗位认定标准等。

2016年8月15日，河南省卫计委、河南省民政厅等十部门联合下发《关于推进医疗卫生与养老服务相结合的实施意见》（以下简称《实施意见》），从加强城乡"医养结合"服务体系建设、建立健全医疗卫生机构与养老机构合作机制、支持养老机构开展医疗服务、推动医疗卫生服务延伸至社区和家庭、支持养老机构优先开展中医药健康服务和鼓励社会力量兴办新型"医养结合"机构六大任务出发，规划未来发展蓝图。按照《实施意见》的部署，郑州市、洛阳市、濮阳市、兰考县、长垣县、临颍县、汤阴县、商城县从2016年开始先期开展"医养结合"试点，2018年底覆盖河南所有县（市、区），到2020年基本建立符合河南省实际的"医养结合"体制机制和政策法规体系，实现让人人享有基本健康养老服务的目标。

（二）试点先行，以点带面

近些年来，河南省在以居家养老为基础、社区养老为依托、机构养老为补充的多层次养老服务体系中引入医疗卫生服务，在全省各地鲜活的实践中涌现出一批可资借鉴的"医养结合"先进典型，初步形成具有河南特色的"医养结合"养老模式。从"医养结合"先进典型来看，有郑州瑞阳老年病医院、欧安乐龄—郑州三院医养联合体、郑州晚晴老年病医院、漯河金康护理院、洛阳中隧医院养老康护中心、洛阳河柴医院养老康护中心、洛阳省工人龙门疗养院养老康护中心、开封顺河回族区金阳光老年养护中心、新乡四院敬老安康服务中心、平顶山卫东区国医堂康馨苑老年公寓、安阳滑县夕阳红养老医护院、鹤壁老寿星养老院、南阳九院老年护理院、商丘市颐寿苑老年公寓、周口扶沟县康复养老院等等。从具有地方特色的"医养结合"养老模式来看，在全省倡导"以医助养""以养带医"，初步探索出以居家、社区、机构三个层次"医养结合"的机构融合型、社区嵌入型、居家服务型模式。具体来说，在探索"政府主导、社会参与"共建养老模式的基础上，形成了郑州市"爱馨"三位一体的医养交叠模式，郑州九院集医、护、教、研、防为一体的医养深度融合模式；坚持"主动作为、统筹发展、因地制宜、个性探索、医联结合、外包服务"，形成了信阳、驻马店等地的因地制宜模式、民办公助模式；将医疗设施与养老服务平台有机结合，形成了南阳的专业化医护与亲情式照料的有机融合模式，"寓医于养、健康疗养"的中医养老模式；重视机构养老与社区养老互动层面的"医养结合"，形成了焦作、许昌的"以养为主、以医为辅、以医促养、寓养于医"的托管模式、医养型护理与社区智能化有机结合的智慧养老模式；推行"移动医疗+医养"结合项目及发掘医养结合资源，形成了洛阳的"互联网+家庭病床"模式、国企资源整合型模式。尤其值得一提的是，2016年河南郑州市、洛阳市、濮阳市先后被国家确定为全国医养结合试点城市，这将对推进河南"医养结合"为老服务建设发挥重要引领和示范作用。

（三）积极探索，创新发展

通过积极探索，积累了具有河南特色的推进"医养结合"养老服务的宝贵经验。其中，有一家医疗机构与多家养老机构合作的"一医多养"范例；有多家医疗机构联办医护型养老院，提高为老服务质量的"多医一养"范例；有社会力量以外包服务与内部照护相结合形式兴办医护型养老院的"义利统一"范例；有政府授权以建设医养联合体的形式推动为老服务向机构、社区和家庭延伸的"共建共享"范例；有社区医疗与居家养老无缝对接，依靠社区服务网络在居家养老中引入家庭医生的"医养联动"范例；有社区医疗与社区托养比邻而居的"相辅相成"范例。这些形式多样的成功范例，为河南进一步推进"医养结合"养老服务建设，提供了可资借鉴的宝贵经验。

二 河南省推动"医养结合"养老服务发展中的问题分析

由于目前河南省"医养结合"养老服务尚处于初始阶段,面临着诸多困难及制约因素,这就难免在其实际运作中出现一些问题。主要表现在以下几个方面。

(一)"医养结合"养老服务的序列尚未形成

从目前来看,河南省对"医养结合"养老服务的实践探索普遍处于摸着石头过河的状态,还缺乏正确理念指导下的科学谋划,这就容易产生拘泥于现有经验及盲目效仿外地经验的局限性。其主要原因是对"医养结合"养老群体的服务需求缺乏分类,尚未细分"医养结合"养老服务的市场需求,并且对"医养结合"养老服务的可用社会资源缺乏全面深入的了解。情况不明必然导致在"医养结合"养老服务政策的顶层设计与基层实践之间衔接不力,从而导致整体上的服务供给内容单一化和服务项目千篇一律,以致"医""养"双向互通和转介的互补型养老服务供给序列无法形成。"医养结合"养老服务的社会需求是客观存在并发展变化的,受到经济能力、社会分层、家庭变迁、文化传统和生活方式等多重因素的影响,需要在全面把握的基础上分类对待。倘若缺乏科学细致的分类对待,就必然造成在兴办规模化、连锁化、标准化、个性化"医养结合"机构上的盲目性和低效状态。其结果不是由于质量较低而满足不了老年群体的发展性需要,就是因过分追求"高大上"而失去老年大众的垂青。

(二)"医养结合"养老服务的部门壁垒尚未打破

当前养老服务中存在的民政、卫生、人保等部门政策"碎片化"、管理"部门化"与资源"分散化"等现象,直接导致在养老服务供给中跨部门协作遇阻,难以实现资源的有效整合。其主要原因是部门局部利益与社会整

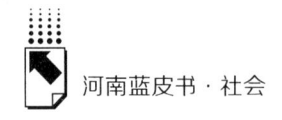

体效益、不合时宜的政策规范与合乎情理的需求之间的矛盾，而这就必然导致"医养结合"的支付保障体系缺乏系统性规划。"医养结合"的支付保障体系的缺失，致使"医养结合"的费用支付模式缺乏详细的设计方案，医保支付方式与各梯度"医养结合"养老服务难以实现有序对接。它不仅直接影响"医养结合"养老服务模式的可持续运营，而且将导致医养结合的改革进程受阻。究其实质，"医养结合"养老服务的部门壁垒是由特定利益驱动所形成的制度藩篱及机制障碍，需要以大刀阔斧的改革方略予以破解。

（三）医养结合养老服务所需的人力资源匮乏

与发达省份相比，河南省专业护理人员尤其是具有一专多能的复合型医护人员严重缺乏，与由老龄人口高龄化、慢病化、失能化程度加大而来的旺盛服务需求形成巨大反差。此外，在河南的广大小城镇及农村社区，许多护理人员不仅缺乏必要的专业技能，而且年龄多半偏大，难以胜任基层"医养结合"养老服务的繁重工作及质量要求。究其原因，无非是医护型大中专院校奇缺及其他大中专院校护理专业设置偏少导致专业护理人员供不应求；护理工作物质待遇较低及文化心理上职业荣誉感较弱影响其从业积极性；市场规则致使中高级专业医护人员"孔雀东南飞"，纷纷流向东部发达地区及大城市。合理的制度安排及政策支持、医疗和养老资源的优化整合、人才队伍需求的充分满足，乃是保证"医养结合"为老服务良性运行和健康发展的基本条件。在某种意义上，就河南省"医养结合"为老服务现状来说，其亟待解决的人力资源匮乏问题，将是制约全省提高其"医养结合"养老服务质量水平的瓶颈因素。

（四）支持河南省"医养结合"为老服务模式创新的相关政策不到位，尚未形成纵横交织、有机结合的社会政策支持体系

河南省老龄化现象呈现"未富先老""未备先老""边富边老"的特点，应当根据这种特点提出适应现阶段经济社会发展水平的、支持"医养

结合"为老服务模式创新的适宜政策及策略方案。然而,在一些地方选择和制定政策的过程中,依然存在着好大喜功、盲目跟进或封闭保守、消极应对的倾向,以至于脱离实际,违背政府、市场、社会有机结合的原则,有损顶层设计与基层实践有效对接的初衷,致使"医养结合"为老服务难以健康发展。无论是政策制定不到位,还是政策实施不力或效果不佳,究其思想根源均与对"医养结合"发展理念的认知偏颇有关。从社会学视角看,"医养结合"为老服务本身体现了经济发展与社会建设、科技理性与人文精神的有机融合,充分反映了推动科学发展与促进社会和谐的内在统一性。然而,由于河南发展不足的现状及弯道超车、迎头赶上的强烈欲求和浮躁心态,导致单一性、片面性、偏执性的发展思潮具有一定的市场。在构建河南省"医养结合"为老服务模式创新的社会政策支持体系过程中,需警惕和防止这类思潮的不良影响和作用。

三 推进河南省"医养结合"养老服务发展的思考和建议

"医养结合"为老服务政策创新的目标指向应该是"三位一体",即有效解决机构养老入住老人的医疗需求、妥善解决医院出院老人在回归社区过渡期的临床护理需求、基本满足社区居家养老对养老医疗服务的迫切要求。为了圆满完成这种"三位一体"的"医养结合"基本任务,亟待通过政策创新出台具有较强针对性、可行性、实效性、前瞻性的政策措施,推动"医养融合"发展,促进各种"医养结合"为老服务新型模式脱颖而出。

基于上述思考,笔者认为推进"医养结合"为老服务发展理应结合河南省实际,积极合理地运用相关政策,做好以下基础性、核心性工作。

(一)以服务评估为基础,明确"医养结合"的分类服务对象

做任何事情只有情况明、方向对,才能取得最佳效果,推进"医养结合"为老服务发展也不例外。"医养结合"服务的老龄群体并不是整齐划一

的，由于其在健康状况、经济能力、文化素养、心理个性等方面具有差异性，因而他们对"医养结合"服务的要求也各不相同。以服务评估为基础，明确"医养结合"的分类服务对象，正是为了增强服务的针对性、丰富服务的内涵、扩大服务的覆盖面，进而从整体上提高服务的质量和水平。目前，有关部门对"医养结合"的分类主要从人口的自然生理属性划分，据此分为残障老人、孤寡老人、失能半失能老人、高龄老人、年轻老人等，而较少考虑社会变迁和家庭变化等因素对老人群体的影响和作用，如贫富差别、独生子女与非独子女的差别、空巢与非空巢、留守与非留守的差别等。实际上，这些因素在客观上已经对"医养结合"为老服务的实施产生了较大影响，需要在分类时加以适当考虑。

（二）以整合资源为方向，确定"医养结合"的实现方式

由于在经济社会发展方面的相对滞后，河南省无论在医疗资源还是在养老资源上均处于供不应求状态。此外由于一些特定因素的影响，如大中型医院片面追求经济效益而忽略社会效益，"医养"资源兼容性弱而呈分散性碎片化状态，致使现有医疗资源尚不能完全发挥其作用。因此，将有限资源加以有机整合或优化组合，应当作为推进"医养结合"为老服务的着力点。首先，夯实基层"医养结合"为老服务基础，注重社区卫生服务中心和养老服务中心的建设及其融合发展，推进"医养结合"为老服务社区及家庭全覆盖；其次，鼓励大中型养老机构与中高级医疗机构近距离规划，签订合作协议，实现"医养结合"为老服务向周边社区和家庭的深层渗透；最后，运用科技、人文等多种手段及其载体，创新多重"医养结合"为老服务方式，使其既能适应规模化、连锁化的市场运作需要，又能满足家庭化、小型化的公众个人需求。

（三）以统筹协作为抓手，抓住"医养结合"的工作重心

统筹协作是"医养结合"得以有效运作的必要前提，舍此则不能扩大"医养结合"的受众范围，拓宽"医养结合"的发展空间，丰富"医养结

合"的社会内涵。具体做法是：第一，在相关政策的积极引导下，统筹基本养老服务、基本公共卫生服务、基本医疗保险以及商业保险等多方资源，理清合作的重点，破解制度藩篱，形成协同机制；第二，在政府主导下，协调企事业单位、公立机构、民办机构、社区机构等社会各方面力量，通过共建共享形成"医养结合"为老服务的合力，解决封闭分割、劣质低效等棘手问题；第三，按照社会建设的原则和方式，运用社会政策进行调控，合理地平衡"医养结合"为老服务资源在全省各地的配置。搞好"医养结合"为老服务，是更好地保障和改善民生的客观要求，集中体现了和谐社会建设的文明进步属性。保证社会资源和机会在全体社会成员中的公平合理配置，是社会建设的基本原则。

（四）以创新创制为手段，明确"医养结合"的推进方向

要以国务院出台的"医养结合"为老服务的各项政策为依据，加快推进各项具体措施的制定与实施，在此过程中要防止和避免盲目推进和踌躇不前两种倾向。一是要做到大胆创新与因地制宜相结合，对于看准了的事，如家庭医生契约服务、医保费用合理支付护理费用等，理应大胆去做。同时，应扬长补短，以居家养护型的"医养结合"为基础，社区嵌入型的"医养结合"为主导，机构转型重组的"医养结合"为支撑，全面深入推进"医养结合"为老服务长足发展；二是重点关注和妥善解决高龄、残障、失能、半失能及经济特困老人群体的医疗、护理、康复、照料等社会和家庭难题。三是预防为主，关注"医养结合"为老服务的潜在目标对象。客观地看，尽管健康养老已成趋势和潮流，但仍有为数众多的老年人由于种种原因而不能参与。譬如，一大批60岁左右的所谓年轻老年人退休后本想休养身心、颐养天年，干一些自己想干的事情，但实际上很难如愿以偿，因为按照传统习惯他们还要替子女照顾下一代，继续奉献自身的余热，甚至比上班时还要劳累。三年五载折腾下来，他们身心疲惫，这样或那样的毛病逐渐露头，以致成为医养照护的常客。此外，在人口大流动中，一大批老年人成为留守老人，他们得不到儿女的照料，却要继续操持家务，照顾孙辈，心力交瘁。此

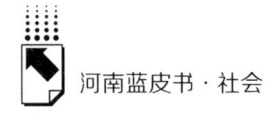

外，一些年轻人成为啃老族，对父母造成身心两方面的干扰和损害。凡此种种，无不提示社会不仅要依靠法律法规维护老年人应有权益，也需要运用道德规范培育尊敬老人、善待老人，为老人健康而有尊严的生活创造便利条件的良好风尚及氛围。尤其是要将健康养老理念贯穿于退休老人生活的全过程，使他们都能享受"医养结合"为老服务的社会恩惠。

参考文献

杨贞贞：《医养结合的社会养老服务筹资模式构建与实证研究》，浙江大学博士学位论文，2014。

唐钧：《"医养结合"须防陷阱》，《中国人力资源社会保障》2015年第5期。

张璐：《"医养结合"之借鉴篇》，《四川劳动保障》2015年第8期。

赵晓芳：《健康老龄化背景下"医养结合"养老服务模式研究》，《兰州学刊》2014年第9期。

张晓杰：《医养结合养老创新的逻辑、瓶颈与政策选择》，《西北人口》2016年第1期。

李杰：《青岛"医养结合"养老模式问题研究》，《中国人力资源开发》2014年第18期。

吴宏洛：《论医疗保险制度设计对失能老人的救助功能》，《福建师范大学学报》（哲学社会科学版）2014年第2期。

冯丹等：《对医养结合型养老机构的思考》，《医学与哲学》2015年第4期。

王素英等：《医养结合的模式与路径》，《社会福利》2013年第12期。

王元元等：《安徽省"医养结合"机构养老模式实施路径探讨》，《牡丹江医学院学报》2014年第6期。

B.7
河南民办教育研究报告

胡大白*

摘　要： 改革开放以来，河南民办教育在十分困难的情况下起步、发展、壮大，在办学规模、办学质量、办学效益等方面都走在了全国前列。随着2017年9月新修订的《民办教育促进法》的实施，中国的民办教育将出现由规模扩张到质量提升的拐点。面对转型，河南的民办教育依然存在着社会认知度不高、经费投入不足、运行机制雷同等问题。本研究通过对河南民办教育发展的回顾和现状的展示，根据经济社会发展趋势进行分析，提出化解矛盾的对策。

关键词： 河南　民办教育　教育机构

2015~2016学年度，河南各级各类民办教育机构达到16707个，招生人数达到1941952人，在校生已经达到5418880人。2016年，河南每万人口中就有577人在民办学校就读。民办教育对河南教育的贡献率已经超过了20%，占据了1/5份额。民办普通高等教育发展成就显著，学校数占到河南高等教育学校数的29%，在校生人数占到高校学生总数的23%，无论是学校数量还是在校生人数，河南民办高等教育对河南高等教育的贡献率都超过或接近了1/4。

---

* 胡大白，中国民办教育协会监事会主席，河南省民办教育协会会长。

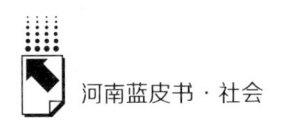

一 现状分析

(一)规模扩大,层次提高

河南民办教育的快速发展,是在河南经济社会发展的大环境下实现的,在服务全省经济社会发展大局的同时,自身也不断壮大起来。从1984年10月31日"郑州高等教育自学考试辅导班"创办到1994年黄河科技学院获批全国第一所民办普通高等专科学校,再到2000年黄河科技学院获得本科教育资格,河南民办高等教育用12年的时间,从起步发展到了本科层次。近十年来,河南的民办普通高等教育一步一个脚印,稳步持续发展,学校数量从十年前的11所增加到了37所,在校生由142966人增加到386549人(见表1),成为河南高等教育队伍中一支不可忽视的力量。

表1 2001~2015年河南民办高等教育基本指标变化情况

年份	学校数		招生数		在校生数		毕业生数		专职教师数	
	普通高校	其他	普通高校	其他	普通高校	其他	普通高校	其他	普通高校	其他
2006	11	29	56405	3712	142966	24258	16504	3937	7037	551
2007	11	29	57553	5776	166943	23052	35575	6043	8464	443
2008	12	15	77903	4288	205484	21559	38499	3372	10408	248
2009	23	18	82207	6888	233844	27907	48136	5088	11926	333
2010	28	41	83068	10317	253717	36884	58345	24506	13563	987
2011	33	40	84104	—	258852	27764	61993	17552	14298	1000
2012	34	40	95961	—	289626	18884	74323	8524	16060	428
2013	35	50	108585	—	318241	12144	73963	5033	17977	131
2014	37	46	115292	—	355091	7513	75794	6478	19725	266
2015	37	51	120040	—	386549	6672	84275	6994	20672	243

河南民办基础教育也在发展中不断成熟。普通高中由2006年的198所发展到219所,在校生由21万5927人增加到46万1451人;中等职业学校

由2006年的133所增加到205所，在校生由145303人增加到168939人；普通初中由2006年的501所增加到716所，在校生由361373人增加到689180人；普通小学由2006年的797所增加到1652所，在校生由409085人增加到1181414人；幼儿园由3268所增加到13824所，在园学生由446366人增加到2531347人（见表2）。民办基础教育机构由4897所发展到16616所，十年间增加了11719所，在校生由1578054人发展到5032331人，十年间增加了3454277人。2015年，河南民办教育总在校生数已达5418880人，基本等同于青海省的人口数。

表2　2015~2016学年河南民办中、初等教育和学前教育基本情况

单位：所，人

类别	学校数	毕业生数	招生数	在校生数	专任教师数
普通高中	219	128358	180608	461451	31280
中职学校	205	51657	68365	168939	6939
普通初中	716	202093	235272	689180	43140
普通小学	1652	207251	179866	1181414	39845
幼儿园	13824	803034	1226088	2531347	12847

从校均规模看，公办大学的校均规模较大，其中郑州大学在校生规模达到90964人，其他本科院校也都在万人以上，大都集中在2万~4万人之间。民办本科院校的规模大都在万人上下，其中河南理工大学万方科技学院达到30626人，黄河科技学院达到27847人。整体上，公办高校的校均规模为15003.48人，民办高校的校均规模为10447.27人（见表3）。在基础教育阶段，中学层面的学校公、民办校均规模大体相当，小学层面民办学校的校均规模远远大于公办学校，超过一倍；学前教育层面相反，是公办幼儿园校均规模超过民办一倍。总的来看，在基础教育阶段，民办教育在学前教育层面的贡献要远远大于小学、初中、高中教育。

从数据看，河南省民办教育的在校生规模在2015年上半年已接近500万人，仅比第1名广东省少106万人，但比第3名四川省多出将近230万人，

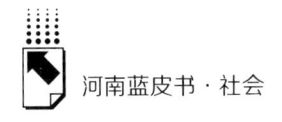

表3 2015~2016学年河南各级普通教育校均规模

单位：所，人

类别	高等教育			中等教育		
	校数	在校生数	校均	校数	在校生数	校均
总计	129	1766869	13696.66	5491	6372656	1160.56
公办	92	1380320	15003.48	4351	5053086	1161.36
民办	37	386549	10447.27	1140	1319570	1157.52

类别	小学教育			学前教育		
	校数	在校生数	校均	校数	在校生数	校均
总计	24673	9370543	379.79	17481	3933663	225.03
公办	23021	8189129	355.72	3657	1402316	383.46
民办	1652	1181414	715.15	13824	2531347	183.11

是第4名浙江省的两倍以上（见表4）。实际上，广东除了是全国第一人口大省外，还有一个因素，就是深圳的民办教育占了很大的份额，当年仅深圳市民办教育的在校生规模就超过了94万人。这样算来，河南民办教育的实际规模应该和广东相差不多。从位于前十名的其他地区来看，江苏、河北、山东、四川的民办高等教育在校生数都已超过河南，但这些省的民办中等教育、小学教育和学前教育规模都远远小于河南。其中在中等教育阶段，河南民办教育的在校生规模甚至超过了广东，居全国第1位。除上述具有学历教育的民办教育机构外，河南还有336所民办非学历教育机构，技能和专业培训更是遍布全省城乡。由此看来，河南民办教育拥有一支实力雄厚、规模庞大的队伍。

表4 2014~2015学年全国民办教育在校生规模排名（前10位）

单位：所，人

地区	高等教育		中等教育		小学教育		学前教育		总数	排名
	学校数	在校生人数	学校数	在校生人数	学校数	在校生人数	学校数	在校生人数		
广东	53	629478	1142	1002737	705	1845272	10998	2401059	5878546	1
河南	37	335090	1116	1083845	1550	1112665	12585	2282547	4814147	2
四川	33	340818	490	640814	245	238612	9991	1312707	2532951	3

续表

地区	高等教育		中等教育		小学教育		学前教育		总数	排名
	学校数	在校生人数	学校数	在校生人数	学校数	在校生人数	学校数	在校生人数		
浙江	36	297271	458	453855	225	473558	6660	1156050	2380734	4
湖南	31	224702	494	447443	145	209837	11044	1434527	2316509	5
山东	39	346907	493	556858	240	304704	7185	986862	2195331	6
安徽	31	182377	618	780298	251	256016	4198	970364	2189055	7
河北	35	347610	490	457576	430	393725	4597	740373	1939284	8
江西	30	243101	421	333181	53	127487	10067	1164891	1868660	9
江苏	52	397998	292	448325	177	301571	1794	642054	1790148	10

（二）内涵建设不断加强，竞争实力持续提升

在规模扩张的同时，河南民办教育也一直坚持质量的提升。在基础教育层面，民办学校以其明显区别于公办学校的机制，根据各校的实际情况，以办学形式的多元化、培养目标的多元化和教育方法的多元化，办出了各自的特色。郑州一八联合国际学校，郑州高新区艾瑞德国际学校，郑州外国语新枫杨学校，郑州贝斯特教育事业机构等民办中小学都进行了许多有益的探索，成为省内外知名的品牌。

河南省民办教育在国内外的影响力度，首推民办普通高等教育。黄河科技学院在获得全国第一个民办高等专科教育资格后，又获全国第一个民办本科教育资格。建校30多年来，秉承为国分忧、为民解愁、为社会主义现代化建设服务的宗旨，以敢为天下先的创新精神，凭借丰富的国际化办学理念和鲜明的中西方有效结合的办学特色，坚持办对学生最负责任的新型大学，多次获得全国民办高校先进单位、全国高校创新创业50强、全国高校毕业生就业工作50强等称号。2016年在全国民办高校创新创业教育示范学校评选中获得综合奖第一名，被教育部认定为全国首批深化创新创业教育示范高校。其办学经历曾两次被美国弗吉尼亚大学商学院写进教学案例，并多次被《人民日报》、中央电视台、《华盛顿邮报》等中外媒体报道。2010年，中

国校友会网和《21世纪人才报》发布了中国民办大学排行榜，在100强当中，河南省有3所学校上榜（见表5）。

表5 中国校友会网2010年中国民办大学排行榜100强

名次	学校名称	所在省份	总分	办学设施	人才培养	综合声誉
10	黄河科技学院	河南	93.04	90.63	92.93	91.44
40	郑州科技学院	河南	84.88	83.70	85.17	81.49
48	郑州华信学院	河南	76.08	79.41	78.21	64.48

可以看出，2010年时河南民办高等教育在全国同行中竞争优势不强。在2012~2013年的排行榜中，除上述3所院校外，升达经贸管理学院、商丘学院、商丘工学院，还有专科层次的郑州城市职业学院、郑州商贸旅游职业学院、郑州电子信息职业技术学院、郑州经贸职业学院、漯清医学高等专科学校等也进入了100强榜单。2016年2月，中国科学评价中心、武汉大学中国教育质量评价中心和中国科教评价网联合发布了2016年中国民办本科院校竞争力排行榜，在前100名中，河南省有6所民办高校榜上有名（见表6）。

表6 2016~2017学年中国民办院校竞争力排行榜

排序	学校名称	总得分	所在省份	类型	等级
3	黄河科技学院	86.73	河南	本科民办	5星
21	郑州工业应用技术学院	70.78	河南	本科民办	4星
22	郑州升达经贸管理学院	70.44	河南	本科民办	4星
53	郑州科技学院	65.27	河南	本科民办	3星
56	商丘学院	65.17	河南	本科民办	3星
87	郑州成功财经学院	62.16	河南	本科民办	2星

在2015年中国民办本科院校科研竞争力的排名中，黄河科技学院、郑州升达经贸管理学院、郑州科技学院、郑州成功财经学院分列第3位、30位、31位、33位。新乡医学院三全学院、河南大学民生学院、中原工学院

信息商务学院等也进入了当年中国独立学院科研竞争力前100强榜单。黄河科技学院自2011年以来一直位居全国民办学校科研竞争力前三名。

学术论文的发表情况在一定程度上反映一所大学的学术水平和科技能力。在中国校友会网发布的2014年中国民办大学国内论文排行榜中,黄河科技学院以1946篇位列全国第一;升达经贸管理学院以620篇列第17位;郑州成功财经学院以570篇列第21位;郑州华信学院以450篇列第31位;郑州科技学院以381篇列第39位;商丘工学院以298篇列第49位,均进入50强。

2016年7月,在全国民办高校创新创业教育示范学校评选中,黄河科技学院获得综合奖第一名;新乡医学院三全学院获得课程建设奖第三名;郑州升达经贸管理学院获得文化建设奖。

河南的民办高校在十分困难的条件下负重前行,一方面不断扩大办学规模,一方面持续涵养核心竞争力。黄河科技学院在长期探索中构建的"本科学历教育与职业技能培养相结合"的人才培养模式,升达经贸管理学院凝练的"三心、三严、三特色"的办学理念等,都在原有的教育教学管理理念上实现了突破。其他未进入统计数据的民办培训机构和企事业单位也为河南教育发展做出了极大贡献,如新华电脑学院的培训、天一教育的库课建设、华夏星博教育科技责任公司的通过校企合作形式牵头组建河南装饰行业联盟以服务学生实习就业等,都为河南省教育做出了贡献。此外,民办高校在现代化人才培养目标的确立、学校管理体系的改革和人才培养方式的创新等方面,也做了许多有益的探索。综合来看,河南的民办教育位于全国前列。在一个经济欠发达的人口大省,在经费不足、观念陈旧等因素的制约下,能取得这样的成就十分不易。

二 面临的主要问题

尽管河南民办教育在规模和质量方面都取得了巨大成就,但就此判定其进入了良性循环还为时尚早。

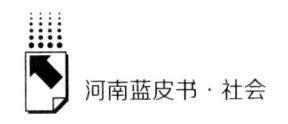

（一）社会对民办教育认同度较低

在部分民众和一些机关事业部门当中，对民办教育的认识还有偏颇；考生和家长在选报同批次志愿时，往往在不得已的情况下才选择民办学校；一些人认为民办教育举办者主要是为了收费赚钱，其管理和教育教学水平都比较低下；等等，这样的社会环境对民办教育的发展非常不利。社会对民办教育的态度从经费来源上也可见一斑。在2014~2015学年度全国民办教育在校生规模前10名的省份中，河南居第2位，但得到的社会捐赠却是最少的（见表7）。广东是民办教育大省，又是发达地区，举办者投入自然最多，超过30亿元，社会捐赠也突破了10亿元，是举办者投入数的37.26%。捐赠数目最多、比例最高的是这个排行榜的最后一名江苏，其社会捐赠数是举办者投入数的1.74倍，捐赠数超过了排名第一的广东，是排名第二的河南的19.06倍，而河南省的社会捐赠数仅占举办者投入数的3.26%。从投入情况可以看出河南民办教育举办者对河南教育发展的贡献。

表7　2014~2015学年民办教育投入与社会教育捐赠情况

单位：人，万元

地区	排名	在校生	民办学校中举办者投入	社会捐赠
广东	1	5878546	319136.1	108920.7
河南	2	4814147	199297.8	6492.0
四川	3	2532951	130006.8	33562.9
浙江	4	2380734	35855.1	56996.7
湖南	5	2316509	63437.0	14112.8
山东	6	2195331	57610.0	27201.9
安徽	7	2189055	46869.6	14120.7
河北	8	1939284	50262.2	6636.8
江西	9	1868660	26897.0	9377.8
江苏	10	1790148	71190.9	123769.6

（二）经费严重短缺

民办教育迅速发展，使得经费问题一天天凸显出来，这是长期困扰民办教育发展的主要问题。目前河南省民办教育经费主要来源于学生学费，多数机构走的是一条"以学养学"的发展道路。生源规模达到一定数量的学校，教育管理进入资源合理配置阶段，运行尚可维持，但仍然缺少发展经费。一些规模较小的学校，生均管理成本高，教学成本更高，使得学校运行极其困难。目前在河南，民办专科院校每生每年的收费标准在6000元左右，一方面学校对学生的实习实训进行投入，每年每生需支出2000元；另一方面还要支付教职工工资，按照国家统计局2016年5月13日公布的《2015年城镇非私营单位教育就业人员年平均工资为66592元》计算，仅此两项，就已经远远超出了学费收入。

这是有数据可测的费用，更大的开销是基建维修、大中型设备仪器购置、图书资料添置、科研投入、水电气暖、社团活动、社会服务、教师发展等等费用尚未计入。草草匡算，要实现培养目标，专科阶段教育每生每年不能少于16000元，而学费只有6000元左右，经费严重不足。这个缺口目前只能靠挖潜、节流来解决。民办学校的教职工要付出更多的劳动，用高强度、高效率的工作来弥补经费的短缺。

（三）师资队伍建设需要政策支持

在河南省的民办教育机构中，黄河科技学院、升达经贸管理学院、郑州科技学院、郑州工业应用技术学院等本科院校经过十几年甚至几十年的不懈建设，已经初步形成了合理的、梯次的师资队伍。但总体而言，由于体制原因，民办学校没有事业编制，对优秀人才的吸引力不如公办学校。所以尽管一直努力，还有一些民办学校师资队伍不够优化。

（四）同质化现象明显

河南民办教育的同质化表现在具有一定规模的学校在机构设置、人才培养目标、人才培养方案、人才培养方法等方面的相近或雷同。

对8所民办本科院校的抽样调查显示，一些专业如土木工程、国际经济与贸易、英语、计算机科学与技术、通信工程、物联网工程、电子信息工

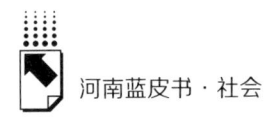

程、环境设计、旅游管理、机械设计及其自动化、工程造价、会计、日语、人力资源管理等专业重复开设率较高。

对7所民办专科学校的抽样调查显示，会计、市场营销、物流管理、机电一体化技术、建筑工程与技术、汽车检测与维修、计算机应用技术、计算机网络技术、动漫制作技术、环境艺术设计等专业重复开设率较高。

总体来看，河南民办本专科院校的专业设置呼应了经济社会发展对人才的需求，但同质化现象比较严重。

（五）趋公化倾向日益突出

民办教育与公办教育相比，其优势除了观念新、立意高、视野开阔之外，还在于体制机制灵活，内部机构精简和运转高效。但是随着规模的扩大和时间的推移，被公办学校同化的现象已经出现。对8所民办本科院校的抽样调查显示，这些学校的内部机构设置不仅近似，而且与公办学校趋同。对7所民办专科学校的抽样调查也得到了相似的结果。除了上述问题外，还有发展的均衡性、评价的科学性等问题，不再一一列举。

三 发展趋势

影响民办教育发展的主要因素有发展需求、政府引导、社会认同、内在动力、生源状况、经济形势等。

（一）需求是民办教育存在发展的根本

正是由于经济社会发展的需求，民办教育才得以产生、发展和壮大。河南省民办教育30多年的发展，有效增加了教育服务供给，持续满足着人民群众多样化的教育需求，为千百万学子提供了读书机会，为创新教育体系机制、推动教育现代化、促进经济社会发展做出了积极贡献。

目前，民办教育在发展中遇到了新的问题，必须突破瓶颈，实现发展。

社会对民办教育也提出了更高的要求。考生和家长期待更加优质的、多样化的教育服务。

（二）政府引导是民办教育发展的关键

2015年12月8日，河南省人民政府发布了《关于加快推进民办教育发展的意见》（以下简称《意见》）。2016年11月7日，全国人大常委会通过了《关于修改〈中华人民共和国民办教育促进法〉的决定》。新修订的《民办教育促进法》（以下简称《新修法》）将对中国民办教育的发展起到里程碑的作用。无论是《意见》还是《新修法》，都将进一步推动政府责任的落实，同时规范民办学校的办学行为。政府将加强对民办学校的管理。一是明确定位。经济社会发展对人才的需求和政府对教育的责任，使得政府会进一步出台政策，鼓励民办学校创新体制机制和育人模式，支持优质民办学校品牌化、集团化发展。逐步健全政府主导，社会参与，办学主体多元，办学形式多样，育人方法多种，充满生机活力的办学体制。二是统筹协调，均衡发展。《意见》提出，要充分发挥民办教育的体制机制优势，形成民办教育、公办教育共同发展的格局，努力满足人民群众多样化教育需要。三是加强管理。《意见》明确指出，要正确引导民办学校规范发展，坚持正确的办学方向；坚持规范办学，健康发展；完善民办学校内部管理结构；规范民办学校财务与资产管理；建立风险防范机制和信息公开制度；加强对民办学校的督导评估等六项要求。

鼓励多种形式发展民办教育。《意见》提出，要鼓励和支持企事业单位、社会团体、其他社会组织及全民个人利用非财政性资金依法以独资、合资、合作等形式兴办学校，拓宽民间资金投资教育领域，支持民办学校做大做强。

（三）社会认同是民办教育发展的精神支柱

在30多年的发展过程中，河南的民办教育得到了社会各界的理解和支持，正是有了这样的认同，民办教育才会蓬勃发展起来。但不可回避的是，

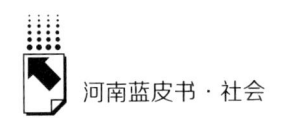

由于长期以来社会上对民办教育的偏见和体制机制的问题,导致人们对民办教育的认知度和认同感不高,影响了民办教育的发展。

(四)内在动力是民办教育发展的引擎

内因是变化的根据,外因是变化的条件,无论我们强调多少外在因素,真正发生变化还是要从内部做起。民办教育在发展中积累了丰富的经验,但同时也有失误和教训。面对新的形势,我们只有突破传统,突破束缚,迸发内生动力,才能实现新的发展。

(五)生源是民办学校存在的基础

20世纪90年代末期我国高等教育扩招后,河南的考生数一直保持全国领先的水平,其他各级教育的生源数量也都居全国领先的位置。可以看出,2011~2015年,河南小学阶段毕业生在2013年、2014年连续两年出现了下滑,2015年实现了大幅提升;初中阶段和高中阶段情况与小学阶段基本相同;高等教育阶段波动不大(见表8)。令人欣喜的是这5年间学前教育毕业生一直是持续增加的。可以推测,未来5年里,河南初中、高中教育阶段生源将呈连年增加的趋势。这样的效应是逐级传递的。所以,对河南民办教育来讲,未来3~5年,生源数量应该不是问题。

表8 2011~2015年河南各级教育毕业生情况

单位:人

类别	2011年	2012年	2013年	2014年	2015年
学前教育	983092	1343073	1397486	1469913	1515976
其中:民办	359762	514898	638201	723483	803034
小学教育	1676067	1704437	1644760	1192997	1405467
其中:民办	138403	163653	185616	200203	207251
初中教育	1403216	1497963	1403358	1146583	1236478
其中:民办	149122	157767	167747	132552	202093
高中教育	665464	639777	631289	602825	600455
其中:民办	75674	81477	80693	74654	76701
高等教育	423414	427267	441148	440078	46266
其中:民办	61993	74323	73963	75794	84274

(六)办学经费是民办教育生存和发展的保障

未来各级政府将会逐步加大对民办教育的投入，社会各界对民办教育的支持也会逐步增强，民办教育在具备了一定的规模和发展经验后，也会更加有效地筹措和使用办学经费。但是不应对经费投入的期望值过高。由于传统投资路径的乏力及国内金融界对贷款的谨慎态度，我国经济在2017年仍面临下行压力。这种压力对民办教育的冲击是显性的。一方面，由于居民实际收入增速放慢，其消费冲动也会保持在谨慎和理智状态，会有更多的家庭选择眼前相对成本较低的教育。另一方面，政府和社会因为收入的限制也会放缓对民办教育的投入。一个不可回避的问题是，2017年9月实施的《新修法》明确规定："不得设立实施义务教育的营利性民办学校。"这将导致河南民办小学、初中阶段的教育做出相应调整。随着《新修法》的实施，民办学校的举办者可以自己选择设立非营利性或者营利性民办学校。国家对民办教育实施分类管理，是我国民办教育发展过程中的重大突破。明确了部分民办学校的营利性性质后，一些资本会进入民办教育领域，这将有可能打破现有的民办教育格局。综上所述，河南民办教育的发展趋势是：以《新修法》的实施和《意见》的落实为标志，民办教育正在由规模扩张向提升人才培养质量转型。

四 对策建议

(一)各级政府要认真落实《意见》精神，积极稳妥地开展《新修法》的贯彻实施

各级政府要切实承担起管理责任，发挥主体职能。依法规范民办教育，明确民办学校的发展定位；将民办教育纳入地方发展规划，建立多部门联合统筹协调制度；加强督导评估，严格规范办学行为，保障人才培养质量；派出党委书记，在民办学校建立、完善党组织；鼓励民间资本办学，建立适合

的体制，让民间资本进入高等教育；完善法人分类登记办法，非营利性全日制民办学校由民政部门登记为民办事业单位，营利性全日制民办高校由工商部门登记为企业法人，明晰出资者产权权益；积极探索混合制办学模式，鼓励国有、集体和非公有资本举办混合制民办高等教育，建设优质民办高校；完善财政扶持制度和财税优惠政策；落实办学自主权，在专业设置、招生就业、校长聘任、职称评聘、教育教学管理等方面给学校更大的自主权。

（二）加强对民办教育的舆论宣传，使部分群众从对民办教育的片面认识中转变过来

对举办者的心力、人力、物力投入要给予支持、肯定和表彰，营造整个社会支持民办教育健康发展的氛围。

（三）民办教育自身要不断完善

面对新的形势，民办教育与其被动适应，不如主动融入，尽快实现自身素质的提升。确定现代教育理念，将自身融入全省、全国、全球教育发展的大格局中，立意高远，胸襟开阔，为天下办教育。完善内部管理体制，根据人才培养需要建立科学、高效的管理服务机构，办出自己的特色，避免同质化。教育并以制度规范管理人员，增强服务意识，摒弃官僚作风，努力抑制行政化倾向，保持民办教育的活力和优势。多方筹措办学经费，节俭使用，将钱花在最应该花的地方，使师生受益、学校受益、社会受益。依法保障教师的合法权益，制定优惠政策，引进优秀人才，提供不断学习的机会，促进教师专业发展，保障教师工资待遇，鼓励教师参与学校管理，逐步建立起结构合理、精干高效的梯次教师队伍。保障受教育者的合法权益，使学生在民办学校能享受到超值的优质教育服务。建立科学的教育教学评价机制，变以往的终结性评价为真实性评价，使评价结果能更加真实地反映教师的教学和学生的学习结果。规范办学行为，自觉接受政府的督导、评估，接受学生、家长和社会的监督，克服自身的缺陷，不断完善，不断提高。唯有如此，河南省民办教育才能拥有更加广阔的发展前景。

参考文献

黄藤、王冠：《对我国民办教育理论研究基本问题的思考》，《陕西师范大学学报》（哲学社会科学版）2004年第12期。

阎光才：《约制民办教育不良竞争的制度分析》，《教育与经济》2002年第4期。

杨全印：《关于我国20年民办教育政策的思考》，《黑龙江高教研究》2002年第3期。

柴纯青：《关于地方民办教育制度创新的思考》，《教育发展研究》2011年第22期。

陆涓：《民办教育发展的政策制约与调整》，《教育发展研究》2011年第22期。

B.8
河南职业教育发展报告

王建庄*

摘　要： 21世纪前10年，河南的职业教育在困难中实现了规模扩张，2009～2010学年在册人数达到最大值。此后规模逐渐缩小，进入理性发展时期。面对构建现代职业教育体系的历史性任务，河南的职业教育已经具备了良好的主客观环境，但是依然存在着师资队伍不优、职教体系不完善、教育形式与实际严重脱节等问题。本报告通过调查研究，对河南职业教育的现状和发展趋势进行了分析，提出了对策和建议。

关键词： 河南　教育职业教育

河南职业教育从层次分，主要有中等职业教育和高等职业教育；从培养机构分，主要有高职院校、中职学校、技工学校、成人教育和社会培训机构。这些机构从不同方面形成了河南职业教育的立体结构，为河南经济社会的发展做出了具有鲜明时代特色的贡献。

一　基本现状：规模扩张的浪潮渐行渐远，职业教育进入理性发展时期

河南当代的职业教育，从20世纪80年代起步后，很快进入了快速发展

---

* 王建庄，黄河科技学院。

时期，一路高歌猛进，到 2007 年，高职、中职教育和职业培训机构已经发展到 20574 个，在校（册）生达到 6043352 人。此后经过两年的规模扩张，到 2009 年，在校（册）学生达到 7309060 人（见表1）。当年河南全省总人口 9487 万人，每万人口中接受职业教育的达到 770 人。这一年河南的职业教育，无论是在校（册）生规模，还是每万人口中的比例，都达到了历史最大值。从 2010 年开始，职业教育规模扩张的浪潮出现回落，一直持续到 2016 年。

表1　2009～2015 年各级各类职业教育在校（册）生数

单位：人

年度	高职	中职	成人专科	职业培训机构	合计
2009	506249	1879100	170723	4752988	7309060
2010	530548	1893100	156448	4172797	6752893
2011	530596	1847200	146039	3472793	5996628
2012	535180	1738700	175086	3071727	5520693
2013	500216	1471900	197112	2402371	4571599
2014	507705	1375800	203029	2659967	4746501
2015	759622	1314800	199682	2306743	4580847

数据来源：历年《河南省国民经济和社会发展统计摘要》和《历年河南教育统计摘要》。

在四类职业教育形式中，非学历职业教育机构的规模降幅最大，达到 51.4%。中等职业教育规模降幅也很明显，与 2009 年前相比，2015 年在校生数减少了 564300 人，下降了 30%。而高职教育和成人专科教育虽然也有起伏，但 2016 年上半年的在校生数还是超过了 2009 年，特别是高等职业教育比 2009 年增加了 253373 人，增幅超过 50%。到 2016 年上半年，河南省高职院校达到 77 所，在校生 759622 人；中职教育机构 691 所，技工学校 126 所，在校生 1314800 人；成人专科教育主要由普通高校承担，另有 8 所职工高校，3 所教育学院，1 所广播电视大学和 4 所行业职工大学，在校生 199682 人；职业技术培训机构共 7997 所，注册学生达到 2306743 人。2015～2016 学年，河南职业教育在校（册）生达到 4580847 人。与人均 GDP 接近的省份相比，河南排名靠前。

本文选取了2015年人均GDP与河南相同或相近的10个省份进行比较（见表2）。比较结果可见，在河南这个人口多、底子薄、观念相对传统的省份，人均GDP虽然不高，但每万人口中接受职业教育的人数是较高的，在同层次省区中排名第2位，远远高出除新疆外的其他省份。总规模在全国依然排在前列。

表2　2014～2015学年职业教育在校生的省际比较

省份	人口（万）	GDP总量（亿元）	人均GDP（万元）	普通专科（人）	成人专科（人）	中职（人）	职业培训机构专业学生数（人）	在校生总数（人）	每万人口中就读数（人）
全 国	137462	676708	4.92	13799641	3733295	14163127	42377220	74073283	539
海 南	867.00	3702.80	4.27	87268	11407	129497	37719	265891	307
新 疆	2181.33	9324.80	4.27	195432	60119	219483	1442258	1917292	879
河 北	7185.40	29806.10	4.15	648938	150433	655366	1181460	2636197	367
湖 南	7119.34	29047.20	4.08	612192	141195	644800	517988	1916175	269
黑龙江	3831.22	15083.70	3.94	310106	94973	243190	454833	1103102	288
河 南	9388.00	37010.25	3.94	927572	203029	1103864	2659967	4894432	521
四 川	8050.00	30103.10	3.74	882200	100011	1079228	2128854	4190293	521
江 西	4503.93	16723.80	3.71	532998	114225	437172	51546	1135941	252
西 藏	281.00	1026.39	3.65	22159	6693	16990	5632	51474	183
广 西	4602.66	16803.12	3.65	491027	145093	782675	49967	1468762	319

数据来源：《中国教育年鉴（2015）》。

从2009年开始，河南职业教育的规模呈连年下降的态势，规模扩张的热潮一旦过去，理性发展的思维会成为主导。近年来，河南职业教育更加注重内涵式发展，进一步贴近河南经济社会发展实际，在专业设置、人才培养方案完善等方面都有了建设性发展，职业教育的质量正在逐步提升。

二　主要成效

在职业教育规模发展趋于理性和平稳状态的同时，政府、社会和职业教育内部也在发生着新的变化。

（一）政府：加快发展现代职业教育

2014年5月2日，国务院发布《关于加快发展现代职业教育的决定》。2014年9月24日，河南省人民政府发布《关于加快发展现代职业教育的意见》。2015年12月4日，河南省人民政府发布《关于进一步优化中等职业学校布局提升办学水平的意见》。连续两年中央和河南省政府如此高密度地就职业教育发布政府文件，表明政府发展高水平职业教育的鲜明态度。河南发展现代职业教育的目标任务是：到2020年，形成适应发展需求，产教深度融合，中职高职衔接，职业教育与普通教育相互沟通，体现终身教育理念的现代职业教育体系。

（二）社会：对职业教育的认识逐渐趋好

在我国，读书入仕的观念一直占据主导地位，这与我们的文化底蕴有关。长期的封建制度造就了读书人"十年寒窗无人问，一举成名天下知"的观念，所以技术技能的培训只能被视为"雕虫小技"。改革开放以来，市场经济和工业化的浪潮使得"中国制造"异军突起，第一产业迅速向第二、第三产业转移，人们的观念在发生变化。在这个过程中，政府一直是头脑清醒的促进者和引领者，职业教育本身也在不懈努力。

1998年，高校扩招的势头尚未形成，社会对上中专和大专"吃商品粮"的追求还在继续。初中毕业生首选上中专，当年河南初中毕业生升入中职的比例直逼30%。之后17年来，高校扩招的浪潮一浪高过一浪，中职招生在21世纪初年受到冲击，在低谷徘徊一段时间后逐步回升。到2011年，初中毕业生升入中职的比例已达到36.64%，比2004年上升了14.46个百分点（见表3），超过了大学扩招前中职招收初中毕业生的录取比例。高职招生和中职招生有所不同，20世纪初高校扩招后，高职院校顺势而为迅速扩大规模，招生数一度超过本科院校占据高等教育的半壁江山，这个势头在2012年前后出现回落。2010年河南普通高等教育招生47.83万人，其中本科招生21.13万人，专科招生26.70万人，本、专科之比为4.4∶5.6；到2012

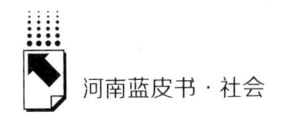

年，这个比例变为5.03∶4.97，2013年为5.1∶4.9，2014年持平为5∶5；2015年实现逆转，为4.8∶5.2。

表3 初中毕业生升入中职，高中毕业生升入高职数字变化

单位：万人，%

年份	初中毕业	中职招生	升入比例	高中毕业	高职招生	升入比例
1998	130.94	38.00	29.02	14.93	2.75	18.42
2004	198.21	43.96	22.18	42.48	16.44	38.70
2011	155.45	56.96	36.64	66.55	18.02	27.08
2014	114.66	39.34	34.31	60.28	18.05	29.94
2015	123.62	37.82	30.59	61.05	28.70	47.01

数据来源：根据历年《河南教育统计》计算所得。

职业学校招生规模的增长，除了政府引导和职业教育自身的吸引力外，也有市场、社会和家长对职业教育认识转变的因素，而且是十分重要的因素。2001年，笔者曾就升学意向在初中毕业班做过问卷调查，结果是：希望初中毕业后报考普通高中的占92.36%，报考职业学校的只有6.23%，还有1.41%的学生选择了其他。受高校扩招的冲击和读书入仕观念的影响，当年有90%以上的初中生不愿到职业学校就读。15年后的2016年12月，笔者随机在一个省直管县和郑州市一个远离主城的区选取了不同的8个初中毕业班443名初三学生进行问卷调查，了解初中毕业后的意向。结果是：有67名学生直接选择了职业学校，占到15.1%；选择普通高中的仍是大多数，有354人，占到79.9%；选择"其他"的占5%。与15年前相比，人们对职业教育的认识正在提升。

（三）经费：初步得到缓解

由于各级政府不断采取积极措施加大资金支持，使长期困扰职业教育发展的经费短缺问题正在得到有效解决。河南各地市都已先后出台中职生的资助政策，郑州市对每个中职在校生每年1500元的资助已执行多年，这些款项按各校在册人数及时拨付，有效促进了学校发展，保障了贫困家庭的孩子

有在职业学校就读的机会。2017年，河南省政府要求，对公办高职院校的财政拨款要达到每生每年12000元。据此测算，结合河南经济社会发展的实际，这个数额已经能够在现有基础上基本满足学校一般经费支出的需要。当然，要真正把职业教育做强，这样的经费仍然是不够的，但是，政府对职业教育真金白银的投入已经落实。同时，在政府的引导下，社会资金也会随着经济社会发展更多地投入职业教育。

（四）校企合作：由单相思成为真联姻

职业教育是面向生产、生活的教育，是为社会发展培养人才的，最大的受益者当然是企事业单位。但在相当长的一段时期内，由于学校和企业取向不同，学校教育与企业对人才的要求严重脱节，加上双向沟通不够，校企合作形成"露天烤火一面热"的局面，学校积极性高，企业缺乏热情。

这样的局面使职业教育十分尴尬。一方面，大量的毕业生走出校门后难以实现自己的人生价值，也给学校的声誉带来一定影响，出口不畅，必然导致进口不旺，招生必将困难；另一方面，要提高人才培养质量，单靠自己的师资队伍和传统的教学方法已无法实现，必须引进企业的用人理念来重新修订人才培养方案，重新设计人才培养流程和教学方法。还要引进企业人才，用他们的实践经验来为学生传授生产技能。

随着科学技术的进步和产业的升级，一些具有战略眼光的企业开始主动与职业教育合作，它们认识到，企业要想做大做强，必须要有适应行业发展的人才，人才是企业发展最重要的因素，而这样的人才不是几个或几十个，而是需要成千上万的大批的高素质的具有专业知识和操作技能的人才。这样的人才，单靠企业自身是培养不来的，只有依靠职业教育。这样的认识，使得企业很快有了合作办学积极性。多年来，以宇通公司为代表的一批企业在深化校企合作方面做了很多有益的探索，许多中小企业更是积极行动，河南职业教育领域的校企合作已经出现了向好的局面。华夏星博教育有限公司等企业还带头组建了校企合作的行业联盟，使得学校和企业在教材编写、人才培养目标优化、专业教学和实习实训、学生就业等方面实现了零距离对接。

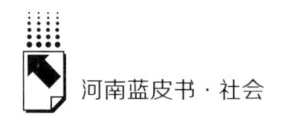

（五）中等职业教育与高等职业教育已经开通直通车

目前中职毕业生要想进入高职院校继续学习，至少有以下五个途径：一是"3 + 2"分段制教育。学生在中职学习3年，然后进入高职学习2年，取得高等专科学校毕业证。二是五年一贯制。入学即取得五年一贯制教育资格，五年完成中职和高职的教学计划，获得大专毕业证。三是对口升学。参加每年的对口升学，按专业对口升入高职院校。四是单独招生。通过高职院校的单独招生考试被录取为高职院校新生。五是参加高考。

一般情况下，河南的中职毕业生如果想继续读高职，问题是不大的。近年来，高职招生的门槛一再降低，有些高职院校录取新生的分数线已低至200分以下。另外，参加单独招生考试也是比较保险的选择，成绩不是特别差的，大都会被录取。实际上，中高职教育直通车在河南已经开始通行。但是，高职到本科教育的直通车还没有开通。

三 职业教育发展存在的主要问题

（一）师资队伍建设依然没有走出困境

职业教育不像普通本科教育那样有着相对完善的学科体系，也不像基础教育那样有着成熟的知识体系，它涉及经济社会发展各个行业、各个层面的教育，仅教育部重新发布的《普通高等学校高等职业教育（专科）专业目录》就有19个专业大类，99个专业类，747个专业（由原来的1170个调减到），主要对应职业类别291个。这样的培养范围决定了职业教育师资的短缺，而且职业教育的特点要求本身必须适应现实发展，经济和社会发展需要什么人才就要及时培养。既然是需要的，必然是紧缺的，其高学历高职称的能够担任专业教师的人才更加紧缺。所以在现有机制下，职业教育的师资队伍建设不可能真正优化。

（二）"直通车"尚未完全贯通

目前，河南中职学生通往高职的道路已经打通，但是高职学生通往本科院校的门槛依然太高，职业教育仍然停留在专科层次，尚未形成体系。立交未交，直通不通。

（三）理论研究滞后

到 2015 年，河南职业教育在校（册）人数已经达到 458.08 万人，平均每 100 人中就有 5 个在职业院校就读，面对这么庞大的群体，面对这么有生机的教育，对于职业教育的理论研究还很薄弱，鲜见有特色有质量，能预测职教发展的研究报告和成果。理论研究的滞后，导致职业教育探索成本的增加和发展后劲的不足，有些积弊一旦形成，要花相当长的时间和精力、财力才能消解。

（四）经费短缺

经费短缺依然是制约职业教育发展的主要矛盾之一。平心而论，近年来在职业教育发展方面，政府的政策支持和经费投入，使职业教育从高校扩招和少数人的轻视中顽强发展起来。但是，职业教育不同于基础教育，也有别于研究型的本科以上教育，职业教育特别强调学生的实践能力，需要投入更多的经费去购置设备，布置场地，营造真实的生产环境，因此要实现高质量的培养目标，必须加大成本的投入。

（五）行政化现象明显

在办学过程中，学校中的一些管理人员逐步滋生了腐朽的权力意识，把岗位当成关口，不是努力服务，而是行使职权，使得师生不满情绪增加，人心离散，工作效率下降，管理成本加大。这种现象如果长期存在，会使部门、学校甚至职业教育本身遭受损失，在一定程度上阻碍职业教育的发展。

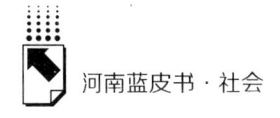

（六）同质化倾向日益突出

职业教育和普通教育的主要区别，是其鲜明的、既不同于其他教育也有别于同类的特色。经济和社会的发展是全方位的、立体的、多样化的，职业教育当然应该如影随形，丰富多彩。遗憾的是，我们的职业教育还不成熟，往往一哄而起，一拥而上。例如，在开设专业方面，这个特征就十分明显。据对河南11所高职院校的随机调查，发现专业设置雷同化现象比较严重，一些专业，如计算机类、管理类等几乎所有学校都有开设。另据对省内30所有学历教育资格的高职院校随机考察，发现其中20家开有空中乘务专业。客观地说，结合郑州航空港建设的需要，急需培养未来的人才，这说明了河南职业教育对当地经济发展的敏锐反应，也体现了职业教育对发展的远见。但是是否有必要开设这么多的相同专业，航空港未来需要多少这方面人才，这是应当进行科学论证的。

（七）观念、体制落后

时代前进了，学生变化了，科学技术日新月异，但我们的管理体制、机构设置、考试评价、观念认识等等都还存在因循守旧现象。现代科技对教育技术的冲击，直接挑战传统教育模式，而手机的普及对传统的课堂教学的冲击更是致命的，尤其是在高等职业教育阶段。一般来说，小学阶段的课堂教学，由于学生年龄和教育氛围等因素制约，教师的控制能量仍比较强大，学生上课玩手机的现象很少，有些学校和班级甚至没有。初中、高中阶段的学生迫于升学压力，对课本外的兴趣只能限于课堂之外。考入本科段就读的学生尽管在课堂上有着相当大的自由度，但他们在初中、高中时期差不多都是应试教育的优秀者，对课堂教学的敬畏有着一定的惯性，而且本科教育的学科性决定了学生对课堂教学的专注度。

高等职业教育招收学生有两个途径，一是自主招生。自主招生是学校命题，学校批卷，学校自主录取。基本上没有门槛。少数学校甚至在学生报名时就承诺录取。二是通过高考录取的新生。参加高考的考生，按照高考成绩，在本科录取之后，才是高职院校录取。这个批次录取的考生，高考成绩大都不太理想。2016年高招录取，河南高职高专院校录取考生最低线定在180分，但150分就能录取满分650分的试卷，按百分制换算，只要得23分就能上大学，应该说，这个门槛并不高。高职高专的学生虽然文化考试成绩不佳，理论知识不牢，但是思维活跃，动手能力较强。他们一般不适应古板僵化的传统课堂教学模式。

高职学生的这种特点，加上课堂自由度比高中要大得多，没有升学压力，如果课堂教学没有强大的吸引力，学生就会逐步选择用"不配合"来消极抵制，课堂上玩手机的现象比比皆是。据对不同学校、不同专业、不同年级的566位高职在校生上课情况的随机调查发现：有95%左右的学生上课玩手机，其中30%左右的人一直玩，一节课没有玩手机的人只有6%左右。其中有一节课，两个班110人，只有一个学生没玩手机。教材与知识脱节，教学与实际脱节，培养方法与培养目标脱节，使得高职课堂教学难以为继，实际上，一节课中如有10%的学生听课就已经很不错了。这种状况要求现有高职课堂教学模式必须进行革新。

课堂教学是学校实现人才培养目标的最基本的生产单位，传统的模式、僵化的教法、如狂风暴雨般袭来的信息化浪潮，还有与这种模式、方法极不适应的新的形势下的受教育者，其矛盾越来越激化。教育者尽力希望在维护传统模式的前提下做出小步改良，而受教育者偏偏排斥这些正统的模式和方法，课堂教学仅靠微弱的制度在勉强维持。

四 发展趋向：建立现代职业教育体系

至少有五个方面的因素促进现代职业教育体系的建立。一是经济社会发展需求。2016年12月26日，国务院批复同意支持郑州建设国家中心城市；2017年1月上旬，国家发改委印发《中原城市群发展规划》，标志着中原城市群正式跻身七大国家级城市群。河南在全国经济社会发展中的地位愈发重要，也决定了职业教育健康快速发展的命运。二是政府的主动作为。随着近

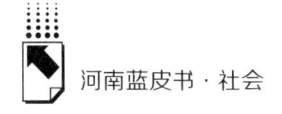

年来河南整体实力不断提升和在全国发展中重要性的增强，为了实现未来发展的人才支撑，政府会一步步加大对职业教育的重视程度。三是随着科学技术发展带来的巨大冲击，职业教育传统、保守、僵化的培养模式和粗放的发展模式将被打破。四是社会对职业教育的认识在日益提高，这不但会优化职业教育的发展环境，还会进一步提振职业教育自身的信心。五是职业教育自身将发生变革，内在的发展冲动必然会带来外在的巨大变化。

（一）中等职业教育：巩固提高发展水平

河南的中等职业教育经历了大发展的历程。20世纪90年代中期，全国各地，甚至联合国教科文组织等多次组团到郑州来学习和考察，在国内外都有一定的影响。近年来虽然受社会大环境的影响，规模有所回落，但底气仍在。根据省政府的总体要求，到2020年，中等职业教育在校生要达到160万人，与现有规模相比还要增加30万人。根据对中职发展环境和生源情况的预测，这个目标应该能够实现。

（二）高等职业教育：创新发展

除在现有基础上进一步提升人才培养质量外，还要进一步探索发展本科层次职业教育，培养本科层次的技术技能人才。并且要逐步建立以职业需求为导向，以实践能力培养为重点，以产学结合为途径的专业学位研究生培养模式。就是说，职业教育的直通车要一直通到研究生层次，真正成为一种教育类型。但是原则上现有职业院校不再升格。

（三）普通本科院校：转型发展

采取试点推动、示范引领等方式，引导一批普通本科高等学校向应用技术类型高等学校转型。到2020年，重点建设10所示范性应用技术类型本科高校，在经费投入、专业学位授权点设置方面政府要给予倾斜支持。

（四）职业教育内部：建立衔接机制

加快构建从中职、专科、本科到专业学位研究生教育的技术技能人才培养体系。开发"3+4"中职与应用技术类型本科贯通试点，探索应用技术类型本科与高职专科联合"3+2"本科人才培养试点。

（五）校企合作：职业教育与产业布局对接

通过"合并、共建、联办、划转"等方式，推动职业教育布局与经济社会发展需要对接，提升专业建设与产业发展的契合度。

（六）学习型社会建设：终身教育，全民技能振兴工程

以职业院校、各类职业培训机构和企业为载体，健全劳动者终身职业培训体系，积极发展多种形式的继续教育。着力建设一批综合性、多功能的就业创业技能培训品牌基地，全面提升劳动者职业技能和就业创业能力。建立有利于全体劳动者接受职业教育和培训的灵活学习制度，服务全民学习、终身学习，推进学习型社会建设。通过建立高等学校分类设置、评价、指导和拨款制度，真正建立职业教育的立交桥，开通直通车。

五　对策与建议

河南的职业教育已经到了一个新的发展时期，在构建现代职业教育体系的过程中，政府、社会和职业教育自身都负有重要责任。

（一）落实政府职责

各级政府要切实履行发展职业教育的主要责任，着力营造制度环境，制定发展规划，改善办学条件，加强规范管理和监督指导，深化重要领域和关键环节的改革，切实解决职业教育发展中的问题。

（二）强化督导评估

一是对政府及有关部门履行发展职业教育职责的督导，二是强化对职业教育人才培养质量的评估。除现有的队伍和措施外，可以组建由退休职教专

家、企业代表和社会评价机构组成的督导评价队伍，逐步建立健全以行业、企业、非政府部门为主体的第三方评价机构，定期开展对职业教育的主客观方面进行科学、客观、公正的评估。

（三）营造环境，形成全社会支持职业教育的氛围

着力宣传职业教育在经济社会和个人发展中的重要作用，表彰高素质劳动者和技术技能人才，引导全社会确立尊重劳动，尊重知识，尊重技术，尊重创新的观念，弘扬"劳动光荣，技能宝贵，创业伟大"的风尚，营造"崇尚一技之长，不唯学历凭能力"的社会氛围，不断提高职业教育的影响力和吸引力。

（四）高起点推动

2017年9月，新修订的《民办教育促进法》将进入实施阶段，国家以法律的形式规定了民办教育可以以营利性的方式存在，这将有可能吸引社会资金兴办职业教育。要制定优惠政策，采取积极措施，主动吸引社会资金，高起点组建有特色、高水平的职业教育机构。新建的职业技术院校一定要瞄准行业发展的国际前沿，采取新的办学模式，培养新型人才，从整体上提升河南职业教育的水平。

（五）职业教育自身要抓紧定位

从办学指导思想、培养目标、人才培养方案，到机构设置、教材建设、课堂教学改革、师生教学评价、毕业生就业质量以及管理人员素质的提高、教师职业发展、师生权益保障等方面进行改革提升，确保党和国家的培养目标落到实处。

（六）鼓励现有的职业教育机构向多样化发展

逐步形成特色，铸造品牌，形成河南职业教育万马奔腾的局面。

参考文献

陈德泉：《德国双元制职业教育的重新审视》，《中国高教研究》2016年第2期。

陈伟等：《职业教育与普通高中教育收入回报之差异》，《社会》2016年第2期。

刘晓、石伟平：《职业教育集团办学治理逻辑、理论与路径》，《中国高教研究》2016年第2期。

马凯慈、陈昊：《政治制度、产业关系与职业教育的起源与发展——基于西方国家的比较研究》，《北京大学教育评论》2016年第3期。

杨钋、刘云波：《省级统筹与高等职业教育的均衡发展》，《北京大学教育评论》2016年第3期。

李德富：《现代职业教育体系理想模型构建研究》，《高教探索》2016年第1期。

B.9
河南省"村改居"社区老人的适应困境及其融入路径研究*

徐京波**

摘　要： 随着城市化进程的快速推进，许多"村改居"社区涌现出来。村庄进行拆迁撤并，农民集中到社区内生活，原有的生活环境、生活方式和价值观念都发生了较大变化，老年人难以尽快融入新社区，从而产生了社会适应困境。通过问卷调查发现主要体现在邻里关系疏离、休闲娱乐互动匮乏、缺乏精神慰藉、生活环境适应困难和身份认同危机等方面。针对上述问题，应该扩展"村改居"公共空间，加强老人社会互动；完善老年人精神支持体系，提升精神生活质量；明确"村改居"社区老人身份归属，化解身份认同危机。从而提高"村改居"社区老人的幸福指数，促进家庭、社区和社会的和谐稳定。

关键词： 河南　"村改居"社区　老人

随着城市扩容提升速度的加快，城市空间不断拓展，城区面积不断增加，城市化水平不断提升，城市地区出现了一种比较特殊的社区类型——

---

* 本文是国家社科基金"中部地区农村空心化的社会风险及其治理研究"（项目编号：15CSH027）的阶段性成果。
** 徐京波，社会学博士，郑州轻工业学院政法学院讲师，主要研究方向为农村社会治理。

"村改居"社区①。由于"村改居"社区处于农村社区和城市社区之间,具有较强的二元性和过渡性,生产生活方式发生了较大改变,这种变化对老年群体的影响尤为明显②。这一影响主要体现在邻里关系疏离、缺乏精神慰藉、休闲娱乐方式匮乏、生活环境适应困难、身份认同危机等方面。本研究基于河南省郑州市"村改居"社区的实地调查,在经验资料分析的基础上,对"村改居"社区老人的适应困境进行分析,提出应对策略。旨在提高"村改居"社区老人的幸福指数,进而促进家庭、社区和社会的和谐稳定。

一 研究方法与样本情况

本研究采用问卷调查法,对河南省郑州市高新区"村改居"社区进行了问卷调查。样本选择主要采取立意抽样的方法,根据本研究的目标和主观分析来选择和确定调查对象。调查内容主要包括"村改居"社区老人的邻里关系、休闲娱乐活动、精神慰藉、生活环境适应、身份认同等方面。本调查的主要对象为"村改居"社区60岁及以上的老人,发放问卷320份,回收有效问卷277份,回收率86.6%。调查样本中男性为111人,所占比例为40.1%;女性166人,所占比例为59.9%。其中,60～65岁的老人占22.4%,66～70岁的老人占24.5%,71～75岁的老人占25.3%,76～80的老人占19.9%,81岁及以上的老人占7.9%;小学及以下学历的老人占62.5%,初中学历的占30.7%,高中、中专和中技的占5.4%,大专及以上的占1.4%。

---

① 顾永红、向德平、胡振光:《"村改居"社区:治理困境、目标取向与对策》,《社会主义研究》2014年第3期。
② 梅鹏超:《"村改居"社区失地老人社会工作研究:昆明例证》,《呼伦贝尔学院学报》2015年第5期。

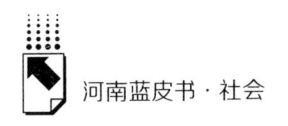

二 "村改居"社区老人邻里关系疏离

(一)邻里之间来往频率降低

邻里是由居住相邻的各个家庭的成员以地域关系为纽带,以相互之间的感情为基础结合而成的基本群体。邻里关系是传统社会关系的重要组成部分,这种基于空间的社会关系在传统社会中,承载着情感沟通和社会支持的重要功能。"村改居"社区居民生活空间从农村社区转向了城市社区,这种居住空间转换对原有的村庄邻里关系产生了较大影响,主要体现在邻里之间的互动次数减少,邻里之间的互助程度降低。

在调查中发现,"村改居"社区以楼房为主,居住空间较为封闭,而且房屋并没有按照原有居住空间距离分配,使得原有的居住空间秩序发生了较大改变,甚至许多居民不知道原有邻居现今的居住位置。这也导致了邻里之间来往次数和频率大大降低。老年人在拆迁之前老年人与邻居有很多或较多的来往的占84.8%,联系较少的占3.6%,没有联系的仅占1.1%。拆迁之后回迁安置到"村改居"社区,与邻近来往很多或较多的只有25.7%,联系较少的比例已经上升为36.2%,没有联系的比例也达到了13.8%(见表1)。

表1 拆迁安置前后邻里来往次数比较

单位:人,%

选项	拆迁前来往		拆迁后来往	
	人数	占比	人数	占比
很 多	113	40.8	20	7.2
较 多	122	44.0	51	18.5
一 般	29	10.5	67	24.3
较 少	10	3.6	100	36.2
不联系	3	1.1	38	13.8
合 计	277	100.0	276	100.0

注:合计项不足277人是由于有人未答题所致,后表同。

（二）邻里之间互助行为减少

互助，是一方协助另一方解决困难或问题的行为。在乡村社会，亲朋邻里之间相互借用资金或物品，互相帮忙、互相支持、相互赠送礼物都是经常发生的互助现象，互助行为嵌入村庄血缘、地缘等社会网络之中，是原有村庄社区重要的互助形式。村民进入"村改居"社区之后，原有邻里关系受到冲击，互动频率有较大的下降。拆迁之前，老人遇到困难，每次都会或经常会向邻居求助的比例为58.5%，不会向邻居求助的比例仅占8.3%。进入"村改居"社区之后，只有17%的老年人遇到困难会向邻居求助，而46.6%的老人遇到困难不会向邻居求助（见表2）。总之，与拆迁安置之前相比，"村改居"社区老人互助行为较少，互助频率有较大幅度下降。

表2 拆迁安置前后邻里之间遇到困难互助频率比较

单位：人，%

选项	拆迁前邻里互助		拆迁后邻里互助	
	人数	占比	人数	占比
每次都会	26	9.4	6	2.2
经常会	136	49.1	41	14.8
偶尔会	92	33.2	101	36.5
不会	23	8.3	129	46.6
合计	277	100.0	277	100.0

（三）对邻里关系的满意度降低

邻里之间来往和互助是测量邻里关系的客观指标，对邻里关系的满意度评价是测量邻里关系的主观指标。正是由于邻里互动频率降低和邻里互动行为减少导致了老人对拆迁安置后的邻里关系满意度降低。拆迁前有35.1%的被访者对邻里关系非常满意，51.4%的被访者对邻里关系比较满意，2.2%的被访者对邻里关系比较不满意，而没有对邻里关系非常不满意的。拆迁后仅有21.1%的老人对邻里关系非常满意，30.9%的被访者对邻里关系比较满意，比较不满意和非常不满意的被访者则占到12.4%（见表3）。

表3 拆前迁后对邻里关系的满意程度比较

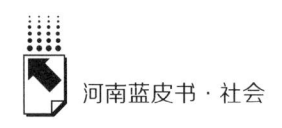

单位：人，%

选项	拆迁前对邻里关系满意度		拆迁后对邻里关系满意度	
	人数	占比	人数	占比
非常满意	97	35.1	58	21.1
比较满意	142	51.4	85	30.9
一般	31	11.2	98	35.6
比较不满意	6	2.2	28	10.2
非常不满意	0	0	6	2.2
合计	276	100.0	275	100.0

三 "村改居"社区老人休闲娱乐活动匮乏

（一）闲暇时间较多，但娱乐方式单一，更多局限于家庭范围内

拆迁前，许多老人要从事农业活动或者在周围工厂打零工，将更多时间投入到生产劳动中。房屋拆迁之后，分到比较多的安置房，除了家庭居住之外，将剩余房屋出租他人，出租房屋是拆迁后家庭的主要收入方式。这种变化导致老年人劳动时间减少，闲暇时间增多。拆迁前，43.5%的被访者老人有非常多或比较多的闲暇时间，26.4%的被访者闲暇时间比较少，还有7.2%的被访者没有闲暇时间。而拆迁后，82.9%的老人有非常多或比较多的闲暇时间，只有4.3%的被访者闲暇时间比较少，没有闲暇时间的被访者所占比例为0（见表4）。

与拆迁前相比，拆迁后老年人闲暇时间大量增加，但是娱乐活动方式较

表4 拆迁前后老人闲暇时间比较

单位：人，%

选项	拆迁前闲暇时间		拆迁后闲暇时间	
	人数	占比	人数	占比
非常多	41	14.9	113	40.9
比较多	79	28.6	116	42.0
一般	63	22.8	35	12.7
比较少	73	26.4	12	4.3
没有	20	7.2	0	0
合计	276	100.0	276	100.0

为单一，而且家庭之外的公共娱乐活动较少，更多的局限于家庭范围内。拆迁之前，被访者中在家看电视的只有28.3%，而拆迁之后这一比例上升到54.9%；拆迁之前有39.8%的老人串门聊天，拆迁之后这一比例下降为4.6%；一起打牌下棋的比例也有一定的下降，由拆迁前的26.1%下降到12%；没有任何娱乐活动的比例由拆迁前的2.2%上升到15.6%。生活方式的转变改变了原有的生活节奏，导致大家无事可做，但是锻炼身体的比例上升了，由3.6%上升到12.9%（见表5），这与小区健身设施的完善有较大关系。

表5 拆迁前后老人主要娱乐方式

单位：人，%

选项	拆迁前休闲娱乐活动		拆迁后休闲娱乐活动	
	人数	占比	人数	占比
在家看电视	78	28.3	151	54.9
打牌下棋	72	26.1	33	12.0
串门聊天	110	39.8	13	4.6
锻炼身体	10	3.6	35	12.9
无事情可干	6	2.2	43	15.6
合计	276	100.0	275	100.0

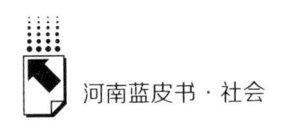

（二）"村改居"社区组织的休闲娱乐活动较少，老人参与度不高

在调查中了解，拆迁之前许多村庄都有传统休闲娱乐活动。例如，村庄周围有集市，集市不仅是贸易场所，也是村民社会交往、休闲娱乐的场所。重大节日期间还有庙会，祭祀、买卖东西、听戏、走亲访友。进入"村改居"社区之后，传统乡村社区的娱乐活动不复存在，而城市社区的娱乐活动没有进入，导致社区娱乐活动匮乏。问卷调查结果显示，4%的被访者认为社区经常举办休闲娱乐活动，37.9%的被访者认为偶尔举办，有49.5%的被访者认为社区从不举办娱乐活动，还有8.7%的被访者表示"不清楚"（见表6）。

表6 "村改居"社区举办休闲娱乐活动次数

单位：人，%

选项	参与人数	占比	有效占比	累积占比
经常举办	11	4.0	4.0	4.0
偶尔举办	105	37.8	37.9	41.9
从不举办	137	49.3	49.5	91.3
不清楚	24	8.6	8.7	100.0
合计	277	99.7	100.0	—
缺失	1	0.4	—	—
总计	278	100.0	—	—

"村改居"社区组织也会举办少量的休闲娱乐活动，办一些活动，但是这些活动更多是商业宣传，活动的目的是厂家推销自己的产品，而且这些活动时间短暂，不是常态化的娱乐项目。社区组织的公益性、常态化的休闲娱乐活动严重缺乏。只有1.5%的被访者每次都参加社区举办的娱乐活动，8.5%的被访者经常参加，38%的被访者偶尔参加，52%的被访者从不参加社区举办娱乐活动（见表7）。可以说，社区老人有参与休闲娱乐活动的需求，但是目前社区组织的休闲娱乐活动与其需求存在较大差距。

表7 "村改居"社区老人参与社区组织娱乐活动的频率

单位：人，%

选项	参与人数	占比	有效占比	累积占比
每次都参加	4	1.4	1.5	1.5
经常参加	23	8.3	8.5	10.0
偶尔参加	103	37.1	38.0	48.0
从不参加	141	50.7	52.0	100.0
合计	271	97.5	100.0	—
缺失	7	2.5	—	—
总计	278	100.0	—	—

四 "村改居"社区老人缺乏精神慰藉

（一）"村改居"社区老人孤独感较强

回迁安置以后，村民分到比原来更多的房子，许多家庭中的老人都有自己的房子，因此只要老人身体健康，一般都会单独居住，调查结果显示67.7%的被访者自己独立居住。身体健康状况不好的老年人，和子女一起居住的比较多，所占比例为24.3%。在调查过程还发现"村改居"社区里居住了其他村庄拆迁但没有安置好的老人，他们租房居住，这一比例占到8%（见表8）。

表8 "村改居"社区老年人的居住方式

单位：人，%

选项	人数	占比	有效占比	累积占比
养老院	0	0.0	0	0
自己居住	187	67.3	67.7	67.7
和子女住	67	24.1	24.3	92.0
租房子住	22	7.9	8.0	100.0
合计	276	99.3	100.0	—
缺失	2	0.7	—	—
总计	278	100.0	—	—

由于许多老人不与子女一起居住,而且邻里之间来往较少,休闲娱乐活动匮乏,使得许多老人感到孤独。通过问卷调查发现,18.4%的被访者感到很孤独,40.4%的被访者感到孤独,24.9%的被访者感觉一般,有13.8%的被访者感觉到不孤独,只有2.5%的被访者感觉很不孤独(见表9)。由此可见,超过50%的被访者有较强的孤独感,长期得不到关爱可能会产生一些心理疾病。

表9 日常生活中是否感到孤独

单位:人,%

选项	人数	占比	有效占比	累积占比
很孤独	51	18.3	18.4	18.4
孤独	112	40.3	40.4	58.8
一般	69	24.8	24.9	83.7
不孤独	38	13.7	13.8	97.5
很不孤独	7	2.5	2.5	100.0
合计	277	99.6	100.0	—
缺失	1	0.4	—	—
总计	278	100.0	—	—

(二)"村改居"社区老人精神压力大

拆迁之后,许多家庭因为房屋问题产生较大矛盾,主要包括老人与子女之间、子女彼此之间的矛盾,甚至导致家庭成员之间互不来往。另外,拆迁安置并没有使得农民一夜暴富,他们将拆迁款大部分用于房屋购买和装修上,老人剩余存款不多,有一定的生活压力,这也导致了一部分老年人精神压力较大。调查数据显示,16.9%的被访者感到郁闷,21.2%的被访者感到焦虑,5.9%的被访者感到有一定的抑郁感(见表10)。总之,有44%的被访者存在一些心理问题。

表10 日常生活中出现以下哪种情绪

单位：人，%

选项	人数	占比	有效占比	累积占比
郁闷	46	16.5	16.9	16.9
焦虑	58	20.9	21.2	38.1
抑郁	16	5.8	5.9	44
愉快	71	25.5	25.8	69.8
充满希望	83	30.0	30.2	100.0
合计	274	98.7	100.0	—
缺失	4	1.3	—	—
总计	278	100.0	—	—

调查问卷还涉及了老人对自我心理健康状况的评价，只有8.7%的被访者认为自己心理状况非常健康，17.4%的被访者认为心理状况健康，26.4%的被访者认为自己有一点心理疾病，有10.6%的被访者认为自己有严重心理疾病（见表11）。在深度访谈中发现，近几年"村改居"社区老人自杀问题开始出现，这与老年人精神健康问题存在较大关联。

表11 您认为您的心理健康状况如何

单位：人，%

选项	人数	占比	有效占比	累积占比
非常健康	24	8.6	8.7	8.7
健康	48	17.3	17.4	26.1
一般	102	36.7	36.9	63
有一点心理疾病	73	26.3	26.4	89.4
有严重心理疾病	29	10.4	10.6	100.0
合计	276	99.3	100.0	—
缺失	2	0.7	—	—
总计	278	100.0	—	—

五 "村改居"社区老人生活环境适应困难

拆迁之前，老人一生中的大部分时间都居住在农村社区，已经适应了农村社区的自然环境和社会环境。进入"村改居"社区以后，消费方式、交往方式、居住方式都发生了变化。老年人传统生活方式的改变需要一定的过程，因此在这一过程会产生一些不适应。调查表明，只有7.6%的被访者表示完全适应了社区生活方式，18.5%的被访者表示比较适应社区生活方式，有54.3%的被访者表示比较不适应现有生活方式，2.2%的被访者表示完全不适应社区生活方式（见表12）。

表12　您是否已经适应了社区生活

单位：人，%

选项	人数	占比	有效占比	累积占比
完全适应	21	7.6	7.6	18.5
比较适应	51	18.3	18.5	26.1
一般	48	17.3	17.4	43.5
比较不适应	150	54.0	54.3	97.8
完全不适应	6	2.2	2.2	100.0
合计	276	99.4	100.0	—
缺失	2	0.7	—	—
总计	278	100.0	—	—

从生活空间、生活节奏、垃圾处理等方面对生活方式感知进行测量。39.4%被访者表示不太习惯和很不习惯"村改居"社区拥挤的居住环境，27.6%被访者表示对"村改居"社区生活节奏快不太习惯和很不不习惯，42.9%的被访者表示对到指定点倒垃圾不太习惯或很不习惯（见表13）。

表13　对目前社区生活方式的适应情况

单位：%

选项	生活空间拥挤	生活节奏高	到指定点倒垃圾
非常习惯	10.3	8.9	7.4
比较习惯	27.9	26.2	40.1
说不太清楚	22.4	37.3	9.6
不太习惯	22.8	22.8	39.7
很不习惯	16.6	4.8	3.2
合计	100.0	100.0	100.0

当被问及对目前居住方式是否满意时，1.8%的被访者表示对目前居住方式非常满意，15.9%的被访者表示对目前居住环境比较满意，50.5%的被访者认为目前居住环境一般，2.9%的被访者认为目前居住环境比较不满意，28.9%被访者对目前居住方式非常不满意（见表14）。

表14 对目前居住方式的满意度

单位：人，%

选项	人数	占比	有效占比	累积占比
非常满意	5	1.8	1.8	1.8
比较满意	44	15.8	15.9	17.7
一般	140	50.4	50.5	68.2
比较不满意	8	2.9	2.9	71.1
非常不满意	80	28.8	28.9	100.0
合计	277	99.7	100.0	—
缺失	1	0.3	—	—
总计	278	100.0	—	—

六 "村改居"社区老人身份认同困境

拆迁一方面使得"村改居"老人有机会在城市生活，实现了做"城里人"的梦想；另一方面，使他们失去了原有的生活方式和居住环境，不可能再回到农村，融入城市成了他们的唯一选择。在这一转变过程中，"村改居"社区老人面临着对目前身份属性模糊不清，未来身份归属难以确定的困境。通过问卷调查分析发现，43.5%的被访者认为自己仍然是农民，23.7%的被访者说不清自己到底是城市人还是农村人，32.8%被访者认为自己已经成为城市人了（见表15）。这种归属感与社区内的组织结构二重性有较大关系，居住小区名称改成社区了，但是社区基层管理组织仍称为村委会，物业与村委会是一套领导班子，村民仍然缴纳农村合作医疗和农村养老保险。可以说，生活在城市社区地理空间内，但是社区治理和社区服务仍然延续着原有的习惯。

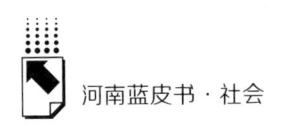

表 15 您觉得您现在的身份是什么?

单位：人，%

选项	人数	占比	有效占比	累积占比
农民	118	42.4	43.5	43.5
城市人	89	32	32.8	76.3
说不清	64	23	23.7	100
合计	271	97.4	100	—
缺失	7	2.6	—	—
总计	278	100	—	—

在调查中发现，村民尽管已经住进了楼房，物质条件有所提升，但是在医疗、养老、教育、休闲娱乐等方面仍与城市居民存在较大差距，这也使得他们对市民身份难以认同。13.5%的被访者认为自己与城市居民在享受权利方面区别很大，33.6%的被访者认为区别较大，27.7%被访者认为区别一般，22.3%被访者认为区别不明显，仅有2.9%的被访者认为完全没有区别（见表16）。

表 16 您是否感觉到与城里人享受到平等的权利

单位：人，%

选项	人数	占比	有效占比	累积占比
区别很大	37	13.3	13.5	13.5
区别较大	92	33.1	33.6	47.1
一般	76	27.3	27.7	74.8
区别不明显	61	21.9	22.3	97.1
完全没区别	8	2.9	2.9	100.0
合计	274	98.6	100.0	—
缺失	4	1.4	—	—
总计	278	100.0	—	—

通过以上测量，反映出"村改居"老人对目前身份属性具有较强的模糊性，而他们对未来的身份归属有何期待呢？调查结果显示：16.6%的被访者表示非常愿意成为城市人，32.5%被访者表示比较愿意成为城市人，

26.7%被访者成为城市人的意愿一般，16.2%的被访者表示比较不愿意成为城市人，只有7.9%的被访者表示非常不愿意成为城市人（见表17）。由此可见，"村改居"社区老年人更倾向于城市社区居民身份，享受到同城市人相同的权利。

表17　您是否愿意成为城市人

单位：人，%

选项	人数	占比	有效占比	累积占比
非常愿意	46	16.5	16.6	16.6
比较愿意	90	32.4	32.5	49.1
一般	74	26.6	26.7	75.8
比较不愿意	45	16.2	16.2	92.1
非常不愿意	22	7.9	7.9	100.0
合计	277	99.6	100.0	—
缺失	1	0.4	—	—
总计	278	100.0	—	—

七　"村改居"社区老人融入社区生活的政策建议

（一）扩展"村改居"公共空间，加强老人社会互动

通过上述实证分析发现，"村改居"社区老人的邻里互动不足，导致邻里关系疏离。与原有农村社区相比，"村改居"的地理空间较小，建筑面积密集，而且住房之间相对隔离封闭，使得老人休闲娱乐的公共空间不足，活动空间匮乏必然会影响到休闲娱乐活动的实施。要扩展"村改居"社区文化活动空间，主要包括日常活动空间和仪式活动空间，前者主要包括健身、老年人活动、跳广场舞、聊天等场所，后者主要是提供红白喜丧、庙会等仪式活动空间。在调查中发现"村改居"社区的红白喜丧仍然延续着原有村庄的习俗，需要宴请、唱戏、出殡等活动，这些活动人数规模较大，因此需

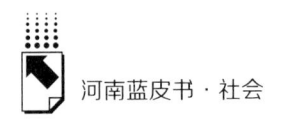

要较大互动空间，否则会占用小区停车场和周围道路，产生许多社会矛盾。

提供符合老人真正需求的社区娱乐活动，减少商业性娱乐活动。要挖掘社区内部的人力资源，调查中发现许多老年人多才多艺，可以培育他们成为文化活动领导者，引导大家参与娱乐活动，形成一定规模后可以成立社会组织。另外还需要激发老年人参与活动的积极性，社区要积极宣传和激励，子女也要支持父母走出家庭参与公共活动，更要发挥老年人之间的社会关系网络，通过熟人关系像滚雪球一样发展更多参与者。

（二）完善老年人精神支持体系，提升精神生活质量

首先，发挥家庭支持功能。调查中发现，"村改居"社区在家庭关系和谐方面存在一定问题。一方面因为拆迁安置房屋分配产生出家庭矛盾，甚至部分子女与老人断绝关系；另一方面拆迁安置后，分配的房屋较多，许多老人不与子女一起居住，从而导致了两者互动交流频率降低。因此，一方面需要重新恢复家庭成员之间，特别是父代和子代之间的相互信任，促进关系和谐；另一方面引导和鼓励子女探望、照料和关怀父母，促进两代人之间的互动，督促孙辈经常与老人互动交流。

其次，可以在社会工作者的帮助下，从优势视角出发，让老人更加合理地自我定位和自我评价，认识到自己所处阶段，以及自己有能力去做什么事情来为自己的晚年生活增能、增权、消除晚年生活的无力感、孤独感，让老人拥有更加积极的生活心态。以先进的社会工作理念帮助老年人解决生活中所遇到的精神问题。

（三）明确"村改居"社区老人身份归属，化解身份认同危机

"村改居"社区老人身份的模糊性，增加了他们的精神负担，甚至导致他们在日常生活中无所适从。首先，要改变"村改居"社区组织边界的模糊性现状，使居委会、物业和业主委员会之间界限清晰明了。在调查的"村改居"社区中，还没有一个社区成立"业主委员会"，村委会和物业由同一领导团队管理，社区组织界限不明确，直接影响老人身份认同混乱。其

次，推动公共服务均等供给。要推动城乡社会政策的有效衔接和转换，实现基本统筹。户籍、医疗、养老、教育等社会政策要及时调整，目前大部分政策依然延续原有形态，居住在城市社区，享受农村社区相关政策和服务，使得他们难以认同自己为城市人。最后，推动城乡公共基础设施一体化，推动"大市政"的广泛覆盖，在"村改居"社区逐步完善公共交通、通信网络、水电暖气等基础设施建设。

参考文献

赵定东、袁丽丽：《村改居居民的社会保障可持续性困境分析》，《浙江社会科学》2016年第12期。

林清新：《从管理到治理：创新"村改居"社区智力的宝安探索》，《特区实践与理论》2016年第11期。

谢志强：《"村改居"需要处理好几对重要关系》，《人民论坛》2016年第11期。

赵斯桐：《"村改居"社区智力的困境及出路》，《安徽农业科学》2016年第20期。

贫困治理与社会救助

Report on Poverty Governance
and Social Assistance

B.10 河南省区域性整体贫困问题研究报告

李三辉*

摘　要： 坚持以人民为中心的发展思想，增强人民群众在决胜全面小康、让中原更加出彩中的获得感是河南省第十次党代会提出的发展要求，而区域性整体贫困问题的解决对实现这一目标具有重要作用。为此要完善省市县乡村五级贫困治理格局，深化精准扶贫战略，细化实施"五个一批"分类扶持政策，积极探索"资产收益扶持制度"，强化社会合力，依托特色产业强化扶贫以"改变穷业"，强化贫困地区的人力资本投资以"拔掉穷根"，以基本公共服务均等化和社会治理模式创新提升贫困地区软实力，从而推动区域性整体贫困问题的解决。

---

* 李三辉，河南省社会科学院社会发展研究所实习研究员。

关键词： 区域性整体贫困　贫困人口　扶贫

作为贫困治理的重点工作，区域性整体贫困问题的解决也是打赢脱贫攻坚战的重要抓手和着力点。"十三五"规划纲要指出，"十三五"期间要实现"我国现行标准下农村贫困人口实现脱贫，贫困县全部摘帽，解决区域性整体贫困。"具体到河南省，省委省政府出台了《关于打赢脱贫攻坚战的实施意见》，明确到2020年解决河南省区域性贫困问题，确保现行标准下的全面脱贫。

一　河南省区域性整体贫困问题基本现状分析

（一）河南省区域性整体贫困地区概况分析

河南省是全国贫困人口超500万人的六个省份之一，脱贫任务艰巨，时不我待。河南省的贫困具有鲜明的区域性整体贫困的特点，贫困地区和贫困人口主要集中在大别山区、伏牛山区和太行深山区这三个地区，我们一般统称为"三山地区"。据统计，"三山地区"人口总数占全省的40.97%，但贫困人口占全省贫困人口的61.03%，贫困村数占全省贫困村数的55.34%。目前，河南省贫困县有53个，贫困村8103个，贫困人口576万（见表1）。其中，有44个贫困县在"三山地区"，占全省贫困县总数的83%。

"三山地区"的贫困状况，主要受到自然条件、地理位置、资源禀赋等因素的制约，并且三个地区的贫困特点也各有不同，下面分别进行分析。

1. 大别山区

大别山区属于国家确定的集中连片特困地区，地域范围包括28个县，其中21个国家级贫困县和7个省级贫困县，也就是说，大别山区的所有县都是贫困县。数据显示，该地区贫困人口有390多万，贫困率高达17.2%，

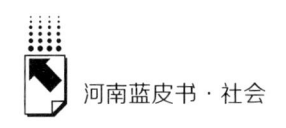

表1 全省扶贫开发工作重点县名单

省辖市	国定扶贫开发工作重点县		省定扶贫开发工作重点县
	国家连片特困地区重点县	国家扶贫开发重点县	
开封市	兰考县		
洛阳市	栾川县、嵩县、洛宁县、汝阳县	宜阳县	伊川县
平顶山市	鲁山县		叶县
安阳市		滑县	内黄县
新乡市		封丘县	原阳县
濮阳市		范县、台前县	濮阳县
漯河市			舞阳县
三门峡市	卢氏县		
南阳市	南召县、镇平县、内乡县、淅川县	社旗县、桐柏县	方城县
商丘市	民权县、宁陵县、柘城县	睢县、虞城县	夏邑县
信阳市	光山县、新县、商城县、固始县、淮滨县、潢川县		罗山县、息县
周口市	淮阳县、沈丘县、太康县、商水县、郸城县		西华县、扶沟县
驻马店市	新蔡县	上蔡县、确山县、平舆县	泌阳县、正阳县、汝南县
全省合计	26	12	15

超过全省平均水平7个百分点,是河南省区域性整体贫困最为集中的地区,同时又是革命老区、粮食主产区和沿淮低洼易涝区的重合区域。此区域的贫困性表现在以下几个方面:一是贫困覆盖面积广,遍及所有区域,贫困人口绝对规模大,约占全省贫困人口的68%。二是经济发展的动力不足,产业结构有待优化。一、二、三产业结构比为30:41:29,工业、服务业发展缓慢,农业集约化程度低,市场发育不足,效率低下。三是基础设施水平低下,公共服务供给明显不足,表现为公共交通辐射面小、农村公路等级低、基础设施落后、文化娱乐缺乏等。

2. 伏牛山地区

伏牛山区属于国家确定的集中连片特困地区秦巴山区,地域范围包括

18个县，其中国家级贫困县12个，省级贫困县4个，贫困县占比89%。伏牛山区地跨长江、黄河、淮河三大流域，是淮河、汉江、丹江、洛河等河流的发源地，水系发达，径流资源丰富，森林覆盖率达53%，是国家重要的生物多样性和水源涵养生态功能区。矿产资源品种多样，天然气蕴藏量大，旅游资源丰富。① 该地区贫困的特点主要表现为：一是地处深山交通不便，波及饮水、医疗、教育、社交等日常生活。二是主要地貌，山地丘陵为耕地面积稀少且土地贫瘠，干旱少雨。三是自然条件限制导致民众居住形式分散，1407个贫困行政村共有14694个自然村，有的行政村面积达20多平方公里，难以产生规模化的公共服务供给。四是着眼于大局的政策性考虑限制了当地资源转化为财富的开发力度，如南水北调工程水源保护、生物多样性保护、水土保持等重大任务的承担。

3. 太行深山区

太行深山区主要的地域范围就是太行山深山的贫困村。太行深山区内有241个贫困村，分布在林州市、淇县、卫辉市、辉县市、修武县、博爱县、沁阳市、济源市8个县（市）的深山区。区域内经济社会发展水平差异性大是此地区贫困的主要特点。该区域的8个县（市）的经济发展水平都较高，但是在这些县（市）深山区的241个贫困村却特别贫困，其人均纯收入只有当地农民人均纯收入的39.38%。而且这些贫困村的位置非常分散，散落在山区深处，交通不便，基本生活设施欠缺，耕地稀少，水源也缺乏，发展十分困难。

（二）河南省解决区域性整体贫困问题的成效与基本经验

1. 河南省解决区域性整体贫困问题的成效

进入21世纪之后，河南省高度重视区域性整体贫困问题，分步骤地实施了整村推进、产业扶贫、异地搬迁、"雨露计划"、社会扶贫、科技帮扶

---

① 国务院扶贫办、国家发展改革委：《关于印发秦巴山片区区域发展与扶贫攻坚规划（2011~2020年）的通知》，国家发展改革委网站，http://dqs.ndrc.gov.cn/qygh/201304/t20130425_538612.html，2012年5月22日。

等多种专项扶贫举措，扶贫工作取得了一定成效。回顾"十二五"工作，河南省对24.36万名深、石山区贫困群众实施易地扶贫搬迁，整村推进扶贫开发了5560个村，"雨露计划"覆盖了102万名贫困家庭劳动力，发展生产扶持了56.7万户，稳定脱贫了670万名农村贫困人口。需要指出的是，农村户籍人口贫困发生率由2010年底的14.2%下降到2015年底的5.7%。[1]"三山地区"农民纯收入持续增长，与不断增长的全省平均水平相比差距也稳中有降。（见图1、图2）

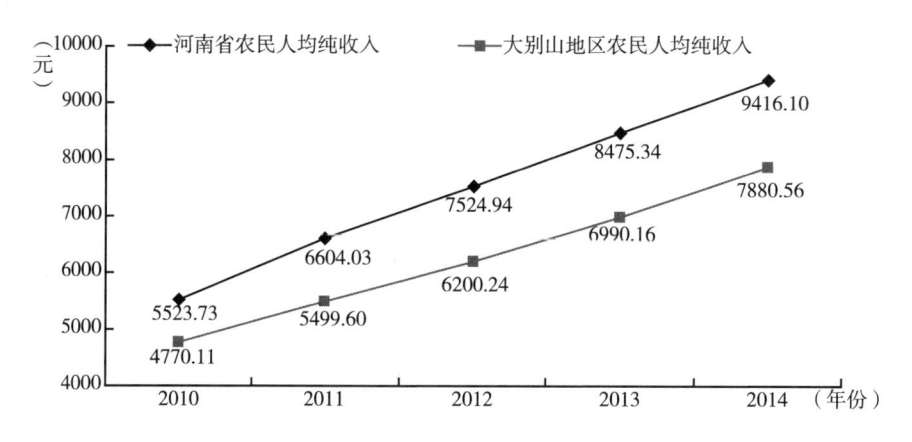

图1　2010~2014年大别山地区农民人均纯收入增长示意图

资料来源：根据历年《河南统计年鉴》数据整理。

2. 河南省解决区域性整体贫困问题的基本经验

河南省委省政府高度重视以"三山地区"为代表的省内区域性整体贫困问题，坚持区域发展与精准扶贫相结合，从聚居搬迁、就业转移、改造提升、产业发展、生态环境这五个方面着手，扎实推进扶贫工作，助力全面小康。[2]具体说来，基本经验有以下几个方面。

（1）精心组织扶贫工作、领导重视。明确了责任主体，建立了领导值

---

[1] 谢岚、华丽娟：《兰考滑县年底脱贫河南"十三五"脱贫目标公布》，大河网，[2016-09-26] http://news.dahe.cn/2016/09-26/107537547.html，2016年9月26日。

[2] 李亚楠：《河南推进"三山一滩"精准扶贫补齐全面小康短板》，法制网，http://www.legaldaily.com.cn/locality/content/2015-08/05/content_6206185.htm?node=30429，2015年8月5日。

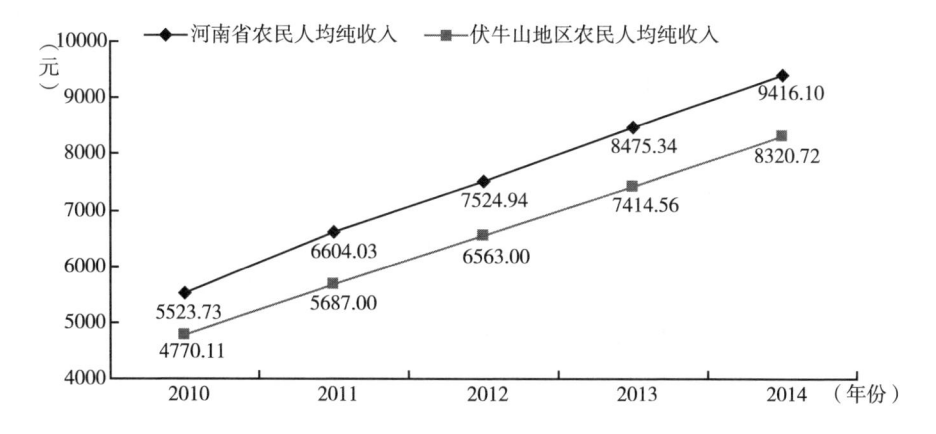

图2　2010～2014年伏牛山地区农民人均纯收入增长示意图

资料来源：根据历年《河南统计年鉴》数据整理。

班日，驻村工作队"一站式"办公制度，干部包村包户，确保工作有效。制定安全建设实施方案，县（区）统一组织，乡镇具体实施，切实做到了扶贫开发工作的高效组织、有序实施。

（2）专项扶贫、行业扶贫、社会扶贫三管齐下，取得了可喜的效果。各行业部门结合自身在资金、技术、项目等方面的优势助推贫困村"五通"，即通公路、通电、通邮、通电话、通广播电视，同时解决了89万贫困户、352万贫困人口饮水难问题；作为中国特色扶贫开发的一支重要力量，社会扶贫以定点帮扶、东西协作扶贫、社会组织参与扶贫等形式迅速展开，显现了巨大发展潜能，是我国扶贫开发事业的成功经验。①

（3）各地立足本地实际，积极发挥主体能动性，在扶贫工作上以改革求突破、以创新求发展，贫困治理水平不断提高。一是创新扶贫资金分配机制。省级层面打破了资金分配"铁饭碗"、推行奖优罚劣办法，部分市、县也积极做出了探索性改革。如方城县为调动乡镇和村级干部工

---

① 《国务院办公厅关于进一步动员社会各方面力量参与扶贫开发的意见》，中国政府网，http：//www.gov.cn/zhengce/content/2014-12/04/content_9289.htm，2014年12月4日。

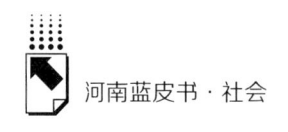

作积极性,将脱贫任务与项目建设和资金下放紧密结合,实施扶贫工作单向考核,先进乡镇给予资金项目奖励,落后乡镇将面临下年度资金项目被取消的处罚。二是多策并举推进扶贫搬迁工作,针对不同情况的搬迁户实施差别化补贴标准,配套跟进了"明白卡""一折通"等阳光操作程序,保障了搬迁群众的利益和搬迁工作的顺利进行。三是统筹推进扶贫开发与新型农村社区建设。从实践看,南召县崔庄乡花坪村、汝阳县付店镇西泰山村、方城县柳河乡西峰村等,都将整村推进、易地搬迁与新型农村社区建设有机结合,把握各种政策机遇,发挥各类资金的聚合效应,形成了新的开发亮点。

二 河南省推进解决区域性整体贫困问题的重点与难点分析

(一)河南省推进解决区域性整体贫困问题的重点分析

1. "三山地区"的经济发展相对缓慢,与全省经济发展水平的差距仍在拉大

2010年,伏牛山地区人均生产总值是全省水平的83.83%,到了2014年,则只有全省水平的77.21%,差距拉大了6.62个百分点。大别山地区的人均生产总值增长平稳,与全省水平的差距有缩小的趋势,从2010年仅为全省水平的57.81%,增加到2014年是全省水平的65.18%,差距缩小了7.37个百分点,但是相对伏牛山地区,大别山地区的经济基础更加薄弱,起点更低,要想如期完成脱贫任务的困难更大,经济发展速度亟待快速提高。

2. 区域间收入差距没有明显缩小,相对贫困问题仍然严重

河南省城乡居民收入差距拉大的总体趋势没有根本扭转。2000~2014年,河南省城乡居民收入差距由2780.44元扩大到13705.93元。从农村的情况来看,内部的收入差距也未明显缩小,2011年贫困地区农民人均纯收入是全省农民人均纯收入的82.43%,2014年这一比例为83.25%,只增加了0.82个百分点,但绝对额减少了417.53元。农村收入差距的问题必须给予足够的重视。PHam.

3. "三山地区"扶贫投入严重不足

近年来,随着国家和省的财力渐趋增强,扶贫资金投入也呈现逐年增长的势态,但与现实需求相比仍有较大差距。2000~2014年,河南省累计投入财政专项扶贫资金不足90亿元,其中省级专项财政扶贫资金不足16亿元。2015年,河南省财政总支出预算为6806亿元,而专项财政扶贫支出预算不足30亿元,仅占总支出的0.4%。"三山地区"自身,财政困难,集体经济基础相对薄弱,市县用于专项的财政扶贫资金更是有限。

4. 扶贫合力尚未完全形成

市场经济的特性决定了优势资源多倾向于经济较发达地区,"三山地区"作为河南省主要贫困地带,难于分享市场经济中的发展成果,外加缺乏政策性引导机制,愈发积贫积弱。随着近几年河南省不断推进强农惠农政策,并向贫困地区引入多种投资渠道,在一定程度上缓解了优势资源分配不均的问题,但是统筹协调力度不够,缺少完善的优势资源整合机制。因此,建立行之有效的管理体制,打造具有"三山地区"特色的扶贫机制以形成强大合力,是解决河南省区域性整体贫困问题的一个路径考量。

(二)河南省推进解决区域性整体贫困问题的难点分析

1. "锅底人群"数量大,分布范围广,贫困程度深

"锅底人群"是近来社会中对最贫困人群的一个指代。根据新的贫困标准来测量河南省情,尚有贫困县53个,贫困村9000多个,"锅底人群"1150多万人,比全省1/10的人口还要多。其中,"三山地区"贫困村占比55.34%,达5668个;贫困人口占比61.03%,有573.86万人,并且约30%的人口属于绝对贫困状态,完全依赖外部扶持才能完成日常生计。这部分人行路难、吃水难、用电难、就医难、上学难、社会保障水平低等问题十分突出。面对如此数量大、范围广、程度深且因病、因学、因婚等致贫返贫的"锅底人群",要想到2020年彻底斩断穷根,全部脱贫奔小康,难度可见一斑。

2. 文化教育水平落后，扶贫工作绝非一蹴而就

在"三山地区"，由于教育缺失、观念落后而造成的大批文盲和半文盲人群是脱贫的困难群体。受传统观念、风俗习惯、思想文化等因素的影响，多数村民持听天由命的人生观，消极被动，不愿融入市场，缺乏开创新生活的勇气。因长期受到政府扶贫救济，加重了一部分人等、靠、要的错误思想，同时不少独居、散居在不适宜环境和生态状况十分脆弱的地方的困难农户，搬迁意愿不足，给扶贫工作带来不小障碍，增加了扶贫成本。因此，扶贫的一个重要层面是扶智，而且扶智是一项面向未来的工程，因为贫困群众思维方式和价值观念的改变能带来长效性预期。

3. 制度政策不健全导致扶贫成效甚微

"三山地区"由于缺乏具有明显吸引力的政策，难以引进高素质人才加入到扶贫工作中，导致脱贫后续乏力；同时扶贫工作中腐败、低效、作秀等负面情况时有发生，导致扶贫绩效难以持久。尽管扶贫开发建档立卡工作的全面铺开带来了精准识别和驻村工作队，但管理制度不健全、扶贫部门协调能力不足等问题的客观存在大大限制了驻村帮扶效果，甚至止于形式。同时，对驻村扶贫工作队员的管理、奖惩、交通补贴等制度尚不完善，影响工作积极性。

4. 社会力量在脱贫攻坚战中的作用未能有效发挥

社会组织作为政府与民众沟通的重要桥梁和纽带，在推进社会治理创新中承担了越来越多的职能，如增强社会融合、调和社会矛盾等。但目前从其自身发展情况和外部环境看，社会组织数量少、层次低、发展迟缓，同时河南省的社会事业开放度明显不够，社会组织参与社会建设的领域范围还十分狭窄。2014年，河南全省社会组织有2.7万个，而山东省突破了4.1万个，是河南的1.5倍。从中部六省每万人拥有的社会组织数量看，河南仅为2.88个，列六省最后一名，而湖北省、安徽省、湖南省、山西省和江西省分别依次达到了4.53个、3.7个、3.48个、3.29个、3.13个。[1] 由此可

---

[1] 王红：《2015河南社会治理发展报告》，《郑州日报》2015年7月24日。

见，河南省的社会组织力量还未能充实到社会建设当中，在投资办学、办医、办养老服务机构，乃至修桥铺路、改善基础公共设施等方面都未能实现价值，在"三山地区"扶贫帮贫过程中，更是难以发挥社会组织应有的作用。

三 解决区域性整体贫困问题的政策建议

"十三五"规划纲要和习近平总书记的多次讲话一再表明，我国到2020年将实现贫困人口在现行标准下全脱贫、贫困县全摘帽。《河南省伏牛山太行山贫困地区群众脱贫工程规划（2014～2020年）》中明确规定，2020年要"稳定实现三山地区规划区域扶贫对象不愁吃、不愁穿"，与全省人民一道同步迈入全面小康社会。[①] 基于上述目标，"十三五"时期河南省区域性整体贫困问题的解决举措可以从以下几个方面展开。

（一）完善制度，构建省市县乡村五级贫困治理格局

千难万难，只要重视就不难。在中国的政治管理体制中，领导重视尤为关键，因此推进扶贫工作要明晰责任主任。

1. 要明确党政一把手的责任

各级党委和政府要勇于担当，明确脱贫工作第一责任人的定位，层层制定责任书、签下军令状，科学部署抓落实，对照目标任务、责任清单将脱贫攻坚作为"十三五"期间头等大事和第一民生工程来抓。上率下行，从制度安排上协调一致，汇集成强大的扶贫合力，打造省市县乡村五级贫困治理格局。

2. 明确贫困县的主体责任

一方面要督促贫困县将脱贫攻坚工作摆在首要位置，不断增加减贫脱贫

[①] 《河南省人民政府关于印发河南省大别山伏牛山太行山贫困地区群众脱贫工程规划（2014～2020年）的通知》，河南省人民政府网，http://www.henan.gov.cn/zwgk/system/2014/11/26/010509716.shtml，2014年10月31日。

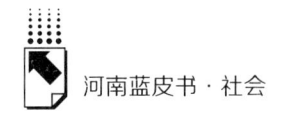

效果在其考核指标中的分量，推行扶贫工作"一票否决"，另一方面要完善"摘帽"激励体系、专项考评机制等，提升基层干部工作积极性，将脱贫成绩作为对贫困地区市县乡领导干部奖励任用的重要指标。

3. 落实各行业、部门的扶贫责任

统筹协调各行业、部门在资金、技术、项目等方面的资源优势，分类列出各行业、部门的责任和义务，进一步建立健全对口扶贫、科技扶贫、人才扶贫、社会扶贫等帮扶工作机制。[①]

（二）以减贫脱贫结果为导向，实施精准扶贫战略

按照习近平总书记提出的"六精准"原则，即扶持对象精准、项目安排精准、资金使用精准、措施到户精准、因村派人精准、脱贫成效精准，全力落实和推进精准扶贫和脱贫攻坚战略。瞄准减贫脱贫结果，完善扶贫资金分配与脱贫目标任务、扶贫成效的挂钩机制，确保扶贫资金得到有效利用，杜绝挪用和无效使用情况的发生。如何展开精准扶贫？首先，要做到对贫困对象的识别精准，进而将扶贫资金落实到户，不能随意圈定扶贫人群范围，也不能假借贫困县的身份来套取国家扶贫基金，阳光化运行扶贫资金。其次，要科学规划，精准制定脱贫攻坚的时间表、路线图，分阶段、有步骤地开展各地贫困村、贫困户的减贫脱贫工作，确保贫困地区不丢一片、全面小康不落一人。最后，狠抓落实，精准实施扶贫措施。行动是达成目标的关键环节，在打赢脱贫攻坚战的过程中，既要总结以往扶贫工作的成功经验和认清"短板"所在，又要开拓创新地因地施策，综合运用教育扶贫、产业扶贫、就业扶贫、生态扶贫、移民搬迁扶贫、兜底保障、社会扶贫等多种举措。

（三）积极探索对贫困人口实行"资产收益扶持制度"

党的十八届五中全会首次提出了"探索对贫困人口实行资产收益扶持

---

① 牛苏林：《补齐全面小康"短板"如期实现脱贫目标》，《河南日报》2015年12月17日。

制度",这是中央层面就扶贫工作在制度安排创新上的政策新表述。目前,"资产收益扶持制度"扶贫的探索已在四川、湖南等省份展开。由于该制度针对的主要是自主创收能力受限制的农村贫困人口,各地做法也大致相似,即把财政专项扶贫资金或部分支农资金,以投资招标方式形成资产,再将其股份化并授予贫困户,以增加贫困人口的财产性收入。[①] 此外,还有些省份通过引导农民以土地经营权入股、积极推进集体资产入股等方式来展开探索。值得注意的是,资金整合、明晰产权、风险防范、规范运行、政策保障等都是各地在实行"资产收益扶持制度"过程中不可回避和需要解决的问题,河南省也可结合自身实际,积极借鉴外省以"资源变股权、资金变股金、农民变股民"的试点经验,探索一条通过股权化来整合贫困地区沉睡资源以助脱贫的路子。

(四)切实强化社会合力,把政府主导和市场主体结合好

扶贫开发是全党全社会的共同责任,早在2014年国务院办公厅就印发了《关于进一步动员社会各方面力量参与扶贫开发的意见》,指出要全面推进社会扶贫体制机制创新,加强扶贫开发中的社会各方力量参与,做好新形势下的扶贫攻坚工作。[②] 在政府引导、多元主体、广泛参与、精准扶贫的战略下,要积极培育多元社会扶贫主体,深化开展定点帮扶、东西部协作扶贫、社会参与扶贫,充分挖掘各类企业、社会组织和个人等社会力量在投资兴业、志愿服务、扶贫捐赠方面的扶贫潜力,努力形成政府、市场、社会协同推进的大扶贫格局。

(五)依托特色产业强化扶贫,使贫困群众"改变穷业"

以产业项目开发为平台带动更多贫困户改善"造血机制",通过参与项

---

① 余佶:《资产收益扶持制度:精准扶贫新探索》,《红旗文稿》2016年第2期,第19~21页。
② 国务院办公厅印发《关于进一步动员社会各方面力量参与扶贫开发的意见》,人民网,http://politics.people.com.cn/n/2014/1204/c70731-26148682.html,2014年11月4日。

目拓宽就业和增收渠道，实现贫困地区"村村有产业""户户有项目"。实施新业态扶贫试点工程，一些贫困村可以挖掘本地的旅游资源如自然风光等，通过开发旅游产业来减贫脱贫；一些有条件进行整村推进的贫困地区，可尝试光伏农业开发，借助光伏产业的发展来加速贫困村、贫困户脱贫攻坚进程；在一些条件允许的贫困村还可以通过发展电子商务来助推农产品的产供销和农民增收，开创和积累电子商务扶贫的经验。

（六）强化人力资本投入，为贫困地区群众"拔掉穷根"

扶贫工作需要注重"助人自助"，从提升扶贫对象的自我发展能力着眼，以培养贫困地区和贫困民众的内源动力和发展活力为着力点，推进贫困地区的能力建设。注重对贫困地区的人力资本投资，拓展个人的社会资本支持网络，使扶贫对象能够从各类培训中真正受益。注重发展贫困地区的教育（尤其是远程教育）事业，鼓励高校毕业生到片区农村支教，为贫困家庭子女提供平等的受教育与其他发展机会，防止贫困代际传承。逐步改变贫困地区传统、落后、安贫的文化习惯。

（七）以基本公共服务均等化和社会治理模式创新提升贫困地区软实力

"三山地区"软实力弱集中表现为教育、科技落后，社会服务和金融服务不发达，公共服务供给不足等，因此应从以下几方面来提升。一是以"区域发展与扶贫攻坚"为契机，借助外部援助大力推进基本公共服务均等化，缩小甚至完全消除与发达地区在教育、医疗卫生、科技文化体育、社会保障等方面的差距。二是利用国家和省里对集中连片特困地区、"三山地区"的扶持、优惠政策，积极创新社会治理模式，提高社会服务效率和水平，积极鼓励民营资本进入金融体系、大力发展农村银行、全面推进小额信贷和农业产业保险等，最大限度地减少金融抑制对"三山地区"经济社会发展的影响。三是注重开发、利用"三山地区"独特的资源优势、发展潜力，积极向外推介，增强其整体吸引力与美誉度。四是积极推进"三山地区"各地政府政策的协同化、政务对接无缝化、公共服务一体化,增加公共服务供给,形成内部良好的协作氛围和对外统一的区域形象。

参考文献

张琦、冯丹萌:《我国减贫实践探索及其理论创新:1978~2016年》,《改革》2016年第4期。

余佶:《资产收益扶持制度:精准扶贫新探索》,《红旗文稿》2016年第2期。

李海金、罗忆源:《连片特困地区扶贫开发的战略创新》,《中州学刊》2015第12期。

牛苏林:《补齐全面小康"短板"如期实现脱贫目标》,《河南日报》2015年12月17日。

李小珍:《区域性整体脱贫的财税政策缺憾及完善方略》,《中州学刊》2016年第8期。

丁波、李雪萍:《集中连片贫困地区的公共产品供给机制:以武陵山区为例》《重庆社会科学》2014年第10期。

蔡科云:《政府与社会组织合作扶贫的权力模式与推进方式》,《中国行政管理》2014年第9期。

刘小鹏等:《集中连片特殊困难地区村域空间贫困测度指标体系研究》,《地理科学》2014年第4期。

黄承伟、沈洋:《完善我国新型农村扶贫开发战略的思考———论"三维资本"协同下的反贫困机制》,《甘肃社会科学》2013年第3期。

B.11
河南省精准扶贫、脱贫攻坚发展战略与对策展望

孟 白*

摘 要： 2016年，河南省贫困县的各级领导把对贫困户的精准识别工作放在扶贫工作的首位，积极转变思想观念，对乡镇干部进行"贫困户识别标准"培训，采取县、乡、村三级层层核查的方法对贫困户进行精准识别认定，识别成效精准，认定贫困户客观、公正、准确，贫困户识别率高。2016年完成了全省贫困人口脱贫110万人的目标，帮扶成效显著。但同时，"精准扶贫不精准"等突出问题也要引起足够的重视。

关键词： 河南　精准扶贫

2016年4月13日，河南省政府根据国务院部署，按照全面性和典型性原则，由省扶贫办、省农办、省财政厅、省发改委组成检查组，河南省社会科学院作为第三方专家委员会组长，分成4组对全省已脱贫的53个国家级、省级贫困县的贫困户进行核查，随机抽选了106个乡（镇），212个村，2544个农户，进行精准扶贫相关政策措施落实情况的调研和实地考核，共获得实地调研问卷2544份。2016年6月~12月，第三方专家组又对5个县未脱贫的贫困户进行了核查，分别核查了：上蔡县的14乡（镇），32个行

---

* 孟白，河南省社会科学院社会发展研究所研究员、河南省第三方专家委员会组长。

政村，获得核查问卷334份；确山县的13个乡（镇），54个行政村，获得核查问卷540份；平舆县的16个乡（镇），72个行政村，获得核查问卷720份；长垣县的13个乡（镇），26个行政村，获得核查问卷260份；泌阳县22个乡（镇），93个行政村，获得核查问卷876份。共计核查贫困户5274户，获得已脱贫贫困户核查问卷2544份、未脱贫贫困户核查问卷2730份。

通过核查了解到，2016年1月之前，河南省一些农村扶贫工作存在的突出问题是"精准扶贫不精准"等。2016年6月之后，由于河南省扶贫政策措施得力，精准识别率高，精准识别率达到100%，贫困户脱贫成效达到100%，精准帮扶成效达到100%，扶贫成效显著。

一 河南省贫困县发展现状与精准扶贫、脱贫攻坚发展战略

2016年3月29日，河南省脱贫攻坚工作会议召开，制定了《河南省建档立卡贫困人口脱贫和贫困县摘帽滚动计划》，明确全省贫困人口脱贫目标为2016年110万人、2017年100万人、2018年90万人、2019年70万人、2020年60万人；明确2个国定贫困县2016年脱贫摘帽，6个国定贫困县和4个省定贫困县2017年脱贫摘帽，17个国定贫困县和11个省定贫困县2018年脱贫摘帽，13个国定贫困县2019年脱贫摘帽。针对河南贫困人口脱贫和贫困县摘帽滚动计划，实施"精准扶贫"尤为重要。习近平总书记在2013年11月于湖南湘西考察时，首次提出"精准扶贫"，指出扶贫要实事求是，因地制宜。要精准扶贫，切忌喊口号，也不要定好高骛远的目标。精准扶贫思想自提出以来，已经逐渐上升为新阶段我国扶贫工作的核心战略，并在全国各地农村开始推行。

2016年，河南的农村贫困人口人均年收入2855元，即每人每月收入约238元。贫困人口不仅规模大、分布广，而且致贫原因复杂，脱贫难度大。河南贫困地区的转型发展、贫困人口的脱贫与否事关2020年全面建成小康社会目标的成败。2015年6月18日，习近平总书记在贵州召开的"部分省

区市扶贫攻坚与'十三五'时期经济社会发展座谈会"上再次强调"扶贫开发贵在精准，重在精准，成败之举在于精准"，并提出"六个精准""四个一批"等精准扶贫工作思路和攻坚计划。"六个精准"即扶持对象精准、项目安排精准、资金使用精准、措施到户精准、因村派人精准、脱贫成效精准。"四个一批"计划即通过扶持生产和就业发展一批，通过移民搬迁安置一批，通过低保政策兜底一批，通过医疗救助扶持一批，从而实现贫困人口精准脱贫。2016年4月，第三方专家组通过对全省已脱贫的贫困户核查了解到，过去由于河南省精准识别贫困户的监督机制不健全，缺少强有力的纪检、司法监督保证，导致农村在扶贫工作中出现与"六个精准"背道而驰的状况。一些村干部胆大妄为，利用自己的职权，乱结裙带关系，为自己的亲朋好友扣上"贫困"的帽子，为他们攫取利益；一些基层干部对"贫困户"识别标准不认真，随意确定"贫困户"，把一些人均收入高的、超过贫困户标准的"非贫困户"也确定为贫困户。同时，河南省一些基层干部存在着一种倾向：认为只要有病或者有大病就是贫困户，不认真核查其家庭成员人均纯收入是否超过了贫困户标准，如调查的某县大路李乡栗庄村一农户，家里有两个外出打工的，家庭人均纯收入超过5000元，因为家里有病人，仍然确定为贫困户，未能将因"大病致贫"和一般病人、慢性病人等区别开。受其影响，农村群众也认为，农户家里只要有病人，就应该确定为贫困户，在河南省农村出现了"比穷""比病"等现象。基层干部在扶贫工作中识别不认真、不作为等，亦是导致"精准扶贫不精准"的原因所在，它不仅严重制约着扶贫工作的开展，造成国家扶贫资金和项目的浪费，而且也败坏了党和政府在群众中的形象，造成扶贫工作人力、财力、物力资源的极大浪费。

二 河南扶贫工作存在的问题与不足

2016年4月，第三方评估专家第2小组对原阳县、确山县、宜阳县、鲁山县、封丘县、伊川县、叶县、舞阳县、南召县、汝阳县、方城县、社旗县、上蔡县13个县，26个乡村，312个已脱贫的贫困户进行访谈和问卷调研，通过深入剖析发现：2016年1月之前，河南省个别地方的精准扶贫工作存在着市、县党政主要领导高度重视，其他领导一般重视，部门领导忽视，一些乡镇干部没有把脱贫攻坚工作当回事的情况；有贫困县的省辖市比没有贫困县的省辖市重视，贫困县比非贫困县重视。特别是一些非贫困县只满足于会议开了、要求提了、文件发了，具体工作不深入、不具体、不落实，导致一些基层干部在精准扶贫工作中"糊弄"上级领导，把一些非贫困户和"七大姑、八大姨"列入贫困户中进行帮扶，出现了"精准扶贫不精准"等突出问题。

（一）精准识别不精准

精准扶贫战略实施以来，与以往的扶贫工作相比较，取得了明显的进步。但是，由于我国农村环境复杂，贫困人口众多且致贫原因不同，导致了精准扶贫战略在农村的实际开展过程中，仍然存在着诸多问题，阻碍了精准扶贫的进一步推进。2016年初，河南省扶贫督导组抽查了162个贫困村中的772户贫困户，识别精准度为88.5%，尚有10%以上的户不精准，实际上更多些。① 2016年4月20日，第三方评估专家第2小组在核查方城县柳河镇段庄村时发现，在已脱贫的12户贫困户中有6户不属于贫困户，非贫困户占一半，达到50%。2016年4月22日，在进村入户核查中发现，有不少非贫困户被识别为贫困户进行帮扶。如在南召县皇后乡辛庄的调查中了解到，辛庄村的12户贫困户中有7户为非贫困户，非贫困户超过一半之多，占58.3%。2016年4月21日，在河南某县核查一贫困户时发现，该"贫困户"家住三层楼房，当调查组对他进行贫困户标准识别核查时，他说家里的贫困户牌子是村干部送来的，他也没有写申请，又说："我们村里的村干部坏得很，他们上骗政府，下骗群众，我们村的贫困户有一大部分都不是贫

---

① 张继敬：《深化认识砥砺奋进，坚决打赢脱贫攻坚战》，在全省扶贫开发与精准扶贫专题研讨班上的讲话，2016年4月23日。

困户,他们拿着国家的钱乱分、乱送。"由此可见基层存在害群之马,他们拿着国家的扶贫款送亲戚朋友,拿着贫困户的牌子送人情,可见村干部的腐败行为是导致精准扶贫识别不准的重要因素之一,也是阻碍精准扶贫政策实施的绊脚石。更有甚者,有些基层干部私自截留或占有国家的扶贫资金。习近平总书记强调:"我非常不满意,甚至愤怒的是扶贫款项被截留和挪作他用,和救灾款被挪用一样,那是犯罪行为。必须坚决杜绝,坚决反对,坚决查处。"这些害群之马自私自利、贪污腐败的行径,抹黑了政府在人民心中的形象,严重破坏了精准扶贫战略的实施,必须坚决查处。

（二）精准帮扶不精准

一些县的帮扶人员落实不到位,部分工作队员派而不住,近半数县乡驻村人员不在村里吃住,"挂名""走读"扶贫、有名无实的问题比较严重。帮扶工作不到位,一些驻村工作队没有和原单位工作脱钩,工作不深入、不细致。帮扶责任人落实不到位,在精准帮扶成效核查中,我们发现一些驻村第一书记长期不驻村,成为"走读书记"。省直单位选派的村第一书记多数能够坚持长期驻村,但也有一些第一书记的驻村工作变成"挂名"扶贫,特别是市县选派的村第一书记大多数不能长期驻村,他们家住县市城市内,条件好,离村近,有的几天来一次,有的经常来村"走读",第一书记驻村流于形式。在对312户贫困户精准帮扶成效核查中,认为第一书记到位的户数只有164户,到位率为52.56%;对帮扶责任人满意的户数有236户;对第一书记和村庄变化满意的户数为216户;对驻村工作队满意的户数236户;帮扶效果满意率为73.5%。

（三）扶贫措施到户不精准

因致贫原因不同,贫困户对帮扶有着不同的需求,如生产救助、学业救助、大病救助、房屋改造、低保救助、农业实用技术、担保贷款等。精准扶贫就是要求根据每个贫困户的致贫原因,制定针对性的帮扶措施。习近平总书记指出:"要实施精准扶贫,瞄准扶贫对象,进行重点施策,不能眉毛胡子一把抓，用手榴弹炸跳蚤，钱花了不少却没有见到应有效果。"但是，目前河南省一些农村没有贯彻落实精准帮扶，没有因户制宜地制定帮扶措施。例如，对于拥有一技之长，但苦于无处施展的贫困人员的帮扶措施和对那些思想落后、游手好闲、坐吃山空的贫困户的扶贫措施没有什么不同；对于身心健全的贫困户和残疾的贫困户的救助方式也是如出一辙。这样的帮扶方式没有差异性和针对性，没有真正帮助他们解决自己的"贫困"之处，这种不精准的扶贫，是难以使贫困户完全脱贫的。

（四）项目安排不精准，扶持招数不对路

一些地方把对贫困人口的扶持仅仅理解为给钱给物，认为给多少钱就办多少事儿。县里只盯着专项扶贫资金，整合涉农资金政策资源不够，县一级财政用于脱贫攻坚的资金没有大的增加，主体责任落实缺乏支撑。驻村工作队既忽视了为帮助贫困村建设过硬的领导班子，也忽视了对具体贫困人口的智力扶贫。

（五）资金使用不精准，扶贫资金来源渠道单一

扶贫资金是精准扶贫工作的物质保障，为了更好更快地推进精准扶贫战略，必须要有充足的资金作为保障。现阶段，我国的扶贫资金来源渠道单一，主要来自于中央财政和地方财政。财政部数据显示，2015年中央财政专项扶贫资金高达467亿元。但是，由于我国农村贫困人口众多，扶贫资金自上而下逐级分配，具体到每一个贫困户手里的资金就变得微乎其微了。而地方政府的财政收入又是跟该地区的经济发展程度紧密联系在一起的，因此，地方政府每年对于扶贫的财政支出十分有限。对于西部贫困地区来说，地方政府力不从心，根本拿不出资金用于扶贫，于是分配到每个贫困户手里的资金就非常微薄，只能解决燃眉之急，根本不能帮助他们彻底脱贫。由此可见，由于扶贫资金来源渠道的单一，导致没有足够的资金作为扶贫的后勤保障，很多扶贫项目得不到落实，阻碍了精准扶贫的进一步推进。

（六）精准脱贫不够精准

目前以收入、住房、医保作为贫困户识别标准具有一定的局限性，13.1%的受访农户认为建档立卡工作中漏掉了部分真正需要帮助的贫困户；贫困村脱贫与返贫现象同时存在，缺乏对脱贫人口的动态跟踪与精准管理；扶贫资金满足不了地方需求，用途分散，约束多；基层扶贫机构不健全；贫困地区基础设施和公共服务建设不够完善。从2016年4月13日~28日对原阳县、宜阳县、鲁山县等13个县、312户已经脱贫的贫困户调查结果看，符合贫困村标准的户数为291户，贫困户精准识别率为93.27%；达到脱贫标准的户数282户，贫困农户脱贫率90.38%，仍存在着精准脱贫不够精准的突出问题。

三 河南精准扶贫、脱贫工作发展对策展望

2016年以来，河南省深入学习贯彻党的十八届五中、六中全会精神，在精准识别、精准扶贫中做到"严"和"实"。特别是在现阶段，河南农村实行了"建档立卡"的方式识别贫困户，河南省贫困县的各级领导把对贫困户的精准识别工作放在扶贫工作的首位，积极培训村干部的精准识别意识，认真深入地核查贫困户家庭年人均纯收入，特别是认真核算其家庭成员外出打工收入，把因灾和大病致贫的贫困户与一般病人、慢性病人、有劳动能力的人区分识别。纠正基层干部在识别贫困户标准时的随意性，改变一些村干部认为即便将"非贫困户"识别为贫困户，自己也不承担什么责任，既不受纪律处分，也不触犯法律，上级组织拿自己没有什么办法的思想，避免造成乡村两级干部在贫困户识别标准上任人唯亲，"糊弄"上级领导，把一些非贫困户列入贫困户中进行帮扶的错误行为。

（一）深刻领会、认真落实习近平总书记关于精准扶贫、精准脱贫的思想

要更好解决"扶持谁""谁来扶""怎么扶""如何退"的问题。总书

记指出:"扶贫开发推进到今天这样的程度,贵在精准,重在精准,成败之举在于精准。搞大水漫灌、走马观花、大而化之、'手榴弹炸跳蚤'不行。""要把精准扶贫、精准脱贫作为基本方略,做到'六个精准',即扶持对象精准、项目安排精准、资金使用精准、措施到户精准、因村派人(第一书记)精准、脱贫成效精准。"

(二)转变观念,加强对基层干部"贫困户识别标准"的培训

转变观念有个过程,因为观念是长期积淀的经验,从习惯于做面上的扶贫举措,转到针对贫困人口精准施策,并不是一件容易的事。也正因为如此,才要强调转变观念的重要性,必须把思想和行动统一到中央精准扶贫的决策部署上来。而且,在观念转变之后,如何体现在行动上,如何落到精准上,如何加强各级领导干部特别是基层干部在精准扶贫方面的能力建设,提高扶贫开发工作水平,是转变基层干部思想观念、做好"贫困户精准识别标准"培训的必要性所在,亦是搞好精准扶贫的基础。

(三)采取层层核查措施,对贫困户重新识别认定

河南省贫困县采取县、乡、村三级核查的方法,对贫困户进行精准识别认定,对乡镇干部做"贫困户识别标准"培训。河南省扶贫办动员国家级、省级贫困县的县委、县政府和有关乡镇、驻村第一书记和村两委班子,对全省贫困人口进行认真识别核查。第一,通过确定贫困户的程序进行识别核查。第二,对贫困户人均纯收入进行详细核算,对住房、医保、入学教育仔细识别,查看贫困户是否符合贫困户标准。第三,采取县、乡、村三级核查的方法,对贫困户实际状况进行精准识别认定,特别是将因"大病致贫、因灾致贫、痴呆、无劳动能力"的贫困户与一般病人、慢性病人、有劳动能力、人均纯收入超过贫困户标准的农户区别认定,把贫困户中的一些非贫困户群体清理出去,把真正的贫困户群体留下来。

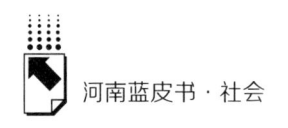

（四）加强对驻村第一书记的管理，防止第一书记"挂名""走读"扶贫

全省各县把驻村第一书记的考核和管理纳入县乡动态考核体系，建立县委组织部、县扶贫办、乡镇党委齐抓共管的管理体制，严格对驻村第一书记的考核和管理。把第一书记的驻村工作纳入常态化考核机制，通过网络定位，了解第一书记驻村工作情况，通过为贫困户办了多少实事来考核第一书记的帮扶成效；通过村里的变化来测量群众对第一书记和帮扶单位的满意度；通过对第一书记连续10天以上驻村考核，杜绝第一书记驻村"走读"现象。彻底纠正一些帮扶单位的帮扶人员落实不到位，驻村工作队员派而不住，近县驻村人员不在村里吃住，"挂名""走读"扶贫，有名无实等现象。如在核查长垣县方里镇、樊相镇、芦岗乡等7个重点乡镇的帮扶成效中，第一书记长期驻村工作的占100%，贫困户知道第一书记是谁，第一书记是哪个单位的，群众知晓率、满意率占100%；贫困户知道包村单位的占95%，驻村工作队满意率占100%。[①]

（五）建立第三方核查监督机制

充分发挥第三方专家委员会对贫困户核查、识别的作用，组织专家委员会专家深入到基层农户家庭，对现有贫困户是否符合贫困户识别标准进行抽查，同时，对县、乡、村的识别工作进行监督和检查，坚持全面性、典型性、公正性原则，确保对贫困户识别工作的精准，将国家扶贫资金和项目以及人力、财力、物力资源，更好地集中在贫困县和贫困户中使用，达到最佳的扶贫效果。

（六）建立精准扶贫的司法监督机制，制止村干部在贫困户精准识别中的任人唯亲问题

对乡村基层干部不按程序识别、不按贫困户精准识别标准识别，而是凭

[①] 第三方专家组：《长垣县扶贫攻坚精准识别与帮扶成效评估报告》，2016年9月10日。

个人主观意识、凭关系亲疏确定贫困户的错误行为进行认真查处。对于个人情节严重的，按渎职罪论处，让检察机关介入精准扶贫、脱贫工作，对其任人唯亲的行为进行贪渎并查；同时，建立纪检、监察、司法等部门的监督机制，制止一些村干部胆大妄为，利用职权乱结裙带关系，为自己的亲朋好友大开"贫困"绿灯，为他们攫取利益的渎职行为。

（七）对贫困户精准识别准确、识别率高

由于河南省在扶贫攻坚中政策措施得力，河南省国家级、省级贫困县精准识别率在100%，帮扶成效显著。2016年6月24~28日，河南省第三方专家委员会赴确山县考核组对确山县留庄镇、瓦岗镇、石滚河镇、普会寺乡、任店镇、新安店镇、李新店镇、双河镇、竹沟镇、刘店镇和盘龙、三里河、郎陵办事处共13个乡（镇、街道）54个行政村的540户贫困户调查了解，其中有5%左右的贫困户不知道自己是贫困户，有21%左右的贫困户不知道自己通过什么途径被确定为贫困户，有17%左右的贫困户不知道自己贫困户确定的时间；有82%以上的贫困户被精准识别为贫困户，精准识别率在82%以上；另有一些贫困户家庭虽然超过了贫困户收入标准，但是，这些贫困户中有病人或大病病人，有的孩子上学花费巨大，家庭生活仍然困难，这类情况大致占13%左右。确山县精准识别准确率合计达到了95%。在对确山县贫困户540份核查问卷中发现，一些乡镇主抓领导与村支书、第一书记密切配合，工作深入认真，对贫困户家庭整体状况，贫困户家庭成员收入情况，贫困户因病、因灾、因学、因痴呆致贫等具体情况进行逐一核查识别，精准识别率高，成效显著。如任店镇干部袁某某精准扶贫工作认真负责，工作作风踏实，使任店镇巩庄村和前巩店村的贫困户知道自己是贫困户的达到100%，知道自己通过什么途径被确定为贫困户的达到100%，知道自己贫困户确定时间的达到100%，贫困户精准识别率达到100%，识别成效显著。而另外两个村，任店镇黄山坡村、倪庄村识别标准精准率在70%和60%，有一定的反差。再如竹沟镇的王岗村、河东村的贫困户在知道自己是贫困户，知道自己通过什么途径确定为贫困户、知道自己贫困户确定的

时间等问题上,知晓率都达到100%,贫困户精准识别率在100%,[①] 识别成效精准,认定贫困户客观、公正、准确,贫困户识别率高。

由于河南省各级领导高度重视精准扶贫、脱贫工作,各级政府制定的扶贫政策措施得力,在较短的时间内纠正了个别农村存在的"精准扶贫不精准"的突出问题,在河南省各级扶贫办的努力下,真抓实干,层层把关,各乡镇对贫困户精准识别率高,绝大多数贫困县的贫困户精准识别率达到100%,贫困户脱贫成效达到100%,精准帮扶成效达到100%,圆满完成了2个国定贫困县2016年脱贫摘帽,2016年全省贫困人口脱贫110万人的目标,扶贫成效显著。展望2017年河南省扶贫、脱贫攻坚战略,河南省扶贫攻坚以"六个精准""四个一批"等精准扶贫工作思路和攻坚计划为指导,努力实现国家级、省级贫困县和非贫困县的贫困户精准识别率达到100%,贫困户脱贫成效达到100%,精准帮扶成效达到100%,圆满完成6个国定贫困县和4个省定贫困县2017年脱贫摘帽,2017年全省贫困人口脱贫100万人的目标。

参考文献

杨园园:《基于典型调查的精准扶贫政策创新及建议》,《中国科学院》2016年3期。

李国治等:《农村精准扶贫的问题与对策》,《黑河学刊》2016年1期。

张继敬:《深化认识砥砺奋进,坚决打赢脱贫攻坚战》,在全省扶贫开发与精准扶贫专题研讨班上的讲话,2016年4月23日。

第三方专家组:《确山县扶贫攻坚精准识别评估报告》,2016年6月28日。

第三方专家组:《长垣县扶贫攻坚精准识别与帮扶成效评估报告》,2016年9月10日。

[①] 第三方专家组:《确山县扶贫攻坚精准识别评估报告》,2016年6月28日。

B.12
河南省贫困县财政发展状况研究报告

高芙蓉*

> **摘　要：** "十二五"期间，河南省把解决扶贫对象温饱、实现脱贫致富作为首要任务，探索出了具有地方特色的扶贫开发之路。文章系统梳理了河南省53个贫困县"十二五"期间的财政发展状况，运用数据包络分析方法（DEA）分析了河南省贫困县财政扶贫资金的规模、结构与使用效率，提出了财政扶贫资金配置机制的优化策略。
>
> **关键词：** 贫困县　DEA方法　精准扶贫

一　问题的提出

《中国农村扶贫开发纲要（2011~2020年）》（以下简称《纲要》）的指导思想是"把连片特困地区作为主战场，把稳定解决扶贫对象温饱、尽快实现脱贫致富作为首要任务"，把扶贫对象的范围明确界定为"连片特困地区和重点县和贫困村"，并列出燕山—太行山区、大别山区等14个集中连片特殊困难地区。在14个集中连片特殊困难地区中，河南有26个县[①]分属

---

* 高芙蓉，河南财政金融学院副教授，博士，主要研究方向为网络社会学、社会组织。
① 26个国家连片特困地区重点县分别是：嵩县、汝阳县、洛宁县、栾川县、兰考县、鲁山县、卢氏县、镇平县、内乡县、淅川县、南召县、柘城县、宁陵县、民权县、光山县、潢川县、固始县、商城县、新县、淮滨县、商水县、太康县、郸城县、淮阳县、沈丘县、新蔡县。

于秦巴山区、大别山区两大片区，另有国家扶贫开发重点县 12 个①，省定扶贫开发工作重点县 15 个②，共计 53 个贫困县，占总河南省县（市）总数的 49.5%；贫困县总面积 8.78 万平方公里，占河南省总面积的 52.6%。河南省贫困人口集中的地区是"三山一滩"地区，全省贫困人口的 70.1% 都在这里。其中大别山片区 28 个县 236 万人，伏牛山片区 18 个县 105 万人，黄河滩区 10 个县 54 万人，贫困程度比较深。根据 2014 年底建档立卡情况，河南全省有贫困人口 576 万人，居全国第 5 位，占全省总人口的 5.3%。2016 年完成 120 万名贫困人口脱贫后，仍有 460 万名左右的贫困人口。自 1994 年国家推出"八七扶贫攻坚计划"以来，扶贫开发以县域为主要单位。21 世纪以后，国家又提出"整村推进"的扶贫开发思路，因此，把"集中连片特殊困难地区和重点县与贫困村"作为扶贫开发的对象范围，是新时期扶贫开发的新思路。贫困县的财政发展状况决定着扶贫攻坚任务的完成情况。

二 53个贫困县财政扶贫资金配置规模与结构分析

消除贫困是实现全面小康的基本要求，拔掉"穷"根是脱贫攻坚的重大使命。"十二五"期间，河南省委、省政府认真贯彻落实中央决策部署，针对贫困县农户收入水平低、基础设施建设薄弱、社会公共服务能力水平不高、生态环境脆弱等发展困境，始终把脱贫攻坚作为重大政治任务摆在突出位置，把稳定解决扶贫对象温饱、尽快实现脱贫致富作为首要任务，坚持区域发展与精准扶贫相结合，注重突出重点、分类施策，整合资源、凝聚合力，创新机制、提升水平，为扶贫攻坚投入了大量扶贫资金，为改善民生、促进贫困地区振兴发展和扶贫对象脱贫致富、确保困难群众共享改革发展成

---

① 12 个国家扶贫开发重点县分别是宜阳、滑县、封丘县、范县、台前县、社旗县、桐柏县、虞城县、睢县、确山县、上蔡县、平舆县。
② 15 个省定扶贫开发工作重点县分别是伊川县、叶县、内黄县、原阳县、濮阳县、舞阳县、方城县、夏邑县、罗山县、息县、扶沟县、西华县、泌阳县、汝南县、正阳县。

果提供了保障。目前河南已初步探索出一条具有河南特点的扶贫开发之路，为"十三五"打赢脱贫攻坚战奠定了牢固基础。"十二五"期间河南省53个贫困县财政扶贫资金的发展现状呈献出如下特点。

（一）来自上级补助的财政资金稳步增长

河南省53个扶贫县财政资金来源主要有返还性收入、一般性转移支付收入和专项转移支付等。"十二五"期间，53个贫困县来自上级的补助收入逐年递增，2012年增加速度最快，与2011年相比增幅达31.99%，增幅快的原因在于2011年上级财政资金补助收入为797亿元，2012年增加了255亿元。2013~2015年的增加额分别为59亿元、70亿元和181亿元，分别增长了5.61%、6.30%和15.33%。2013年增幅回落较大，原因在于2012年上级补助收入增大了基数，达到1052亿元，2013年尽管净增加59亿元，但相比上年增幅仍下降较多。2014年增幅不大，2015年增幅达181亿元。2015年增长快的原因是一般性转移支付收入增加了142亿元，专项转移支付为39亿元。就53个贫困县与河南省全省相比，除2013年外，其他年份的增幅均高于全省的平均值。

（二）财政扶贫资金投入规模逐年增大

"十二五"期间，河南省53个贫困县财政扶贫资金的规模与增长速度均得到了快速发展，扶贫资金的增长幅度虽有所差别，但总体呈现出稳步增长特征，符合国家加大对连片特困区、重点扶贫区域资金扶持力度的要求。2015年扶贫资金规模比2011年扩大了11.9倍，2012~2015年的增长速度分别为578.8%、26.6%、13.8%、21.3%。从财政资金的规模上看，河南省三类贫困县2015年扶贫资金的规模是2011年的倍增率分别为：国家连片贫困县9.94倍，国家扶贫县是10.36倍，河南省级扶贫开发县为34.3倍。贫困县财政扶贫资金规模的增长速度远高于河南省2.83倍的平均水平。财政扶贫资金规模的快速扩大与国家出台的相关政策有紧密关系。从扶贫资金的投入看，2011年镇平县、内乡县、商水县投入金额为零；郸城县和汝南县投资总额仅为个位数，这对于庞大的贫困人口而言，起不到任何效果。2013年，习近平总书记到湖南湘西考察时做出了"实事求是、因地制宜、分类指导、精准扶贫"的重要指示。2014年1月，中央办公厅详细规制了精准扶贫工作模式的顶层设计，推动了"精准扶贫"思想落地。在中央政策的强力推动下，2015年，河南省53个贫困县扶贫资金投入规模均在2000万元以上，嵩县则高达1.1亿元。这充分说明在中央政府的强力推动下，各级地方政府对扶贫工作给予了高度重视，扶贫资金投入力度的加大为减贫成效的取得奠定了良好基础。

（三）财政资金帮扶成效明显

"十二五"以来，河南省着力构建"三位一体"大扶贫格局，实现了农村建档立卡贫困人口大幅减少，贫困地区农民人均纯收入较快增长。2015年完成120万名贫困人口脱贫，53个贫困县的贫困人口发生率由2011年的14.2%下降到2014年的8.7%。"十二五"期间，河南全省实施整村推进扶贫的贫困村约5560个，其中2011~2014年有4350个，2015年有1210个。"十二五"以来，河南累计向贫困地区投入社会事业资金超过483亿元，其中投入"三山一滩"贫困地区超过68亿元，农村公路建设资金超过505亿元，农田水利、安全饮水等农业资金超过150亿元，以工代赈资金超过20亿元，建设了一大批交通、水利及农村安全饮水等生产生活基础设施和学校、医院等公共服务设施。

三 "十二五"期间河南省贫困县财政资金配置效率分析

财政扶贫资金一直是我国扶贫开发资金的重要来源，在扶贫资源中占有较大比重，对于区域扶贫开发效果起着决定性作用。本文从支出结构角度，对河南省53个贫困县的财政扶贫资金配置规模与结构进行分析，测算扶贫资金的配置效率，探索财政扶贫资金的使用机制，以提出未来"十三五"时期精准扶贫的发展思路。

（一）研究方法

本部分采用 DEA-Tobit 模型对河南省 53 个贫困县财政扶贫资金的配置效率进行分析，为未来"十三五"河南脱贫攻坚工作提供决策参考。DEA 模型也称为数据包络分析法（Data Envelopment Analysis），是由美国运筹学家查尼斯、库珀和罗得斯等人提出来的，用于评价具有多投入和多产出的决策单元（Decision Making Units，DMU）相对有效性的一种方法，它广泛应用于众多领域的效率分析研究。比较常用的模型有 CCR 模型（投入导向型，即产出一定，投入最少）和 BCC 模型（产出导向型，即投入一定，产出最大）。CCR 模型强调固定规模报酬不变，BCC 模型则将 CCR 模型拓展到固定规模报酬可变，通过包络前沿线衡量 DMU 的最优效率，效率值取值区间为 0～1。由于扶贫资金来源多以上级政府财政转移支付为主，其投入规模与使用范围相对稳定，而其产出具有不确定性，因此，在测算效率时采用 BCC 模型。其模型为：

$$\max \alpha \begin{cases} s \cdot t \cdot \sum_{j=1}^{n} \lambda_j x_j + s^- = x_o \\ \sum_{j=1}^{n} \lambda_j y_j - s^+ = \alpha y_o \\ \sum_{j=1}^{n} \lambda_j = 1 \\ s^+ \geq 0, s^- \geq 0, \lambda_j \geq 0, j = 1, \cdots, n \end{cases}$$

上述模型中，各变量的含义具体如下：α 为 DMU 的效率值，值越大表示 DMU 效率越高；x_j、y_j 分别为 DMU 的投入与产出向量；s^-、s^+ 表示输入与输出的松弛变量；λ_j 表示第 j 个 DMU 达到有效时的决策单元组合比例；x_0 和 y_0 表示 DMU 的投入产出。本部分分析的时间段为"十二五"期间的 2011～2015 年；分析样本以 53 个贫困县为基础，指标的选择以财政扶贫资金、从业人员作为投入变量，以各县的农民人均纯收入作为产出变量，具体测算财政扶贫资金对贫困县发展所起的作用以及资金的使用效率。

通过 DEA 模型的 BCC 模型测算可知，综合效率（TE）＝纯技术效率

(PTE)×规模效率（SE）。综合效率反映财政扶贫资金的使用绩效；纯技术效率反映剔除规模报酬影响后的财政扶贫资金技术状况，可以理解为内部管理水平的高低；规模效率是指财政扶贫资金投入规模变化对综合效率的影响，反映其经营规模的优化程度。分析结果的经济含义为：在既有的技术水平下，如果TE=1，称为技术有效，表示财政扶贫资金的投入产出处于最佳状态，现有的投入要素组合达到了效率最佳样本的投入要素组合，产出达到了最大化，绩效实现了最高。如果TE<1，称为技术无效，表示相对于效率最佳的样本，财政扶贫资金的投入要素存在浪费，浪费程度为（1-TE），或减少（1-TE）的投入要素，仍可获得既定的产出，据此可计算技术无效财政扶贫资金投入要素的浪费程度，分析其在投入方面可挖掘的潜力。如果纯技术效率<规模效率，说明技术无效主因是纯技术效率低下；反之，说明技术无效主因是规模效率低下。同时，BCC分析法还可判断财政扶贫资金规模报酬所处的递增、不变、递减区间，说明应扩大还是缩小经营规模。

（二）运用DEA模型的BCC分析法实证研究分析

按照前文论述的研究方法，运用DEA模型的BCC分析法具体分析2011~2015年河南省53个贫困县财政扶贫资金的绩效，包括综合效率、纯技术效率、规模效率、冗余率和影响因素，探讨财政扶贫资金配置机制的优化策略。数据主要来源于2011~2016年《河南统计年鉴》和河南省扶贫职能部门的相关信息。

1. 贫困县财政扶贫资金效率的静态分析

53个贫困县财政扶贫资金总体效率层面的平均综合效率、纯技术效率、规模效率分别为0.672、0.728和0.923，除规模效率稍高外，其他效率数值居于较低水平。具体对每个指标进行分析如下：

（1）综合效率分析

53个贫困县的平均综合效率值是0.672，其中总体有效即总体效率值为1的只有2个，即新县和商城县，仅占53个贫困县的3.77%，说明只有这两个县的财政扶贫资金投入得到了充分利用,达到了相对最佳产出值。而非总体有效的比率高达 96.23%,说明其他 51 个贫困县要么存在投入过剩或产出不足,要么存在规模偏大或偏小等问题,主要原因在于其规模和投入、产出不相匹配,需要增加规模或减少规模。其中综合效率高于 0.80 以上的只有 13 个县,其余 38 个贫困县财政扶贫资金综合效率不足 80%;12 个贫困县财政扶贫资金利用率低于 0.5,占总数的 22.6%,最低的贫困县分别为淮阳县(0.390)、固始县(0.409)和太康县(0.412),说明与有效的贫困县相比,它们仅发挥了 39%、40.9% 和 41.2% 的效率水平。

(2)技术效率分析

53 个贫困县的平均技术效率值是 0.728。技术有效值为 1 的贫困县共 5 个,分别是商城县、伊川县、卢氏县、内乡县和新县,占全部贫困县的 9.43%。技术非有效县为 48 个,比例高达 90.57%,这说明绝大部分贫困县在当前规模下所投入的资源并未得到充分利用。

(3)规模效率分析

53 个贫困县的平均规模效率值是 0.923,规模有效值为 1 的贫困县共 2 个,占全部比例的 3.77%。如果把规模效率值为 0.98 以上的叶县、内黄县、光山县、罗山县、新蔡 5 个县,计算进来,将其视为近似总体有效,再加上规模效率值为 1 的栾川和新县,共 7 个县,占全部贫困县的 13.2%,非规模有效的县为 46 个。在 53 个贫困县中,规模收益递减的贫困县有 12 个,分别是伊川县、叶县、原阳县、濮阳县、镇平县、内乡县、方城县、光山县、固始县、潢川县、罗山县和汝南县。这说明政府应降低财政扶贫资金投入力度,扩大扶贫规模;规模收益递增的贫困县为 39 个,占比 73.6%,说明有 3/4 以上的贫困县未达到最佳规模状态,应考虑增加财政扶贫资金力度,扩大扶贫资金规模;规模收益不变的贫困县有 2 个,分别是新县和商城,表明适当比例的财政扶贫投入的增长会导致产出也按相同比例增长。

2. 非有效财政扶贫资金效率的松弛变量分析

利用 BCC 模型,通过计算各 DEA 非有效贫困县财政资金效率的目标值,以及实际值与目标值之间的差,可以得到各个非有效贫困县财政扶贫资

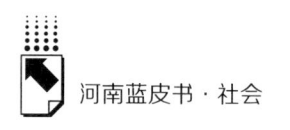

金投入过大以及从业人员投入的数量，同时可以得到各个非有效贫困县经过改进后所能达到的产出目标。

（1）投入要素的松弛变量分析。分析投入要素的松弛变量，可以计算出各贫困县投入要素的理想值，找出无效率的来源及对应的属性值应改善的大小程度，以便提出改进意见。在53个贫困县投入的财政扶贫资金中，内黄和方城2个县存在投入冗余，表明这两个县在财政扶贫资金方面投入过多。二者又属于非有效决策单元，如内黄县财政扶贫资金多投入的数量值为6.343，应减少财政扶贫资金规模，同时保持产出不变，这时内黄县产出效率可达 DEA 有效。其他51个贫困县的财政扶贫投入适当。在从业人员方面，栾川县、嵩县、台前县、镇平县4个县存在投入过多现象，说明本地从业人员存在剩余，或者是劳动力以在本地打工者居多，超出了本地经济发展的需要。其他49个县在从业人员这一投入指标方面基本符合当地的发展需要。

（2）产出指标的松弛变量分析。产出指标的松弛变量表明在投入一定的情况下产出少了多少，或者说只有产出达到一定的数额才能获得综合效率值最大。在53个贫困县的农民人均纯收入方面，宜阳县、鲁山县、内黄县、封丘县、范县、舞阳县、社旗县、宁陵县、柘城县、睢县、虞城县、夏邑县、息县、淮阳县、沈丘县、太康县、商水县、郸城县、西华县、扶沟县、上蔡县、平舆县、正阳县共23个县产出相对不足，占到全部贫困县的43.4%。这表明在当前的财政扶贫资金和从业人员现状下，有23个县的农民人均纯收入没有达到综合效率最优。例如，宜阳县农民人均纯收入的目标值应达到9053.089元，而2015年宜阳实际人均纯收入为8659元，与目标值相差394.089元。从松弛变量的比较看，淮阳县和鲁山县2个县与目标值相关最大，达到1300元以上。没有达到目标值的贫困县还需要从增加农民纯收入角度入手，解决农民的贫困问题。

3. 财政扶贫资金配置效率的动态分析

借助 DEAP2.1 软件，运用 DEA-Malmquist 非参数分析方法对2011~2015年河南省53个贫困县的生产率指数及分解项进行测算，主要目的在于考察财政扶贫资金的配置效率如何，对各贫困县扶贫资金的使用效率做出评价。

从53个贫困县财政扶贫资金配置效率的总体平均值来看，2011~2015年间，财政扶贫资金的使用效率下降幅度很大，全要素生产率变动指数Tfpch的平均值仅为0.15，它的高低取决于技术效率变化指数和技术进步指数的影响。从技术进步指数看，2011~2015年的均值为0.156，远远小于1，其中镇平县、内乡县和商水县技术进步指数为零，技术进步指数取决于第二、第三产业的技术进步与从业人员的就业水平，这反映出贫困县的第二、第三产业对当地经济社会的带动力度很小。技术效率变化表示在给定投入的情况下决策单元获得最大产出的能力，2011~2015年技术效率变化的平均值为0.963，小于1，说明财政扶贫资金的使用管理水平低，产出能力也不高。而纯技术效率、规模效率的均值均小于1，说明技术效率的下降与财政扶贫资金规模较小有关，反映了河南省贫困县扶贫资金规模仍较小，尽管2015年普遍加大了财政扶贫资金支持力度，但2011~2012年，多数县资金规模很小，有些仅为个位数，个别县甚至为零，这也是财政扶贫资金使用效率低下的主要原因。

从各个贫困县的情况分析，太康县、汝南县、郸城县、泌阳县、潢川县、西华县、息县、沈丘县、夏邑县、罗山县、扶沟县、伊川县、方城县、内黄县、正阳县、原阳县、社旗县、叶县县、兰考县、濮阳县、新蔡县、确山县、民权县、柘城县、淮阳县等25个县全要素生产率变动指数大于1，处于上升的趋势，增加的主要原因是技术进步指数增加幅度较大。而另外的平舆县、固始县、虞城县、睢县、上蔡县、光山县、淮滨县、范县、舞阳县、封丘县、汝阳县、嵩县、滑县、宁陵县、新县、鲁山县、台前县、桐柏县、卢氏县、商城县、栾川县、宜阳县、南召县、淅川县、镇平县、内乡县、商水县共27个县则有不同程度的下降，其中镇平县、内乡县、商水县3个县全要素生产率为0，当然更主要的是与自身的技术进步指数关系很大。洛宁县的全要素生产率1，说明"十二五"期间其财政扶贫资金使用效率维持平稳状态。

由53个贫困县Malmquist生产率指数及其分解项数据还可以发现，各县效率值横向比较呈现以下两项特征：一是技术进步指数水平普遍较高，超过

1的占比达到75.5%，但差距较大，有3个县数值为0。纯技术效率值差距不大。二是技术效率值与规模效率值的贡献水平普遍较高，且与全要素生产效率值变化趋势基本相同。亦即当前各县的扶贫开发工作成绩的获得较大程度上依赖财政规模性扶贫投资，但是这些扶贫资金的利用与管理水平不高，以至于影响到全要素增长率的提升，这一结论也在一定程度上论证了"扶贫资金不足与资金利用效率不高是制约当前扶贫开发工作的两大瓶颈因素"的观点。

（三）小结

从静态角度分析，在53个贫困县中，只有新县和商城县2个县的财政扶贫资金综合效率达到了DEA有效，其他51个县的财政扶贫资金综合效率为DEA无效。53个县财政扶贫资金使用的综合效率整体水平较低，其均值仅为0.672，财政扶贫资金的技术效率均值只为0.728，规模效率均值为0.923，这说明河南省贫困县在扩大财政扶贫资金规模的同时，还应该提高财政扶贫资金使用的管理水平与技术方法。财政扶贫资金综合效率低的地区应当参考借鉴资金使用效率高的县域的先进经验，合理调配资源配置，提高资金使用效率。

从动态角度分析，2011~2015年，53个贫困县财政扶贫资金使用效率下降幅度很大。从各个县域财政扶贫资金使用效率的变化来看，"十二五"期间，有25个县的全要素生产率变动指数大于1，处于上升的趋势，为正增长；有27个县的全要素生产率变动指数则较低，其中有3个县全要素生产率变动指数为0；有1个县的全要素生产率变动指数为1，资金使用效率维持平稳状态。53个县的整体纯技术效率和规模效率的均值均小于1，技术效率的下降与财政扶贫资金规模较小有关，说明目前河南省贫困县扶贫资金规模仍然较小。

四 河南省贫困县扶贫资金配置机制的优化策略

1. 更新扶贫理念，实现包容性扶贫治理

财政扶贫资金配置效率的全要素生产率结果表明，财政扶贫资金规模的扩大并不必然带来效率的提高。随着扶贫资金规模的不断扩大，今后应高度重视提高资金的经营和管理能力。对贫困地区的扶贫，按照传统的做法是"下拨扶贫资金、上马扶贫项目、支援扶贫干部"，这无疑是政府和社会各界帮助贫困地区改变现状的重要举措。然而，由于机制不畅，管理手段滞后，导致扶贫工作走样、变形。为改变这一现象，就应当创新扶贫方式，强化资金管理，实现包容性扶贫治理。具体可从以下方面入手：一是目标管理方面，改变过去单纯注重贫困人口收入的单一标准的做法，既要考虑扶贫对象的增收，又要改善贫困的环境，增加发展的机会，提高可行的能力。二是资源配置方式方面，传统的做法习惯于以政府、致富能人、龙头企业作为主导力量，未来应更多地保障扶贫对象的参与保障权益，发挥市场资源配置的决定性地位。三是激励机制方面，传统的扶贫方式更多地注重经济刺激，未来应理清发展思路，坚持分类施策，变"输血"为"造血"，激发扶贫对象脱贫的积极性与主动性，推动县域的减贫与发展速度。实现扶贫资金配置的包容性治理，强化贫困县扶贫资金配置的多元主体参与，完善扶贫治理机制，充分调动其减贫脱贫主观能动性，协作共赢，促进财政扶贫资金配置效率提升。

2. 消除路径依赖，开展针对性分类扶贫

要素禀赋理论告诉我们，一个地区经济社会发展状况及人民群众福利水平的高低取决于其可资利用的发展资源。53个县的DEA效率结果表明区域发展潜力取决于其影响因素组合形成的潜能。一是在财政扶贫资金配置投向上，应清晰界定各个贫困县的要素禀赋，以此为基础有针对性地开展分类分区扶贫。"十二五"期间河南省委、省政府把"三山一滩"确定为新阶段扶贫开发重点区域，坚持区域发展与精准扶贫相结合，突出"转、调、搬、改"的扶贫举措，同步实施农村低保、医疗救助、生态建设和环境保护，大力实施扶贫攻坚。这一举措在未来一段时期内应做好做实。二是对于具有劳动能力和劳动愿望的贫困劳动力，应通过技术培训就业服务，把贫困劳动力转移到第二、第三产业就业，这是最快也是最有效的途径；对于具有一定产业基础和劳动力、土地等要素比较优势的地区，通过调整产业结构，扶持

农业特色产业，加快贫困人口增收致富；对于没有生存条件或者发展成本太高的贫困地区，通过易地搬迁解决贫困问题；对于基础设施建设水平较差的地区，应改善贫困村的生产生活条件，夯实发展的基础，关注整村推进扶贫，完善发展环境，提升区域要素流入的吸引力。尤为重要的是要强化干部的责任意识与担当使命，做到"精准帮扶"；提高财政扶贫资金的管理规范化、制度化与科学化，做细"精准管理"；细化完善贫困县脱贫规划，列出脱贫时间表，确定脱贫路线图，做好"精准考核"。

参考文献

张远、孙静、党文民、卢松：《河南将投入 920 亿帮 53 个县脱贫名单公布》，《河南日报》2015 年 12 月 30 日。

王建平：《连片特困地区政府扶贫资金的减贫效果评价》，《决策咨询》2015 第 2 期。

郑瑞强、陈燕、张春美、饶盼：《连片特困区财政扶贫资金配置效率测评与机制优化——以江西省罗霄山片区 18 个县（市、区）为分析样本》，《华中农业大学学报》（社会科学版）2016 年第 5 期。

蓝虹、穆争社：《中国农村信用社改革后的绩效评价及提升方向——基于三阶段 DEA 模型 BCC 分析法的实证研究》，《金融研究》2014 年第 4 期。

褚光荣：《包容性治理：石漠化地区的减贫与发展的新思路》，《云南师范大学学报》（哲学社会科学版）2015 年第 4 期。

B.13 河南精准扶贫政策实施状况与问题研究*

何汇江**

摘　要： 本文对河南精准扶贫政策实施的现状、问题等进行了概括，并针对问题提出了对策建议。文章在对精准扶贫概念解释的基础上，描述了河南精准扶贫的政策及其实施背景，分析了河南农村和城市精准扶贫政策实施的状况，指出了政策实施过程中存在重视农村精准扶贫而忽视城市精准扶贫、政府积极推动而扶贫对象消极被动、以个体为对象的精准扶贫效率偏低以及精准扶贫政策的内容落实困难等问题，进而提出了制定和实施城市精准扶贫的政策、促进精准扶贫对象广泛参与、提高精准扶贫政策实施的效率以及强化城乡精准扶贫政策的落实等对策措施。

关键词： 河南　精准扶贫　粗放扶贫　扶贫政策

河南人口众多，贫困人口占有较大的比例。随着贫困问题的持续发展，扶贫政策也不断扩展与深化。在借鉴以往扶贫经验的基础上，政府制定和实施了新的精准扶贫政策。

---

* 本文是国家社会科学基金项目"城市低收入家庭教育投入与子代收入水平的实证研究"（14BSH022）。
** 何汇江，中原工学院法学院副教授，博士，社会学专业，主要从事社会政策与城市贫困问题的研究。

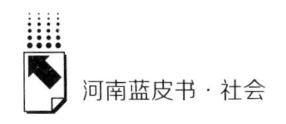

一 引言

精准扶贫是指针对不同贫困区域环境、不同贫困农户状况,运用科学有效的程序对扶贫对象实施精确识别、精确帮扶、精确管理的治贫方式。[①] 精准扶贫是在扶贫领域贯彻实施"精准性"原则的具体体现,或者简单说来,精准扶贫就是把有限的扶贫资源用到最贫困的对象上,从而取得最好的扶贫效果。

精准扶贫是相对于粗放扶贫而言的。精准扶贫首先强调扶贫对象的选择要精准,帮扶的对象必须是真正贫困的人口,帮扶真正需要帮扶的对象,谁贫困政府就扶持谁。其次强调扶贫的方式要精准,针对扶贫对象采取个性化的方式使其脱贫,真正帮助贫困人口摆脱贫困。精准扶贫就是要通过真正的帮扶,使贫困人口真正摆脱贫困。

二 河南精准扶贫政策及其实施背景

河南积极贯彻落实中央扶贫工作中关于精准扶贫的指导思想,及时制定和实施了精准扶贫的一系列政策,为扶贫工作开创了新的局面。

(一)河南精准扶贫政策

河南作为贫困人口总量位居全国第三的省份,不仅贫困人口多,而且贫困程度较深,扶贫攻坚的任务繁重,具有实施精准扶贫政策的紧迫性。

2016年6月以来,河南先后出台了《河南省扶贫对象精准识别及管理办法》《河南省脱贫工作成效考核办法》《河南省贫困退出实施办法》《河南省扶贫资金管理办法》《河南省开展统筹整合使用财政涉农资金试点实施办法》5个办法,以及《河南省产业扶持脱贫实施方案》《河南省转移就业

[①] 沈茂英:《四川藏区精准扶贫面临的多维约束与化解策略》,《农村经济》2015年第6期。

脱贫实施方案》《河南省易地搬迁脱贫实施方案》《河南省社会保障脱贫实施方案》《河南省特殊救助脱贫实施方案》5个方案，贯彻落实精准扶贫政策。而且省教育、卫生计生、交通、水利、电力等不同部门也出台了专项扶贫规划。相关政策与规划的制定和实施能够有效帮助贫困人口脱贫。

（二）精准扶贫政策的实施背景

河南贫困状况的变化必然要求扶贫政策随之改变，从传统的扶贫开发到目前的精准扶贫也是扶贫政策适应贫困状况的结果。

1. 粗放扶贫政策的不足

长期以来，扶贫工作一直沿用粗放扶贫的模式。传统的粗放扶贫模式在扶贫的初级阶段具有相当的有效性，这个阶段一大批城乡贫困人口摆脱了贫困，传统扶贫工作取得了非常大的成绩。但是随着扶贫阶段的发展，粗放扶贫的缺陷日益明显并变得越来越不适应新的扶贫需要，这就要求进一步转变扶贫政策，解决扶贫中遇到的难题，这一变化促使了精准扶贫政策的产生。

粗放扶贫存在诸多问题，比如，对扶贫对象的总体、特点认识不清，对扶贫对象的个体缺乏了解，扶贫对象由村干部确定，人情扶贫、关系扶贫现象大量存在，扶贫资金没有真正用在需要扶贫的对象上，导致扶贫资金被层层截留和挪用，以及应扶未扶、扶富不扶穷等社会不公现象的不断发生，甚至扶贫中出现腐败行为。贫困县弄虚作假，浪费扶贫资源，不愿意摘掉"贫困县"的帽子等。粗放扶贫存在的问题影响了扶贫的效果，需要加以改进。

精准扶贫政策是传统的粗放扶贫政策的深化与发展。与粗放扶贫相对的精准扶贫，主要是解决以往扶贫开发中的目标偏离问题，做到"扶真贫、真扶贫"，真正解决那些贫困人口的脱贫问题。

2. 集中连片特困区域的脱贫需求

贫困是一个持续性的问题，扶贫开发已经历时20多年。在以往的扶贫开发的过程中，一些还没有脱贫的贫困人口成了扶贫的老大难。现在，扶贫开发工作已进入到"啃硬骨头、攻坚拔寨"的冲刺期。

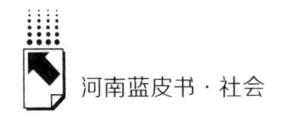

扶贫进入新的阶段以后,由于资源条件较好的区域已经脱贫,剩下的大多是集中连片特困区域,这些区域往往是自然条件差、资源匮乏、贫困人口相对集中的区域,整体区域脱贫难度很大。现阶段扶贫工作的重点是全力以赴解决集中连片特困地区的脱贫问题。

集中连片特困区域主要是边远山区、地质灾害隐患区等,是扶贫开发的难点。这些区域的扶贫,过去大多采取移民搬迁的方式,但是因为补助资金较少,所以能够依靠扶贫资金补助搬出去的大多是经济条件相对较好的人口,贫困的特别是最贫困的人口根本搬不起。新村扶贫、产业扶贫、劳务扶贫等扶贫项目,受益多的主要是集中连片特困区域中的中高收入人口,而不是贫困人口,而真正需要帮扶的对象没有得到帮扶。而精准扶贫就是要解决这样的问题,把最需要帮扶的贫困人口作为扶贫对象。

3. 重度贫困个体的脱贫需要

经过多年的扶贫开发,农村轻度贫困人口大多已经脱贫,而剩下尚未脱贫的大多是重度贫困人口。[1] 这些贫困人口由于各种原因尚未脱贫,传统扶贫政策对他们没有太大的作用,对他们扶贫的难度更大。

精准扶贫的目标主要是重度贫困人口。在扶贫开发进入到新阶段以后,精准扶贫通过精准识别扶贫对象,运用资金救助或者项目扶持的方式为扶贫对象提供精准脱贫服务,重点解决重度贫困人口的脱贫问题。"要把精准扶贫作为新阶段扶贫开发的主攻方向,瞄准最贫困的乡村、最困难的群体、最急需解决的问题,坚持因人因地施策、因致贫原因施策、因贫困类型施策",啃下扶贫开发的"硬骨头"。

4. 全面建设小康社会的需求

建设小康社会就要实现共同富裕,实现共同富裕的前提要消灭贫困地区的整体贫困以及重度贫困的个人贫困。习近平总书记在多个场合的多次讲话中提出,到2020年一定要实现全面脱贫的目标。国家"十三五"规划也把消除整体贫困作为一个战略任务,实现所有的贫困县全部摘除贫困帽子,解

---

[1] 杨凤平:《深度贫困"硬骨头"咋啃》,《中国扶贫》2011年第2期。

决区域性的整体贫困问题。可以说，全面建设小康社会的目标对扶贫工作提出了更高的要求。

当前社会贫富分化比较严重，虽然有一部分人富裕了，但是还有一部分人依然贫困，甚至出现了贫困代际传递的现象，因而帮助贫困人口脱贫就成为一项重要任务。通过实施精准扶贫政策可以为建设小康社会创造条件。

三　河南精准扶贫政策实施的现状

根据中央的统一部署，为了实现2020年全面建成小康社会的目标和全面消除整体贫困的任务，河南省制定和实施了精准扶贫政策。全省各地政府高度重视，精准扶贫政策的实施取得了明显的成效。

（一）农村精准扶贫政策实施的状况

河南是农业大省，农村人口占总人口的一半以上，同时农村贫困人口占总人口的比例也比较大，因此，河南农村实施精准扶贫的任务艰巨。

农村贫困是河南贫困的主体，农村贫困人口是河南贫困人口的主要构成部分。由于农业生产受自然条件的影响较大，因此农村贫困还具有区域性的特点，表现为集体的区域贫困以及个体的个人贫困。从农村贫困区域以及贫困个人来看，农村贫困的基本情况：首先，河南省有38个国家级贫困县，15个省定贫困县，贫困县占全省县（市）的近一半。大别山区、伏牛山区、太行深山区、黄河滩区"三山一滩"地区，农村贫困人口占全省贫困人口总数的七成，是脱贫攻坚的重点区域，因此集中连片特困区域的扶贫攻坚任务很重。其次，根据河南省扶贫开发协会的相关统计，截至2015年底，河南全省仍然有6000多个贫困村、430万名农村贫困人口。农村精准扶贫政策实施的状况概括如下。

1. 构建了精准扶贫政策体系

精准扶贫政策是现阶段扶贫开发的核心和重点内容。从2014年开始，全国范围内开始制定和实施精准扶贫的政策。而2016年，是河南实施精准扶贫政策的关键之年，各级政府对于精准扶贫高度重视，制定和实施了一系列精准扶贫政策。这些政策以5个办法和5个方案为主要内容，对精准扶贫的各项工作进行了周密部署和安排，为全省的精准扶贫工作做出了指导，并为精准扶贫工作提供了依据。这些政策回答了精准扶贫中的问题，比如，对于"扶持谁""谁来扶"以及如何退出贫困等问题都做了详细的回答。

2. 初步实施了精准扶贫政策

河南制定精准扶贫政策以后，全省各地开始实施这一政策，而目前处于政策实施的初步阶段。扶贫政策要回答两个关键的问题，一个是对谁扶贫的问题，再一个是怎样进行扶贫的问题，因此这也是精准扶贫必须解答的问题。对于精准扶贫政策的实施状况就从这两个方面加以分析。

首先，精准识别扶贫对象。精准扶贫政策实施的基础是扶贫对象的精准识别。由于全省没有建立统一的扶贫信息系统，对于具体贫困人口的帮扶工作存在许多盲点，一些真正的贫困人口没有得到帮扶。实施精准扶贫政策，是采取"建档立卡"的形式进行的，就是由村干部对本村农村家庭的基本情况逐户进行调查和登记，将符合贫困标准的贫困家庭基本信息录入贫困信息系统。全省各地这一工作已基本完成。

其次，精准扶贫的内容与方法。对于怎样进行扶贫的问题，精准扶贫要在精准识别的基础上，因贫施策，靶向治疗，帮助贫困人口精准脱贫。

精准扶贫的对象是贫困区域以及贫困个体。精准扶贫是要通过为贫困对象提供资金救助或者项目扶持的方式对贫困人口进行帮扶，就是说，帮扶的方式是直接给予贫困对象资金救助，或者间接给予贫困对象项目扶持。两种方式有着不同的效果，资金救助相对简单但只能解决较短时间的贫困问题，项目扶持相对复杂但可以解决较长时间的贫困问题。

农村贫困人口难以脱贫的原因很大程度上源于资金的缺乏或者没有合适的项目或者产业等，精准扶贫必须抓住这些关键环节。首先，要保障扶贫资金的落实，并确保扶贫资金发挥最大的效益。河南2016年在全省53个贫困县开展了统筹整合财政涉农资金的工作。对于扶贫资金的使用，坚持"资金跟着项目走、项目跟着规划走、规划跟着脱贫目标走、目标跟着脱贫对象走"的原则,确保扶贫资金更好地发挥效用。其次,以项目或产业的形式带动贫困人口脱贫。河南各地在实施精准扶贫政策的过程中,大多采取以项目或者产业的形式带动贫困人口脱贫。项目或者产业扶贫是精准扶贫的治本之策。比如,依托扶贫增收项目、小额贷款贴息项目、互助基金项目、扶贫基地建设项目等,实行企业龙头带动、农业合作社带动、劳务扶贫、家庭农场带动以及贫困户自主创业等措施,建立产业基地,采取"公司+基地+贫困户"的形式,引导企业积极与贫困户建立利益纽带关系,实现企业与贫困户的双赢。

另外,2016年河南不断强化行业扶贫措施,发挥行业部门职能,大力实施村级道路畅通、饮水安全、教育扶贫、文化建设、特色产业增收等扶贫开发10项重点工作。据统计,仅2015年投向全省53个贫困县的行业部门资金就有600多亿元,2016年增加得更多。

3. 实施精准扶贫政策的过程管理

实施精准扶贫政策是一个较长的过程,政策实施的效果也不会即刻表现出来,为了确保精准扶贫政策目标的实现,有必要加强过程管理,了解政策实施的进度,及时反馈情况并进行实施方案的调整。公开资料表明,河南郑州、周口、南阳、信阳、开封等各地都完成了对精准扶贫资金、项目的审计,对精准扶贫政策的执行情况进行了评估,对精准扶贫政策的实施情况进行了总结。通过对扶贫资金、项目的审计,不仅可以发挥监督作用,而且还有助于促进精准扶贫政策的按计划实施。

(二)城市精准扶贫政策实施的状况

河南贫困虽然以农村贫困为主体,但是也存在城市贫困,即城市低保人员。截至2016年6月,全省共有城市低保对象99.9万人。城市贫困也是扶贫工作不可忽视的方面,对他们的扶贫同等重要。

首先,目前缺乏专门针对城市贫困制定和实施的精准扶贫政策。相对于农村贫困说来,城市贫困及其精准扶贫并没有受到足够的重视。由于贫困主

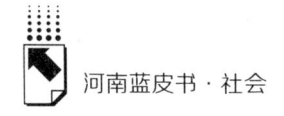

要集中在农村地区，农村贫困的规模和程度都远高于城市贫困，因此精准扶贫政策主要是针对农村贫困而制定和实施的，缺少针对城市贫困的精准扶贫政策。

其次，目前针对城市贫困的扶贫政策是以城市最低生活保障政策为主的救助政策。城市最低生活保障政策简称城市低保政策，这是城市贫困最主要的扶贫政策。城市低保政策是对于收入低于城市最低生活保障线的人员给予生活救助，发放保障金，满足城市贫困人口的基本生活需求。除了城市低保救助以外，对于城市贫困人口，还有教育救助、医疗救助等各类救助，它们共同构成了城市贫困的扶贫政策。

由于以城市低保为主的救助政策已经实施了很长时间，民政部门在实施这些政策的过程中有着严格的标准与程序，并接受社会监督，因此这些扶贫政策对于城市贫困人口的脱贫效果显著，有助于解决城市贫困问题。但从现阶段来看，还没有专门针对城市贫困的精准扶贫政策。

四 河南精准扶贫政策实施中的问题

河南各地在实施精准扶贫政策的过程中，一方面，政策实施取得了非常明显的成效；另一方面，政策实施也暴露出了一些问题。具体问题表现在如下一些方面。

（一）重视农村精准扶贫而忽视城市精准扶贫

相对于城市来说，农村的贫困人口规模更大，贫困程度更深。由于农村是贫困人口的主要居住地，因此，扶贫的重点一直在农村，实施精准扶贫政策也不例外。从政策制定的初衷来看，精准扶贫主要是为了解决农村贫困问题，所以农村贫困是精准扶贫政策实施的重点区域。

但是，精准扶贫政策忽视了城市贫困，缺少针对城市贫困人口的精准扶贫政策。河南城市贫困出现的时间较短，贫困的规模和程度都不及农村，但是城市贫困依然存在，并且出现了贫困代际传递的趋势，而现有的以城市低保为主的救助政策并没有解决重度城市贫困人口的脱贫问题，因此在全面建设小康社会的大背景下，需要制定和实施解决城市贫困问题的精准扶贫政策。

（二）政府积极主动而扶贫对象消极被动

精准扶贫政策是由政府推动实施的，政府的积极性比较高，实施这一政策的主动性比较强，但是作为被扶持对象的贫困人口反而积极性比较低，处于消极被动状态。

扶贫对象缺乏主动性，其表现在以下几个方面：一是扶贫对象对新的扶贫方式认识不足。实施精准扶贫政策以后，可能由于政策的宣传与解释不到位，一部分贫困人口仍然没有意识到政府扶贫方式的转变，而习惯于旧的扶贫政策方式，安于等、靠、要的被动模式，使得精准扶贫在实施中打了折扣，没有充分体现出它的先进性。二是扶贫对象的参与度不高。即使他们意识到了政府扶贫方式发生了转变，也会因为自身能力不足而不愿参与，或者由于一些客观原因不能参与扶贫对象的识别与扶贫过程的行动。有些家庭故意填写不实信息，通过低报收入而在参与识别中造假，有些家庭因为成员外出务工而无法参与识别，有些家庭因为不信任村干部而被动参与识别，这些情况都表明扶贫对象的精准识别可能出现不准确、不真实的情况。另外，由于很多青壮年劳动力外出打工，客观上也造成了不能主动参与到精准扶贫政策的实施中来。精准扶贫政策实施过程中扶贫对象参与不足直接影响了扶贫效果。

贫困人口难以依靠自身力量脱贫，他们往往需要外部力量的扶持，政府通过扶贫政策的实施可以有效帮助贫困人口脱贫。但是政府的扶持不能离开扶贫对象的积极参与，而且政府过多介入也会损害扶贫对象个体自我选择的权利。

（三）以个体为对象的精准扶贫效率偏低

精准扶贫是针对扶贫对象采取有针对性的扶贫政策，可以说是政府为贫

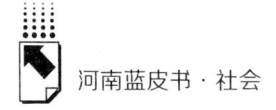

困人口提供个性化的定制扶贫措施,由于政府需要提供一对一的对接式服务,甚至一人一策,因而实现这种针对性措施的效率就会偏低。

个性化的效率必然低于规模化的效率。而个性化效率较低的原因在于:一方面精准扶贫源于政府的推动,需要依靠大量的政府工作人员,而政府工作人员短期内难以准确了解贫困个体的个性化需要,要真正做好扶贫工作需要花费大量的时间和精力。另一方面项目或产业选择困难。精准扶贫需要为贫困人口每一个人提供适合个人的项目或产业以使其有收入的来源,而项目或产业的选择非常困难,要么没有合适的项目或产业,要么有了项目或产业但扶贫的效果也可能是短期的而非长期的。[1] 精准扶贫的相对低效,增加了精准扶贫政策实施的成本。

(四)精准扶贫政策的内容落实困难

精准扶贫政策的内容非常精细和完善,但是在政策实施中有些内容难以落到实处。全省多地的扶贫实践表明,很多关于精准扶贫的政策还停留在文件上,没能产生实效。比如,在扶贫对象的认定与识别上,有着严格的程序和标准,但是实施过程表明,扶贫对象的选择会出现偏差,精准扶贫政策实施中仍然可能出现不能精准识别扶贫对象的问题。有的是基于关系的亲近取向进行选择,有的是基于脱贫困难程度的考核偏向进行选择,有的基于人情的交换规则进行选择等,实施精准扶贫政策并没有完全避免扶贫对象选择的偏差。而在精准扶贫的措施上,很多政府人员还是以类型化的方法实施精准扶贫政策,并没有做到个性化的帮扶。再比如,精准扶贫政策文件规定要"定点、定人、定时、定责任、包脱贫",这种规定过于理想化,很难实现,如果要完成这一任务,可能需要大量的人力物力,花费巨大的成本。甚至即使满足了成本要求也不一定能达到这一目标。因为扶贫是帮助扶贫对象脱贫,因此脱贫最重要的因素在于贫困人口自身。

---

[1] 刘辉武:《精准扶贫实施中的问题、经验与策略选择》,《农村经济》2016年第5期。

五 解决精准扶贫政策实施问题的对策建议

实施精准扶贫政策既是解决当前贫困问题的内在要求,又是扶贫政策发展阶段的现实选择,为了更好地实施精准扶贫政策,解决政策实施中存在的问题,增强政策实施的效果,提出如下的对策建议。

(一)制定和实施城市精准扶贫的政策

城市贫困与农村贫困具有不同的特点,主要区别在于城市贫困都是个体性贫困,不像农村贫困一样有集中连片特困的区域性贫困。与这一特点相对应的是,现有城市贫困的扶贫主要是针对贫困个体的资金救助,通过为贫困人口提供各类资金帮扶,比如提供低保金、教育救助金以及医疗救助金等,解决他们的生活困难,而没有农村贫困的精准扶贫政策中的项目或产业扶持。

可以借鉴农村精准扶贫的方式,制定和实施城市精准扶贫的政策。精准扶贫就是要做到扶贫对象、扶贫目标、扶贫内容、扶贫方法、扶贫考评以及扶贫保障六个方面的精准,将这些要求贯穿到城市精准扶贫的政策制定中。可以借鉴农村扶贫中项目或产业扶持的方法,为城市贫困人口的长期脱贫提供帮扶。扶贫方法除了资金救助以外,应该增加就业援助的方法,通过促进城市贫困人口的就业,达到长期脱贫的目的。

(二)促进精准扶贫对象的广泛参与

政府在精准扶贫政策的实施中起主导作用,能够充分调动各种扶贫资源帮助贫困人口脱贫,具有较强的主动性。但是如果扶贫对象相对消极被动,积极性没有得到充分发挥,主动参与意识不强,也会影响到精准扶贫实施的效果。

精准扶贫政策是一项新的扶贫政策,新政策的实施是一个过程。要有效地实施这一政策就必须进行广泛的宣传与动员,尤其在需要扶贫对象深度参与的条件下,更需要让扶贫对象充分了解这一政策的内容,促进他们的广泛参与。

实施精准扶贫必须要激发扶贫对象参与扶贫过程的积极性,促使他们变被动为主动。这需要进一步理顺政府、社会以及扶贫对象三者的关系，发挥各自的功能。扶贫不能完全由政府包办代替，否则很难实现精准扶贫的目的。如果政府参与过多、承担责任太大，贫困人口完全依赖政府，就不能保证扶贫的成果，实现长期脱贫的目的。

城市精准扶贫的关键在于构建贫困人口自我脱贫的机制，① 为具有劳动能力的贫困人口创造脱贫的机会，而不是通过直接的资金救助由政府包办达到脱贫的目的。构建贫困人口自我脱贫的机制，主要包括政府增加集中连片特困区域的公共服务，改善交通条件，加强农田水利设施建设、农业技术推广、提供技能培训，加大住房、卫生、教育、社保、网络等方面资金投入力度，提供门槛较低的扶贫项目以及给贫困人口提供就业机会等。精准扶贫政策的目的在于促进贫困人口的自我发展，从而实现自我脱贫。要实现这样的目的，更加需要扶贫对象的深度参与。

从政府的扶贫到贫困人口的自我脱贫是一个飞跃。扶贫可以依靠政府，而自我脱贫则必须依靠自己；短期的脱贫可以依靠政府，而长期的脱贫必须依靠自己。真正的脱贫需要贫困人口自身的努力，贫困人口自身的广泛参与才是最重要的。

（三）提高精准扶贫政策实施的效率

精准扶贫就是要将扶贫对象精确对准贫困人口，通过个性化帮扶的方式让他们真正摆脱贫困。扶贫对象要瞄准贫困人口，财政专项扶贫资金务必重点用在贫困人口身上，不能用扶贫资金进行高标准的新农村建设，搞形象工程。贫困区域的发展，主要应使用财政综合扶贫资金和其他资金。同时扶贫要有效果，真正进行扶贫，达到扶贫对象脱贫的目的。由于个性化帮扶方式的成本较高，因而降低了精准扶贫政策实施的效率。

针对精准扶贫政策实施效率偏低的问题，可以通过转变政府职能、改革

---

① 杨园园、刘彦随、张紫雯：《基于典型调查的精准扶贫政策创新及建议》，《中国科学院院刊》2016年第3期。

社会管理体制、降低行政成本加以解决。

精准扶贫实施过程中需要大量政府工作人员负责扶贫工作，这一方面加重了政府工作人员的负担，另一方面由于政府工作人员都有本职工作，因此他们也不能专心扶贫。为解决这个两难问题，一方面可以通过引入专职扶贫人员的方式加以解决，另一方面可以通过引入社工机构和专业社工的方式加以解决。将社工机构引入到农村，通过政府购买社会服务的方式让社工完成政府工作人员的部分扶贫任务。具有专业知识和技能的社工作为第三方处于相对独立的地位，可以有效发挥精准识别、资源链接、人际协调、贫困帮扶等方面的作用，完成政府人员的部分工作任务，从而降低政府的行政成本，促进精准扶贫效率的提高。

（四）强化城乡精准扶贫政策的落实

目前精准扶贫政策实施中的问题有很多是由于这一政策没有真正得到落实而造成的。制定精准扶贫政策的目的是要克服以往扶贫过程中目标不清、对象不准、方法不当等问题，但是在政策实施过程中由于没有完全落实这一政策往往导致政策效果有限，因此必须严格实施精准扶贫政策。

严格实施精准扶贫政策必须做到，一是要认真学习并深刻领会精准扶贫政策的内容，只有熟悉政策内容才能依照政策执行；二是强化精准扶贫政策实施过程中的管理与监督，明确责任，分工合作，及时解决实施过程中出现的问题，通过过程管理实现政策目标；三是运用奖罚手段促进精准扶贫政策的实施。

参考文献

胡正天：《湖北省插花贫困区精准扶贫研究》，湖北省社会科学院硕士学位论文，2016。
吕巍：《以精准扶贫实现精准脱贫》，《人民政协报》2015年7月27日。
王琦、王平达：《科学把握精准扶贫的三个阶段》，《光明日报》2016年6月15日。

B.14
河南黄河滩区居民迁建试点案例研究

河南省人民政府发展研究中心社会处课题组*

摘　要： 黄河滩区是河南"三山一滩"扶贫攻坚的重点区域，目前实施的滩区居民迁建工程是新时期解决黄河长治久安、滩区群众脱贫致富的治本之策。作为一项惠及百万民众的社会工程，滩区居民迁建具有典型的社会性、系统性和复杂性，是实现全面小康战略目标、顺应群众期盼、遵循客观规律、有力推动社会进步的实践过程。本文通过对黄河滩区居民迁建典型模式的分析研究，总结出居民迁建顺利实施的有效经验，并对以后滩区居民迁建工作提出具体建议。

关键词： 黄河滩区　精准脱贫　居民迁建

　　黄河滩区是河南"三山一滩"扶贫攻坚的重点区域，滩区居民迁建工程是新时期解决黄河长治久安、滩区群众脱贫致富的治本之策，是实现全面小康战略目标、顺应群众期盼、遵循客观规律、有力推动社会进步的实践过程。通过调研发现，黄河滩区居民迁建工程试点取得阶段性成效，得益于政府脱贫目标与群众自主改变命运的愿望之间的高度契合，得益于基层政府组织因地制宜、扎实有效开展工作，得益于全社会各方面有效配合、协同推进，得益于实施过程中遵循黄河滩区水文和防汛规

---

* 课题组负责人：李政新，副巡视员、研究员；课题组成员：白玉、袁展、王博；执笔：白玉，副处长。

律，按规律办事。诸多经验做法值得在后续开展大规模迁建工作中加以借鉴和深化。

一 河南黄河滩区居民迁建试点选择

黄河滩区主要是指黄河主河槽与防汛大堤之间的区域，既是黄河行洪、滞洪、沉沙的重要区域，也是百万群众赖以生存的场所。河南黄河滩区自洛阳孟津县白鹤镇至濮阳市台前县张庄，河道长464公里，滩区面积2116平方公里，滩内居住人口125.4万人，涉及洛阳、焦作、郑州、开封、新乡和濮阳6个省辖市14个县（区）和巩义、兰考、长垣3个省直管县的59个乡（镇）、1172个村，其中包括4个国家级贫困县、2个省级贫困县、414个贫困村，是河南省最为集中连片的贫困地区之一。历史上，黄河下游多次决口、几易河道，新中国成立以后也发生过较大的洪灾，给滩区人民群众生命财产安全带来严重威胁。国家和地方政府高度重视，实施了多次不同程度和规模的灾后重建和迁安工程，但由于各种原因，均未能从根本上解决黄河滩区群众的安居发展问题。随着经济社会的发展和人类活动强度不断提高、范围不断扩大，黄河防洪与滩区发展间的矛盾日益突出。

作为新时期决战决胜扶贫攻坚的重要举措之一，2014年底，河南省正式启动了黄河史上规模最大的一次滩区居民迁建工程，省委、省政府出台了《河南省黄河滩区居民迁建总体方案》及相关配套措施，黄河滩区居民迁建面临良好的外部环境和政策机遇。由于河南省黄河滩区面积广、人口多，区域不同、群众贫困程度不同、意愿诉求不同，短期内全面推进滩区居民迁建难以实现。本着科学有序、积极稳妥的原则，黄河滩区居民迁建开展了先行试点工作，为后续大规模迁建提供经验借鉴。试点选择主要依据是：受洪水威胁较大的低滩区和高滩区中的"落河村""近堤村"；群众自愿外迁意愿较高，比例超过90%；地域相连适于整体外迁安置；贫困程度较深，特别是国家级、省级贫困县的乡村。目前，已先后开展两批迁建试点工作，第一

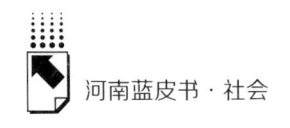

批试点安置区全部建成，率先入住的群众已在新居开始正常的生产生活，土地流转和原住房拆旧工作也在同步推进。

二 河南黄河滩区居民迁建试点案例分析

在黄河滩区居民迁建第一批和第二批试点开展过程中，各地积极探索，务实推进，形成了各具特色的迁建模式。

（一）和谐迁建的封丘李庄模式

1. 概况及迁建特点

李庄镇位于封丘县东南部35公里处，与兰考县隔河相望，境内尚存黄河1860年铜瓦厢决口遗址，是典型的黄河高滩区骑堤镇，受洪水威胁较大，其中贯台村离河道距离只有100米。镇域面积82平方公里，其中滩地面积6.8万亩，占全镇总面积的一半以上。第一批试点涉及所辖滩内5个村庄2053户、7634人，是该批试点中涉及户数和人口最多的镇。2015年年底，张庄、姚庄、薛郭庄、南曹等4个村679户群众在全省率先实现了迁入新居，在迁建中无因征地、拆迁、房屋质量等原因赴县以上部门的信访事件发生。封丘县李庄镇计划通过后续第二批和第三批试点，将整个乡（镇）约3.6万名滩区人口全部外迁。

2. 主要做法及经验

李庄镇迁建工作涉及的滩区群众多、情况复杂，安置方式采取就近集中安置。倾听群众意愿、畅通联系群众渠道、有效组织群众参与和创新社区管理是李庄镇顺利推进试点工作的坚实基础。政府和迁建办在群众工作、社区管理等方面，进行了积极探索。

（1）深入开展迁建惠民政策宣传。采用五大宣传方式，即悬挂标语，设立电子显示屏，召开广播会，印发宣传手册，包户人员和群众"一对一、面对面"的宣传，充分调动群众积极性，依靠群众开展工作。试点村群众自愿外迁的比例达到99%以上，迁建工作具备良好的群众基础。

（2）创建联户代表制度。在迁建试点工作推进过程中，坚持"突出群众主体地位"的总原则，充分发挥党组织的领导组织作用和群众的主体作用，成立群众迁建理事会，创建联户代表制度，即逐户选出户代表，由户代表署名推举"十联户"代表，"十联户"代表选出"百联户"代表和迁建理事会。同时，党支部下设若干党小组，党小组建在"百联户"上，党员联系人分包"十联户"，形成了党支部密切联系群众的组织架构。同时，充分发挥"十联户""百联户"代表的先进性和代表性，成功调解迁建过程中群众反映的人口认定、房屋面积丈量及类别认定等问题。

（3）充分尊重群众的知情权、参与权和监督权。让群众全程参与迁建的各个环节，李庄镇迁建安置区从规划选址到户型选择，从电梯配备、室内门窗、五金、洁具等材料的选购，到人口认定、旧房类别划分等事宜，均由迁建理事会和群众代表表决。特别是针对迁建工作的重点——工程质量，严格按照"政府监督、中介监理、企业自律、群众参与"四位一体的模式进行监管。专门成立迁建群众质量监督站，由群众迁建理事会全程参与监督。

（4）加强搬迁后社区管理。居民搬迁后，原有自然村、行政村的地域概念被打破，变成了社区居民。与之相适应的，包括行政管理方式、社会治理机制、公共服务模式在内的整个治理体系都需要改变，治理能力也需要提高。为此，李庄镇选派两个试点村的村支书、迁建理事会会长及有社区工作意向人员赴济源、焦作等地学习先进的服务模式和社区管理经验。通过选出楼长、单元长，成立民调会、治保会、巡逻队，选派13名干部分包楼栋，提升安置新区的管理水平，为群众搬迁后形成和谐、稳定的良好社会结构奠定了基础。

随着后续迁建工作的有效推进，李庄新区将形成封丘县东南部的一个副中心城镇，实现人口就近城镇化，城镇与产业同步发展，就业帮扶、社会保障和爱心救助互为补充，努力实现迁建群众生产生活迈上新台阶。

（二）精准脱贫的兰考模式

1. 概况及迁建特点

兰考县地处黄河故道，历史上黄河屡次泛滥，风沙、盐碱、内涝"三害"使百姓穷困不堪，经济社会发展水平整体偏低。境内黄河滩区沿黄河呈带状分布，总面积14.02万亩。目前，第一批试点谷营乡姚寨村586户、2100人基本迁入新居，第二批试点也已全面启动，涉及低滩区剩余的谷营乡岳寨、李门庄、马寨、文集和东坝头乡东坝头村5个行政村1516户、5349人。通过这两批试点工作，兰考县将实现低滩区人口全部外迁，群众可以彻底摆脱黄河洪水威胁，进入脱贫致富的快车道。

2. 主要做法及经验

围绕2016年在全省率先实现脱贫的目标，兰考县把黄河滩区居民迁建作为精准脱贫的一项重要内容，科学规划，统筹兼顾，通过全局性的精准识别、精准帮扶、精准管理和精准考核，引导各类扶贫资源优化配置，加快滩区群众外迁脱贫致富。

（1）精准识别。坚持出于公心、秉承爱心、工作细心，逐家调研、逐户核对，定期对建档立卡贫困村、贫困户和贫困人口进行动态核查，把非贫困户识别出去，把真正的贫困户识别进来，做到应扶尽扶。积极发挥驻村工作队和村第一书记的作用。

（2）精准帮扶。坚持因人因地施策、因致贫原因施策、因贫困类型施策。结合兰考黄河滩区实际，探索多渠道、多元化精准扶贫路径，依托该县森源集团农光互补发电项目，鼓励引导群众进行土地流转，并就近转化为产业工人；依托附近三个乡（镇）即爪营、谷营、固阳的产业园区灵活安排就业；依托迁建安置新区人口集中的优势，大力发展商贸服务业，增加群众收入，从根本上解决迁出群众的生计问题，确保搬迁群众搬得出、稳得住、能发展、可致富。

（3）精准管理。严格按照省政府明确的贫困户、贫困村退出程序，采取多种方式宣教和算账，对所有已脱贫户严格履行退出程序。同时，县财政加大在义务教育、基本医疗、住房安全、交通保障、饮水安全、电力保障、文化建设、卫生医疗等基本公共服务方面的投入力度，补齐短板，确保达标，实现贫困村有效有序退出。

四是精准考核。参照焦裕禄同志当年树立"四面红旗"的做法，在全县开展了以争创"脱贫攻坚红旗村""基层党建红旗村""产业发展红旗村""美丽村庄红旗村"为主要内容的重树"四面红旗",全面加强基层组织建设活动。同时,建立大督查工作机制,整合部门资源,县委、县政府联合成立督查局,有力推动了扶贫攻坚各项工作的落实。

兰考黄河滩区居民迁建试点在全县脱贫攻坚的大格局下,积极稳步推进。全局性、整体性的精准脱贫思路、做法和经验,为促进滩区发展、有效改善滩区群众生产生活条件提供了有力支撑,让滩区群众更多地享受到经济社会发展成果。

(三)因地制宜的濮范台模式

1. 概况及迁建特点

濮阳市所辖的濮阳县、范县和台前县,是全省集中连片扶贫开发重点地区,被《国务院关于支持河南省加快建设中原经济区的指导意见》列为濮范台扶贫开发综合试验区。其中,黄河滩区面积443平方公里,涉及三县21个乡(镇)、566个自然村、44万人、46.7万亩耕地,是河南省滩区贫困面积最大、贫困人口最多、贫困程度最深的地区。其中,范县作为第一批试点先行开展黄河滩区居民迁建工作,涉及张庄乡、陈庄镇两个乡(镇)8个行政村、2037户、6984人。台前县孙口镇王黑村、吴坝镇东桥村和濮阳县也已启动第二批迁建试点工作。

2. 主要做法及经验

濮范台均处黄河低滩区,漫滩概率较高,受洪水威胁较大,然而经济社会发展水平、自然地理条件和资源禀赋略有差异。在濮阳市前期实施《濮阳市建设濮范台扶贫开发综合试验区总体方案》的基础上,三县因地制宜开展黄河滩区居民迁建试点工作。

(1)范县形成合力办迁建。坚持把滩区居民迁建作为统揽全局的重中之重,探索出"领导聚力、宣传增力、规范集力、机制发力"的工作思路,确保滩区居民迁建试点工作扎实推进。具体做法是:强化领导聚合力,把滩区迁建试点列为全县"一号工程",成立了以县长任组长的黄河滩区居民迁

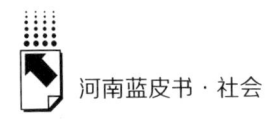

建试点工作领导小组；突出宣传增动力，采取入户走访、发放明白卡、出动宣传车等多种形式，积极宣传省委、省政府对滩区群众的关心和迁建政策；规范运作集民力，规范补偿程序，坚持一把尺子量到底，既定政策用到底，及时足额兑现补偿资金到群众账户，做到"签一户、补一户、清一户"；完善机制发强力，坚持"日碰头、周调度"制度，克服地质条件差、地下水位高、施工难度大等诸多困难，集中人力物力，细化责任，科学施工，台账推进，保障工程进度。

（2）台前县转移就业促迁建。台前县地理环境特殊，经常遭受水患灾害，经济基础薄弱，交通不便，相对贫困问题严重，扶贫工作是其常抓不懈的重点工作。结合本地实际，台前县把建立就业基地作为精准扶贫的重要抓手，优先在贫困村，尤其是学校、养老院附近建设就业基地，方便贫困户就近就业和兼顾家务。扶贫就业基地拓宽了群众就业增收渠道，也给滩区居民外迁脱贫提供帮助。被列为第二批试点的台前县吴坝镇东桥村有90%以上住户选择自主分散安置，309户已签订《自主安置协议书》。该村依托新农村社区和周边配套的扶贫就业基地，采取分散安置，为纯滩区、跨行政区划征地难的村庄，探索出一条行之有效的迁建路径。

（3）濮阳县补齐短板抓迁建。黄河滩区是濮阳县经济社会发展的短板。早在2013年底，濮阳县就实施了黄河滩区扶贫开发五年攻坚行动，当前实施的黄河滩区居民迁建工程又为其带来新的发展机遇。濮阳县作为第二批试点共规划县城、习城、徐镇3个安置区，其中县城安置新区北侧紧邻龙文化广场，西侧是濮阳县人民医院新址，南侧为新建的濮阳县客运站，距濮阳县第一实验小学1.5公里，整个区域的医疗、交通、教育和休闲等条件都十分优越，中心城镇带动滩区发展的态势初步显现。

三 若干启示

河南黄河滩区居民迁建既是一项大型的工程项目，也是协调区域经济社会关系的有组织、成规模的实践活动。国内外对类似国家主导的社会工程进行了许多研究，认为是否注重人类社会的不确定性、复杂性和多样性，因地制宜地进行社会工程的制度设计和目标管理，顺应群众意愿，尊重其地方习惯和实践知识是社会工程成败的关键。根据上述分析框架，黄河滩区居民迁建试点工作取得初步成效，主要有以下若干启示。

（一）滩区群众自愿外迁是顺利推进迁建工作的内在动因

黄河滩区是黄河安澜功能的重要组成部分，担负着保障黄河下游冀、鲁、豫、苏、皖5省1亿多人口生命财产安全的重任。因此，为了防洪安全，法律法规对滩区建设做出许多禁止性规定，导致滩区投入长期不足，基础设施缺乏，公共服务设施薄弱，群众生产生活条件恶劣，可持续发展能力不足。然而，随着黄河水利工程的建设和上游生态环境的改善，特别是黄河小浪底工程的建成，黄河安全防汛形势相对稳定，黄河防洪与滩区发展间的矛盾日益突出。滩区群众已从以前确保生命安全、解决温饱的基本需求向子女教育、结婚买房以及与全省人民同步小康的更高层次转变，向滩外搬迁的积极性、主动性更强。迁建试点要选择群众基础好、自愿外迁比例高的村庄，顺应群众期盼，充分发挥群众迁建、脱贫的内生动力。

（二）基层政府有效组织是顺利推进迁建工作的重要保障

基层政府组织是贯彻落实上级政策的具体执行者，是密切联系、发动、依靠群众的中坚力量。为实现迁建试点工作的科学化和规范化，试点县政府结合本地实际，加强基层组织建设，探索弹性工作机制和因势利导的工作方式，研究制定了《黄河滩区居民迁建人口认定方案》《黄河滩区居民迁建试点推进方案》《黄河滩区居民迁建试点搬迁拆旧方案》等，有力地推动了各项迁建工作的顺利开展。

（三）创新脱贫攻坚模式是顺利推进迁建工作的主要抓手

围绕2020年全面脱贫的刚性目标，黄河滩区居民迁建工程的扶贫内涵由过去单纯解决温饱向促进全面发展转变，扶贫范围由原先点状分布向

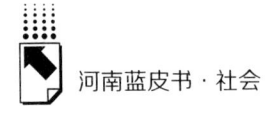

集中连片转变，扶贫方式由传统"大水漫灌"向"精准滴灌"转变。具体在安置区土地占用补偿、安置区建设、社区管理、土地复耕、转移就业等诸多环节进行探索创新，初步形成以搬迁促安居、促发展的扶贫开发全新局面。

（四）深化认识滩区迁建规律是后续迁建工作的重要依据

黄河泥沙含量高居世界首位，具有滩区面积大、水文不稳定等特殊情况。已经开展的迁建实践证明，深入认识和把握水文规律，因地制宜、科学规划、循序渐进，是滩区居民迁建成败的关键；倾听群众呼声、尊重群众意愿，实现迁建促脱贫的系统性和可持续性，是滩区迁建成功的保证，值得后续迁建工作继续遵循。

四 政策建议

（一）区分轻重缓急有序推进迁建工作

在黄河滩区居民迁建过程中，要突出重点，区分轻重缓急。一是对于受洪水威胁较大、群众搬迁意愿强烈的村庄，要重点安排人力、物力、财力，有序搬迁，形成示范效应，带动其他滩区群众逐步外迁。二是利用先进技术，如遥感影像，结合实地调查，计算生成不同流量级大洪水在滩区的可能淹没范围，确定哪些迫切需要搬迁，哪些暂时不用搬迁，哪些不用搬迁等，区分轻重缓急，适时推进河南黄河滩区整体村庄外迁的专家评估工作。

（二）充分调动滩区居民积极性

在迁建过程中，要充分调动滩区居民积极性、主动性。一是要调动滩区群众外迁的积极性。各级政府要加大宣传力度，向群众宣传迁建惠民政策，描绘迁建后的美好愿景，特别是组织滩区群众参观考察第一批试点，让群众切身感受到试点区域取得的良好效果。二是要调动滩区群众参与迁建过程的积极性。尊重群众意愿，听取群众意见，让群众全程参与，全程监督，尤其要把广泛组织群众参与、激发内生发展动力摆到黄河滩区居民迁建工作的重要位置。

（三）因地制宜科学规划安置方式

在现有试点的基础上，综合考虑不同地区的自然情况和群众意愿，进一步扩大试点范围，探索符合本地特点、切实可行的迁建模式。一是延续就近滩外安置的模式。对有一定产业基础的滩区，在方便调整土地的前提下，可以围绕滩外建制镇或产业集聚区就近安置，推进搬迁居民集中安置后的非农就业转换。二是鼓励中心城镇带动安置的模式。对于条件合适的地区，应直接采取加快城镇带动的方式安置移民，有意识地将滩区居民直接安置到中心城市、城市群或县城、重点镇的范围，积极鼓励、引导其在较短时间内转化为市民。三是探索滩区高台安置模式。对于整村整乡都在滩内，仍然以传统农业生产为主的滩区，建议利用世行贷款或政策性资金，选择不影响行洪的适当地块，通过淤灌排水的办法筑造连体高台，在规避漫滩影响的同时保证滩区群众生产生活的连贯稳定。

（四）积极推进外迁劳动力转移就业

大力发展生产，增加外迁居民经济收入，是确保黄河滩区居民"搬得出、稳得住、可发展、能致富"的关键。一是加快土地流转，进行适度规模化经营，提高土地集约化、规模化经营水平和生产效率，释放更多劳动力从事第二和第三产业。二是大力发展产业，包括引进一些环保的劳动密集型产业，就地就近转移一批劳动力。三是加大市场信息、技术信息、政策信息宣传及科技培训的力度，有效扩大滩区居民就业和增收渠道，提高市场竞争能力，确保搬迁后尽快建立稳定的经济来源，安居乐业。四是提供更多公益岗位，安置年龄偏大就业困难的外迁劳动力，多措并举，努力实现外迁劳动力能够稳定就业，真正实现安居乐业。

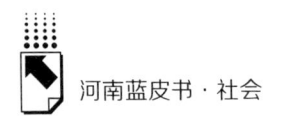

（五）强化协调形成合力

社会各方面要协调配合，提供政策、智力、财力等支持，形成强大合力。一是各部门要进一步加大资金整合力度，为安置区基础设施建设提供资金保障，重点是整合基础设施资金，畅通筹措各项资金的渠道，明确适用范围。二是处理好政府和市场之间的关系。在滩区迁建过程中，要发挥政府的主导作用，积极做好迁建的规划和实施，同时要引入市场机制，充分利用扶贫资源，形成开发合力，推动扶贫资源配置，实现效益最大化和效率最优化。三加强黄河流域自然人文情况的科学研究。建议把黄河滩区移民问题列为省科技重大攻关项目，为迁建工作提供科学依据和决策参考。四是建立各方沟通、协调、反馈机制，及时总结经验加以推广，发现问题，研究解决，互相协作形成合力。

参考文献

王振巍：《坚决打好黄河滩区扶贫搬迁攻坚战》，《濮阳日报》2016年3月31日。
李铮：《黄河滩区扶贫攻坚的"濮阳探索"》，《河南日报》2014年2月21日。
朱殿勇：《全面提升扶贫开发工作水平　加快推进滩区居民安置区建设》，《河南日报》2015年9月17日。
吴朋飞：《黄河流域滩区移民迁安模式及对河南黄河滩区扶贫搬迁的启示》，《三门峡职业技术学院学报》2015年第1期。

社会治理与体制创新

Report on Social Governance and System Innovation

B.15
河南建立政府投资和重大项目带动就业评估机制问题研究报告

李红见 赵露洁*

摘 要： 河南作为全国人口大省、人力资源大省，就业总量压力长期存在，就业结构性矛盾日益突出，原有就业支持政策效果不断弱化，就业挖潜难度加大，严峻的就业形势将长期持续。推进政府投资和重大项目建设，成为当前推动河南经济发展、缓解就业压力的重要手段。尤其是随着河南系列国家战略的获批实施并不断深入，预期河南引入实施政府投资和重大项目将会明显增多。对此，本研究从河南就业实际需要出发，研究探索建立政府投资和重大项目带动就业评估机制，建议通过实施就业评估，强化就业导向，发挥政府投资和重大项

---

* 李红见，河南省劳动科学研究所，高级经济师；赵露洁，许昌职业技术学院，讲师。

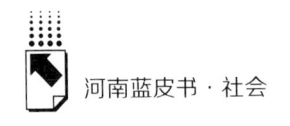

目就业带动效应。

关键词： 河南　政府投资　就业评估

加快推进政府投资和重大项目建设，成为当前推动河南经济持续健康发展、缓解社会就业压力的重要手段。鉴于政府投资和重大项目具有"投资规模大、建设周期长、后续影响深远"的特性，在规划实施时，应该充分论证评估其经济社会效应。从就业角度而言，应该尽快研究建立政府投资和重大项目带动就业评估机制，通过就业评估，优先支持带动就业效果明显、就业质量高的项目落地实施，以此强化产业政策和投资项目的就业导向。

一　当前河南开展政府投资和重大项目就业评估的重要意义

（一）贯彻国家就业优先战略的需要

当前宏观形势下，就业优先成为国家的战略部署，推进实施政府投资和重大项目，成为贯彻这一战略部署的重要举措。党的十八届三中全会决议提出"建立经济发展和扩大就业的联动机制，健全政府促进就业责任制度"；十八届五中全会明确将"就业优先"作为十四大国家战略之一列入国家"十三五"规划；《中华人民共和国就业促进法》中第十四条进一步明确提出"县级以上人民政府在安排政府投资和确定重大建设项目时，应当发挥投资和重大建设项目带动就业的作用"；《国务院关于进一步做好新形势下就业创业工作的意见》（国发〔2015〕23号）对此也做出明确部署："建立政府投资和重大项目建设带动就业评估机制，同等条件下对创造就业岗位多、岗位质量好的项目优先安排。"

（二）满足就业工作实际需要

近些年，我国地方各级政府围绕"政府投资和重大项目带动就业评估"进行了相关的制度与实践探索。2015年，湖北省出台了《关于建立政府投资和重点建设项目带动就业联动机制的若干意见》，提出建立政府投资和重点建设项目带动就业联动机制；早在2009年，济南市就已经开始将重点建设项目纳入就业影响评估跟踪制度，考察和跟踪重点建设项目对就业的拉动作用；2010年，南京市出台了《投资项目就业评估工作意见》，明确提出要进一步发挥政府重大投资项目带动就业的作用，建立投资项目就业评估制度等。

河南作为人口大省、人力资源大省，就业总量压力长期存在，就业结构性矛盾日益突出，原有就业支持政策效果不断弱化，就业挖潜难度日益加大，严峻的就业形势仍将持续。推进实施政府投资和重大项目来拉动经济、带动就业，对河南来说更为重要。尤其是随着河南系列国家战略的获批实施，政府投资和重大项目将会明显增多并不断落地。对此，河南更需要创新就业工作思路，尽快推动建立政府投资和重大项目带动就业评估机制，扩大政府投资和重大项目的就业带动作用，实现经济增长和就业改善的良性互动。

（三）有利于推动改善就业环境

从更深层次上看，引入实施政府投资和重大项目，有利于推动地方就业宏观环境改善，为就业工作长远发展打下良好基础。一是有利于推动转变就业思路和就业理念。政府投资和重大项目的引入，对原有就业格局是一种冲击，会推动各方积极转变就业思路和就业理念。二是有利于区域人力资源整体素质的提升。此类项目的实施主体相对更为重视对职工的教育培训，可以促进职工素质的提升；关联行业企业的技术转移或技术外溢，能推动行业人力资源整体素质的提升；所在地政府为实现项目落地并顺利实施，会加大职业教育或技能培训方面的投入，有利于人力资源素质提升。此外，此类项目使得就业市场竞争加剧，推动其他用工方更加重视对职工短期培训和长期培养。三是有利于推动改善区域公共就业服务能力。所在地政府为吸引保障项目落地，具有提升公共就业服务能力动力和积极性。四是有利于推动区域人力资源就业市场健康规范化发展。实施此类项目，会明显放大区域人力资源需求和人力资源的流入速度，提升人力资源市场供需的活跃度；会推动相关法律法规及配套政策的完善；推动人力资源市场微观管理的规范化和制度化。

二 政府投资和重大项目就业效应分析

政府投资和重大项目对区域就业的影响是多方面的，既有总量效率也有结构效应，既有数量效应也有质量效应，既有创造效应也有就业损失效应，应该全面系统地分析其综合效应。这种就业综合效应是各种效应共同作用的结果。对建立就业评估机制而言，了解投资项目带动就业的作用机制非常关键。对此，本项目主要从作用机制层面，进行分析。

（一）就业创造效应

就业创造效应包括直接创造效应和间接创造效应。直接创造效应指的是因项目引入增加了新的生产能力而直接提供了就业机会；间接创造效应是指由于项目引入间接创造了就业机会。间接就业创造主要有三个途径：一是通过项目引入带动前向、后向及相关产业的发展所产生的就业机会；二是项目本身因原料和服务采购、职工生活保障等需要所产生的新就业机会；三是由政府投资和重大项目的引入产生的规模经济和外部经济效应，带动激活更多各类资本投资，对区域经济的发展和经济结构的变革产生推动作用，从而增加新的就业机会。

（二）就业挤出效应

在特定的市场环境下，投资和就业机会都是有限的，一个项目投资和就业机会的增加可能带来别的项目或就业机会的减少。相比较而言，由于政府投资和重大项目很多都是政府主导推动的，这类项目自身政策或资源优势较为明显。政府投资和重大项目如果进入市场较为成熟、竞争性较大的行业，或者是投资机会有限的行业，就会打破原有投资和就业格局，挤占原有企业的机会，导致原有企业的经营形势恶化，从而导致企业实际用工数量的下降，甚至导致社会整体就业数量的下降。

（三）就业替代效应

投资项目因自身技术或资本属性的差异，会产生相应的就业替代效应。在产出规模一定的情况下，如果投资项目技术先进和生产自动化、智能化程度高，就业替代效应就相对明显。尤其是未来随着技术不断进步，生产自动化、智能化、信息化条件日益成熟，再加上劳动力成本的不断上升，投资项目的就业替代效应将会更加突出。

（四）就业转移效应

在市场竞争环境下，政府投资和重大项目的引入，会导致人力资源流动，产生就业转移效应。这种效应包括企业行业间的转移，还包括区域间转移。对地方来说，企业行业间的转移是一种存量的变动，虽然对就业短期内有冲击，但对总量影响不大。需要引起重视的是跨区域的就业转移。一般来说，城市层级越高，在引入投资项目时越具有综合优势，容易形成资本和项目的"虹吸效应"，从而带来就业的区域间转移。投资项目在投资区域和投资产业上存在着不平衡，会推动人力资源在区域和行业间流动，形成区域和产业间的就业转移。这种转移会对地方尤其是投资项目所在地周边区域的就业产生非常大的影响。

（五）就业示范传导效应

公共投资和重大项目作为区域就业载体的重要组成部分，具有体量大、导向性强的特点，其就业情况会对关联行业企业产生示范传导效应。主要体现为：一是技术的示范传导效应。投资项目通过技术外溢，影响关联行业产业的技术水平或生产方式，进而影响其就业需求。二是制度或模式示范传导效应。在市场竞争环境下，政府投资和重大项目引入实施后，其采用的制度

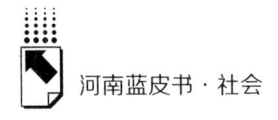

规范或管理运营模式很容易被其他企业学习和模仿，从而对原有就业格局和就业模式产生示范传导效应。如收入分配政策就具有很强的示范传导性，某投资项目实行较高工资政策，就会带动相关行业职工收入增长，进而推动整个区域职工收入水平提高。

三 探索建立政府投资和重大项目带动就业评估机制

（一）指导思想

深入贯彻落实中央实施就业优先战略部署，立足河南经济发展和就业工作的实际需要，通过引入公共投资和重大项目就业评估机制，优先支持实施带动就业效果明显、就业质量高的投资项目，强化投资项目就业导向，扩大投资项目就业带动效应，推动实现更加充分就业和更高质量就业。

（二）基本原则

1. 立足现实，服务就业

开展公共投资和重大项目就业评估，要从河南人口大省、人力资源大省的基本省情出发，立足河南当前发展实际，以缓解河南就业难题、服务河南就业工作需要为宗旨。

2. 拓展视野，着眼未来

开展公共投资和重大项目就业评估，要有前瞻性，需要从战略高度思考，着眼于未来发展，合理预判产业发展和就业变动态势，推动实现投资项目带动就业效应的长期性、持续性。

3. 统筹兼顾，综合评估

开展公共投资和重大项目带动就业评估，要坚持统筹兼顾，全面考虑投资项目对就业产生的正面效应和负面效应、短期效应和长期效应，考虑项目建设运营前后阶段性差异等，重视评估其就业综合效应。

4. 稳妥推进，动态调整

开展公共投资和重大项目带动就业评估是一项开创性工作，需要现实基础支撑，不可能一蹴而就，要逐步稳妥推进。同时，根据外部客观环境发展变化适时调整和完善，提升评估的科学性、可行性和评估结果的适用性。

（三）科学设置评价指标体系

构建就业评估指标体系，应全面掌握指标内涵，科学界定指标归属。首先要选好指标；然后根据各指标要素内涵及评估要求，将相关指标归到相应的类别和层次，分类、分层合理设置好指标体系；还要合理设置指标权重。设置权重系数既要参考借鉴有关理论成果，更要考虑项目所在地和项目本身的实际情况，要使设置的权重系数尽可能体现各指标的不同作用，以发挥指标体系的就业导向作用。本研究主要从就业数量和就业质量两个层面进行细化分层设计。

（四）就业数量评估

在当前的严峻的就业形势下，扩大就业仍是河南就业工作的主旨，带动就业数量是评估投资项目就业效应首要考虑因素。对就业数量评估需要采用的关键指标主要有以下几种类型。

1. 规划规模指标

主要根据投资项目规划的投资规模、产值规模、预计用工量来进行评估打分。评估时，应结合行业通行标准和实际情况来进行，可以分行业或产业对规模值划分为高、中、低三个分位。

投资规模 项目预计投资总金额。

产值规模 项目预期总产值。

预计用工量 投资项目整个实施过程中预计产生的用工总量。可以具体分为在建期间产生的临时用工量和项目运营后产生的稳定用工需求量，其中后者更为重要。

2. 弹性测算指标

根据投资项目所在行业或产业有关数据，测算出行业或项目相关水平。

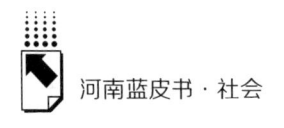

这方面，主要采用以下几个重要指标。

(1) 劳动投入系数。通过计算某一个周期内（通常指一年）行业产出的劳动力投入情况，可以预算通常情况下行业产出增加值带动就业增加的数量。

行业劳动投入系数＝行业总就业人数/行业总产出（万人/亿元）

行业总就业人数　固定周期（通常为1年）内行业总就业人数（万人）

行业总产出　固定周期（通常为1年）内行业总产值（亿元）。

(2) 就业弹性系数。就业弹性是指某一个周期内在其他条件不变的情况下，某一产业产值的变化程度对该产业直接和间接吸纳就业人数变化的影响程度，即每百分点产值变化所带来的就业变化的比率。

行业就业弹性系数＝行业就业增长率/行业产值增长率

行业就业增长率　固定周期（通常为1年）内行业新增就业人数与原有就业人数的比值（％）

行业产值增长率　固定周期（通常为1年）内行业新增总产值与上周期期末总产值的比值（％）。

(3) 投资就业效能。指行业单位投资带动的新增就业人数。

行业投资就业效能＝行业新增就业人数/行业总投资（万人/亿元）

行业新增就业人数　固定周期（通常为1年）内行业新增就业人数（万人）

行业总投资　固定周期（通常为1年）内行业总投资额（亿元）。

3. 可持续性指标

主要是根据项目的产业关联度、市场成熟度、发展前景等情况可能带来的就业持续性问题进行评估，这是定量定性相结合的综合评价指标。在实际评估时，一是根据项目完成可能带来的后续投资增加量进行测算评估，二是可以采用专家组评分法来进行发展可持续性评估。

后续投资规模　项目建成后，预期可能带来的后续投资量。

市场成熟度　当前的项目所在地市场发展和竞争情况。发展越成熟、竞争越激烈，项目带动就业的效应越差，甚至是负效应。

发展前景　即根据当前的发展环境，对投资项目未来的发展进行的预测评估，也就是看项目的发展潜力。

（五）就业质量评估

随着社会转型发展加快和社会就业质量意识的提升，评估投资项目就业带动效应，也要非常重视对就业质量的带动评估。对就业质量的评估指标主要份以下几类。

1. 项目产业属性指标

这类指标，主要是在项目立项或准入评估时采用，主要看投资项目的产业类型、产业层次、技术优势、运营主体情况等。

产业类型 根据项目所在地发展需要，看项目的行业、产业类型属于第几产业，是新兴产业还是传统产业，技术优势如何等。对这类指标进行评估时，对于那些符合现代产业发展需要，与国家或地方发展战略和战略规划融合度高，属于国家或地方重点支持的项目，应该有所侧重。

产业层次 主要是看项目所在产业分工的层次、产业价值链的位置等。比如项目在产业分工格局中是处于研发高端层还是简单加工的低端层，是处于产业价值链的前沿还是末端等。评估时，对那些在产业分工中优势明显、在产业价值链中位置靠前的项目要有所倾斜。

技术优势 主要是从要素投入的角度，看项目的技术密集程度和技术与当地实际的融合程度，即技术密集度和技术融合度。前者可以通过看项目预期对大学生、技术人才的使用量和所占职工比例来衡量，后者可以通过专家打分进行定性评估。评估时，对那些技术密集度高，技术与当地高度融合的产业要有所倾斜。

运营主体情况 看运营主体类型、行业地位与声望、管理水平等情况。如果项目运营主体为世界级著名企业，行业地位和行业声望非常高、管理规范有序，评估时可以给予高分位评价。

2. 项目就业属性指标

主要用于项目追踪评估，可以通过比对所在地整体或行业、产业的平均水平，对项目运营后的实际水平进行评估。主要是从劳动报酬、就业能力、工作稳定性、劳动关系、保障福利、工作环境等层面进行评估。

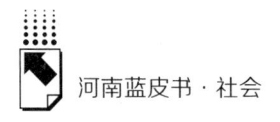

劳动报酬 主要看职工收入水平和收入增长情况，可以根据当地职工整体收入和行业职工整体收入水平及相应的年度增长率，来评估项目职工收入水平。

就业能力 项目用工结构中，高素质、高技能人员的比例，职工培训开展情况等。可以依据当地整体就业结构和行业用工结构情况，也可以依据行业规律和行业特点合理设置评估标准，对项目情况进行评估。

工作稳定性 主要看就业的稳定程度，可以通过统计较长时间（如6个月以上）稳定就业人员的比例、职工离职率来反映。

劳动关系 看劳动合同签订率、劳动关系和谐度（通过职工调查获得）、劳动争议调解率等情况。

保障福利 看各类保险的参保率、缴费水平（按实际水平、当地平均或最低水平）、福利水平（职工整体福利水平、带薪休假等）等情况。

工作环境 看职工的工作时间（是否加班、加班频度）、工作强度、工作压力等情况。

通过以上分析，可以初步设计建立公共投资和重大项目带动就业评估指标体系（见表1），在评估运用时，可以结合地方实际需要，有选择地采用相应指标，设置合适的权重系数。

表1 公共投资和重大项目带动就业评估指标体系

一级指标	二级指标	三级指标	四级指标
就业数量	规划规模	投资规模	—
		产值规模	—
		用工量	—
	弹性测算	劳动投入系数	—
		就业弹性系数	—
		投资就业效能	—
		后续投资规模	—
	可持续性	产业关联度	—
		市场成熟度	—
		发展前景	—

续表

一级指标	二级指标	三级指标	四级指标
	产业属性	产业类型	—
		产业层次	—
		技术优势	技术密集度
			技术融合度
		运营主体情况	企业类型
			行业声望
			管理水平
就业质量	就业属性	劳动报酬	收入水平
			收入增长率
		就业能力	人才比例
			职工培训
		工作稳定性	就业稳定度
			职工离职率
		劳动关系	劳动合同签订率
			劳动争议调解率
		保障福利	社保参保率
			缴费水平
			福利水平
		工作环境	工作时间
			工作强度
			工作压力

四 建立公共投资和重大项目带动就业评估机制的建议

（一）做好基础工作

重视文献收集和实地调研，做好相关基础工作。一是全面了解河南地方发展实际。通过对近些年河南出台的有关政策、制度、规划和条例等理论政策材料做全面梳理，深入了解河南发展理念、发展思路、发展方向和有关规划措施等，准确界定当前河南所处的发展阶段和发展层次。二是了解河南人

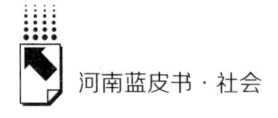

力资源总量、结构、素质等基本情况，全面掌握河南整体就业情况，了解当前河南就业工作中最迫切的需求和最急需解决的难题。三是做好基础数据的收集整理。应分行业产业、分类别收集相关数据，如行业年度新增就业人数和结构、行业收入水平等等，以此为基础建立相关数据库。

（二）建立健全就业评估工作机制

开展就业评估要以法律法规为依据，河南应尽快研究制定相应制度或条例，推动实现就业评估的制度化、法制化；尽快建立由政府主导，包括发改委、人社、财政、金融、税务、工商以及行业协会等部门共同参与、分工协作的常态化工作机制；尽快明确就业评估主体和评估任务，做好责任分工。

（三）完善就业评估办法

结合河南实际，完善就业评估办法。一是分行业分类别实施。应根据行业产业的特点和发展规律，在充分调研论证和分析测算的基础上，分行业分类别采用相应的评估指标和实施相应的评估标准。二是重视常规评估、专项评估和实地调查评估等评估办法的综合应用。三是引入外部资源进行评估。应整合利用社会各方面的资源和力量，引入有资质的第三方独立进行评估，或者由政府主导推动另设平行组织对项目独立开展评估。四是全面考虑，综合分析，开展综合效应评估。五是重视追踪评估，重点追踪关注投资实际吸纳就业的数量和就业人员结构，追踪关注项目就业人员的实际就业质量情况。

（四）健全就业评估监督管理体系

尽快明确就业评估工作的主体责任和管理权限；建立健全信息公开制度，定期公布拟评估项目名单和评估结果，接受社会公众监督；成立评估监督专家委员会，对参评项目和评估专家以及评估组织工作的规范性、公正性进行监督检查，同时受理有关申诉，并出具相应的监督检查报告；建立责任追究制度，对评估过程中违反相关规定的行为进行责任追究，并对相关责任人做出相应处理。

(五)重视就业评估结果的运用

要将就业评估结果运用于就业决策和就业工作实践,作为公共投资和重大项目就业准入依据,运用于项目立项审批;作为政府实施就业支持政策的依据,以明确就业政策的扶持激励方向和范围;作为预测未来就业态势变动的依据,通过发布信息公告,引导社会就业。

参考文献

刘社建:《中国就业变动与消费需求研究》,中国社会科学出版社,2005。

胡秋阳:《中国的经济发展和产业结构》,经济科学出版社,2007。

张本波:《实施扩大就业的发展战略建立宏观决策的就业评估机制》,《中国经贸导刊》2009年第24期。

李世佳、申晓梅:《四川消费就业效应的评估及对策研究》,《经济问题》2010年第11期。

宁夏发改委课题组:《宁夏重点投资带动就业研究报告》,《宁夏党校学报》2012年第6期。

B.16
河南乡村治理面临的突出问题及对策研究[*]

崔学华[**]

摘　要： 乡村治理是国家治理的重要组成部分，乡村治理现代化是国家治理现代化的基础。调查发现，当前河南省乡村治理基本状况和村民诉求之间存在着较大差距，存在着乡村治理资源流失、经济基础弱化、传统理念动摇、"三留守"问题严重、治安状况恶化、维权渠道不畅、公共服务缺失等诸多新问题，给全省乡村治理带来了新挑战。必须不断更新治理理念、创新治理机制、丰富治理结构、完善治理手段、全面提升乡村治理多元化、现代化水平，不断满足广大农村居民的基本诉求，提升乡村治理的有效性。

关键词： 河南　乡村治理　"三留守"

乡村治理的目的是维护乡村社会秩序，化解社会矛盾、问题和风险，促进乡村社会发展进步。近年来，随着城镇化、工业化、信息化快速发展以及农村改革的不断深入，在给乡村发展带来新活力的同时，也给乡村治理带来了许多新情况、新问题。其中，农村"空心化"趋势日益严重，并由原初

---

[*] 本文为2016年度河南省哲学社会科学决策咨询项目"空心化趋势下乡村治理面临的问题及对策研究"（批准号2016JC18）的阶段成果。
[**] 崔学华，河南省社科院社会发展研究所副研究员。

意义上的人口"空心化"向多重意义的"空心化"发展，产生了乡村治理资源流失、经济基础弱化、传统理念动摇、"三留守"（留守儿童、留守老人、留守妇女）问题严重、治安状况恶化、维权渠道不畅、公共服务缺失等诸多新问题，给当前乡村治理带来了新挑战。分析全省乡村治理中存在的突出问题，面对乡村"空心化"的问题，提出切实有效的解决措施，维护乡村稳定有序，促进美丽乡村建设卓有成效，城乡社会协调发展。

一 河南乡村治理中存在的突出问题

乡村治理是国家治理的基础和重要组成部分。党的十八大以来，习近平总书记多次提到乡村治理问题，他强调，"农村绝不能成为荒芜的农村、留守的农村、记忆中的故园"。河南作为农业人口大省，城镇化率低于全国平均水平，大量农民外出务工成为未来若干年的就业趋势；留守人口规模继续扩大，农业生产呈现女性化、老龄化、贫困化现象；农民常年外出务工造成农村发展主体缺失，经营粗放、农地抛荒、农民老龄化、农村"空心化"现象增加。许多村民选择在村庄外围或公路两旁建造新住宅，全省村庄建设缺乏规划，村民选址带有随意性，造成村庄外围是新楼、中心地带是破房闲置的空间形态。必须准确把握当前农村社会"空心化"的基本态势，着重分析乡村治理面临的政治参与、经济基础、治安防控、公共服务、矛盾诉求以及"三留守"方面的突出问题。在此基础上，借鉴中部六省和国内外乡村治理的基本情况、经验模式和成功做法，提出优化河南省乡村治理的基本思路和对策，不断提升乡村治理的多元化、科学化水平。

（一）村民政治参与程度不高

乡村"空心化"趋势下，仅靠"三留守"人员很难进行有效的民主决策、村庄建设、权益保障和权力监督，村民政治参与程度较低，愿望诉求得不到保障。调查显示，有两成农村居民主观上愿意参与村民自治，大约四成农村居民客观上参与了村民自治和农村社区建设，政治参与程度整体上不高，主观积极性较低。分析发现，影响村民政治参与的因素主要有经济因素、制度因素、文化因素和组织因素四个方面。通常情况下，农村中先富起来的农民更愿意参与到村庄治理中，而经济条件不好的农民则表示没有时间考虑政治参与问题，当多数农民还在为生计而外出打工的时候，他们没有更多精力和愿望参与政治。而且，村民自治还容易受到乡镇政府的干预，村民委员会的选举存在贿选等违规操作现象，"三留守"人员文化程度普遍较低，农民缺乏真正的利益代言人，极大地影响了村民的政治参与度。

（二）乡村治理的经济基础弱化

当前，除少数资源丰富和城郊地区乡镇企业较好外，乡村集体经济整体衰败，导致吸纳就业减少，"空心化"趋势加剧，影响农村公共设施和服务项目的建设，弱化了乡村治理的经济基础。自2001年农村税费改革以来，乡镇政府失去了在乡村的直接收益，也逐渐失去了向农村提供公共产品的动力机制，实际上形成了国家和政府责任旁落的状况。国家的土地政策又表明长期不变，村民的土地产权接近于私有程度，进一步削弱了乡村集体所有权，加速了乡村集体经济的进一步萎缩。目前，我国农村公共设施和服务项目的建设资金除了政府的不定期拨款、少量的社会公益性赞助外，主要来源于乡村自筹。为了壮大农村集体经济、吸纳农民就地就业，部分乡村积极调动资源，大力发展产业集聚区，但是总体上效益不佳，无法为农村公共基础设施和服务项目提供良好的财力支持，弱化了乡村治理的经济基础。

（三）公共服务供需矛盾加大

农村公共服务供需矛盾突出，主要表现在基础设施投入不足、公共服务难以保证，文化生活比较单调。由于农村集体经济的衰落和税费制度的改革，农村公共服务产品失去了重要的资金来源，部分乡村组织的正常运转都受到限制，农村公益事业更加难以保障。农村的卫生防疫、文体设施、文化下乡、文化大院等活动，很多都是为了应付领导检查，做表面文章而已。部分乡村宗族势力复兴，邪教、迷信活动开始滋生，给乡村治理带来负面影响。另外,"空心化"趋势使得农村公共产品的需求数量、结构产生了差异化,对农村教育、乡镇医疗、农业技术、文化事业的需求弱化,对农村家政服务、老年护理、矛盾纠纷调解的需求增加,由于缺乏有效的表达机制,农民失去了对公共服务的选择权,造成一部分资源闲置浪费,另一部分资源却供不应求。

(四)部分乡村治安状况恶化

河南乡村每逢农闲季节,空心化现象严重,青壮年外出务工,再加上基层乡镇警力不足,城乡之间警务工作的协调机制不通畅,乡村治安状况令人担忧。夏邑县乡村曾曝出"男子连续3年强奸10余名空巢老妇"的案件。但是,由于受害者年事已高,子孙满堂,碍于面子,大都不敢声张,没有报案,"三留守"人员成为主要的受害群体。而且,盗窃案件、婚外恋现象频频发生,村霸乡霸活动开始抬头,一些犯罪团伙在农村地区流窜作案,拐卖妇女儿童,以招聘工人为由,在农村地区诱惑未成年的女孩,或者欺骗农村青年进入非法传销组织。一些地方团伙制假贩假、非法开设枪支制造工厂,甚至制造毒品,非法敛财。由于农村地区地域广阔,更容易隐藏违法犯罪活动,部分城市犯罪团伙也转入农村进行活动。此外,许多乡村的青壮年劳动力全部外出打工,留下老人和孩子,由于缺乏父母的有效监管,部分留守儿童辍学厌学,无法无天,聚众闹事,打群架,甚至杀人放火,无恶不作,留守儿童犯罪现象比较严重。

(五)"三留守"问题更加突出

由于留守妇女肩负繁重的家务劳动、缺乏丈夫的身心支持;留守儿童缺乏完整的家庭教育、缺乏亲密的依恋关系;留守老人缺乏完善的养老保障、缺乏子女的照料慰藉,农村"三留守"问题日益严重,社会危害性正在显现。多数留守妇女承受"三座大山"的重压,生活质量普遍较低,"三留守"人员的心理问题日益凸显,部分留守妇女的婚姻稳定性遭遇挑战,外出农民工"临时婚姻"剧增,对城乡家庭的稳定性构成巨大威胁。留守儿

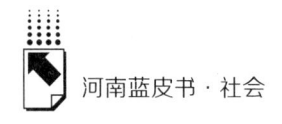

童的生存状况基本没有改观,"农二代"素质普遍降低,对乡村重建和新型城镇化发展难以贡献合格人才;离异家庭的留守儿童不断增多,二次伤害使他们的生存状况更加恶劣,自杀率、犯罪率上升,对城乡社会治安产生较大影响。劳动负担和经济困难使留守老人健康受损,生活质量难以保证,精神寂寞和照料缺失使留守老人饱受孤寂,生命安全遭受威胁。

(六)维权不畅加剧了治理的压力

随着农村利益主体、社会阶层多元化,各类组织和群体的诉求明显增多,矛盾纠纷呈上升趋势,土地纠纷更多。由于农民权益诉求和保障机制不健全、维权渠道不畅,很多矛盾不能在源头上得到及时有效的化解,长时间累积恶化。近年来农村各类群体性事件呈高发态势,村民信访问题突出,基层政府维稳压力加大。必须尽快完善村民的利益表达机制和风险化解机制,有效维护村民利益,促进乡村治理。

二 完善河南乡村治理的思路和对策

综上可知,当前河南省乡村治理成效和村民诉求之间存在着较大的差距。必须不断更新治理理念、创新治理机制、丰富治理结构、完善治理手段、全面提升乡村治理多元化、现代化水平,并借鉴中部六省在乡村治理中的成功做法,有效开展河南乡村治理。

(一)树立现代化的乡村治理理念

乡村治理现代化是实现国家治理现代化的基础。首先要树立"协同治理"理念。比如,英国在城镇化进程中,采取多元治理的模式,其中政府、市场和社会不是支配与被支配的关系,而是基于共同利益和目标的"伙伴式关系",在地位平等的基础上通过协商、合作来解决问题。这对河南乡村治理也有一定的借鉴意义,转变单向度治理理念,加强政府与民间组织、村民之间的沟通与对话,在实现公共利益的前提下有效合作。其次要树立

"依法治理"理念。法治是现代社会秩序的基本保障,也是现代社会治理的基本依据。面对日益复杂的社会矛盾和村民需求,只有在法律的框架下才能够厘清头绪,客观理性地处置。河南省推进乡村治理现代化,也必须坚持立法先行,依法治乡,用法治思维贯穿治理工作的方方面面,以法律手段维护村民基本权利和化解社会矛盾,切实做到科学立法、大力普法、全民学法、知法守法、严格司法,树立全方位的法治治理理念。

(二)健全多元化的乡村治理机制

一是畅通村民意见表达机制。要加强民意表达的制度化建设,完善诉讼、仲裁、复议等诉求表达机制,发挥人大、政协、社团组织以及新闻媒体的表达功能,加快信访体系的改革创新,完善网上受理信访制度,拓宽村民表达渠道,有效保障村民权利,促进民意表达健康发展,将各类矛盾诉求解决在萌芽状态。二是健全乡村风险评估机制。要建立一套科学完整的指标评估体系,建立起专业的、具有公信力的第三方评估机构,才能有效维护乡村政治经济和社会秩序的稳定。全省乡村治理要把社会稳定风险评估作为重大决策、重大项目和重大改革实施的前置程序,为乡村社会稳定提供坚强保障。三是健全突发事件的预警体系。突发事件的预警是应急机制中的重要环节,对于减少危害有着重要的意义。目前河南省自然灾害的预警相对完备,但社会领域突发事件的预警系统还有待完善。强化预警信息采集、共享和发布管理能力,提高预警人员对信息源的感知和分析能力,消除体制性迟钝,这是完善预警体系的关键。

(三)制定科学化的乡村治理制度

乡村治理一定要制度先行。首先,制度制定要符合河南的省情民情。全省各地乡村发展不均衡,需要准确把握各村的基础信息、乡村治理中存在的问题、未来发展趋势等,制定具体有效的乡村治理制度。其次,制度制定要体现村民的基本意志。比如邓州农村的"四议两公开"制度,深受村民喜爱。通过聘请相关专家对各个领域的现状和问题进行独立调查,以报告形式提出对策建议，然后通过公布报告收集各界意见，根据各方意见不断调整制度内容，最后再进行充分辩论和投票表决。通过这一系列严谨的程序，基本上都能反映村民的基本意愿，制度出台后也能够较好地落实执行。

（四）形成多元化的乡村治理主体

科学的社会治理结构是社会治理现代化的基础，要逐步形成以政府为主导，企业、民间组织、村民共同参与的多主体乡村治理机构，实现国家权力、社会组织和个人权利的和谐共生。改善村民参与方式，提升村庄治理水平。在村庄空心化的趋势下，要合理调整村民大会、村委会选举时间，保障外出人员、留守老人和妇女都能参与村庄管理。发挥好村规民约在乡村治理中的积极作用，完善村民代表提案制，实现乡村治理从单一行政手段转向行政、法律、经济、教育、道德等多种手段综合运用。要更好地发挥民间组织在乡村治理中的作用。近年来，河南省民间组织发展迅速，将近3万个社会组织遍布全省各地（市），在社会治理中发挥着日益重要的作用。

（五）完善多元化的乡村治理手段

首先用好信息手段。自美国实施信息高速公路战略以来，全球化、信息化浪潮席卷全世界。要牢牢把握当前形势，充分认识到信息化建设对实现两大"跨越"、促进中原崛起的重要意义，把信息化作为一项基础工程优先发展，以电子政务、电子商务、电子事务为突破口，提升乡村治理能力。其次用好市场手段。坚持市场在资源配置中的决定作用，健全政府购买公开服务机制，预防各种垄断腐败，不断激发市场活力，促进各类经济组织有序发展。最后用好文化手段。加快培育新型职业农民，吸引各种人才服务农村。加强新型职业农民培育，增强农村的产业、技术和服务吸引力，引导外出务工人才、专业社工、志愿者服务农村，化解"三留守"人群的帮扶难题以及其他治理难题。

（六）制定严格的乡村治理监督保障机制

乡村治理的现代化理念、科学化体制和制度、多元化主体和手段不会一蹴而就，是一个不断探索、丰富完善的过程。但是，真正核心的问题在于保障制度的顺利实施，乡村治理监督保障是重点也是难点。加强党组织对乡村治理工作的组织领导，各乡镇政府要加强乡村治理的指导以及督促检查，重要事项及时总结汇报。全省可以选择一个乡村先行试点，各地农村要制定具体方案，明确时间步骤，细化政策措施，及时总结试点经验，稳妥推进治理改革。按照预定计划督查工作进度，日清周结，对于没有完成的计划项目，要查找原因，及时调整。监督管理一定要严格精细，不走过场。通过科学监管，具体落实，不断抽查，及时调整，确保乡村治理制度顺利实施。

参考文献

浙江省委组织部：《英国社会治理创新对浙江社会治理现代化的启示》，《政策瞭望》2015 第 11 期。

孔新峰等：《论英国"协同政府"的理念及对中国的启示》，《行政与法》2011 年第 6 期。

杨帅、温铁军：《乡村治理劣化对新时期扶贫开发的影响及对策研究》，《探索》2014 年第 10 期。

蔡斯敏：《乡村治理变迁下的农村社会组织功能研究》，《华中农业大学学报》（社会科学版）2012 年第 3 期。

B.17
河南省城乡社区建设与社会治理状况分析报告[*]

罗英豪[**]

摘　要： 近几年来，河南城乡社区建设稳步推进，社区治理机制逐步完善，社区服务体系日益健全，全省城乡社区面貌焕然一新，但同时也存有一些发展中的问题，不能有效满足社区居民的现实需求。基于此，形塑现代治理服务理念，强化法制建设，推进政府依法购买服务进程，健全社区共治机制和服务体系，增强社区社会组织承接服务能力，实现社区自治，是"十三五"时期推进河南城乡社区建设、创新社会治理的有效路径。

关键词： 河南　社区建设　社会治理

近年来尤其是"十三五"以来，社会建设与社会治理重心下移，城乡社区建设随之成为创新社会治理之重要基石。河南紧随全国步伐，逐步完善城乡社区治理机制，健全城乡社区服务体系，有序推进城乡社区社会治理现代化进程，加快美丽河南建设步伐，全省城乡社区面貌焕然一新。

一　河南省城乡社区建设与社会治理成效显著

近些年来，河南高度重视城乡社区建设，不断加强城乡社区社会治理创

---

[*] 本文是国家社会科学基金项目"社会学理论的流变与方法论意义研究"（12CSH002）的阶段性成果。
[**] 罗英豪，河南省社会科学院社会发展研究所助理研究员。

新,探索实施了一系列社区建设与社会治理新举措,在社区治理网格化、治理与服务的融合、智慧社区建设、社区社会组织发展等方面成效显著。

(一)推行社区治理网格化,大大提升社区自治水平

1. 加强机制建设,优化社区组织体系

河南秉持"社区党建统领社区治理"原则,着力优化城乡社区基层组织架构,改新区街治理服务体制,实现"上下贯通、资源共享",不断提升城乡社区自治水平。

2. 注重顶层设计,强化规划引领

河南省颁布了一系列文件条例,如《河南省社区服务体系建设规划(2011~2015年)》《河南省社区治理创新专项行动方案》《关于开展城乡居民健康签约服务试点的指导意见》等,明确社区治理服务体系目标任务,有序推进城乡社区自治。

3. 打造自治典范,有力推进社区自治

新郑市实施"社区治理网格化、服务精细化",具体做法是实施垂直领导,建立社区综合服务管理站,组建"一办十中心",有效整合资源,推进职能部门有效对接;完善社区治理体系,划分三级网格,中心城区每1000~2000人设立一个网格,农村"社区+村组"设为一个网格,实施"分片"治理、"一岗多责",如新郑新华路街道办所辖的10个居委会被分为33个网格,安装监控设施,配齐工作人员,每个网格配备一定数量的督导员,明确职责,规范程序,大大提高了群众满意度。

(二)营造"共治共享"氛围,促进社区治理与服务的有机融合

1. 大力推进城乡社区治理服务均等化

河南秉持"服务为先"理念,创新治理模式,积极推进城乡社区服务中心与服务站建设,建立综合服务联合体,实施"一站式"治理服务,打造"15分钟服务圈",大大提高了为民服务效率。

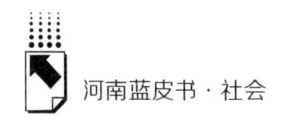

2. 深入推进社区治理服务精细化、市场化与信息化

推行"网格化"治理与"分片包块"法，专人专职，实现社区治理与服务无缝对接。运用市场手段，通过政府购买服务等方式，培育扶持社区服务业，兴办"爱心超市""为老服务中心"，扩大社区养老、医疗等覆盖面与受益面。推进信息化社区、智慧医疗建设进程，打造"一站式"服务模式，提升服务效能。

3. 树立"共治共享"典范，推进政府、社区与居民良性互动

焦作市的做法为：一是创新体制，建构"四位一体"社区治理体制[①]，强化党组核心领导，统筹社会力量，发挥社区社会组织、志愿者服务优势，有效推进协同治理。二是创新路径，建构立体自治格局，社区居委会、社会组织、网格居民、小区业主等自治模式并存，搭建社区QQ群、微信群等平台，推进居民参与自治。三是建立健全社区联动机制，调动社区政府、民间组织、驻区单位、"两会代表、委员"、居民等良性互动、共创共担，营造了"共治共享、互利共赢"的良好社区局面。[②]

（三）实施政社联动，发挥社会组织协同社区治理的积极作用

1. 强化制度建设，完善城乡社区组织领导体系

全省18个地市组建社区建设领导小组，强化城乡社区党组、自治组织建设，充分发挥党组核心领导作用。

2. 整合资源，拓展融投资渠道，推进多元共建

推行社区共建"九联"机制，建成由干部、学者、居民、社工、志愿群体等参与的社会支持网络，有效整合科教、环保等资源，合力推进城乡社区建设。加大财政投入和政府购买社区服务力度，郑州市金水区政府2011～2015年就出资520万元购买社工服务；引导社会资本投资社区建设，商丘市与农行河南分行签订合作协议，2012～2017年，农行河南分行出资80亿

[①] 四位：即社区党工委、居委会，社区社会组织与公共服务中心。
[②] 《河南焦作市解放区："共治共享"社区治理模式》，新华网，http://news.xinhuanet.com/yuqing/2014-02/26/c_126195586.htm，2014年2月26日。

元支持商丘农村社区建设，成为地方融资建设社区的典范。

3. 壮大社区服务队伍，推进社区社会组织协同治理

强化居委会队伍、专业队伍和志愿者队伍建设，为服务好、治理好城乡社区提供组织保障和人力支持。社会组织数量2016年第3季度达到28026家，年增长率约为5%，社会组织规模不断壮大（见表1）；积极参与养老、环保等建设，赢得社会好评，2016年度郑州市金水区同行社会工作服务中心等单位获得第二批全国社会工作服务示范单位荣誉称号。[①] 到2015年底，河南全省注册志愿者共500万人，全省志愿服务组织6128个（见表2），"做志愿表率为党旗增辉""关爱河湖水系"等志愿活动增强了居民的社区认同感，调动了居民参与社区服务的积极性与主动性，营造了良好的社区治理环境。

表1 河南省社会组织登记数量

单位：个

类别	2007年	2012年	2013年	2014年	2015年	2016年第三季度
社团	9252	11022	10817	11158	11728	9178
民非	7690	9989	12068	15976	17365	18732
基金会	22	77	98	104	114	116
合计	16964	21088	22983	27238	29207	28026

数据来源：《中国统计年鉴》；中华人民共和国民政部网站：年度各省社会服务统计数据。

表2 全省注册志愿者与党员志愿者人数统计

单位：万人，%

序号	地市	注册志愿者人数	党员志愿者人数	比例
1	郑州市	71.00	21.30	30.00
2	开封市	6.80	1.50	22.06
3	洛阳市	50.60	22.00	43.48
4	平顶山市	12.60	1.20	9.52

---

① 《民政部关于确定第二批全国社会工作服务示范地区、社区和单位的通知》，民政部网站，http://xxgk.mca.gov.cn:8081/n1360/88331.html，2016年11月3日。

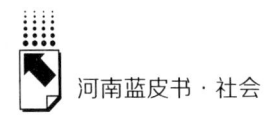

续表

序号	地市	注册志愿者人数	党员志愿者人数	比例
5	安阳市	7.00	3.00	42.86
6	鹤壁市	2.60	0.83	31.92
7	新乡市	12.40	1.80	14.52
8	焦作市	18.00	8.50	47.22
9	濮阳市	11.50	6.90	60.00
10	许昌市	13.60	6.80	50.00
11	漯河市	21.00	12.00	57.14
12	三门峡市	2.10	1.46	69.52
13	南阳市	21.90	10.70	48.86
14	商丘市	20.00	6.00	30.00
15	信阳市	15.00	3.90	26.00
16	周口市	11.94	2.65	22.19
17	驻马店市	16.00	3.00	18.75
18	济源市	4.30	0.76	17.67
19	巩义市	1.29	0.60	46.51
20	兰考县	1.05	0.32	30.48
21	汝州市	1.07	0.39	36.45
22	滑县	0.82	0.24	29.27
23	长垣县	1.84	0.99	53.80
24	邓州市	3.80	0.80	21.05
25	永城市	1.63	0.52	31.90
26	固始县	0.15	0.07	46.67
27	鹿邑县	0.76	0.43	56.58
28	新蔡县	1.15	0.29	25.22
总数		331.90	118.95	35.84

数据来源：志愿河南信息平台网。

（四）推广"中鹤模式"，实现城乡社区治理服务一体化

1. 推进城市社区治理服务延伸至农村社区

河南以农村社区建设为载体，建立健全农村社区治理服务体系，城镇的医疗、教育等公共服务同步延伸至农村，提高农村社区治理整体效能。现今，河南全部免除农村社区建设的行政性收费，发放6600万张全省通用社

保卡、覆盖105项服务，安阳、新密等地开展城乡居民健康签约服务试点，目前新密已有18万余户家庭签约。①

2. 开展美丽乡村建设，打造"中鹤模式"②

2010年以来财政投入160亿元建设村级公益事业；2013年开始美丽乡村建设试点工作，至今已投入近60亿元。"中鹤模式"在国内外产生了广泛影响力。③

3. 实施"片医负责制"和"互联智慧分级诊疗"，加快城乡社区医疗一体化进程

郑州市早在2008年就率先推出"片医负责制"，目前已形成"多区域、深层次、广覆盖"的城市社区卫生服务网络，在中心城区建有服务站167个、片医小组1025个，服务人口多达450万人。④ 省人民医院探索"互联智慧分级诊疗"，社区患者在当地医院就能得到专家诊疗，目前已覆盖全省17家市级医院及110余家县级医院，累计义诊患者2.3万余人次，实施示范手术700多台，使1.5万名基层医生、4万多名患者受益。⑤

二 河南省城乡社区建设与社会治理中存在的主要问题

现阶段，河南城乡社区建设与社会治理服务整体上成效显著，城乡一体化进程有序推进，但也存有一些发展中的问题，不能有效满足社区居民的现实需求。

---

① 马雯：《河南省开展城乡居民健康签约服务试点》，《河南日报》2016年10月26日。
② 中鹤模式是中鹤集团对王庄进行整体规划，农民整体搬迁"并村进城"，获得资产性收益，实现农民整体职业化；农地流转后，实施土地集约化经营，农业规模化生产，大大推进了农村城镇化步伐。
③ 《世界银行专家点赞中鹤模式建议复制到海外》，中国经济网，http：//www.ce.cn/cysc/sp/info/201607/20/t20160720_13998008.shtml，2016年7月20日。
④ 戚艺芳：《河南探索分级诊疗新模式"强社区"守护居民健康》，人民网，http：//henan.people.com.cn/n2/2016/0831/c356896-28925669.html，2016年8月31日。
⑤ 王平：《河南省医"互联智慧分级诊疗"让百姓看病得实惠》，《河南日报》2016年10月27日。

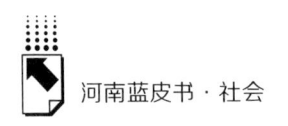

(一)"治理服务"理念滞后,"包容性发展"缺失

1. 治理服务认识不到位,定位较模糊,参与意识淡薄

受传统思想影响,政府管理、管控城乡社区被认为是理所当然的事,对自治、善治、共建共享等理念及内涵则认识不足,未能真正落实"寓治理于服务中";社会组织从业人员角色定位模糊,混淆了社工、志愿者、义工的区别;社区居民未能认识到自己的主人翁地位,对社区事务缺乏参与热情,存在"被动参与"现象。

2. 社区社会组织缺乏独立性,治理服务能力有限

河南省的社区社会组织整体实力较弱,筹资能力有限,多是通过承接政府购买服务获得资金以维持其运转,客观上制约了其参与治理的能力。

3. 包容性发展理念欠缺

在城市社区治理服务中,大量进城务工的"新市民"为城市发展做出了巨大贡献,却不能与同住一个社区的居民"共享"发展成果,影响了他们对城市社区的认同感与参与热情。

(二)城乡社区自治不力,政府购买(社区)服务制度不够完善

1. 政社关系不顺,社区自治不力

政府治理与居民自治关系不顺,职责存有交叉,界限较为模糊,社区多承担一些行政性、社会性事务,几乎成了"全能组织"之代名词,自治作用难以发挥。农村社区建设管理不力,产权制度及主体不够明确,存在一些深层次的矛盾纠纷,大量村民外出务工,导致农村治理人才匮乏,治理难度较大。

2. 政府对购买(社区)服务认识不足

政府对专业社工、社会组织及其从业人员认识存有偏差,把社工当作普通员工对待,安排其从事行政性事务,给予较低报酬;少数政府认为社会组织是"抢饭碗",有意限制其发展,将"没人愿意做的事"列入购买项目,或是将部分购买项目给予与其有一定利益关联的社工机构;政府对"社工

是为人服务、需要较长周期才能见效"认识不够，导致一些项目进展一段时间后因没看到表面的量化成果就停止拨费。

3. 政府购买服务制度建设不力

购买机制较为滞后，购买流程不尽规范；购买内容多由政府决定，偏离居民需求，而社会组织则是被动选择，缺乏自主性；服务定价机制、竞争择优机制、第三方监管评估机制不够健全，出现社会组织应付结项验收、草草交差了事等现象。

（三）城乡社区发展失衡，社区治理服务体系不够健全

1. 河南城乡社区建设与发展存在失衡现象

政府公共服务投资总量偏低，社区建设缺乏统一规划设计，保障能力不够强大；基础设施建设滞后，总量偏低，人均更低，不能满足城乡居民需求；仅有的投资多用于建设大、中型城市社区的基础设施、公共服务等，农村社区、小城镇社区公共服务整体滞后，乡村道路、卫生等供给偏少，道路较窄，废物处理多是依靠自然风化。河南4160多个城市社区中，约有60%的城市社区和50%的街道尚未建立社区服务中心，[①] 农村社区拥有的综合服务设施不足10%，大大制约了城乡社区服务的开展。

2. 社区服务人员结构不够合理，服务内容比较单一

社区和街道办的工作人员年龄较大，学历偏低，技能不高，工作方法单一，多按文件和老套路办事，不能有效借助微信、QQ、微博通信工具等开展活动；社区社会组织专业人才缺乏，开展的多是为老服务、发书送衣活动，村民需要的法律服务远不能满足。

3. 社区参与机制不够完善

居民主人翁意识淡薄，参与平台有限，参与率偏低，部分群体甚至为获取特定利益而"被参与"，弱化了参与的主动性与自治性。

---

① 河南省城市社区管理体制创新调研课题组：《关于河南省城市社区管理体制创新的调研报告》，河南省民政厅网站，http://www.henanmz.gov.cn/system/2012/09/27/010335875.shtml，2012年9月27日。

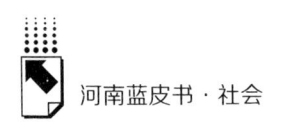

（四）社区社会组织自身建设不力，治理服务能力偏低

1. 培育扶持机制不够完善，制约社区社会组织整体发展

政府扶持社会组织力度有限，购买服务尚处于探索试点阶段，尚未形成长期可持续的购买机制，购买类型偏少且多集中于养老、扶贫等领域，竞标机制和第三方评估机制不够健全，客观上影响了社会组织的发展与壮大。

2. 社区社会组织自身建设不力，承接服务能力不强

社会组织对自身认识不足，独立性较弱，行业协会未能完全与政府部门脱钩；组织机构不够健全，监管、自律、筹资能力与透明性偏低，诚信建设不到位，公信力与认可度不高。

3. 社区社会组织人才缺失，无力承接专业性较强的服务

综合素养较高、具有一定专业技能和较强实务能力的人员较少，仅有的优质社工还因待遇、地位较低而转行，人才流失较为严重；约有30%的大学毕业生从事社工工作，社会组织之间存在争抢社工现象；河南社会组织总量及人均数量偏少，低于京、沪、深、广等地区（见表3），社工待遇较低、发展空间较小，郑州社工最低工资1400元；专业社工机构较少，到2016年河南全省仅有70多家社工机构和4450多名专业社工，[①] 与全省1亿人的需求尚有较大距离。

表3 河南省社会组织与人口比和全国及其他省市对比

单位：个，亿人

项目	全国	江苏	浙江	上海	北京	四川	广东	山东	河南
社会组织	675659	80472	45331	13986	10369	38905	57223	44893	28026
人口	13.39	0.7866	0.5443	0.2302	0.1961	0.8042	1.04	0.9579	0.9402
社会组织/人口	1∶1982	1∶977	1∶1201	1∶1646	1∶1891	1∶2067	1∶1817	1∶2134	1∶3355

数据来源：《2016年3季度各省社会服务统计数据》，中华人民共和国民政部网站，《2010年第六次全国人口普查主要数据公报（第1号）》，中华人民共和国国家统计局，2011年4月28日。

[①] 王绿扬：《河南省2016年社工宣传周启动》，《河南日报》2016年3月14日。

三 推进河南城乡社区建设与创新社会治理的路径选择

"十三五"以来，河南城乡社区建设与社会治理面临许多新的机遇与挑战，为此，形塑现代治理服务理念，健全社区共治机制和服务体系，强化法制建设，推进依法购买服务进程，增强社区社会组织承接服务的能力，实现社区自治，是"十三五"时期推进河南城乡社区建设、创新社会治理的有效路径。

（一）形塑现代治理服务理念，强化顶层设计

理念是行动之先导，形塑现代社区治理与服务理念，要培育居民公共精神，增强公民意识，强化主人翁责任感，激发参与热情，提升参与能力，使居民积极主动地参与社区治理，充分发挥创造性，形成治理合力。要注重顶层设计，强化社区党建，科学引领城乡社区治理，做好社区规划，实施"治理精细化"；角色定位准确，打造服务型政府，政府重在监管，实施"简政放权"，推进"政社分离"，在服务中实现治理；推进治理主体合理归位，真正实现社区自我组织、管理及服务，逐步建成"指导—合作型"街居关系；强化政府引领，组建专业化、高素质的社区工作者队伍，有组织地选派干部到城乡社区指导工作、培训人才，以购买服务的方式引进毕业生到社区工作，夯实社区人才队伍。社工要发挥专业优势，运用优势视角"助人自助"，为居民提供多样化服务，满足其个性化、专业化需求，建成政府、社会、居民等多元主体共建共享的现代城乡社区治理服务新格局。

（二）强化社区法制建设，推进政府依法购买服务进程

1. 加强社区政策法规建设，推进社区治理法治化进程，为社区健康发展提供法律保障

要增强法制意识，树立法治思维，制定具有全局性、前瞻性又切实可行的政策法规，及时颁布文件条例，通过法治手段推进惠民政策落地，使社区

居民真正得到实惠。要制定有利于社会组织发挥协同治理作用、有利于城乡接合部和农村发展的倾斜性政策，为社会组织参与治理服务创造发展空间，推进城乡社区均衡发展。要从法律层面细化居委会、街道、政府各自职责，及时修订《城市居民委员会组织法》《街道办事处组织条例》等法规条例，尽快出台专门的社区法律法规。要培育居民法治意识，强化社区法治宣传，使居民学会"尊法守法"，明确"什么可为，什么不可为"，营造良好法治环境。

2. 健全政府购买（社区）服务机制，加快依法购买服务进程

政府应尽快出台政府购买服务的法律法规，在法律上明确购买服务双方的责任义务，明确经费投入、服务效果、购买内容、购买流程等具体要求，增强社会组织的自主性；建立健全第三方评估机制，引入利益相关方参与评估，将居民对购买服务的满意度作为一项重要考评指标。

（三）革新社区治理体制，健全社区共治机制

1. 要建立健全新型城乡社区治理机制

在明确社区党组织的核心地位和群众自治组织的主体地位的前提下，调动和引导各方力量主动参与社区治理，推进政府治理与社区自治的有效衔接，实现良性互动。打造智慧党建工程，推进"阳光三权"体系建设，着力提升基层党组织能力；深化党建"三级联创"活动，推广"4+2"工作法（即"四议""两公开"法）；增强社区居民自治组织功能，加快城乡社区居民自治步伐；全面推进"一委一居一站一办"模式，增强社区居委会、村委会的职责，提升城乡社区综合治理服务水平。

2. 要建立健全城乡社区共治机制，深化政社合作共治

坚持党组织对社区多元主体的领导；培育、扶持、发展城乡社区自治组织，增强其实力；完善社区居民、村民代表会议制度，改革户籍制度，建立健全城市社区外来居民及其子女的医疗、教育、社保等基本服务体系；完善运作程序，理顺多方关系，建构指导、协商、互补与监管机制，推进社区自治，实现现多元主体"共建共享""合作共治""互利共赢"。

（四）创新服务供给方式，健全社区服务体系

1. 要创新社区服务供给方式

建立健全政府购买服务机制，为社会、市场等参与服务供给提供条件，打造政府、社会、市场共同供给服务的新格局，改变政府单一供给服务的弊端。要加大财政支持，在养老、医疗、教育、环保等民生领域设立专项基金，制定有利于社会资本投融资社区的政策法规，推进城乡社区社会（服务）事业发展；以政府购买服务方式在社区养老、农村教育与道路养护等方面开展公共性、福利性、公益性服务；鼓励、支持、引导社区社会组织、驻区单位、志愿队伍、居民等积极参与社区服务，壮大社区服务的力量。

2. 要建立健全社区治理服务体系

深化社区服务体系建设，加快推进城乡社区基本公共服务均等化进程，优化服务质量。推广普及家庭医生签约服务，推广分级诊疗模式；推进社区服务设施智能化与服务便捷化，实现治理精细化，力争到2020年河南城乡社区公共服务综合信息平台覆盖率分别达到60%与30%；建成环境宜居的智慧社区和美丽乡村；完善农村社区综合性服务网点，力争到2020年河南城乡社区综合服务设施覆盖率分别达到100%与30%，真正实现"方便居民、服务社区"。

（五）提升社会组织整体实力，增强承接服务能力

1. 应提供有利于社会组织发展的政策支持，壮大社会组织队伍

要改革双重管理体制，实施分类管理和备案制，拓宽直接登记注册社会组织的范围，加快流程，提高登记注册效率；落实优惠政策，给予资金、人力与场所支持，力争到2020年河南城乡社区平均拥有社区社会组织的数量分别不少于10个和5个；严格监管社区宗教类、政治类社会组织等。

2. 建立健全政府购买城乡（社区）服务机制

将城乡社区自治组织列为购买对象，形成长期稳定的政府购买（社区）服务制度，在养老、教育、扶贫、环保等等重点领域进行试点；拓宽资金来

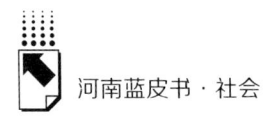

源渠道，落实税收优惠，引导社会资本合理流向城乡社区；健全城乡"三社联动"机制和志愿服务机制，由居民、社区组织、社工团队三方共同参与实施，利益相关方进行综合评估；培育专业化的志愿人才队伍，开展多样化的志愿活动，打造志愿服务品牌。

2. 强化社区社会组织自身建设，增强服务能力，赢取社会认可

强化社区社会组织党建工作和政府、社会监管评估工作，实行宽进严管、"大培育大监管"，注重事中事后监管，实施第三方评估制度；尽快出台专门的《社会组织法》，敦促社区社会组织强化行业自律，加快去"行政化"步伐，增强独立性；健全法人治理结构，依法依规开展活动；加快信用体系建设，增强财务透明度，提高社会公信力；提高社工待遇，按需设岗，以岗定薪，引导优秀人才向城乡社区服务领域流动，力争到2020年河南每个城乡社区至少拥有1名社区社会工作者，充分发挥社工和社会组织独特优势，增强承接政府服务的能力。

参考文献

民政部：《关于印发〈城乡社区服务体系建设规划（2016～2020年）〉的通知》，2016年10月。

张弥：《城镇化发展与社区管理体制创新》，《学习与探索》2016年第9期。

罗英豪：《政府购买社会组织服务探析》，《开发研究》2016年第2期。

王平：《河南省医"互联智慧分级诊疗"让百姓看病得实惠》，《河南日报》2016年10月27日。

戚艺芳：《河南探索分级诊疗新模式"强社区"守护居民健康》，人民网，2016年8月31日。

王绿扬：《河南省2016年社工宣传周启动》，《河南日报》2016年3月14日。

马雯：《河南省开展城乡居民健康签约服务试点》，《河南日报》2016年10月26日。

《世界银行专家点赞中鹤模式建议复制到海外》，中国经济网，2016年7月20日。

B.18 河南省专业社会工作发展现状调查与发展预测

张明锁　王志坤　蒋山山*

摘　要： 通过对郑州社会工作服务机构和专业人才的调查，对河南省专业社会工作发展的现状有所了解，发现了存在的一些问题。多数社会工作专业人才热爱社会工作，对所在社会工作机构基本满意，对政府购买社会工作服务表示欢迎。但是，河南省政府购买社会工作专业服务力度还小，而且体制机制也不够健全；对社会工作专业人才队伍建设重视程度不够，整体环境对社会工作认可度较低；社会工作从业人员多数收入较低、压力较大、困惑较多。随着郑州市建设国家中心城市和深入推进中原城市群建设战略的实施，河南省社会工作发展必将进入一个又好又快的发展时期，政府会进一步加强发展专业社会工作的力度，健全社会工作体制机制建设。

关键词： 河南　社会工作　公益事业

一　研究背景

党的十八届三中全会明确提出"创新社会治理体制"以来，中央领导

---

* 张明锁，郑州大学公共管理学院教授、博士生导师。王志坤、蒋山山，郑州大学公共管理学院硕士研究生。

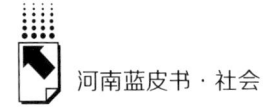

多次提出要大力发展和支持专业社会工作,[①] 专业社会工作适逢前所未有的发展机遇。这是因为,"社会治理的基本理念是维护广大人民的根本利益和社会秩序。社会工作的基本理念与之是相契合的。社会工作的基本理念是以人为本,帮助有需要的人士解除困扰、得以正常生活,并促进社会正义和社会进步"[②]。

近几年,河南省专业社会工作发展比较迅速。自2012年起到2016年11月止,河南省各级政府共投入财政资金约3187万元用于政府购买社会工作专业服务,购买主体不断增加,服务对象从老人、妇女、儿童等弱势群体向有需要的社会群体转变,服务领域从社会救助、居家养老、婚姻家庭、社区建设拓展到司法矫正、职工帮扶、纠纷调解等领域,取得了良好的社会效果。截至2016年,河南省开设社会工作的本专科高校达到20所,已培养专业学生7000多人。全省近3万人报名参加助理社会工作师和社会工作师职业水平考试,约5000人通过。在民政部首批全国社会工作服务示范创建活动中,河南入选的有3个示范地区、1个示范社区、4家示范单位。[③] 2016年,在民政部第二批社会工作服务示范创建活动中,河南省又被评上2家全国社会工作服务示范单位。[④]

但是,和其他省市相比,河南省专业社会工作的发展只能属于中等偏下的水平,如果按照人均计算,各项指标比例更低。以下是截至2016年11月河南省周边其他省份的专业社会工作发展状况。

(一)社会工作服务资金投入

安徽省已投入服务资金8000余万元,累计受益人数逾16万人次。[⑤]

[①] 李克强:《2015年政府工作报告》和《2016年政府工作报告》,中央政府门户网站。
[②] 王思斌:《社会工作在创新社会治理体系中的地位和作用——一种基础—服务型社会治理》,《社会工作》2014年第1期。
[③] 河南省民政厅:《河南省社会工作十年发展报告》,河南省民政厅网站,2016年11月7日。
[④] 民政部:《第二批全国社会工作服务示范地区、社区和单位公示公告》,民政部网站,2016年10月21日。
[⑤] 安徽省民政厅:《安徽省社会工作十年发展报告》,民政部网站。

江西省共投入社会工作项目资金达到1000余万元，社工培训经费273万元，各级投入社会工作资金总量超过3000万元。①

山东省各级财政资金、福彩公益金和社会资金对社会工作投入累计达到1.1亿元。②

湖北省近年来每年都投入3000余万元支持社会工作专业人才队伍建设，推进政府购买社会工作服务。③

湖南省本级和长沙、怀化、株洲、常德等12个市州均将社会工作经费纳入财政预算，并在本级福彩公益金中安排经费支持实施社会工作服务项目。④

（二）社会工作专业人才队伍建设

安徽省社会工作专业人才总量达2.4万余人，持证社工达7517人。⑤

江西省社会工作人才总量达7万人，其中社会工作专业人才总量达1.84万人，2478人取得社会工作者职业水平证书，其中助理社会工作师1867人，社会工作师611人。⑥

山东省共有社会工作专业人才近4万人，全省已有12944人取得社会工作职业资格。⑦

湖北省社会工作专业人才共有2万多人，其中取得全国社会工作者职业水平证书的有7954人（初级6504人、中级1450人）。⑧

湖南省通过社会工作者职业水平考试人数达6161人，其中助理社会工作师4623人，社会工作师1538人。⑨

---

① 江西省民政厅：《江西省社会工作十年发展报告》，民政部网站。
② 山东省民政厅：《山东省社会工作十年发展报告》，民政部网站。
③ 湖北省民政厅：《湖北省社会工作十年发展报告》，民政部网站。
④ 湖南省民政厅：《湖南省社会工作十年发展报告》，民政部网站。
⑤ 安徽省民政厅：《安徽省社会工作十年发展报告》，民政部网站。
⑥ 江西省民政厅：《江西省社会工作十年发展报告》，民政部网站。
⑦ 山东省民政厅：《山东省社会工作十年发展报告》，民政部网站。
⑧ 湖北省民政厅：《湖北省社会工作十年发展报告》，民政部网站。
⑨ 湖南省民政厅：《湖南省社会工作十年发展报告》，民政部网站。

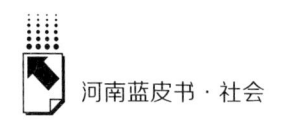

（三）全国社会工作服务示范地区、示范社区、示范单位建设

在全国社会工作服务示范创建活动中，河南省的示范地区、示范社区、示范单位都是比较少的（见表1）。

表1　河南省及周边其他省的全国示范地区、社区与单位

单位：个

省别	示范地区	示范社区	示范单位
安徽	5	18	8
江西	3	3	1
山东	7	7	8
河南	3	1	6
湖北	3	3	5
湖南	2	7	5

注：根据民政部网站《社会工作这十年》资料整理。

为了促进河南省专业社会工作实现又好又快的发展，郑州大学应用社会学研究所组成课题组对河南省专业社会工作发展进行专题研究，采取问卷调查、参与观察及半结构访谈相结合的方法搜集资料，从中总结成功的经验，探讨发展中的困难与问题，提出符合专业社会工作发展规律性的政策建议。郑州大学社会工作专业2016年级的37名硕士研究生参加了调查，他们分赴郑州市25家社会工作服务机构开展调研，共发放问卷400份，回收有效问卷336份。

二　郑州社会工作发展现状

（一）郑州社会工作人才基本状况

1. 性别比

统计结果显示，参与本次调查的336名社工中，女性266名，占调查总数的79.2%；男性70名，男女比例1∶3.8。

2. 文化程度及专业背景状况

统计结果显示，参与本次调查的336名社工中，学历多集中在大专及本科，占调查总数的83.3%，硕士研究生占调查总数的14.3%。所学专业中，社会工作专业及相关专业（社会学、心理学等）260人，占调查总数的77.4%。

3. 月薪状况

统计结果显示，参与本次调查的336名社工中，月薪多集中在1501～3000元，占总人数的72.3%；月薪在3001元及以上者占总人数的18.8%（见图1）。

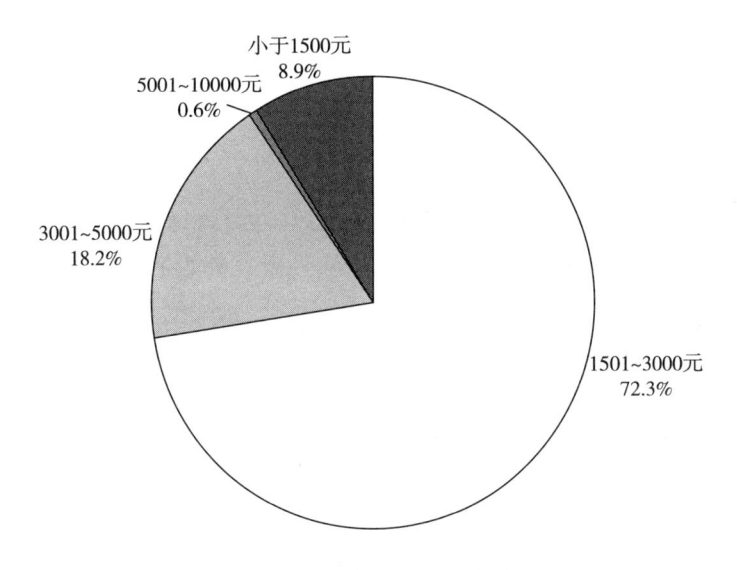

图1　郑州社会工作者月薪状况

4. 在岗工作时长

统计结果显示，参与本次调查的336名社工中，在岗工作时长小于1年的有167人，占调查总数的49.7%；1～3年的有117人，占调查总数的34.8%；3年以上工作时长的占调查总数的15.5%（见图2）。

5. 职业资格情况

统计结果显示，参与本次调查的336名社工中，无社会工作职业资格证书的122人；助理社会工作师171人；中级社会工作师43人；无高级社

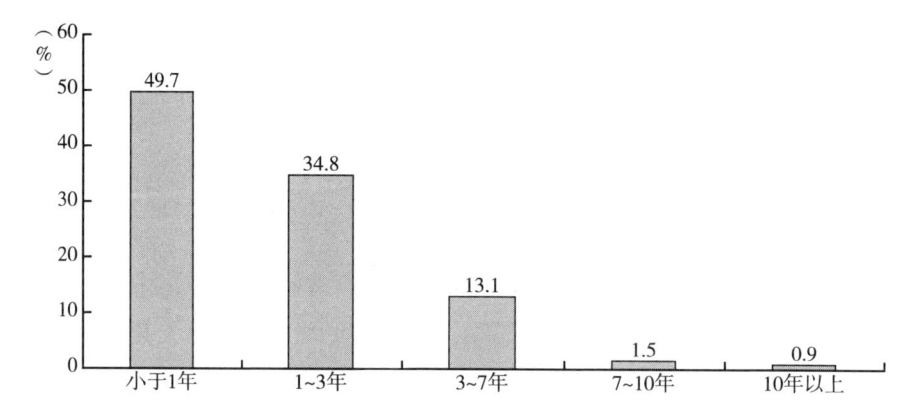

图 2　郑州社会工作者工作时长状况

工作师。

6. 工作职位分布

统计结果显示，参与本次调查的 336 名社工中，一线社工 189 名，占调查总数的 56.3%；行政助理人员 40 名，占调查总数的 11.9%；项目或部门主管、中心主任 63 名，占调查总数的 18.8%；督导 7 名，占调查总数的 2.1%；其他 37 名，占调查总数的 11%。

（二）关于社会工作专业化状况

1. 社会工作专业在日常工作中的价值体现

统计结果显示，参与本次调查的 336 名社工中，认为很有用的人 122 名，占调查总数的 36.3%；认为比较有用 168 名，占调查总数的 50%；认为作用一般的 43 名，占调查总数的 12.8%；认为用处不大的 3 名，占调查总数的 0.9%；无人认为社会工作专业知识对日常工作没有用。

2. 对社会工作专业化和本土化的看法

统计结果显示，参与本次调查的 336 名社工中，认为社会工作应以本土化为主的 48 人，占总人数的 14.3%；认为社会工作应以专业化为主的 61 人，占总人数的 18.2%；认为要坚持社会工作专业化和本土化相结合的 225 人，占总人数的 67%；不知道的 2 人。

3. 对所学的专业社会工作理论与方法在本土实践中作用的看法

统计结果显示，参与本次调查的 336 名社工中，认为很有用的 33 人，占总人数的 9.8%；比较有用的 169 人，占总人数的 50.3%；认为作用一般的 127 人，占总人数的 37.8%；认为用处不大的 7 人，占总人数的 2.1%；没有认为没有用的受访者。

4. 社工发挥作用的重要影响因素

统计结果显示，参与本次调查的 336 名社工中，33% 的社工认为领导最重要，其次是专业方法的运用、同事的理解、创新程度，分别占比 23.2%、14.9%、14.6%。

5. 对社会工作专业教育的看法

统计结果显示，参与本次调查的 336 名社工中，43.8% 的人认为我国当前社会工作专业教育比较注重理论；33.6% 的人认为社会工作专业教育脱离中国实际；95% 的社工表示社会工作专业教育实践方面不足（见图 3）。

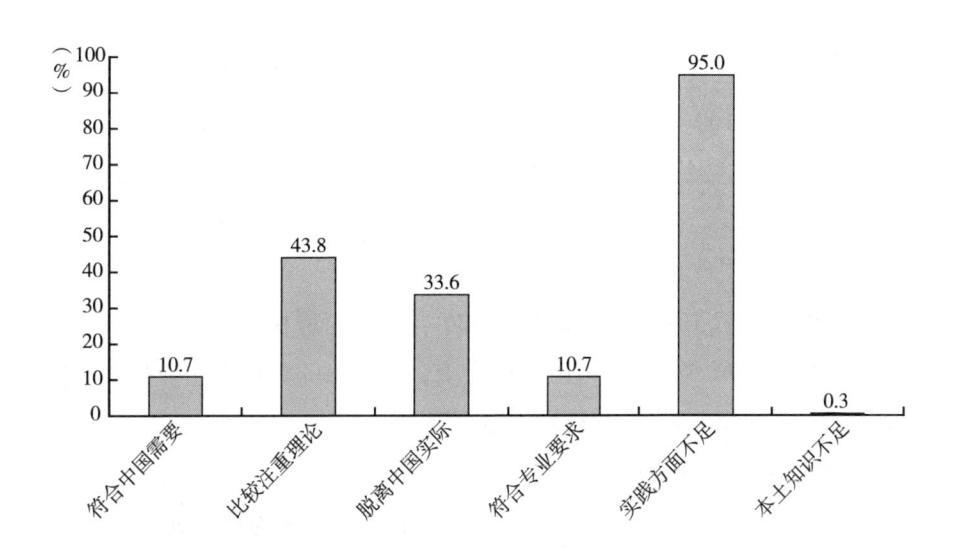

图 3　郑州社会工作者对社会工作专业教育的看法

6. 培训内容

统计结果显示，参与本次调查的 336 名社工中，63.7% 的受访者认为加

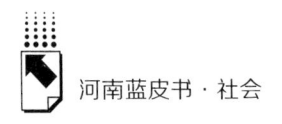

强方法培训最重要,其次是理论与政策培训。

7. 专业背景与从事社区工作时间意愿的交叉分析(见表2)

表2 社会工作从业人员的专业背景与在社工岗位工作时间计划

单位:人

交叉项目		您打算在社工岗位的时间					合计
		3年以下	3~5年	5~10年	一直从事	说不准	
您的专业背景	社会工作	51	26	18	30	85	210
	相关专业	11	16	3	6	14	50
	其他专业	19	6	4	14	33	76
	合计	81	48	25	50	132	336

(三)社会工作机构状况

1. 机构的规模

统计结果显示,参与本次调查的336名社工中,所在社工机构规模20人及以下的86名,占总人数的25.6%;21~50人规模的149名,占总人数的44.3%;51~100人规模的53名,占总人数的15.8%;101~200人规模的41名,占总人数的12.2%;201人及以上规模的7名,占总人数的2.1%(见图4)。

2. 所在机构工作经费的主要出资方情况

统计结果显示,参与本次调查的336名社工的所在机构中,1.2%的机构由个人出资;76.5%的机构由政府投资;14.9%的机构由企业投资;6%的机构由社会捐资;1.5%的机构为混合资本。

3. 和当地政府部门的关系

统计结果显示,参与本次调查的336名社工中,认为社工机构与当地政府是上下级关系的56名,占调查总数的16.7%;认为是雇佣关系的73名,占调查总数的21.7%;认为是业务指导关系的62名,占调查总数的18.5%;认为是合作关系的143名,占调查总数的42.6%;认为是其他关系的2名。

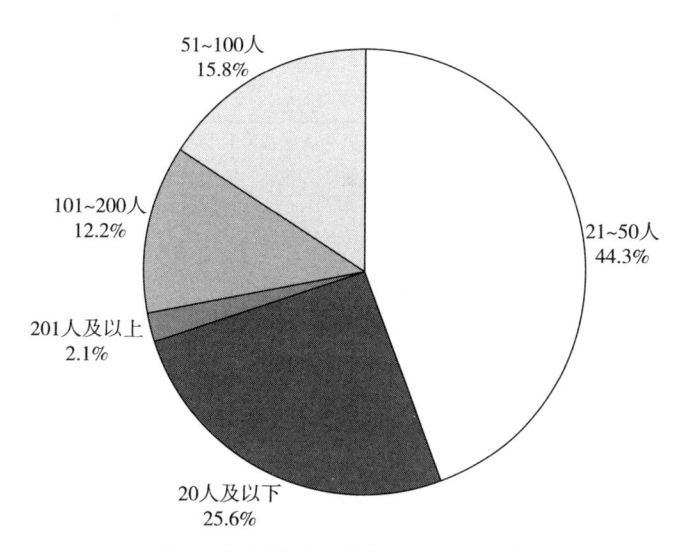

图4 郑州社会工作者所在机构规模

4. 社工机构和当地政府主管部门（街道、民政部门等）的关系是否融洽

统计结果显示，参与本次调查的336名社工中，近9成（87.25%）的人认为社工机构和当地政府主管部门（街道、民政部门等）的关系融洽；12.55%的社工认为关系一般。

5. 服务对象对社工机构满意度

统计结果显示，参与本次调查的336名社工中，认为服务对象非常满意的有30名，占调查总数的8.9%；认为服务对象满意的有243名，占调查总数的72.3%；认为服务对象一般满意的有61名，占调查总数的18.2%；认为服务对象不满意的有2名。

6. 影响满意度的主要因素

统计结果显示，参与本次调查的336名社工中，在影响满意度的因素中首选服务技术的达到38%，其次是服务频率和服务效率，分别占比21.7%和19.9%。

7. 对所在机构的运行状况的满意度与人员流动频度的交叉分析

社工如果对所在机构的运行状况的满意度高，那么机构的人员流动频度就相应较低（见表3）。

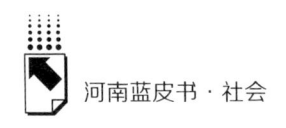

表3 对所在机构的运行状况的满意度与人员流动频度

单位：人

交叉项目		您所在机构人员流动的频繁程度					合计
		非常频繁	比较频繁	正常	比较稳定	非常稳定	
您对所在机构的运行状况的满意度	非常满意	3	7	26	24	2	62
	满意	7	63	104	21	1	196
	一般	1	35	27	5	1	69
	不满意	0	5	3	1	0	9
	合计	11	110	160	51	4	336

8. 机构面临的困难

统计结果显示，参与本次调查的336名社工中，35.7%的受访者认为机构面临的困难是人才缺乏，其次是内部设置不合理，占比24.4%；再次是资金不足，占比20.8%（见图5）。

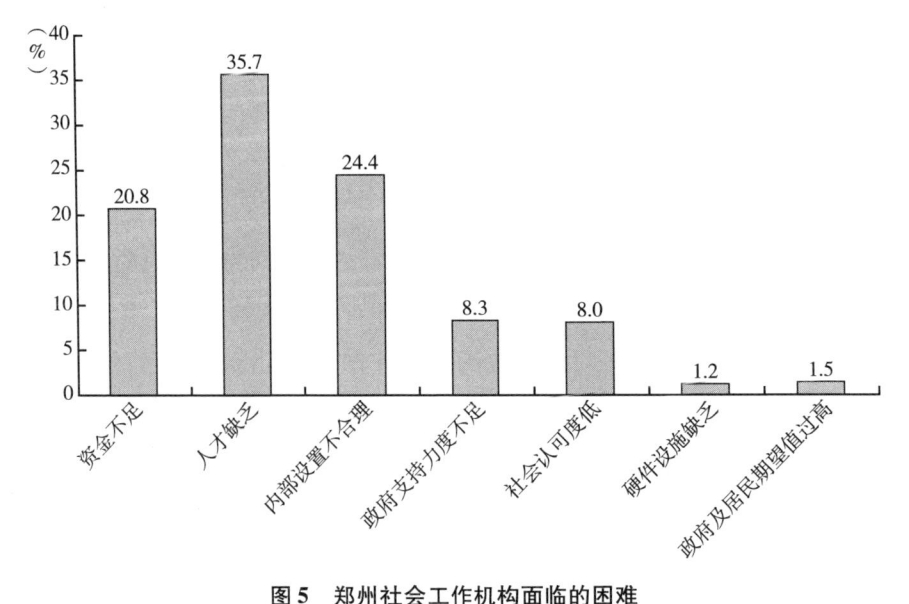

图5 郑州社会工作机构面临的困难

9. 是否拖欠工资

统计结果显示，参与本次调查的336名社工中，66.7%的受访者表示从没有被拖欠过工资；7.3%的社工表示很少有；5.4%的社工表示经常被拖欠；0.9%的社工表示每月都会被拖欠。

10. 服务宗旨及机构愿景

统计结果显示，参与本次调查的336名社工中，认为所在机构的服务宗旨及机构愿景在日常工作中完全体现的占37.8%；58.1%的社工认为体现一般；4.1%的社工认为体现很少。

（四）社会工作行业状况

1. 从事社工工作的主要原因

统计结果显示，参与本次调查的336名社工中，48.8%的社工选择社工工作是因为"专业对口"，其次是"行业发展趋势"及"追求理想"，分别占比26.8%、14.6%；选择暂时"栖身"，把社会工作作为职业生涯"跳板"的人数较少，占比6.85%。

2. 对社会工作行业不满的主要原因

统计结果显示，参与本次调查的336名社工中，对社会工作行业的不满主要集中于福利、奖励制度（33.3%），人际关系（28%），工资报酬（17%）（见图6）。

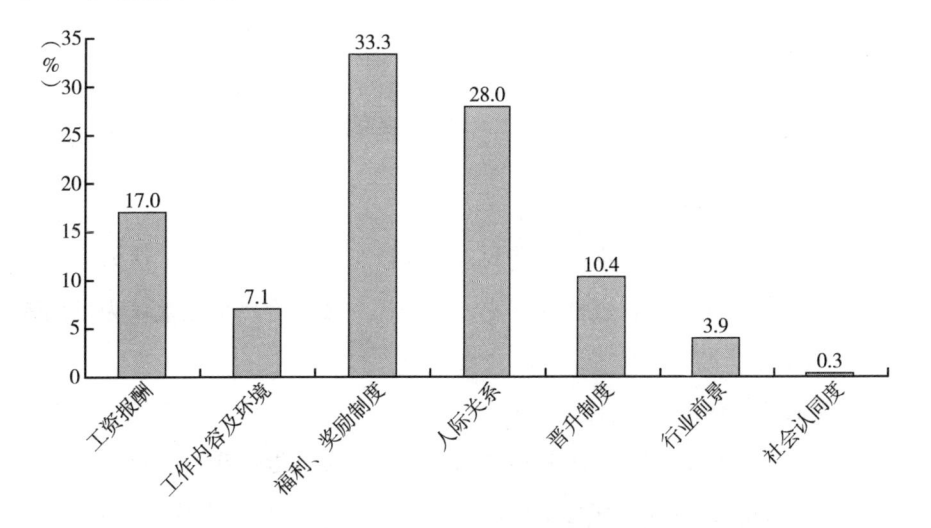

图6 对社会工作行业不满的主要原因

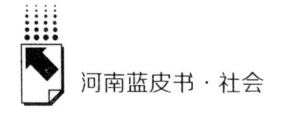

3.压力大或职业倦怠的原因

统计结果显示，参与本次调查的336名社工中，54.8%的社工感到压力大或者职业倦怠。其原因依次为社会认可度低，工作压力大，工作福利差，激励少，晋升难。

4.离职主要原因

统计结果显示，参与本次调查的336名社工中，有59%的社工因社会认可度低和工作压力大而离开社工行业，政府重视不足以及家庭不理解也有一定的影响（见图7）。

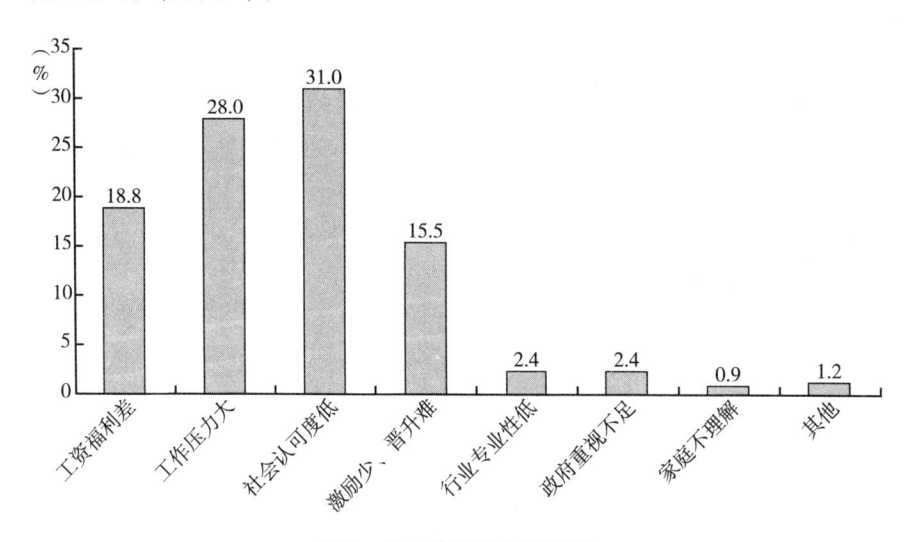

图7 社工离职的主要原因

原因	百分比(%)
工资福利差	18.8
工作压力大	28.0
社会认可度低	31.0
激励少、晋升难	15.5
行业专业性低	2.4
政府重视不足	2.4
家庭不理解	0.9
其他	1.2

5.提高工作积极性的有效方法

统计结果显示，参与本次调查的336名社工中，近5成社工认为提高收入是最有效地提高工作积极性的方法，增加福利及教育培训也被认为可以提高工作积极性（见图8）。

6.对社会工作协会的期望

统计结果显示，参与本次调查的336名社工中，近7成社工对当地成立社工协会感到满意。认为社会工作协会需要做好的工作按比例排序分别是：维护社工利益、提高社工地位及监督机构和管理人员（见图9）。

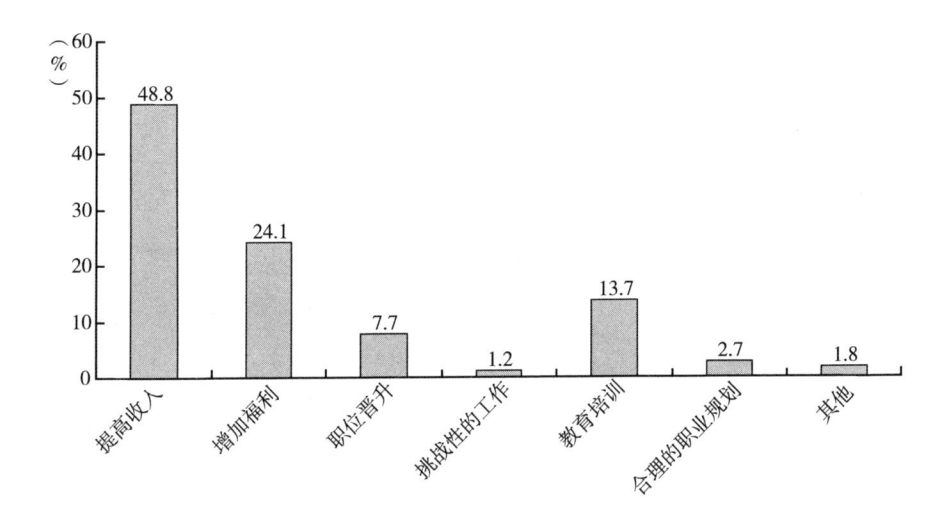

图8 提高社工工作积极性的有效方法

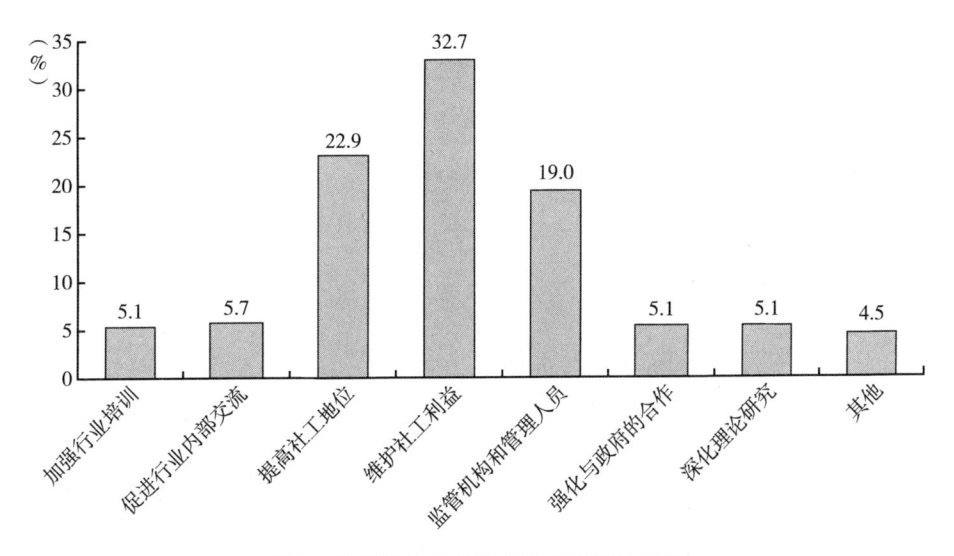

提高收入 48.8
增加福利 24.1
职位晋升 7.7
挑战性的工作 1.2
教育培训 13.7
合理的职业规划 2.7
其他 1.8

图9 希望社会工作协会重点做好的工作

加强行业培训 5.1
促进行业内部交流 5.7
提高社工地位 22.9
维护社工利益 32.7
监管机构和管理人员 19.0
强化与政府的合作 5.1
深化理论研究 5.1
其他 4.5

7. 影响河南省社会工作发展的主要因素

统计结果显示，参与本次调查的336名社工中，政府支持力度被认为是影响河南省社会工作发展的最主要因素，其后分别是社会发展需要、行业内的努力、社会认可等（见图10）。

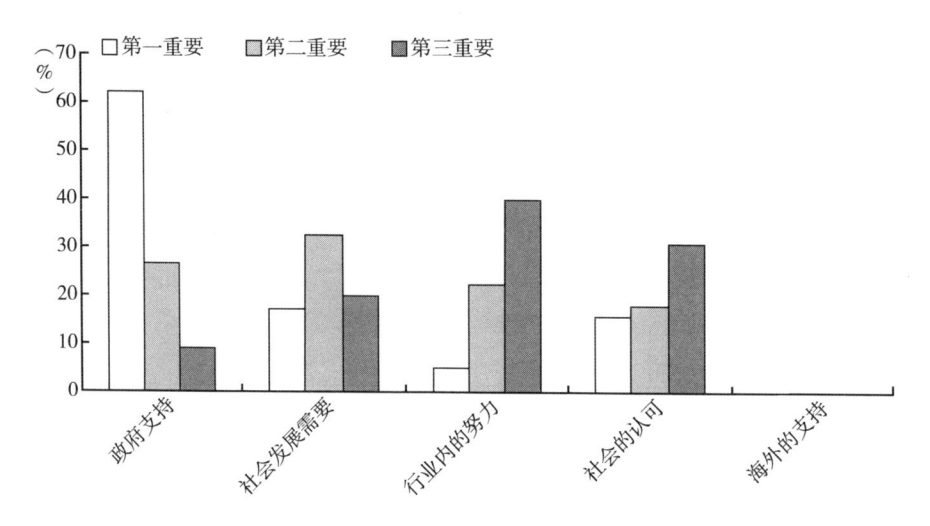

图10 影响河南省社会工作发展的主要因素

三 社会工作发展中存在的问题及成因

通过对调研结果的分析发现，郑州市社会工作在政府层面、高校层面、社工行业层面、社工机构层面、社工个人层面都存在一些问题，亟待关注。

（一）政府层面

1. 政府购买服务可能导致的问题

调查显示，76.5%的社工所在机构来自政府出资，即目前郑州市主要采用政府有偿购买的方式发展社会工作。这种方式有利于加强社会工作机构的自身建设，促进专业服务水平的提升。不过这种单纯的政府购买势必造成社工组织对政府的依附关系，不利于社工组织独立自主地开展社会工作。另据调查，12.8%的受访者认为所在机构与政府关系一般，这些机构可能难以得到政府部门的招标，而那些与政府部门关系较好的机构可能通过"暗箱操作"等不正当手段中标，这会影响整个行业的发展。这种情况需要警惕。

2. 政府部门干预行业发展

在我国大政府、小社会的社会背景下，过度依赖政府势必导致社工机构独立性降低，甚至出现错位、出位现象。调查显示，21.7%的受访者认为所在机构与政府相关部门属雇佣关系，16.7%的受访者认为所在机构与政府相关部门是上下级关系，18.5%的受访者认为所在机构与政府相关部门是业务指导关系，这便形成了政府主导的发展格局。当社工机构面临满足服务对象需求还是满足政府要求的困境时，可能会选择舍弃服务对象的要求，以满足政府要求。这使得社工机构失去自身应坚持的原则。

（二）社工行业层面

1. 行业的社会认可度低

调查发现，有30%的受访者认为产生压力和工作倦怠的原因在于社会认可度低，机构面临着社会公信度不高的困境。主要原因是社工机构的信息公开度不够，宣传工作不到位，公众不了解机构资金使用和服务的实际情况。社工机构若想取得长足的发展，获得群众和媒体的信任是必要的一步。

2. 社会资源进入行业较少

社工发展在我国起步较晚，行业能得到的社会资源有限。调查显示，社工行业中个人资本、企业资本、社会捐助等资本仅占到社工总投资的23.5%，虽然近些年国家出台了一系列政策支持社工行业的发展，但与教育、卫生、科学等传统行业相比，社工行业社会资源流入较少，竞争力较差。

（三）社工机构层面

1. 人员规模小

调查显示，参与本次调查的336名社工中，25.6%的社工所在机构人数在20人以下，人力资源的缺乏将严重影响其服务质量的提升、服务领域的拓展以及自身的发展。

2. 独立性、自主性不足

调查过程中我们发现，社工机构资金来源单一，主要经费来源于政府财政购买服务，在运行过程中过度依赖政府，专业价值难以在服务工作中得到

有效体现。

3. 专业服务水平较低

调查中发现，49.7%的社工工作不满1年；34.8%的社工工作时间为1~3年，工作3年以上的社工人员只有15.5%，专业素质较低，工龄偏短。很多社工为刚毕业不久的大学生，36.3%的社工从业人员无职业资格，不仅工作经验缺乏，部分人员甚至连良好的沟通都做不到，这严重影响了服务的质量。

（四）社工个人层面

1. 薪酬待遇水平较低

调查显示，81.2%的社工每月工资不足3000元，随着郑州经济的快速发展，消费水平有了大幅的提升，较低的薪资福利将无法保障社工自身生存与发展的需要，必然导致人才的流失，以致影响整个行业的发展。

2. 人才流失严重

人才对社会工作行业的发展至关重要，调查显示，近四成（36%）的受访者认为社工流动频繁，32.4%的受访者没有在社工行业发展的规划，人才流失对社工行业发展带来严重的困扰。

（五）高校层面

由于现在高校对教师的考核指标以科研与教学为主，教师晋升职称几乎全看科研业绩，社会服务权重微乎其微。因此，高校教师的绝大部分时间与精力用于科研和教学工作，社会工作专业教师也是如此。教师缺乏社会工作实务经验，使社会工作教育难免偏重知识传授和理论教育，实务工作方法和技巧方面的教学自然是一个薄弱的环节。调查发现，95%的受访者认为，在社会工作专业教育中，要加强实践方面的教育，高校社工专业课程设计不应仅重视理论知识，同时也需重视实践操作能力，使本专业学生具备从事社会工作的理论知识和实践能力。

四 河南省社会工作发展展望

随着河南省支持郑州市建设国家中心城市和深入推进中原城市群建设战略的实施，河南省社会工作必将进入一个又好又快的发展时期。当前，要重点做好以下几个方面的工作。

（一）探索发展路径

1. 加强社会工作专业岗位开发

加快推进社会工作的职业化发展，根据不同领域社会工作服务需求与特点，逐步完善社会工作职业标准，明确社会工作职责与任务。强力推动在城乡基层公共服务平台、以社会工作服务为主的事业单位、承担社会工作服务职能的相关单位、社区服务类和公益慈善类社会组织以及企业中设置社会工作专业岗位，吸纳使用社会工作专业人才，实现社会工作服务需求、岗位与人才的合理配置。

2. 促进民办社会工作机构发展

健全推进民办社会工作服务机构发展的政策与制度，逐步形成协调有力的管理体制和规范高效的工作机制；进一步完善登记服务和监督管理措施，为民办社会工作服务机构登记成立和健康发展创造有利条件；加强民办社会工作服务机构能力建设，促进社会工作行业组织发展，建立健全民办社会工作服务机构的支持保障体系。

（二）改善发展环境

1. 发挥政府主导作用，强化购买社会工作服务力度

社会工作机构要获得生存，离不开政府在制度、管理、资金上的强有力支持。要发挥政府的政策导向作用，制定总体的发展规划，提供相应的政策及资金，在宏观上保障社工机构发展的外部环境。政府应对社工机构强化管理，在准入、薪酬、监督、调查上给予制度及政策支持。与此同时，要避免

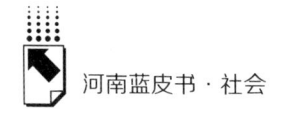

政府的过度干预，减少社工机构的行政化色彩。健全政府购买服务的监察机制，促进政府相关部门在购买服务中坚持公开透明，避免暗箱操作。政府也应鼓励社会资本进入社工行业，促进社工运作资本多元化，基本形成社会工作行政部门主导、社会工作行业组织和民办社会工作服务机构协同配合的"一体两翼"格局。

2. 完善社会工作制度顶层设计

要在2011年中央18部委联合印发的《关于加强社会工作专业人才队伍建设的意见》和2012年中央19部委联合印发的《社会工作专业人才队伍建设中长期规划》的基础上，推动包括建立健全"三社联动"服务机制、高级社会工作师职业资格制度规定、政府购买社工服务价格核定机制等方面的关键性政策，以及老年服务、农村留守人员服务、城市流动人口服务、脱贫攻坚、禁毒戒毒、职工帮扶、医疗卫生等重点服务领域政策的制定出台，着力破解制约社会工作发展的瓶颈问题，进一步完善社会工作制度的顶层设计。

（三）健全社会工作体制机制

1. 努力探索一套社会工作服务机制

在任何一个系统中，机制都起着基础性的、根本的作用。在理想状态下，有了良好的机制，甚至可以使一个社会系统接近于一个自适应系统——在外部条件发生不确定变化时，能自动地迅速做出反应，调整原定的策略和措施，实现优化目标。社会工作要在总结推广社区、社会组织、社会工作者"三社联动"服务机制和社会工作者、志愿工作者"两工协作"服务机制的基础上，积极探索更多符合群众诉求、适应专业要求、满足社会需求的社会工作服务体制机制。

2. 提高社工的职业声望

社会工作机构要加强对社会工作及机构本身的宣传，可采用多种宣传形式，尤其是新媒体宣传，要建立宣传队伍，强化宣传阵地，让更多人走近社工，了解社工。更重要的是，机构要加强自身建设，提高专业服务水平，为人们提供优质服务，让人们从社会工作中受益，这才是最为有效的宣传方式。

3. 完善社会工作激励、保障制度

对聘用到事业单位的正式工作人员，按照国家有关规定确定工资待遇；对以其他形式就业于基层党政机关、群团组织、事业单位、城乡社区、社会组织和企业的社会工作专业人才，由用人单位综合职业水平等级、学历、资历、业绩、岗位等因素并参考同类人员待遇合理确定薪酬标准，同时按照国家有关规定办理社会保险和公积金。促使社会工作专业人才扎根基层，安心一线工作，服务困难群众，参与社会治理。

（四）提升发展水平

1. 稳步推进高校社会工作专业教育

高校承担着为社会工作行业输送专业人才的使命，高校要补充完善对教师的考核标准，要将社会服务、教学、科研三者并重，鼓励高校社会工作专业教师参与社会工作服务获取实践经验，对在专业实践教学中成绩突出的教师可破格晋升职称。切实加强社会工作专业硕士学位教育，发展社会工作中等、高等职业教育，完善社会工作学科体系和教材体系，为相关专业学生提供良好的学习、实习环境。通过制度的完善，切实培养一批学以致用的社会工作专业人才。

2. 持续进行社会工作分层分类培训

优秀的社工不仅要有职业道德和理论功底，更要具备专业技能和丰富的实务经验，应强化对社会工作进行分类培训，对党政机关、城乡社区、社会服务领域相关人员开展社会工作知识普及培训，对各领域实际从事社会工作服务、管理与督导人员开展社会工作能力培训，通过职业培训切实提升一批社会工作专业人才的能力，培育多层次社会工作人才。

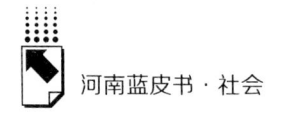

参考文献

丛伶洪:《社会工作专业人才流失问题研究》,山东大学硕士学位论文,2014。

黄川栗:《专业社会工作嵌入社区公共服务研究》,《四川理工学院学报》(社会科学版)2013年第2期。

王思斌:《走向承认:中国专业社会工作的发展方向》,《河北学刊》2013年第11期。

陈雷:《关于专业社会工作本土化的构想与实践》,《社会工作》(学术版)2011年第5期。

公共安全与网络舆情

Report on Public Security and Online Public

B.19
2016年度河南省食品安全现状与消费者感知差异分析

周丹 王欣 陈安*

摘 要： 食品安全是人类生存和发展最基本的物质条件，也是国家稳定、社会发展的最基本要求，历来受到各国政府和民众的高度关注。由于先前多次曝光的食品安全问题，我国政府采取了多项措施来监管食品市场。本文在河南省2016年度食品行业发展的背景下，通过调查统计，概述河南省食品安全趋于稳定的现状。同时，以消费者食品安全心理特征为研究对象，通过调查问卷和访谈分析得出消费者心理感知中的食品安全现状与实际状况有很大差异，二者之间存在"错位效应"，

---

* 周丹，河南理工大学安全与应急管理研究中心、河南理工大学应急管理学院；王欣，河南理工大学安全与应急管理研究中心；陈安，河南理工大学安全与应急管理研究中心、河南理工大学应急管理学院、中国科学院科技战略咨询研究院。

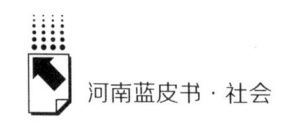

以及消费者评价与消费行为之间存在的"相悖效应"。在此基础上进一步阐述产生这种"错位效应"和"相悖效应"的内在原因。最后，将消费者感知与河南省食药监局2016年度食品抽检结果进行对比，得出消费者对食品安全现状的感知与实际状况存在偏差的结论，并对该问题提出解决对策。

关键词： 河南 食品安全 消费者感知 "错位"效应

自改革开放至今，全球经济社会一体化进程加快，我国的经济实力显著提升。然而，伴随经济的快速发展，人民物质生活的极大丰富，食品行业领域中安全问题层出不穷，例如苏丹红鸭蛋事件、三鹿奶粉事件、地沟油事件、双汇瘦肉精事件和染色馒头事件等，在严重危害公民生命健康的同时也极大地降低了公民对食品的信任感和安全感，给社会稳定和政府治理带来了巨大挑战。尤其是若干知名品牌的食品制造企业出现安全问题，引起了严重的公众信任危机，食品安全问题成为公共安全保障的重要内容。

各行各业的存在与发展都有其自身特有的内在规律，不同行业领域潜在的风险也不尽相同。食品安全历来受到各国政府和民众的高度关注。食品是人类生存和发展最基本的物质条件，也是国家稳定、社会发展的最基本要求。对食品行业领域的安全现状进行剖析，发现其风险的发生、发展规律以及个中问题，以期为食品行业领域内的风险防控和问题解决提供新的视角。

一 研究背景和意义

近年来，我国政府针对频繁发生的食品安全问题，借鉴国际组织和发达国家食品安全监管体系的先进理念和经验，采取了一系列重大整治措施，如国务院调整了食品安全监管体制,组建了国家食品药品监督管理总局,对食品药品实行统一监督管理;国务院法制办公室公布了"食品安全法"修订稿,在全国范围内广泛征求修改意见;由卫生主管部门牵头成立了国家食品安全风险评估中心,全面建立了食品安全风险评估制度,对食品安全标准进行清理和修订;最高人民法院和最高人民检察院根据刑法有关规定,公布了"关于办理危害食品安全刑事案件适用法律若干问题的解释",用以依法惩治危害食品安全的犯罪行为,保障人民群众的身体健康和生命安全等。[①] 这都充分显示了政府及相关部门对食品行业安全问题的重视。

河南省位于我国中东部,至2015年底,河南省常住人口达9480万人,居全国第3位。食品安全问题对于河南省的社会稳定和经济发展至关重要,必须对河南省食品行业的生产、运输、销售整个流程实行安全监控和风险预防。本文以年度最新食品行业安全现状为基础,以当下民众对食品行业的心理特征为研究对象,分析新形势下的食品行业领域的安全问题并提出改进建议。

二 河南省食品行业安全现状研究

(一)2016年河南省食品安全事件

根据可搜集的官方公告、主流媒体报道信息,河南省2016全年发生的有较大影响的食品安全事件有两起。一是信阳市光山县一学校因土豆发芽引起数十名学生食物中毒;二是郑州市丹尼斯超市加工过期食品,更改生产日期发生消费欺诈问题(见表1)。这两起事件引发了部分消费者的关注,主要是针对学校餐饮、超市食品的质疑和警惕,没有导致严重的舆情后果和社会大范围对食品安全的恐慌。

---

① 承明华、张海波:《试论完善我国食品安全监管工作的对策与出路》,《中国食品卫生杂志》2013年第5期。

表1 2016年河南省两起影响较大的食品安全事件

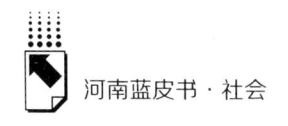

时间	地点	影响	原因	类型
2016年12月9日	信阳市光山县一学校	数十名学生食物中毒	食用发芽变质的土豆引起	食物中毒
2016年11月25日	郑州市丹尼斯超市	消费者对超市产品产生怀疑	违规加工并销售过期食品、任意更改生产日期等	消费欺诈

（二）河南省食品抽检合格率统计分析

为了了解目前河南省食品行业的安全状况，本文根据河南省食品药品监督管理局公布的食品安全监督抽检通报，包括加工食品如粮食制品、肉制品、蛋制品、蔬菜制品、水果制品、水产制品、饮料、调味品、食糖、酒类等24类制成品抽检样本的情况，以及不合格产品的主要原因等信息，运用描述统计法对河南省食品安全现状进行深入分析。

2014年，食品抽检合格率为95.2%，比2013年提高了0.2个百分点；2015年以来，河南省政府每年都将食品安全纳入十项重点民生工程，出台年度食品安全工作要点；2016年启动了食品安全县和农产品质量安全县创建活动，并把食品安全工作作为"三查三保"活动的重要事项。综合国家部委和省有关部门各类抽检监测数据显示，河南省主要粮食产品质量符合国家标准，食品抽检平均合格率在97%以上；2016年，在食品药品监督管理局组织的专项抽检工作中，共抽检食用农产品包括畜禽肉及副产品、水产品、蔬菜和水果类，共883批次，经初检合格样品866批次，不合格样品17批次，样品检验合格率约为98.1%（见图1）。

2016年，河南省食品药品监督管理局进行了48次食品安全监督抽检活动，具体信息见表2。

2016年，河南省食品药品监督管理局重点对31类食品做了若干次抽查，分别是焙烤食品4次，酒类10次，饮料12次，冷冻饮品4次，粮食及粮食制品13次，薯类及膨化制品6次，糖果及可可制品7次，食用油、油脂及其制品8次，调味品9次，炒货食品及坚果制品4次，肉及肉制品8

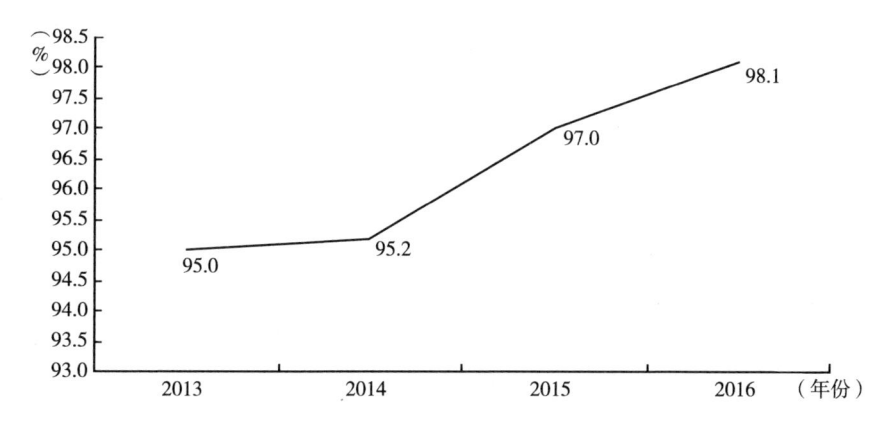

图 1　食药监局食品抽检合格率

表 2　2016 年河南省食药监局各批次抽检活动结果汇总

单位：次，%

期次	种类	抽检批次	合格率
1	焙烤食品	227	100
	酒类	297	100
	饮料	515	99.2
	冷冻饮品	34	100
2	蔬菜及其制品	300	98.7
	焙烤食品	149	100
3	粮食及粮食制品	303	97.4
	薯类及膨化食品	211	99.1
	糖果及可可制品	94	100
4	粮食及粮食制品	1291	99.9
	饮料	47	100
5	食用油、油脂及其制品	192	96.9
	调味品	299	91.3
	酒类	230	98.3
	焙烤食品	95	93.7
	糖果及可可制品	198	98.5
	炒货食品及坚果制品	100	95
	粮食及粮食制品	778	100
	肉及肉制品	260	100
	饮料	352	100
	蜂产品	98	100

续表

期次	种类	抽检批次	合格率
6	食用油、油脂及其制品	187	100
	餐饮食品	241	99.6
7	乳制品和添加剂	297	100
8	焙烤食品	755	94.6
	豆类及其制品	300	100
9	罐头、蜂产品、和冷冻饮品	130	100
10	调味品	478	99.8
	水产品及水产制品	87	96.6
	茶叶及其相关制品、咖啡	36	100
	炒货食品及坚果制品	91	100
	豆类及其制品	154	100
	酒类	22	100
	薯类及膨化食品	210	100
	水果及其制品	140	100
	糖果及可可制品	66	100
	特殊膳食食品	17	100
	蛋及蛋制品	131	100
	粮食及粮食制品	36	100
	肉及肉制品	442	100
	食用油、油脂及其制品	194	100
	蔬菜及其制品	134	100
11	酒类	153	98.0
12	饮料	308	97.4
13	酒类	152	96.7
15	调味品	192	98.4
16	饮料	318	97.1
	食品添加剂	294	100
17	水果及其制品	218	99.5
21	调味品	439	97.3
22	薯类及膨化食品	130	99.2
	冷冻饮品	188	100
	肉及肉制品	127	100
	糖果及可可制品	203	100
23	餐饮食品	358	99.4
24	餐饮食品	1933	100

续表

期次	种类	抽检批次	合格率
25	粮食及粮食制品	1866	99.8
	酒类	201	99.5
	炒货食品及坚果制品	585	100
	食用油、油脂及其制品	193	100
	糖果及可可制品	102	100
	茶叶及其相关制品、咖啡	276	100
	豆类及其制品	565	100
	食品添加剂	284	100
26	粮食及粮食制品	205	97.6
	食用油、油脂及其制品	260	98.0
	调味品	450	95.6
	酒类	152	98.0
	饮料	216	98.6
	餐饮食品	37	91.8
	罐头	266	100
	乳制品	1964	100
	特殊膳食食品	141	100
27	保健食品	1535	99.5
	调味品	416	95.6
	酒类	153	97.3
	肉及肉制品	245	100
	蛋及蛋制品	219	100
	蔬菜及其制品	242	100
	水产品及水产制品	132	100
28	粮食及粮食制品	210	92.8
29	饮料	345	97.6
	食用油、油脂及其制品	187	99.4
	乳制品	208	100
	特殊膳食食品	395	100
31	食用农产品	232	100
32	餐饮食品	266	100
	饮料	115	99.1
33	粮食及粮食制品	198	100

续表

期次	种类	抽检批次	合格率
34	食用油、油脂及其制品	154	100
	调味品	70	100
	速冻食品	36	100
	酒类	54	100
	淀粉及淀粉制品	29	100
	糕点	50	100
35	食用农产品	241	99.5
	豆类及其制品	51	100
	薯类及膨化食品	53	100
36	方便食品	43	97.6
	粮食及粮食制品	203	100
	肉及肉制品	70	100
	饼干	61	100
	茶叶及相关制品、咖啡	53	100
	炒货食品及坚果制品	58	100
37	食用农产品	244	100
	月饼	300	95.7
38	月饼	209	99.5
	饮料	203	98.5
	粮食及粮食制品	224	100
	罐头	30	100
	糖果及可可制品	38	100
	蔬菜及其制品	28	100
39	餐饮食品	210	100
40	肉及肉制品	120	100
	饮料	200	100
41	蛋及蛋制品	40	100
	豆类及其制品	60	100
	薯类和膨化食品	60	100
	调味品	230	96.1
	淀粉及淀粉制品	179	93.3
42	餐饮食品	208	97.6

续表

期次	种类	抽检批次	合格率
43	粮食及粮食制品	525	99.6
	调味品	303	95.7
	糕点	377	98.1
	酒类	254	98.4
44	肉及肉制品	145	100
	粮食及粮食制品	160	100
45	饮料	259	99.2
	方便食品	165	93.3
	糖果及可可制品	60	96.7
	饼干	40	97.5
	食用农产品	261	97.3
46	餐饮食品	740	99.8
47	糕点	200	99.5
	粮食及粮食制品	200	100
	食用油、油脂及其制品	100	100
	肉及肉制品	100	100
	饮料	100	100
	冷冻饮品	25	100
	速冻食品	120	100
	薯类及膨化食品	100	100
	水果及其制品	130	100
	蛋及蛋制品	100	100
	淀粉及淀粉制品	100	100
	食品添加剂	50	100
48	食用农产品	883	98.1

次，蜂产品2次，餐饮食品8次，乳制品3次，豆类及其制品5次，罐头3次，水产品及水产制品2次，茶叶及其相关制品、咖啡3次，水果及其制品3次，特殊膳食食品3次，蛋及蛋制品4次，食品添加剂4次，保健食品1次，食用农产品5次，速冻食品2次，淀粉及淀粉制品3次，糕点3次，方便食品2次，饼干2次，月饼2次。统计结果整理可得，抽检食品的合格率都呈现出了可喜结果（见表3）。

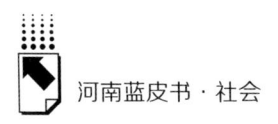

表3 2016年河南省31类食品安全抽检结果汇总

种类	次数	合格率										
焙烤食品	4	100	100	93.7	94.6							
酒类	10	100	98.3	100	98	96.7	99.5	98	97.3	100	98.4	
饮料	12	99.2	100	100	97.4	97.1	98.6	97.6	99.1	98.5	100	99.2	100
冷冻饮品	4	100	100	100	100							
蔬菜及其制品	4	98.7	100	100	100							
粮食及粮食制品	13	97.4	99.9	100	100	99.8	97.6	92.8	100	100	100	99.6	100	100
薯类及膨化食品	6	99.1	100	99.2	100	100	100					
糖果及可可制品	7	100	98.5	100	100	100	100	96.7				
食用油、油脂及其制品	8	96.9	100	100	100	98	99.4	100	100			
调味品	9	91.3	99.8	98.4	97.3	95.6	95.6	100	96.1	95.7		
炒货食品及坚果制品	4	95	100	100	100							
肉及肉制品	8	100	100	100	100	100	100	100	100			
蜂产品	2	100	100									
餐饮食品	8	99.6	99.4	100	91.8	100	100	97.6	99.8			
乳制品	3	100	100	100								
豆类及其制品	5	100	100	100	100	100						
罐头	3	100	100	100								
水产品及水产制品	2	96.6	100									
茶叶及其相关制品、咖啡	3	100	100	100								
水果及其制品	3	100	99.5	100								
特殊膳食食品	3	100	100	100								
蛋及蛋制品	4	100	100	100	100							
食品添加剂	4	100	100	100	100							
保健食品	1	99.5										
食用农产品	5	100	99.5	100	97.3	98.1						
速冻食品	2	100	100									
淀粉及淀粉制品	3	100	93.3	100								
糕点	3	100	98.1	99.5								
方便食品	2	97.6	93.3									
饼干	2	100	97.5									
月饼	2	95.7	99.5									

以上数据可见，在河南省加大了对食品安全的监督管理力度，调整和强化了各政府行政部门的职能，建立了比较完善的食品安全法律法规及标准体系后，食品生产经营企业法制意识逐渐增强，消费者自我保护意识和法律意识持续增强，河南省食品卫生质量合格率不断提高，食源性疾病逐步下降。2016年全年未爆发大范围食品安全事件，可以说河南省食品安全状况趋于良好。

三 消费者心理感知下的食品行业安全现状

根据各种权威的调查和抽检数据，以及行业专家的分析观点，我国食品整体情况相比以往已经改善，应该说整体上是安全的。食品质量和安全性在城乡之间也比较均衡，没有出现显著差异。可以说在政府的整治措施和多方努力下，我国食品安全保障水平稳步提高，食品安全问题趋于减少，食品安全总体形势稳中趋好。

然而，值得注意的是，消费者对于食品安全现状的心理感知（即食品安全感）却不容乐观。消费者感知下的食品安全现状与实际食品安全抽检结果相反，即食品的实际安全程度同消费者心理上的安全程度存在较大差异。我们将食品安全实际状况与消费者心理感知之间的错位现象称之为"错位效应"。

（一）食品安全现状与消费者心理感知之间的"错位效应"

本次调查以广大消费者为主要对象，通过发放调查问卷和进行现场访谈，对消费者的性别、年龄、职业、受教育程度、居住地等基本信息，消费者是否关注食品安全、对目前食品行业的看法、对频发的食品安全问题的态度以及对政府在食品领域所采取措施的熟悉程度等方面进行研究调查。共发出调查问卷700份，回收问卷689份，其中有效问卷661份，效度96%（见表4）。

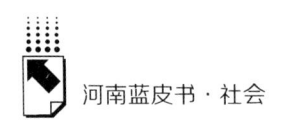

表4 受访者的人口统计学特征

单位：%

基本特征		百分比	基本特征		百分比
性别	男	47.2	受教育程度	初中及以下	10.74
	女	52.8		高中	24.66
居住地	城市	64.06		本科	55.07
	农村	35.94		研究生及以上	9.53
年龄	20岁及以下	7.41	职业	学生	8.93
	21~35岁	45.08		教师	14.07
	36~50岁	37.07		公务员	15.73
	51岁及以上	10.44		国企员工	18.46
				民营企业员工	24.36
				其他	18.46

调查问卷的统计结果显示，消费者对食品安全的关注程度较高，有48.41%的人对食品安全表示非常关注，35.85%的人表示比较关注。在对该问题普遍关注的情况下，消费者对当下食品安全现状的总体持不乐观的态度。从消费者对我国当前食品安全状况的打分情况可以得知：认为当前食品安全状况的总体得分在60分以下的消费者占45.99%，认为总得分在60~80分的消费者占47.35%，而认为总得分在80分以上的消费者仅占6.66%。

由此可见，食品行业存在的更大问题是它失去了消费者的信任。绝大部分消费者认为当下的食品行业或多或少存在一些安全问题。由此，食品行业中的安全问题，出现了客观现实与消费者感知的"错位效应"。

"错位效应"的出现，首要原因是信息不对称，加之媒体的恶意炒作所致。食品安全事件不断被各种媒介曝光，这些不安全事件会形成"集聚""累积""反复"等诸多效应，加剧了消费者的不安并强化负面认知。同时，自媒体对食品安全事件的广泛传播和直接影响，消费者在"一朝被蛇咬，十年怕井绳"的危机感下，普遍产生感受与实际状况相脱离的错位效应。除此之外，认识的误区在很大程度上影响了消费者对食品安全问题的感知。例如对食品添加剂全都有害健康的错误认识，以及对于转基因食品的安全性问题的质疑等,加之食品本身直接影响人的生命健康,使得公众已如惊弓之鸟,本为安全的食品在公众感知下也变得不再安全。

(二)消费过程中的言行"相悖效应"

伴随"错位效应"的是更为普遍的"相悖效应"。具体来说,目前网民可以在网络上通过各种不同形式表达自己的观点,比如论坛、博客、微博、微信等。各种监控技术手段在交通、社区、学校、商业区等的应用,也使还原真相的渠道和途径越来越多。这些曝光或回放式的表达使得人们面对一个冲击性的事件而产生"同理感""同情感""代入感",在语言和文字等表达方式上趋向一致,形成共识。但是,当人们付诸行为时,却不见得受语言文字等外在表达形式的影响,而是单独进行现场判断。这在食品消费行为过程中显得尤为突出。人们很少因为心理上对食品安全的担心而少去或不去饭店,甚至在菜场、超市等购物场所上也不做过多的挑选或放弃已定的安全准则,轻易接纳所购食物。从调查中可见,其中不排除许多消费者对当下食品安全的"无可奈何"。消费过程中的这种现象在食品安全领域所见越来越多,可以称为言行之间的"相悖效应"。

通过对问卷调查结果的分析,有52.95%的消费者面对频发的食品安全问题的态度是"怕是怕,但是没办法";有26.32%的消费者是"很害怕,不知道吃什么";15.43%的消费者觉得是"个别而已,对报道的食品小心点就好"。可见大部分消费者认为目前我国食品安全现状不容乐观,或多或少地表现出了对食品行业安全问题的担忧。但是消费者并没有因为担心食品安全问题而减少外食,这表明目前我国食品行业当中存在着消费者对于食品安全在语言、心理评价与具体消费行为之间的"相悖效应"。

追溯其原因,公众在对食品安全事件心有余悸,心理上不信任的同时,又存在一定的侥幸心理或者无可奈何。有科学理性的调查研究显示,互联网的便捷和匿名,使得公众诉诸感性的语言或文字不必考虑成本和后果,且易于引发个人塑造"正义"形象,故人们乐于用合乎道德、政治正确的思维选择站队。加上被曝光的不安全事件又确实存在,所以,哪怕安全问题发生的比例很低，却极易激发公众夸大问题严重性的心理。然而，在实际的食品消费行为中，消费者往往又倾向于便利性和便宜心理，还是会选择与评价相悖的食物、餐厅来进行消费，负面的安全评价只存在于口头和网页上。但归根结底，"相悖效应"的存在还是消费者安全感和信任感缺失的表现。

四 对策与建议

影响消费者关于食品安全心理认知的原因，可从个人主观因素和客观环境说起。由于每个人的性别、年龄、文化程度、职业、经济收入等的不同，必然使其在社会生活、社会关系、社会价值观诸方面存在一定的差异，最终导致人们的安全感知不同。客观环境则是消费者之外的现实领域，在某些领域相对来说已经形成了一个较为稳定有序的良性循环，因此民众的安全感知较为一致；对于安全感知不一致的情形，归根结底是系统的循环不畅，机制的不完善导致。有果必有因，我们想要达到某种理想的状态，就必须着手根源，以求效果。这里提出以下几条对策与建议。

（一）树立国家宏观安全理念，加强消费者安全感的顶层设计

国家和政府必须树立大安全观，正确处理国家安全和公众安全的辩证关系，进一步认识到公众安全感对社会稳定、经济发展的重要意义，把食品安全作为国家安全的重要组成部分。一方面统筹兼顾，协调各方面、各部门的利益关系；另一方面要采取各种措施，不断改善民生，加强社会保障，营造安定的生活氛围。此外，国家和政府要加强相关政策、措施的顶层设计，进一步完善食品安全的法律规范，依法行政，依法办事，依法保障人民群众的安全需要；国家和政府在制定相关政策法规时，要根据公众的年龄、职业和经济收入等特点，注意点面结合，有的放矢，努力体现和解决人民群众最关心、最直接、最现实的利益问题，不断改善公众对食品行业的安全感，提升群众的满意度，切实履行为人民服务的宗旨。

（二）优化社会环境安全的管理机制设计，保障客观环境安全

首先，国家要把提升国民安全指数作为长久战略，不仅要直面各类安全问题，更要有具体的举措，优化现有的安全管理机制，党政领导部门要把社会民众的集中意愿作为政策制定的依据。其次，各级部门都应在维护并提升国民安全感上下功夫，对公众做出食品安全承诺，并尽最大的努力加以兑现。各级政府必须进一步健全和完善公共安全预测预警、舆论监控机制、应急保障机制，全面提升应对食品安全事件的能力。要不断健全党和政府主导的消费者维权机制，切实解决好群众最关心、最直接、最现实的利益问题，逐步实现由政府控制管理向政府服务管理转变，通过加强和创新社会管理，保障城市居民的生活安全。最后，鼓励民众积极履行公民的职责与义务，为社会的稳定和发展做出贡献，最终达到国民主观感知与客观环境安全的一致性。

（三）充分利用信息化技术手段，及时发布、传播权威信息，稳固消费者心理安全

随着互联网时代的发展，信息的快速、广泛传播也极易造成原始信息的失真和扭曲。食品安全事件的发生，总是伴随着谣言、歪曲事实的报道，这增加了消费者的恐惧和不安全感。权威信息平台的新闻发布，对于信息社会国民安全感的提升有着不可估量的作用。政府应建立和完善信息传播机制，通过及时发布规范有序的真实信息，使流言终止于信息透明。社区调查表明，大量的虚假信息和流言主要来自于网络和手机微信等现代传媒，通过加强管理部门的监管，强化各大网站和电信部门的社会责任，净化公众信息传播的途径，可最大限度地减少虚假信息的传播和流言的泛滥。此外，应充分利用媒体的传播功能对公众进行正向引导，大众传媒应结合新时代的传播平台和创新手段，在保证客观、公开、透明的价值前提下，增加正面信息的传播力度和广度，从而为公众营造和谐、安定、祥和的公共空间感受，使良好的外在安全感知内化成实实在在的心理体验。

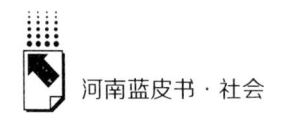

五 结论与展望

通过收集国家食药监总局公布的食品抽检数据,整理食品安全领域专家学者对于食品安全现状的观点,对比消费者对食品安全现状的主观感受,得出以下结论。

从2016年度食品药品监督管理总局公布的食品安全监督抽检合格率的通报数据以及各类食品各批次抽检结果可以看出,近年来随着河南省食品安全监管力度的加强,食品安全抽检的合格率稳步提升,食品安全形势总体趋好。这一结果与食品安全领域的专家学者们的观点相同。食品安全领域的大部分专家学者对我国食品安全的现状持乐观态度,认为近些年我国政府对于食品领域的管理措施已经取得初步成效,食品安全形势有所好转。然而,我国消费者对于食品安全现状的感知不容乐观,通过问卷调查和访谈,发现大部分的受访消费者认为我国食品安全状况依旧存在很多问题。我国食品安全的现状与消费者安全感知中的食品现状存在"错位效应",直接反映出消费者对食品安全现状的怀疑和对我国食品行业的不信任。同时,在消费过程中存在着消费评价、消费心理与消费行为不一的"相悖效应"。

本文希望通过对2016年度河南省食品行业安全现状的研究,以及对消费者心理感知偏差的分析,为解决当下食品行业存在的安全问题进言献策,为今后的食品安全研究提供新的视角。

参考文献

承明华、张海波:《试论完善我国食品安全监管工作的对策与出路》,《中国食品卫生杂志》2013年第5期。

李太平:《我国食品安全形势分析》,《食品与发酵工业》2016年第6期。

黄国勤、黄依南:《中国食品安全存在的问题及其治理对策》,《中国井冈山干部学院学报》2016年第1期。

张全军、玄兆强、张兰:《论中国食品安全新形势及〈食品安全法〉的修订》,《农产品加工》2015年第6期。

李建慧、路文静:《食品安全问题分析及对策》,《食品研究与开发》2014年第11期。

王中亮、石薇:《信息不对称视角下的食品安全风险信息交流机制研究——基于参与主体之间的博弈分析》,《上海经济研究》2014年第5期。

谌迪、沈立荣:《从全球食品保障指数探讨食品安全》,《食品安全质量检测学报》2014第4期。

赖泽栋、杨建州:《食品谣言为什么容易产生——食品安全风险认知下的传播行为实证研究》,《科学与社会》2014年第1期。

喻凤香:《食品安全教育体系构建的几点思考》,《教育教学论坛》2015年第3期。

董士昙:《论我国食品安全风险评估机制》,《山东警察学院学报》2016年第2期。

谭九生、杨琦:《风险社会中我国食品安全治理困境与路径选择》,《长江论坛》2012年第6期。

B.20
河南省网络舆情分析报告*

殷铬**

摘 要： 2016年河南省网络舆情具有鲜明的特点：舆情趋于"平静"、爆发力度与持续性减弱、"舆论倒逼"现象减少、不满情绪的表达转向私人圈。与此同时，网络空间出现舆论麻木、舆论力量弱化、涉官舆情增多等问题。网络舆情治理是社会治理的一部分，其本质不是官对民的管制，而是官民共治。舆情回归理性需要舆论共同体的合力，相信人的良知和理性，回归官民平等一体的理念，激发网络活力，在互为主体的前提下互相监督、互动沟通，彰显是非曲直，防止政府形象被少数人劫持，民意被网络炒手操纵，这是舆情治理的关键所在。

关键词： 河南 网络舆情 舆情治理

网络公共空间的形成时间虽然并不长，但随着网民数量的剧增，它已经成为民间舆论的汇集地。从2000年以来，网络公共空间成为民众参与公共事务的重要场所，在打破信息垄断、推动社会公正、改善公共治理方面发挥着巨大的社会功能，但同时也出现了一系列问题，提高网络治理能力已成为一个迫切的任务。近年来，网络舆情出现了一些新特点，2016年尤其明显。分析这些特点，对于进一步改进网络治理、优化网络环境有着重要的意义。

---

* 本文为国家社会科学基金项目"网络公共空间官民共识的生成机制"（项目编号：13BSH35）。
** 殷铬，社会学博士，河南省社会科学院社会学所副研究员。

一 2016年河南网络舆情事件及网络舆情的特点

网络舆情事件是指在网络上引起广泛关注,形成舆论焦点的社会性事件,它不是一般的新闻事件,而是事件、现实问题(社会情绪)、网络媒介三者交互作用的结果。它并非突发事件在网络媒介上的简单映照,而是夹杂着与社会背景(问题矛盾)相关的情绪、倾向和立场。网络舆情在一定意义上说就是网络空间关于这类社会事件的意见及言论。2016年,在新闻时政网站、网络论坛、微博等网络媒介上涉及河南并产生较大影响的典型的网络舆情事件有20起(见表1)。

表1 2016年河南省网络舆情事件汇总表

时间	事件	时间	事件
2016年1月	医院遭强拆事件	2016年7月	"考拉"举报律师造谣事件
2016年1月	通许县烟花厂爆炸事件	2016年7月	卫辉交通暴力执法事件
2016年2月	抹香香事件	2016年7月	"7·19"罕见特大暴雨袭击豫北
2016年2月	南阳干部报复社会冲撞学生案	2016年7月	职业学校拆迁冲突事件
2016年3月	王娜娜被顶替上大学事件	2016年7月	正阳小贩杀死城管事件
2016年3月	问题疫苗流入事件	2016年9月	电视人辱骂河南人遭起诉
2016年3月	汝州拆迁群体性冲突	2016年11月	南阳两交警抢开罚单
2016年5月	警察抓嫖遭高压电击殉职	2016年11月	原郑州市委书记吴天君被查
2016年5月	薛岗村拆迁户杀人事件	2016年12月	伊川17人冲撞国家机关事件

从表中可以看到,这些事件涉及强制拆迁、粗暴执法、教育不公、腐败等问题,并且有很强的涉官性。与一般新闻事件不同的是,它们并非简单的偶发事件,而是某一类问题的集中体现,其舆情特点表现在以下几个方面。

(一)突发事件不减,但网络舆情却趋于"平静"

突发事件频发是风险社会的"常态"。在矛盾叠加、风险隐患增多的时期,不但社会内在风险会借助于特殊事件而引爆,外在的自然灾害、偶发事故也会转变为社会性突发事件。从具体的时点看,突发事件是偶然的,但从系统观点看，它是系统风险的体现，在偶然中存在必然。由于一些官员不作为、乱作为，使官民隔阂等问题没有得到根本的解决，涉官性突发事件一直居高不下，外部性事件也会演变为公共治理危机。2016年，河南引发舆论关注的突发事件并未减少。在以上20例事件中，涉及公权力及基层官员的占大多数，其背后的问题并不是新近出现的，但老问题却引发新事件，并越来越具破坏性。"薛岗村拆迁户杀人"事件、"正阳小贩杀死城管"事件就是这类问题的极端反映。在拆迁、城管矛盾日益突出的情况下，逞强斗狠成为个体"解决"问题的手段，这种恶性循环必然会造成悲剧事件。在舆情方面，近年来出现了一种奇特的现象，即突发事件数量不减，冲击性和刺激性也没有减弱的迹象，但网络舆情却趋于"平静"。这种现象并不能简单地归因于理性的回归，因为其中既有见怪不怪的麻木，也有无可奈何的冷淡。在各种因素的作用下，网民在公共平台表达意见的热情减弱。因担心发表议论受到处分，在论坛、博客、微博上较少发声。针对事件的网络评论越来越少，网络声援行为也仅限于个别已经引起围观的事件。在以上20例事件中，只有"薛岗村拆迁户杀人""王娜娜被顶替上大学""正阳小贩杀死城管"等事件存在后续报道和评论，大部分事件在网络上停留的时间很短，在官方简单的通报后就迅速消退。在社会矛盾凸显、突发事件频现的时期，舆论的"平静"并非好事，应引起高度重视。

（二）网络舆情事件的爆发力度与持续性减弱

网络舆情事件一般存在形成、爆发、蔓延、消退四个阶段。在2014年之前，这四个阶段都比较清晰。比如2013年"周口平坟""郑州房妹""警察摔婴"等事件在网络上曝光之后，爆发性非常强烈，扩散蔓延阶段也持续了较长一段时间。其中"周口平坟"事件从2012年底一直持续到2013年"两会"后，产生了较大的影响。2014年"新郑半夜强拆""获嘉污染""鹤壁电老虎"等事件虽然爆发力很强，但持续性却不如2013年的网络事件。2015年虽然出现了"城管围殴七旬老夫妻""洛阳拆迁坠亡""男童救助站饿死成干尸""鲁山老年公寓火灾""平顶山暴力拆迁"

等极端事件，其恶劣程度不亚于往年，但爆发力和持续性都大大减弱。在2016年河南网络舆情事件中，这一点表现得更为明显，往往刚形成，就开始消退。影响最大的"薛岗村拆迁户杀人"事件在网络上的关注周期也没有超过一星期，其他事件持续性更短，在事件形成之后就迅速消退。因为持续性大减，舆情应对又回归老套路，取舍式通报代替了互动沟通。舆情的爆发力和持续性降低减轻了地方政府或涉事者的压力，不利于对教训的吸取。社会情绪非理性的发作不是好事，但不辨是非真相，无动于衷，同样不是积极的信号。

（三）强拆事件与暴力执法依旧是网络舆情的焦点

近年来，由强拆造成的恶性事件一直居高不下。2014年典型事件有"新郑半夜强拆"事件、"艾滋病拆迁队"事件，这些事件产生了恶劣的社会影响。2015年又出现了"洛阳拆迁坠亡""平顶山暴力拆迁"等事件，其恶性程度和震撼性更甚于2014年的两个事件。2016年，因拆迁造成的舆情事件不但没有减少，反而频繁出现，冲击着人们的心理底线。2016年由拆迁引发的舆情事件包括："郑大第四附属医院遭强拆"事件（2016年1月）、"汝州拆迁群体性冲突"事件（2016年3月）、"郑州惠济区薛岗村拆迁户杀人"事件（2016年5月）、"平顶山民宅凌晨遭强拆"事件（2016年6月）、"郑州外资学校拆迁冲突"事件（2016年7月）。从这些事件可以看出，拆迁问题不但涉及个人还涉及单位；不但会造成人间惨剧，还会引发社会冲突。除拆迁事件之外，城管、司法人员暴力执法也是经常发生的问题。2015年"周口城管围殴七旬老夫妻"事件、"周口城管打人砸店"事件在网络上激起了强烈的"义愤"，2016年又出现"卫辉交通暴力执法"事件、"记者鹿邑法院采访被殴打"事件，事件的曝光加剧了本已存在的仇官心理，这种现象应该引起高度的重视。

（四）网络活力不足，"舆论倒逼"现象减少

"舆论倒逼"是自媒体时代的独特现象，它是一种抗争，同时又是一种

特殊的互动。"舆论倒逼"现象在网络环境下产生,但根本原因却在于正常互动渠道的缺失。由于缺乏制度化的公开透明的信息交流互动渠道,僵化的行政习气在私利的作用下会时常发作,舆情事件被少数人操弄、是非曲直难以辨清,在这种情况下,就会出现"舆论倒逼"现象。在"舆论倒逼"中存在情绪化乃至狂躁倾向,但这并不是网络所造成的,网络只是起到聚集作用,根本的原因还在于现实中存在的矛盾和问题。如果忽略了问题产生的社会原因,而仅仅针对网络的群体性,就是主次不分。近年来,网络环境的整治力度加大,舆情监测和应对成为地方政府的重要工作,应对的技巧和时效性都有所提高,"舆论倒逼"现象开始减少,但同时网络舆论的正面效应也开始减弱,一些事件在没有经过舆论质疑的情况下就迅速消失在公众的视线之外。"职业学校拆迁冲突"事件在须水警方发布通报、校方发表针对性声明之后便没有了声息,"平顶山民宅凌晨遭强拆"事件也是这样。《京华时报》记者发表《河南民宅凌晨遭强拆老人妇女被拖出暴打》的报道之后,网民也只是在论坛跟帖中发表看法,针对事件的相关时评也非常少,在没有处理结果的情况下迅速淡出了公众的视野。其他事件也存在类似的情况。无论是自媒体还是传统媒体,对事件真相及结果不再像过去那样持续关注,这并非网络时代的常态。

(五)网络论坛、博客、微博的公共舆论效应下降,不满情绪表达转向私人圈

互联网的出现使得普通人具有了"话语权",激发了民众的表达欲望和参与公共事务的热情。网络作家、网络评论者、围观者的聚集使得网络公共空间具备了形成公共舆论的条件。网络事件的形成和发酵,与网民不屈不挠地发帖、跟帖、发表评论有直接的关系。只有网络题材而没有网民关注,无法形成网络事件,也不可能形成现实的力量。网络公共空间是公共舆论形成的场所,但也会出现恶意炒作、操纵舆论等问题。正因为如此,需要在保证言论自由的基础上治理网络舆论环境。2013年下半年以来,政府采取了一系列净网专项行动,网络谣言、网络暴力受到遏制,但也出现了一些意想不

到的问题，即正常的网络行为也受到了影响，网民参与公共事务的热情明显下降。在发表评论、跟帖时顾忌较多，公共论坛、博客、微博等公共空间的公共舆论效应明显下降，不满情绪的表达转向了微信"私人圈"。情绪性因素在公共空间中开始"消退"，而在私人微信圈却不断上涨。在舆情事件中，网络论坛对事件的挖掘越来越少，大都是转发媒体的报道，但在私人圈子之中，却存在带有负面情绪的"真实"评论。也就是说，不满情绪并未消失，但公开的表达受到了限制，这是网络舆情的最新特点。

二 网络舆情态势及问题分析

（一）网民心态大体平稳，但负面情绪并未消失

社会心态是社会面貌的折射，也是社会治理状况的反映，从中可以体察到社会运行的状况和未来走向。社会运行处于良性状态时，与此相对应的社会心态是舒畅平和；当社会运行出现严重问题，不满情绪集聚而又不能释放，就会出现"道路以目"的现象。党的十八大以来，政府加大反腐力度、促进政府职能转变、着力改善民生，这些举措深入人心，民众看到了社会改善的希望，对政府、对社会的信任程度开始提升。网民心态大体平稳并呈健康向上的发展趋势。但是也应该看到，社会负面情绪依旧存在，这表现在几个方面：一是仇官、仇富情绪并非消失。基层社会治理存在诸多问题，不作为、乱作为现象没有从根本上得到遏制，贫富分化没有真正解决，这些问题是导致仇官、仇富情绪积累的社会根源。二是矛盾纠纷理性化解的难度较大，情绪性对抗代替理性沟通，由"小事"引发的"大事件"时常发生。同时，强征强拆、暴力执法等恶性事件不时出现，将本已存在的负面情绪激化。理性解决矛盾的机制缺失，与社会负面情绪存在很大的关联。三是焦虑症、冷漠症的病根未除，社会成员之间缺乏基本的信任。生活压力增大、城乡区域分割、社会阶层封闭固化，这些问题相互作用，产生了不良的社会情绪。

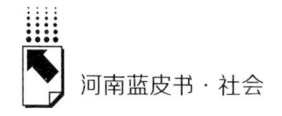

（二）网络舆论麻木现象将继续存在

近年来，网络舆情出现了新变化，其中之一就是出现了舆论麻木现象。一是舆论关注的阈值越来越高，公众对一些事件见怪不怪。二是公共论坛、自媒体与新闻时政网站、传统媒体的互动减少，网上发帖很难被主流媒体挖掘，主流媒体报道的新闻事件在自媒体、网络论坛上的参与度也大幅下降。三是公众对公共事件的关注缺乏持续性，理性参与缺失，网络围观现象也大幅减少。四是民众的正义感出现麻木迹象，出于道义的"义愤"被单纯的愤怒取代，情绪性宣泄占多数。舆论麻木与信息泛滥、虚假信息太多有关，但同时也与网络管理手段单一有关。自2013年下半年以来，政府采取了一系列措施净化网络，一些传播谣言的网络名人受到处分，网络敲诈、有偿删帖、谣言泛滥得到遏制，但这种净网措施也对一般网民造成了压力，影响了网络参与的热情。这虽然是阶段性的，但若没有相应的措施，舆论麻木的现象还会继续存在。

（三）网络舆论力量出现弱化迹象，产生新的问题

网络的出现改变了舆论环境，政治的隐蔽性、官民二元割裂的垂直结构被消解，这种技术进步带来的变化在一定程度上弥补了官民话语权的非对称性。民众在网络空间获得了话语权，虽然存在情绪化问题，但总体上是正面的。网络舆论是消解主客体式的权力逻辑、彰显公道、改善社会治理的一种正面力量。最近一两年来，净网专项行动取得了很大的成就，但同时也存在一些问题。相关部门和地方把工作重心集中在遏制网络的负面影响之上，没有将发挥网络的正面作用作为净网行动的出发点。压服性思维占据主导，手段单一，产生了一系列问题。首先，舆情事件在是非曲直还未显现的情况下过早地消退，不了了之的问题非常突出，对政府公信力造成伤害。网络舆情事件是社会风险在特殊时点的释放，如果公道彰显，那么这种释放就起到修复的作用，如果公道不显，对社会就只有破坏作用。其次，网络舆论的监督作用弱化，外压减弱，不利于改进旧有习气和作风。网络舆论力量的兴起打

破了舆论传播的主客体格局,在一定程度上确立了民众的主体性地位,有利于改变封闭僵化的行政习气,解决不作为、乱作为问题。如果这种刚刚兴起的力量不能健康发展,官民之间就缺少了互动沟通的渠道。

（四）官民隔阂的负面影响显现,涉官舆情事件不会减少

官民矛盾是公共服务变异的表现,是"管与官"问题的集中体现。公共服务和管理脱离群众,少数官员仗势压人,这是官民矛盾的根本原因。官民隔阂已经成为一个突出的问题。在2016年20例典型事件中,涉官事件占了15例,占75%。其中"薛岗村拆迁户杀人"事件、"正阳小贩杀死城管"极端事件虽然只是个案,但隐含的问题却不容忽视。体制性问题和人的问题交织在一起,拆迁问题、违规执法、司法不公等问题没有真正解决,基层"不作为、乱作为"问题突出,引发官民矛盾的概率不会减少。当官民隔阂形成之时,不但侵犯百姓利益的事件会成为公共事件,一些与官无涉的社会事件也会因为应对处置不当等原因转化为涉官事件。因此,在未来的一段时间内,涉官舆情事件还会是网络舆情的主要关注对象。

（五）实现从网络管控向网络治理的转变成为政府面临的新课题

在网络问题上存在两种观点:一种是管控论,另一种是放任论。前一种观点强调网络群体及网络环境的非理性,认为很多公共事件是炒作与情绪性共同作用的结果,只有加强管制才会减少破坏性;后一种观点则将网络舆情视为民声的体现,是一个自然自发的舆论形态,反对任何形式的干涉。这两种表面对立的观点其实有一个共同基础,就是将舆论共同体割裂,将主体间关系视为管与被管的关系,这是与治理理念相背离的。网络治理不是管与不管的问题,而是如何实现"政府主导、社会共治"的良性状态。网络中出现的问题并非管制不到位造成的,而是网络治理缺失的结果。一提到问题就想到打击,一提到治理就想到管控,这是一些地方和部门的惯性思维,这种方式虽然可以暂时起作用,但长久下去就会产生副作用。网络治理并不否定必要的管理,但前提是依理、依法,其宗旨是彰显公道,而不是防人之口。

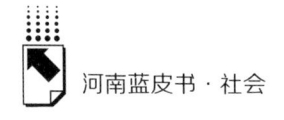

网络舆情不是网络凭空制造的，其产生原因及影响是社会性的，解决方式也应该是社会性的。没有公众的参与，单方面、单一的管控不可能使得网络舆情真正走向理性。总结近年来净网行动的利弊得失，实现从网络管控到网络治理的转变成为政府面临的实践课题。

三 网络舆情治理的理念及对策

从社会管理到社会治理，其本质是改变自上而下的管控体制，以主体间关系取代主客体关系，实现多元互动、社会共治。政府在社会治理中具有主导作用，但并非唯一主体，社会组织乃至公民个体都是公共事务治理的主体，主体间的平等互动、协同合作取代自上而下的控制，在平等的基础上相互协调、各尽其分，这是社会治理的理想状态。网络舆情治理是社会治理的一部分，其本质同样是"治于理"，而不是以管为"理"。网络舆情治理不是官对民的管制，而是官民共治。所谓官民共治，就是真正回归官民平等一体的理念，从舆论共同体出发认识网络舆情，在互为主体的前提下互相监督、互动沟通，将失真、变异的舆情规正过来。政府与民众既是治理的主体也是客体，依理规范舆论主体的行为，防止政府形象被少数人劫持，民意被网络炒手操纵，这是舆情治理的关键所在。政府有管理的职责，但必须是依理而管，绝非管控民众；民众有表达诉求、发表言论的权利，但同样必须自我管理。舆情治理是舆论共同体的共同行为，官民各尽其分、依理互动，舆情才能回归理性。

（一）相信民众的良知和理性，去除僵化对立的思维方式

目前，在网络舆情治理上存在理念不清、陷于技巧的问题。主要表现在以下几个方面：一是不相信民众的良知和理性；二是驾驭、管控思维没有消除；三是将舆情视为力量较量的结果，预先定调、强势灌输，不但不能正确引导舆情，反而使其产生新的变异；四是将舆情的引导视为单纯的技术问题，脱离真相、是非而论技巧，造成手段与目的割裂。网络舆情治理面临的

最大问题不是民众失去良知和理性，而是不相信民众具有良知和理性，以对立思维看待和处置舆情。去除僵化对立的思维方式和行政习气，消除术治论、管控论的思想，回归常道，这才是网络舆情治理的根本。

（二）彰显是非曲直，让民众在每一件舆情事件上感受到公正

从系统观点看，网络舆情事件是社会风险在特殊时点上的发作，在系统惯性力的作用下，它会产生一系列负面影响，应对失当、真相不显、是非不清就是风险发作的连锁反应。打破这种连锁反应，网络舆情事件就会成为弥合裂痕的力量。网络舆情事件是网络空间共同关注的对象，如果能彰显其本来的是非曲直，那么积聚的风险就会得到化解。如果每一个事件的处置都能让民众感受到公正，不但风险不会聚集，社会环境乃至舆论环境也会得到改善。

（三）解决舆论麻木问题，激发网络活力

舆论麻木既是信息量过大的结果，也有管理方式不当的原因。网络治理的本质是激活网络活力，发挥网络的正面作用，遏制其负面作用。但是在现实中，网络管理总是陷于管与不管、时紧时松的两极状态，舆情也在狂热和麻木的两端循环。网络治理需要扶正祛邪，而不是一概地管网、关网。如果网络活力受到遏制，正面效应不可能显现。遏制网络的负面因素，需要依理依法、一视同仁，在祛邪中扶正，在扶正中祛邪，这样才不会正邪两伤。扩充舆论表达的空间，创造理性舆论环境，激发网民的参与意识，促进新闻网站与网络论坛、微博的互动，这是解决舆论麻木问题的关键。

（四）完善信息公开制度和沟通互动制度

信息公开，是指政府和公共部门向公众开放所持有的信息。在网络之上，信息公开意味着真相不被外力所蔽障，公众可以在明了事实真相的基础上判断是非。真相不显，舆论必然狂躁，造成社会的撕裂。谣言虽不能倒逼真相，但谣言的流行却是真相被掩盖的结果。目前，地方政府都非常重视网

络舆情的监控与应对，但舆情事件并未减少，网络舆情也并没有真正回归理性，其中一个重要的原因是公开、公正的信息发布机制没有建立起来。公开性是舆情治理的关键环节，没有公开性，即便官方通报与事实真相一致，也不能让人信服。公开性不但是正当性的前提，也是防止谣言、流言泛滥的关键。在网络事件中，真相只有一个，不能被任意打扮。如果一开始抱着掩盖真相的意图，必定会在公众面前出丑。舆情治理必须回到事件的真相之上，这是消除谣言、流言和过激情绪的关键所在。在完善信息公开制度的同时，必须建立互动沟通制度。政府和民众之间要有互通信息的渠道，民众的想法、意见能够及时传递给政府部门，政府有关部门也要将处理意见和进展及时反馈给民众，共同寻求真相、彰显公道，促使网络事件涉及的问题得到公正的解决。

参考文献

童星、张海波：《群体性突发事件及其治理》，《学术界》2015年第2期。
殷辂：《网络公共事件舆情失真及其治理》，《中州学刊》2016年第9期。
苑丰：《从"公关管控"走向舆情引导》，《理论与改革》2012年第3期。
陈月生：《试论舆情疏导的理论内涵及其现实性》，《社科纵横》2007年第9期。
单光鼐：《当前群体性事件新特点和应对之道》，《时事报道》2009年第11期。
于建嵘：《以规则和信任化解官民冲突》，《南风窗》2010年第1期。
庄庆鸿：《清华大学报告：将利益表达与社会稳定一致起来》，《中国青年报》2010年4月19日。
薛晓源、刘国良：《德国著名社会学家、风险社会理论创始人乌尔里希·贝克教授访谈录》，《马克思主义与现实》2005年第1期。
孙晓晖：《网络群体性事件中执政公信力流失及其防范》，《理论与改革》2010年第4期。
吴忠民：《当代中国社会"官民矛盾"问题特征分析》，《教学与研究》2012年第3期。

B.21
河南省新的社会阶层政治参与研究

赵晓歌*

摘　要： 新的社会阶层作为中国特色社会主义事业的建设者，是构建和谐社会的重要力量，受到全社会的广泛关注。新的社会阶层的政治参与状况更是国家层面关注的核心问题。本研究①通过对河南省3571名新的社会阶层人士的调查研究，分析河南省现阶段新的社会阶层的总体状况、政治参与现状、特点和存在问题，依此三方面的综合水平，结合实地访谈资料，考察河南省新的社会阶层四类群体的内部特征以及其政治参与的可能性影响因素。并在此基础上，结合当前河南省经济和社会发展重大战略，从国家、政府和地方层面以及不同的主体角度，探讨提高新的社会阶层人士参政议政、良性政治参与的对策建议。

关键词： 河南省　新的社会阶层　政治参与

2013年初，习近平同志在第十二届全国人民代表大会第一次会议上

---

* 赵晓歌，社会学博士，河南师范大学青少年问题研究中心研究员，主要从事社会问题研究，研究方向为社会政策和社会管理。
① 2016年3～5月，根据河南省委统战部工作会议精神，开展河南省新的社会阶层人士调研工作。河南省委统战部成立调研工作领导小组，省委统战部副部长张利芳任组长，省社会主义学院副院长赵锡昌任副组长，领导小组下设办公室及六个研究组。河南师范大学作为委托方参与了调研工作的调研设计、实地调查和数据整理工作。感谢河南省委统战部和各地市统战部门的支持和配合，文责自负。

的讲话中，将其他新的社会阶层人士和非公有制经济人士并列提出。新的社会阶层是改革开放和市场经济发展成果的重要呈现，也是社会结构分化和社会活力激发的有效反映。因此，新的社会阶层作为中国特色社会主义事业的建设者，是构建和谐社会的重要力量，受到全社会的广泛关注。

2015年9月22日，《中国共产党统一战线工作条例（试行）》（以下简称《条例》）向社会公布，《条例》明确将"新的社会阶层人士"单列为统战工作对象。新社会阶层包括四个群体：私营企业和外资企业的管理技术人员，指受聘于私营企业和外资企业，掌握企业核心技术和经营管理专门知识的人员。中介组织和社会组织从业人员，包括律师、会计师、评估师、税务师、专利代理人等提供知识性产品服务的专业机构从业人员，以及社会团体、基金会、民办非企业单位从业人员。自由职业人员，指不供职于任何经济组织、事业单位或政府部门，在国家法律、法规、政策允许的范围内，凭借自己的知识、技能与专长，为社会提供某种服务并获取报酬的人员。新媒体从业人员，指以新媒体为平台或对象，从事或代表特定机构从事投融资、技术研发、内容生产发布以及经营管理活动的人员，包括新媒体企业出资人、经营管理人员，采编人员和技术人员等。以此，"新的社会阶层"再次成为社会各界关注的焦点。

一 河南省新的社会阶层数量规模

本次调查样本采取多阶段立意抽样和偶遇抽样相结合的方式，按照河南省各地市和省直管县（市）的经济发展水平和人口分布状况，分别对河南省18个地市和10个省直管县有代表性的新的社会阶层人士进行问卷调查，本次调查共发放问卷3600份，收回有效问卷3571份，有效回收率为99.2%。全省新的社会阶层数量规模分布概况见表1。

表1 河南省社会阶层数量分布概况

代码	地市	新的社会阶层四类群体				
		私营和外资企业	中介和社会组织	新媒体	自由职业	合计
01	郑州	301	176	455	50	982
02	开封	35	43	20	17	115
03	洛阳	101	84	80	49	314
04	平顶山	27	49	25	14	115
05	安阳	35	50	40	32	157
06	鹤壁	22	28	15	10	75
07	新乡	40	67	60	45	212
08	焦作	30	43	36	21	130
09	濮阳	33	48	25	12	118
10	许昌	42	65	30	50	187
11	漯河	21	35	15	10	81
12	三门峡	25	34	10	5	74
13	南阳	62	63	40	48	213
14	商丘	35	37	26	30	128
15	信阳	46	36	30	26	138
16	周口	50	34	25	50	159
17	驻马店	36	36	15	30	117
18	济源	12	34	11	3	60
19	省直管县(市)县	74	36	50	36	196
	合　计	1027	998	1008	538	3571

注：因统计要求，10个省直管县（市）合并为一类。

二　河南省新的社会阶层构成概况

本研究选择年龄在18周岁及以上、户籍为河南省，并具有所属新的社会阶层一年以上从业经历的居民为调查对象。调查数据显示，河南省新的社会阶层呈现以下特征（见表2）。

第一，性别构成：男多女少，62.9%为男性，女性为37.1%。

第二，年龄构成：70后80后是主力群体，90后将近1/3，60后相对较少；30~49岁，所占比率为63.5%，18~29岁，所占比率为24.1%，50岁以上人员相对较少，所占比率为12.4%。

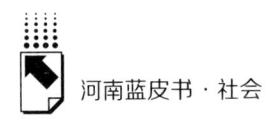

第三，民族构成：汉族多，少数民族少，汉族所占比率为95.2%，少数民族仅为4.8%。

第四，教育程度：受教育水平相对较高，文化程度集中在大专及本科水平，两者所占比率为80.9%；高中及以下，所占比率约为13.1%；研究生相对较少，所占比率仅为6%。

第五，政治面貌：普通群众所占比率接近60%；中共党员所占比率为36.2%；民主党派相对较少，所占比率为5.6%。

第六，政治身份：各级人大代表所占比率将近20%，各级政协委员接近6%，而其他政治身份均比较少，超过70%以上的人没有政治身份。

第七，宗教信仰：无宗教信仰者所占比率将近90%，有宗教信仰者，信仰宗教类型所占比率从大到小依次为：佛教、民间信仰、基督教、伊斯兰教、道教和天主教。

第八，经济状况：大多数人集中在中低收入水平，个人年收入在5万元及以下所占比率为59.2%，6~10万元收入者所占比率为27.8%，其他高收入者所占比率相对较少。

表2 样本概况

单位：人，%

属性(样本数)	样本特征	选项人数	百分比
性别 (3513)	男	2208	62.9
	女	1305	37.1
年龄 (3515)	18~29岁	847	24.1
	30~39岁	1245	35.4
	40~49岁	988	28.1
	50岁及以上	435	12.4
民族 (3493)	汉族	3325	95.2
	少数民族	168	4.8
教育水平 (3543)	初中及以下	95	2.7
	高中(含职高、职专)	369	10.4
	大专(含高职、高专)	1319	37.2
	本科	1548	43.7
	研究生(硕士、博士)	212	6.0

续表

属性(样本数)	样本特征	选项人数	百分比
政治面貌 (3491)	中共党员	1263	36.2
	民主党派	197	5.6
	群众	2031	58.2
身份概况 (3496)	人大代表(各级)	650	18.6
	政协委员(各级)	204	5.8
	都不是	2642	75.6
宗教信仰 (3497)	无宗教信仰	3087	88.3
	佛教基督教	295	8.4
	民间信仰	115	3.3
个人年收入 (3524)	5万元及以下	2088	59.2
	6~10万元	978	27.8
	11~20万元	336	9.9
	21~50万元	87	2.5
	51万元以上	35	1.0

注：本研究涉及的百分比均是其在样本中的有效百分比，后同。

三 河南省新的社会阶层政治参与现状

政治参与是公民通过各种合法方式参与政治生活，并影响政治体制的构成、运行方式、运行规则和决策过程的行为。[①] 新的社会阶层作为中国特色社会主义事业的建设者，在我国经济社会发展、全面建设小康社会中发挥着重要的作用。那么，河南省新的社会阶层随着经济地位的上升，该群体的政治参与状况如何？有何特点？本调查从政治参与认知、政治参与目的、政治参与行为、政治参与途径、政治参与类型以及政治参与中存在的问题等六个层面，综合考察河南省新的社会阶层政治参与现状。

（一）政治参与认知

在河南省新的社会阶层中，认为参与政治活动很有意义和比较有意

---

① 《中国大百科全书·政治学》，中国大百科全书出版社，1992，第485页。

义的比例为55.4%（见表3），表明该群体对政治参与认知度的取向相对积极。

表3 对政治参与活动评价

单位：人，%

评价	选项人数	有效百分比
很有意义	1100	31.8
比较有意义	816	23.6
一般	900	26.0
不太有意义	514	14.8
毫无意义	130	3.8
总　计	3460	100

（二）政治参与动机

政治参与的动机是政治参与的动力因素，不同动机因素的影响会产生不同的政治参与方式以及途径，乃至影响政治参与的频率与热情。河南省新的社会阶层，参与政治活动动机为"保障权益维护安全"的个人利益安全价值层面的比率为50.4%，参与动机为"争取社会认可""成就事业实现自我""发展经济壮大实力"的社会价值性的参与目的所占比率均在30%以上，而其他参与动机类型所占比率相对较低（见表4）。

表4 政治参与目的（多选）

单位：人，%

目的	选项人数	有效百分比
保障权益维护安全	1771	50.4
争取社会认可	1379	39.2
成就事业实现自我	1116	31.8
发展经济壮大实力	1109	31.7
提高地位获得尊重	854	24.3
其他	465	13.2

（三）政治参与行为

政治参与行为是公民参与政治相关活动的一种行动载体，它在一定程度上反映了公民的基本政治素养，是公民政治参与的实质体现。河南省新的社会阶层，参加过公民投票选举和没有参加过公民投票选举的所占比例各占一半（见表5）。

表5 参加投票选举情况

单位：人，%

是否参加	选项人数	有效百分比
参加过	1756	49.7
没有参加	1781	50.3
总计	3537	100

同时，政治参与行为中的具体表现和做法，是公民政治参与行为的实质性体现。作为我国公民基本政治权利的投票选举，在参加投票选举时的具体做法，是其行为的直接衡量维度。调查显示，河南省新的社会阶层群体，参加投票选举时对候选人情况进行认真了解的人数所占比率将为48.7%，而不负责任、敷衍了事的参与行为非常少，可以说河南省新的社会阶层群体的政治参与行为比较认真。

（四）政治参与途径

政治参与途径是公民参与政治的有力保障。河南省新的社会阶层群体，参与社会民主政治的渠道主要为"通过网络、手机等新媒体发表意见或建议"和"选举投票"，其比率均超过30%，其他类型的参与形式所占比率相对较低（见表6）。

调查显示，除了正式的政治参与途径外，当公民在日常生活中遇到纠纷时采用的处理办法，是公民个人层面参与政治的有效途径的体现。河南省新的社会阶层群体，解决纠纷办法以"私下协商、自行解决"和"请求当地

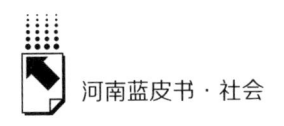

表6 参与社会民主政治的渠道（多选）

单位：人，%

目的	选项人数	有效百分比
通过网络、手机等新媒体发表意见或建议	1334	37.9
选举投票	1111	31.6
参与民间社会组织	815	23.2
没有合适的参与渠道，不参与	776	22.1
直接向政府部门提意见或建议	601	17.1
参加听证会	572	16.2
信访举报	468	13.3
联系人大代表、政协委员	368	10.5
其他	263	7.5

政府或者上级主管部门解决"为主，均达40%以上；"提请仲裁机构或向法院提出诉讼"的为36.6%；而"通过协会协助解决"和"通过舆论媒体解决"的比率均在20%以上（见表7），这说明新的社会阶层的政治参与途径的制度化、网络化、现代化的方式运用率有所提升，而"默默忍受"以及其他非正规渠道的解决方式相对较少。因此，河南省新的社会阶层人员在个人层面解决纠纷的方法以正式的制度化途径居多。

表7 解决纠纷办法（多选）

单位：人次，%

目的	选项人数	有效百分比
私下协商、自行解决	1685	47.6
请求当地政府或者上级主管部门解决	1538	43.4
提请仲裁机构或向法院提出诉讼	1296	36.6
通过协会协助解决	889	25.1
通过舆论媒体解决	729	20.6
默默忍受	457	13.0
自发联合起来争取解决	399	11.3
其他方式	188	5.3

（五）政治参与类型

政治参与类型是公民政治参与丰富性和多元性内容的体现。调查显示，河南省新的社会阶层群体，经常参加的政治活动项目为"参加政府或单位组织的志愿活动""参加自发组织的公益服务活动"，均在20%以上；"与他人讨论政治问题"的比例为16.8%（见表8），这说明河南省新社会阶层政治参与类型的政治性、组织性和自愿性特点比较强，而其他参与活动均比较少。

表8　参与政治活动情况（多选）

单位：人，%

政治活动项目	经常参加		偶尔参与		没有参与		总计
	人数	占比	人数	占比	人数	占比	
与他人讨论政治问题	587	16.8	2003	57.3	905	26.0	3495
给报刊、电视台等媒体反映问题	284	8.1	760	21.8	2444	69.9	3488
向政府部门反映意见	315	9.1	936	27.0	2217	64.0	3468
参加政府或单位组织的志愿活动	1041	29.8	1251	35.8	1198	34.3	3490
参加民主选举	327	9.4	1094	31.4	2059	59.1	3480
参加自发组织的公益服务活动	726	20.9	1259	36.3	1487	42.8	3472
到政府部门上访	135	3.9	246	7.1	3088	89.0	3469
参与游行、罢工罢市等活动	79	2.3	162	4.7	3199	93.0	3440
参与网络问政和互动	244	7.1	797	23.1	2411	69.7	3452

同时，反向考察未参与政治活动的原因，可以更清楚地认识现有政治参与类型的不足。调查显示，河南省新的社会阶层群体，未参与政治活动的原因多数为"不知道通过何种渠道参与""不知道有此类活动信息"，分别为36.7%和32.2%（见表9），这说明政府对政治活动的宣传应该加强；而且绝大多数人认为参加这些活动是非常有意义的。

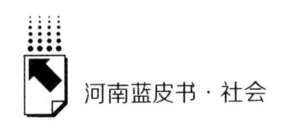

表9　未参与政治活动原因（多选）

单位：人，%

原因	选项人数	有效百分比
不知道通过何种渠道参与	1304	36.7
不知道有此类活动信息	1100	32.2
很想参加,但日常生活中没有此类活动	937	27.4
自己没时间和精力参与	881	25.8
认为这些活动无益于自己利益的维护	609	17.8
自己没有兴趣参与	500	14.6
政治问题是政府的首要责任	483	14.1

（六）政治参与中存在的问题

河南省新的社会阶层，认为政治参与中存在的问题为"参与机会太少"和"公民缺乏参与意识"的比率均超过50%（见表10），这说明我们应该给予公民更多的参政议政机会，帮助公民提高政治参与意识的热情；同时，政治参与的渠道不畅通和政治不透明等问题也相对较为严重，应该加大政府行政体制改革力度，给新的社会阶层提供更多政治参与渠道；此外，其他参与中存在问题类型所占比率相对较低。

表10　政治参与中存在的问题（多选）

单位：人，%

排序	问题	选项人数	有效百分比
1	参与机会太少	1826	51.6
2	公民缺乏参与意识	1820	51.5
3	渠道不畅通	1558	44.0
4	政治不透明	1349	38.1
5	公民参与的作用和意义不大	824	23.3
6	参与成本太高	820	23.2
7	参与收益太低	740	20.9
8	其他问题	245	6.9

四　研究结论及政策建议

（一）河南省新的社会阶层政治参与现状和特点

1. 河南省新的社会阶层总体特征

本次调查发现，随着河南省经济的深入发展，新的社会阶层外延不断拓展，内涵不断丰富，从最初的经济领域拓展到社会领域和网络空间，从传统行业延伸到新兴业态和新兴产业。新的社会阶层规模庞大、增速明显。特别是中介和社会组织从业人员、自由职业人员以及新媒体从业人员数量增长迅速。新的社会阶层人士主要属于体制外的"社会人"，该群体以其掌握的资产和资本、拥有的市场资源、专业技术和聪明才智，从事经营管理、科技创新等事业，促进了经济发展，推动了社会进步，维护了社会稳定，成为河南省改革开放和现代化建设的重要推动力。特别是河南省的重大国家发展战略，例如自贸试验区建设，对从事法律、金融、贸易方面的人才需求迫切，新的社会阶层人士在这方面具有显著的优势。

2. 河南省新的社会阶层政治参与特点

通过调查和访谈发现，河南省新的社会阶层强烈关注自身发展，政治诉求不断增强。该群体多数人士把事业成功作为最重要的利益诉求，希望党和政府能够营造更好的助推其发展的政策环境、市场环境、社会环境。同时，随着经济地位的提高，政治诉求不断增强，希望拥有更多的政治参与渠道，影响"公共政策"的制定，进一步获得自我价值的实现。而且，新的社会阶层政治参与渠道日趋多元化，除正式的制度化渠道外，新媒体正成为意见表达的"舆论场"。新的社会阶层人士积极融入新媒体、善用新媒体，把新媒体作为表达意见诉求的重要平台。他们中不少人就是"网络精英""意见领袖""微博达人"，受公众关注度高，在某些情形下甚至掌握着"舆论核按钮"，能量不容小觑。

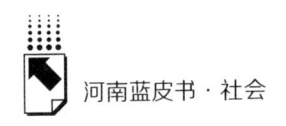

（二）政策建议

1. 加强顶层设计，形成大党建、大统战"一盘棋"

大党建、大统战要统筹推进。明确赋予各级党组织团结引导新的社会阶层人士的工作职责，并纳入各级党组织的工作考核体系，纳入非公有制经济组织、社会组织党建工作考核体系。

2. 扩大工作覆盖面，畅通表达渠道，引导有序的政治参与

河南省应统一协调，有效吸纳新的社会阶层优秀代表人士，进一步扩大政协界别的代表性和包容性；借助民主党派组织的力量和资源，适度、有序发展新的社会阶层人士加入民主党派，使新的社会阶层人士的意见、诉求和愿望通过参政党的渠道进行集聚和整合，并在国家基本政治制度构架下进行有序的政治参与。工会、共青团、妇联、工商联、侨联等人民团体和社团组织，要延伸工作手臂，通过项目合作、经费赞助等方式支持新的社会阶层的发展，做到"不为我所属、但为我所用"。

3. 应对新媒体，更新理念，主动引领

高度关注新媒体行业，对新的社会阶层中的精英，要通过不同渠道吸纳、团结、联系，搭建网络问政、汇智的平台，引导其理性客观地表达诉求、发表建设性意见。重视对相关网络舆情动态的分析，关注虚拟网络社团和领袖人物的发育和走向，强化阵地意识和导向意识，积极宣传正面声音、引导中间声音、化解负面声音。

总之，我们要引导河南省新的社会阶层人士，把思想和行动统一到习近平总书记重要讲话精神和国家统战部重大决策上来，广泛宣传和推动落实鼓励支持新的社会阶层所属行业发展的政策举措，引导新的社会阶层人士守法诚信、坚定信心、勇担社会责任，为实施河南省"十三五"规划、实现全面建成小康社会奋斗目标做出新的更大贡献。

参考文献

吴波：《现阶段中国社会阶级阶层分析》，清华大学出版社，2004。

王雪非等：《社会阶层结构的变化与统一战线》，河海大学出版社，2016。

魏星河：《我国公民有序政治参与的涵义、特点及价值》，《政治学研究》2007年第2期。

陈振明：《"政治参与"概念辨析》，《东南学术》2008年第4期。

B.22
河南省重大拆迁事件分析报告*

潘艳艳**

摘　要： 城镇化的快速发展伴随着大量土地征收和房屋拆迁工作，在征地拆迁过程中，河南省"暴力拆迁""违法强拆"等事件频频发生，成为政府和社会高度关注的热点问题。通过梳理河南省近三年的重大拆迁事件，可以看出拆迁事件具有一些共性特征，如个体冲突和群体性冲突并存，征收补偿问题仍是矛盾焦点，拆迁手段的多样化和抗拆手段的极端化，新媒体的介入加速事件的传播扩散等。同时也反映出河南省存在政府行为失范、司法救济不力、补偿机制不健全、公民话语权丧失、媒体监督作用有限等社会问题。合理化解拆迁纠纷是当前社会治理创新的重要任务，需要政府、社会公众、媒体等主体的参与，共同达成多方利益的协调平衡。

关键词： 河南　城镇化　拆迁事件　社会治理

一　引言：城镇化背景下的拆迁乱象

近年来，随着我国社会经济的快速增长和城市化步伐的加快，各省市为

---

* 本文是2016年度河南省哲学社会科学规划项目"河南城中村回迁安置社区治理困境及对策研究"（项目号：2016CSH018）的阶段性成果。
** 潘艳艳，河南省社会科学院社会发展研究所实习研究员。

完善城市规划，推进城镇化建设，大力开展城市基础设施建设、旧城区改造、新城区建设等工作，这不可避免地涉及大量原有土地上房屋的拆迁。如今，房屋拆迁热潮在全国各地方兴未艾，成为城市发展中的常见现象，然而同时带来的拆迁纠纷也愈演愈烈，成为政府和公众普遍关注的社会问题。近年来，因暴力拆迁、强制拆迁酿成的拆迁悲剧频频见诸报端，如2003年江苏南京市市民翁彪因拆迁被逼自焚，2008年安徽村民高家丰因拆迁被逼自缢身亡，2009年四川女老板唐福珍抗拆自焚，2010年江西宜黄钟家三人拆迁自焚，2014年山东平度拆迁纵火案等，诸如此类的案件一次次震惊世人，在全国范围内产生恶劣影响。暴力拆迁事件为何屡禁不止？拆迁事件的背后又是哪些利益群体在博弈？这是值得我们好好反思的问题。

河南省作为发展中的中部大省，最近几年发生的暴力强拆、拆迁流血事件也不在少数，"暴力拆迁"已经连续多年成为河南十大社会热点问题，每年都有多起恶性拆迁事件引起广泛关注，不仅损害了政府的公信力和权威，影响了社会生活和谐稳定，在一定程度上也阻碍了河南省城市化进程。尽管政府和相关部门一直在采取措施进行治理，但问题并没有从根本上得到解决。本文将从近三年在河南省内发生的重大拆迁案件入手，深入挖掘拆迁事件背后反映的社会问题和深层次原因，旨在为规范政府拆迁工作，化解拆迁风险提供参考和借鉴。

二 近三年来河南重大拆迁事件梳理

（一）新郑夫妇半夜被抛墓地遭强拆

2014年8月8日凌晨，河南新郑市龙湖镇张红伟夫妇在睡梦中被多名陌生人撬门掳走，并被带到墓地控制近4个小时，待夫妻回家后发现，原来家里的四层小楼已经连夜被拆成废墟。据了解，因郑州地铁2号线南延工程建设，张红伟家被纳入征地范围内，但关于补偿标准一直未能达成一致，张红伟一家拒绝搬迁，致使该工程二标段停工20余天，影响了城郊铁路工程

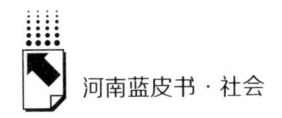

的推进。2014年4月前后，工程征迁指挥部将张红伟房屋征迁工作交由其房屋所在地小乔村组负责，实行"包干制"。之后，便发生了此次野蛮强拆事件。[①]

（二）南阳艾滋病拆迁队事件

2014年，南阳市房地产开发公司三厂小区因为旧城改造被纳入拆迁范围，但由于拆迁办与居民关于拆迁协议没有谈妥，小区居民一直拒绝搬迁。在住户和拆迁部门僵持的时候，12月初的一天，小区来了由5男1女组成的"艾滋病拆迁队"，在小区内喷漆、敲门、砸玻璃，以威胁骚扰恐吓的方式逼迫居民搬迁。经调查了解后，发现幕后黑手是开发商——南阳市亿安房地产开发有限公司，该公司雇用社会人员刘某组成所谓拆迁办公室，之后刘某组织6名艾滋病患者组成"艾滋病拆迁队"。事件发生后，有关部门对负责该项目拆迁的南阳市迁安拆除公司停业整顿，5名主要嫌疑人被警方控制，多名官员受到处分。

（三）平顶山母子被打昏遭强拆

2015年7月12日凌晨，河南省平顶山市居民胡凯及其母亲麻伟玲在绢纺厂家属院的家中熟睡时，以李某、宋某为首的40多名社会人员闯入，他们手持各式棍棒刀具将母子二人殴打致昏迷并抬走，之后将胡凯家房屋强行拆除。据警方调查，李某、宋某等人来自平顶山市鹰豪爆破有限责任公司，二人利用鹰豪公司的拆除资质，组织社会人员将家属院的旧房拆除。此前，由于胡凯不满意开发商提供的补偿方案，未签署拆迁安置协议。4月，包括胡凯家在内的多名住户受到骚扰，双方对立情绪进一步加剧。案发后，当地派出所、住建局等单位被追责，拆除工作负责人李某、宋某被公安机关依法刑事拘留。[②]

[①] 任勤：《新郑夫妻遭抛墓地家被强拆称不同意搬迁因赔偿低》，人民网·河南分网，2014年8月12日。

[②] 张婷：《河南平顶山母子深夜被打昏遭强拆，多部门被追责》，《新京报》2015年8月4日。

(四)洛阳拆迁致人坠亡

洛阳高新区张庄村于 2012 年 9 月启动城中村改造,截至 2015 年 4 月,张庄村大部分村民已经搬迁完毕,但仍有 20 余户村民因对补偿标准不满意、要价过高拒不配合搬迁。为保障已拆迁群众顺利回迁,24 日下午,洛阳市高新区管委会根据相关法律规定,对未拆迁户实施拆迁。现场施工人员在拆迁李宗敏家过程中,其女儿李伟伟情绪激动,爬上 5 楼平台向拆迁人员扔汽油瓶,不慎将平台石棉瓦顶棚踩裂,从室内楼梯间坠落并严重摔伤,经抢救无效死亡。①

(五)汝州因拆迁引发群体冲突

汝州市温泉镇棚户区是汝州市委、市政府确定的 2016 年度重点棚改项目之一。政府曾于 2011 年将村里的土地卖给开发商用以建设旅游产业开发项目,许多村民们拿卖地分得的钱盖了新房,但后期项目搁置,市政府要再次征收拆迁,许多村民无处安身,不愿搬走。2016 年 3 月 22 日,根据拆迁工作安排,温泉镇棚改拆迁指挥部对已达成拆迁补偿协议并自愿拆迁的群众房屋进行依法拆除时,受到部分无关人员的阻挠起哄并冲击拆迁现场,向人群投掷砖块、石头,造成数名群众及维持秩序的工作人员受伤,现场混乱。冲突发生后,为避免矛盾激化,棚改拆迁指挥部当即终止拆迁行动,撤离拆迁现场,第一时间安排专业医护人员对受伤人员进行现场救治。②

(六)郑州拆迁户杀3人被警方击毙

2016 年 5 月 10 日,拆迁中的郑州市惠济区老鸦陈街道薛岗村,村民范华培为抗拒拆迁持刀行凶,致 3 死 1 伤,死者包括街道拆迁办副主任。在制止行凶过程中,警方鸣枪警示无效,将其击毙。据了解,郑州惠济区老鸦陈片区

---

① 《河南洛阳拆迁致1人5楼坠亡 官方称村民要价过高》,搜狐网,2015 年 4 月 25 日。
② 李凡:《河南汝州因拆迁发生群体冲突 8 人受伤官方:终止拆迁成立专案组》,央广网,http://news.cnr.cn/native/city/20160324/t20160324_521698073.shtml,2016 年 3 月 24 日。

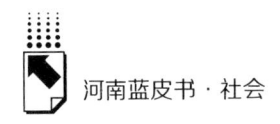

曾经是郑州最大的城中村，拥有20万左右人口。2013年起，老鸦陈被列为全市城中村改造重点攻坚村，拆迁工作逐步展开，作为惠济区旧城改造的最后一步，薛岗村村民于2016年1月得知拆迁消息，4月开始正式拆迁。村民范华培一年多前刚借债70多万元修了7层的楼房，正打算出租挣钱。如果拆迁，得到的拆迁款还不够还债，同时范华培一家五口，收入较低，生活压力较大，在拆迁过程中，双方矛盾不断激化，最终导致了惨剧的发生。①

三 河南重大拆迁事件的主要特点

（一）个体冲突与群体性冲突并存

对于近三年河南省内发生的暴力拆迁事件数量，目前官方没有明确的数字，但每年都有至少有2~3起在全国范围影响较大的拆迁事件，而未经媒体报道、影响范围较小的强拆事件更无法统计。从案件性质来看，拆迁案件既有如"新郑夫妇半夜遭强拆""郑州拆迁户杀人"此类的个体冲突，也有"汝州群众抗拆"引发的群体性冲突，个体冲突和群体性冲突成为河南省拆迁事件的主要表现形式。两种类型冲突的共性在于都是因为个体或群体在征地拆迁中利益受损而产生的反应行为，都扰乱了社会治安秩序，并对公共财产和人身安全产生了不同程度的损害。区别在于，群体性冲突的发生在一定程度上意味着个体冲突的升级和恶化。纵观我国征地拆迁的历程，被拆迁人已经逐步从最初的信访、自残、个体反抗，上升为群体反抗，这个发展趋势值得警醒。

（二）征收补偿问题仍是矛盾焦点

不管是河南省还是全国其他省份，所有拆迁案件的矛盾焦点无一例外都

---

① 郭天力：《郑州拆迁户杀死3人案：亲属、同学被禁止受访》，腾讯网，http://news.qq.com/a/20160609/002039.htm，2016年6月9日。

是征收补偿问题。2011年,我国颁布的《国有土地上房屋征收与补偿条例》（以下简称《条例》）中明确规定"为了公共利益的需要,征收国有土地上单位、个人的房屋,应当对被征收房屋所有权人（被征收人）给予公平补偿"。而实际拆迁过程中,"公平"却是被拆迁人质疑最多的,有学者认为现行的拆迁制度在补偿问题上是"拿鸡换羊"甚至是"顺手牵羊"。[①] 也就是说,对被征收房屋的价值补偿普遍存在估值过低的情况。尽管《条例》也规定了"被征收人可以选择货币补偿,也可以选择房屋产权调换",这种方式看似合理,但实际上并不公正,较低的补偿标准和居高不下的房价都会使被拆迁人的利益受到损害,导致他们生活成本提高、收入来源缺失、生活水平下降。以前述的范华培案件来说,他新盖的楼房价值70万元,而补偿后却只能得到50万元,且不说按照郑州当前房价,50万元买到同样面积的房屋几乎不太现实,单从盖房成本来说,在家庭没有其他稳定收入来源的情况下,亏损的部分也很可能导致他因拆致贫。因此,征地拆迁中,不断出现"钉子户"群体,甚至发生恶性拆迁事件,都是由于补偿标准难以协调这一现实原因。

（三）强拆手段的多样化和抗拆方式的极端化

拆迁事件的发生,背后都是利益主体的博弈。目前我国的征地拆迁主要分为行政拆迁和商业拆迁两种,行政拆迁主要是政府主导下的拆迁,如旧城区改造等。商业拆迁主要是政府出让土地给开发商,由开发商按照政府的城市规划进行建设。[②] 那么拆迁问题就涉及三方面利益主体,即政府、开发商及被拆迁人。政府有加强城市化建设提升政绩的利益需求,开发商有承接政府建设项目获得高额利润的需求,而被拆迁人有维护原来生活条件或追求更高生活质量的诉求。受利益驱动,三方都希望在这场博弈中获得胜利。在最大利益未能达成时,往往会采取消极的方式。一方面政府部门、开发商对谈

---

① 刘东亮:《拆迁乱象的根源分析与制度重整》,《中国法学》2012年第4期。
② 郭玉亮:《城市拆迁现象透析:利益冲突下的多方博弈》,《现代经济探讨》2011年第2期。

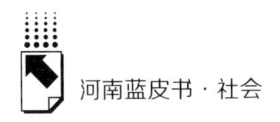

判成功失去耐心,将"拆迁任务"下放或委托给社会力量不计后果地进行强拆。近年来,强拆的手段不仅有骚扰、威胁、殴打、破坏财物等常规手段,更出现限制人身自由、组织"艾滋病拆迁队"逼迫拆迁的恶性行为,多样化的手段不断突破法律底线,激化了拆迁矛盾。另一方面被拆迁人在权力和资本方面处于弱势地位,只能通过诉讼、上访等手段来抵抗拆迁,当正常的抗争手段不能达到目的时,就以自残、同归于尽及伤及无辜的方式来抵抗。前述的抗拆自焚、杀人案件都是被拆迁人在积愤已深、走投无路的情况下采取的极端行为。多元化的拆迁手段和极端化的抗拆手段最终导致了利益双方的两败俱伤。

(四)新媒体的介入加速案件的传播扩散

随着移动网络技术的快速发展,智能手机已经成为人们获取信息、传播信息的必备工具。手机自带的照相和录像功能使很多公民能成为案件发生的见证者和记录者,这让很多突发性拆迁案件的传播更加真实、客观,而微博、微信、QQ等即实通信工具的广泛应用使事件的传播、扩散更加快捷。如2015年2月焦作武陟县发生的暴力拆迁事件,2016年3月汝州发生的因拆迁引起的群体性冲突事件都事先在网络上流传出相关视频,引发了大量网友的"围观",引爆了舆论热点,再由新闻部门和政府部门进行介入调查和报道。在这些事件中,网络信息传播的特征及其优势得到充分的体现和发挥。同时,舆论的关注也倒逼相关部门加快对拆迁案件的调查和解决,事件后续处理结果也会同步上传到网上以平息舆论。由此可见,新媒体的介入不仅可以加速拆迁事件的传播扩散,也可以成为化解拆迁纠纷的有力工具。

三 拆迁事件反映的社会问题及原因分析

土地征收和房屋拆迁问题在我国由来已久,与我国城市化的发展相伴相生。而近年来非法拆迁、暴力拆迁的频繁发生,折射出河南省社会治理过程中的存在许多现实困境。主要体现在以下几方面。

(一)政府角色出现错位和缺位

作为房屋拆迁的利益主体之一,政府对拆迁事件的发生负有不可推卸的责任。在征地拆迁工作中,出于在公共利益和个人利益的考虑,政府行为存在明显的错位和缺位,没有切实履行好自身的职能。一是政府对拆迁过程的监督不足。各级政府一般将房屋拆迁征收工作交由房屋拆迁实施部门来落实。在实践中,部分房屋拆迁实施部门又通过行政权力将拆迁任务层层下压,实行"包干分工",到了基层单位,有的为了尽快完成任务,会雇佣一些法律意识薄弱、综合素质较低的社会人员来实施拆迁。而房屋拆迁实施部门对强拆行为监督不力或"睁一只眼闭一只眼",使得暴力拆迁屡禁不止。二是部门政府和官员对政绩的不当追求。为了地方 GDP 的增长,许多政府通过出让土地来获得高额利润,土地财政收入成为一些地方征地拆迁的重要动力。当前的政府考核评价体系依然以政绩为主,为了个人的保职和升迁,许多官员通过实施"拆迁改造"来打造"政绩工程",受功利化心态驱使,在征地拆迁中忽视被拆迁人的感受和需求,对暴力拆迁采取纵容的态度,也为拆迁事件的发生埋下了"导火索"。三是问责机制发挥作用有限。2015 年"平顶山母子被暴力拆迁"事件成为被问责首例,表明河南省的问责机制开始落到实处。但从发展情况来看,问责机制发挥作用的范围较小,问责力度不大,目前河南省的拆迁案件仍然有很多久拖而未问责。

(二)征地拆迁机制不健全不完善

拆迁补偿问题是拆迁矛盾的根源所在,而拆迁事件不断发生也反映了河南省对拆迁补偿缺乏全面的统筹管理,工作机制上存在许多不合理不完善之处。一是政府确定的补偿范围的不合理。新条例规定拆迁补偿的内容包括房屋价值、搬迁安置、停产停业的补偿,对房屋所占土地价值忽略不计,对拆迁户因搬迁造成的精神损失也未有考虑。二是征地拆迁的标准差异性明显。河南省没有统一的拆迁补偿标准,一般由各地市根据自身经济发展情况、物价水平制定相应的标准,甚至在同一城市同一区内也会有不同的补偿标准,另外有些地方即使有统一标准并对外公示，但在实际赔偿数额上有人为操作痕迹。三是征收补偿程序不规范不细致。《征收与补偿条例》对征收程序的规定过于原则性，关于制定征收计划、确定补偿方案、征求公众意见等环节泛泛而谈，对房屋价值如何评估、被征收人怎样选择补偿方式也没明确说明，具体实施方法都由地方自行制定，这就给了地方政府一定的自由裁量空间，政府在掌握地方法规的"绝对话语权"的同时也弱化了法律的约束力。另外新条例规定的"先补偿后安置"在实践中也并不可行，被拆迁人的基本生活不能保障，也会对拆迁产生对抗情绪。

（三）司法救济渠道不畅通

《征收与补偿条例》规定："被征收人在法定期限内不申请行政复议或者不提起行政诉讼，在补偿决定规定的期限内又不搬迁的，由做出房屋征收决定的市、县级人民政府依法申请人民法院强制执行。"相比旧拆迁条例，新条例用"司法强拆"取代"行政强拆"，本意是为了利用司法机关的独立性在拆迁程序中进行公平、公正的裁决。而事实上，虽然新条例的出台在一定程度上缓解了暴力强拆带来的矛盾纠纷，但拆迁案件并没有因此而减少多少。一方面在我国现有的政治体制下，司法部门和行政部门有千丝万缕的联系，司法机关的客观性和独立性并不能保证，在裁决拆迁纠纷过程中易受行政权力的影响。另一方面拆迁纠纷立案困难，许多法院因牵扯利益群体众多，不愿受理征地拆迁引起的行政诉讼，被拆迁人正常的信访、诉讼途径受阻或得不到妥善解决，就会导致拆迁矛盾不断激化。

（四）公民在拆迁中缺少话语权

在拆迁的利益博弈中，被拆迁人一般属于利益受损的一方，处于话语权的弱势地位。尽管新条例开始重视公民参与的作用，做了一些规定如"政府应当组织有关部门对征收补偿方案进行论证并予以公布，征求公众意见""多数被征收人认为征收补偿方案不符合本条例规定的，市、县级人民政府应当组织由被征收人和公众代表参加的听证会""房地产价格评估机构由被征收人协商选定"等。① 但从发展现状来看，公众参与机制常常流于形式，利益表达渠道单一狭窄，即使将公众意见反映给了政府部门，政府也可能并不采纳。随着公民对政府、开发商等的不信任感增加，通过正式渠道参与的热情会越来越弱。在不能通过自身力量改变被拆迁的命运时，只能通过非正常的抗争手段来保护自身的利益。

（五）媒体舆论未能充分发挥作用

新闻媒体有着报道事实真相，反映民意诉求，进行社会监督的社会责任。随着网络的发展、新媒体的介入，媒体报道呈现出传播速度更快、受众更多、影响更大的特征，理应能够更好地履行参与社会治理、促进矛盾纠纷化解的职能。但在现实中，由于各种社会问题层出不穷，各类信息纷繁复杂，媒体在拆迁纠纷方面发挥的作用还十分有限，主要表现在：一是媒体报道的力度不够。河南省的强拆事件在各地不断发生，但被报道出来的数量并不多，很多拆迁事件并未得到媒体的关注。二是媒体缺乏事件追踪的深度。有些拆迁事件被曝光后，事件背后的问题和真相没有被挖掘出来，对相关责任人是否被追究责任也没有后续报道，出现了很多"断头新闻"，社会正义没有得到彰显。三是媒体过于追求效益而忽视真相。有的媒体为了获得"新闻热度""头条"会有意扩大或扭曲社会事实，丧失其客观性和中立性，甚至错误地引导舆论走向，这也不利于拆迁问题的解决，有时反而会激化矛盾。

四 化解拆迁纠纷的有关思考

拆迁问题是河南省当前社会治理中面临的重要难题，关乎社会的安定有序和经济的持续发展。要合理化解拆迁纠纷，减少和杜绝"暴力拆迁""违法强拆"等拆迁事件的再次发生，需要通过政府和公众共同参与到征地拆

---

① 国务院：《国有土地上房屋征收与补偿条例》第十、十一和二十条。

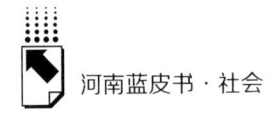

迁过程中来，努力达成各方利益的协调和平衡，从而顺利推进征地拆迁工作进程。

（一）规范政府行为，强化征地拆迁的监管力度

在我国，政府是拆迁制度的制定者，也是征地拆迁工作的执行者，拆迁事件的发生与政府行为不当、角色不清、监管不力有直接的关系。因此，在新的政策环境下，要减少和化解拆迁矛盾纠纷，政府务必要审视自身，找好角色定位，规范政府行为，切实推进服务型政府建设。一是加强政府对拆迁工作的行政监管。不管是行政拆迁还是商业拆迁，政府都要履行好监督管理的职能。对于政府主导的行政拆迁，各级政府要做好内部监管，重点做好征地补偿资金使用情况的管理，加强官员廉政建设，杜绝"权力寻租"行为；对于委托给开发商的商业拆迁，政府要建立综合监管机制，通过制度来实现对征地拆迁补偿的把控，通过媒体和社会力量来做好外部监督。二是严格问责机制。要推进问责机制进一步落实，对于征地拆迁中政府官员的失职或违法行为要严肃查处，依法追究其法律责任，绝不姑息。对开发商等拆迁人的暴力拆迁行为、违法强拆行为也要通过司法机关依法进行处理，通过问责来彰显法治的力量，纠正拆迁乱象。

（二）畅通救助渠道，将司法保障落实到位

司法保障是保障公民权利和利益的重要武器。近年来，河南省拆迁流血事件之所以不断发生，不仅有拆迁制度的原因，司法救济渠道不畅、公众对司法部门不信任也是重要的方面。面对这些问题，司法机关要深入推进司法体制改革，确保司法救济落实到位，增强公众对司法的信心，重新树立司法权威。一方面要严格规范司法程序，逐步消除行政权力的影响，实现司法机关的"去行政化"，使司法机关能够保持中立、客观的身份，对拆迁案件能够及时受理，公正裁决。另一方面作为《条例》中具有"强制拆迁"权力的唯一单位，司法机关要在房屋合法性审查、价值评估的程序中履行好司法审查的职能，充分了解被拆迁人的利益诉求，为他们提供有效的司法救助，真正体现司法为民。

（三）完善补偿机制，合理化解拆迁矛盾

拆迁补偿问题是解决当前拆迁矛盾纠纷的关键所在，只有在拆迁补偿上能实现公平、公正才能从根本上杜绝拆迁悲剧的一再发生。因此，河南省需要进一步健全和完善拆迁补偿机制。一是要规范征地补偿程序。要在国家新条例的基础上，制定河南省的征地补偿实施细则，细化征地拆迁的具体程序，对征地拆迁的公告、论证、听取意见、补偿安置等环节做到严谨、规范、合理，并推动每一个环节的信息公开，使法律法规能够在征地拆迁过程中发挥重要的约束作用。二是合理调整补偿范围，建议适当扩充房屋补偿范围，将房屋占有的土地使用权价值、被拆迁人因为搬迁安置带来的精神损失也逐步纳入补偿范围，从而适当弥补被拆迁人的利益损失，做到人性化补偿。三是科学制定补偿标准。河南省应尽快制定拆迁补偿的最低标准作为各地市制定补偿标准的参考。各地补偿标准的制定要坚持遵循民主原则和市场原则，由被拆迁人主导，选择权威、中立的第三方评估机构进行专业评估，并在评估基础上协商一致，从而达到公平补偿的目标。

（四）保障公民权利，依法推进公众参与

公民是社会生活的主体，住房是每个公民最基本的生活保障。而征地拆迁过程中，被拆迁的公民基本处于"被动"地位，从城市规划、拆迁公告到征地补偿，几乎都是政府部门"一言堂"，被拆迁人缺少话语权，这种失衡状态必然导致社会矛盾的产生。因此，化解拆迁纠纷的关键是要充分发挥公民参与的作用，提高公民的话语权，保障公民的基本权益。这要求政府能够改革政绩评价体系，转变利益导向，牢固树立以人为本、执政为民的理念，切实把公共利益、公民权益放在首位。在政府制定城市发展规划或者做出征地拆迁决定前，要广泛听取社会公众的意见，做好信息公开工作，确保公民的参与权和知情权。在制定补偿方案、明确补偿标准、补偿安置等方面都充分考虑被拆迁人的利益诉求，依法满足被拆迁人的合理需求，对某些不

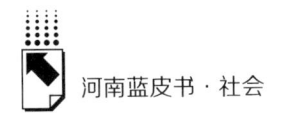

合理要求也要做好积极协调和正确引导，及时将矛盾纠纷减弱变小，避免拆迁事件的发生。

（五）加强媒体监管，引导正向的社会舆论

对于近年来发生的征地拆迁事件，媒体扮演着"双刃剑"的角色，一方面媒体的介入为被拆迁人提供了一个表达诉求，伸张正义的渠道，拆迁事件经过媒体的报道能够引发社会舆论，进而引起政府重视，并促成拆迁纠纷的尽快解决。另一方面若媒体对拆迁事件的报道失实或带有偏见性，也会引发不必要的"舆论风暴"，阻碍整个拆迁的进程。[1] 因此，一方面媒体要加强自身的管理，切实发挥好媒体的舆论监督职能，客观反映社会事实，深入挖掘事件真相，通过持续关注、曝光暴力强拆事件来协助和督促政府部门处理问题，推动拆迁纠纷的妥善解决。另一方面政府部门要加强对媒体的监管，要通过立法规范网络媒体的行为，对因不实报道造成不良社会影响的媒体依法追究法律责任，引导公众对拆迁事件的正确认识，从而为化解拆迁纠纷营造良好的舆论环境。

参考文献

国务院：《国有土地上房屋拆迁与补偿条例》，2011年1月。
樊成玮：《拆迁冲突化解机制》，中国民主法制出版社，2012。
刘东亮：《拆迁乱象的根源分析与制度重整》，《中国法学》2012年第4期。
郭玉亮：《城市拆迁现象透析：利益冲突下的多方博弈》，《现代经济探讨》2011年第2期。
法丽娜：《我国城市房屋拆迁中的利益问题研究——利益主体博弈及相关性分析》，《经济问题》2012年第8期。
孟俊红：《试论城中村改造中拆迁补偿利益主体的缺位与错位》，《中国土地科学》2013年第2期。

---

[1] 郑璐：《媒体在拆迁传播机制中的"双刃剑"角色》，《新闻爱好者》2012年第10期。

陈晓莉：《村改居社区及其问题：对城中村城市化进程的反思与改革》，《兰州学刊》2014年第3期。

张晓兵、付斌斌：《利益方博弈视角看公共拆迁中的群体突发事件》，《工程管理学报》2014年第4期。

强星星：《暴力拆迁原因及对策的法社会学分析》，《黄河科技大学学报》2015年第4期。

申海成：《城市拆迁利益主体博弈分析》，《山东大学学报》2015年第2期。

刘德海、韩呈军、尹丽娟：《城市拆迁群体性事件演化机理的多情景演化博弈分析》，《运筹与管理》2016年第2期。

Abstract

This book, compiled by Henan Academy of Social Sciences, systematically sums up the achievements received in the social-construction field in Henan Province during the recent years and especially in 2016, comprehensively combs the characteristics of the social development at present, analyzes the hot、difficult and focused problems faced with nowadays, makes a scientific analysis of the trend of social development in the future in Henan, and puts forward some proposals for social development in 2017 in Henan.

Based on the spirit of the Decisions by the Third、Fourth、Fifth and Sixth Plenary Session of the 18th Central Committee of the Chinese Communist Party and the Tenth Party Congress, the thread of 《Blue Book of Henan (in 2016)》 is "to win overall well-off society and to strengthen the people's livelihood, to promote the sharing of development, making people more satisfied". Some major problems which occur in Henan Province such as construction of people's livelihood, poverty governance, online public opinion, social governance, public security and so on are unscrambled comprehensively and systematically.

This book is composed of the main report, reports on improving people's livelihood and sharing development, reports on poverty governance and social assistance, reports on social governance and institutional innovation and reports on online public opinion and public security. The main report written by the group of Analysis and Forecast of Social Situation from the Henan Academy of Social Sciences represents the basic ideas of analysis and forecast of social situation of Henan in this book. In the opinion of the main report, Henan Province will strengthen the supply side structural reform, improve the quality and efficiency of the supply system, adjust the progress, change in the activation to promote good, change to win, pay more attention to maintaining stable growth, carry out the reform, adjust the structure, strengthen the foundation, improve people's livelihood, realize the comprehensive balance, comprehensively deepen the reform and opening up, make efforts to swallow the people's livelihood short board, accelerate the development of sharing in order to achieve the whole province's economic stability and enhance people's living standards in 2016. However, accompanied by the rapid economic and social development in Henan, a series of problems and difficulties are increasingly prominent. For example, the constraints of resources and environment have been aggravated, and the problem of air pollution has become more and more serious, comprehensive poverty alleviation countdown, the task of poverty alleviation has been arduous, the structural contradiction of employment has become more and more prominent, the income growth of urban and rural residents lags behind the economic growth widening trend compared with the national level, population aging intensifies, rapid urbanization has brought a series of social problems, people's urbanization has a long way to go. The year 2017 is the one that "13th Five-Year Plan" of Henan is to go deeper, and is also the key year to fully implement the tenth Henan Party Congress spirit and accelerate the development of sharing. We should always give priority to guaranteeing and improving people's livelihood as well as development of sharing, comprehensively promote the accurate poverty alleviation and accurate out of poverty, further strengthen social construction, innovate social governance, properly solve outstanding problems in the process of new urbanization, and vigorously promote ecological construction, create a beautiful green Henan, improve the quality of basic public services, which will be the main tasks in Henan to win the decisive victory comprehensive overall well-off society, and promote comprehensive development of social construction.

The reports on improving people's livelihood and sharing development, poverty governance and social assistance, social governance and institutional innovation, online public opinion and public security analyze thoroughly the significant items in the social field in Henan from different fields and points of view by some invited experts and scholars in Henan province, objectively reflect the basic situation of the social development、contradictions and problems in Henan, put forward some measures and proposals to swallow the people's livelihood short board in the process of all-round well-off society and promote the development of sharing, and also look into social development of Henan in 2017.

Contents

I General Report

B. 1 Strive to Identify Growth Areas of People's Livelihood
and Advance the Shareable Development
—2016 to 2017 Analysis and Prediction of Social
Development Situation in Henan Province

                    Research Group of Henan Academy of Social Sciences / 001

  1. The fundamantal characteristics of the social development
in Henan in 2016   / 002

  2. The main problems facing social development in Henan
in 2016   / 025

  3. The basic trends in social development and some suggestions
for Henan in 2017   / 035

Abstract: 2016 marks the starting year of Henan province initiating the implementation of thirteenth five-year plan, and this year represents the crucial year for the successfully convening of the 10th congress of party representatives of Henan province, the rise of central plains, pacing forward of Henan in enriching people and developing the entire province and determining the victory of well-off society in a all-round way. The central plains of China has been more remarkable and established another important historical milestone. For the past year, Henan has been attaching great importance to the supply-side reform, as to enhance the quality and efficiency of supply-side, seeking the advance in the overall adjustment, stimulating the relevant development in the wake of reform, reaching favorable and successful results in the changing. The province also focuses on conducting of the stable development, promoting of reform, adjustment of structure, enhancing the foundation, benefiting the people's livelihood, protecting the province from risks, as to acquire the overall balance. Furthermore, Henan has deepened the opening up and reform, strived to identify the growth areas of people's livelihood, advanced the shareable development and ultimately realized positive and stable economic development and the continuous enhancement of people's livelihood in Henan province.

However, as the economic society of Henan is rapidly developing, a series of issues and difficulties in the wake of the development are increasingly prominent. Here are the following instances: the intensified environment and resource tension, increasingly serious issue of atmospheric pollution, counting down stage for comprehensively eliminating poverty, harder takes for poverty relief, increasingly prominent structural contradiction of employment, increasing speed of income of urban and rural residents lagging behind the economic increasing speed and enlarging the gap with national standard, aging of population intensified, a series of issues in the wake of rapid urbanization and so on. Hence, Henan shoulders heavy responsibilities for achieving overall urbanization.

The 2017 is the year to deepen the implementation of thirteenth five-year plan, and the vital year to comprehensively carry out the essence of 10th congress of party representatives of Henan province and to advance the shareable development. Henan shall eventually fulfill the major task of achieving well-off society and carrying forward the integrated development for social construction through giving priority to the protection and optimization of people's livelihood and the advancement of shareable development in the field of social development, comprehensively carrying forward the targeted poverty alleviation and poverty elimination, further boosting the social construction, innovation of social governance, solving the prominent issues in newly conducted urbanization process properly, greatly pushing the ecological construction, building the beautiful and green Henan and lastly optimizing the fundamental public service quality.

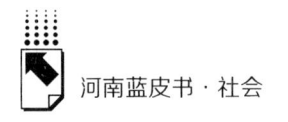

Keywords: Improve People's Livelihood; Shareable Development; Control of Poverty; Ecological Construction

B.2 The Situation and Developmental Level of the Online Information Disclosure of 107 Counties in Henan Province 2016 *Fu Guangwei* / 050

Abstract: Based on the principle of result oriented, Public view and Policy oriented, the index system of assessing online information disclosure of county government portals was constructed. The quantitative evaluation on the Online Information Disclosure of 101 county government portals was made according to the index system. Results show that YONG CHENG county, ZHE CHENG county, NAN LE city, TAI QIAN Xian county, rank among the top five in Henan Province. The average score on the Online Information Disclosure of county government portals among Henan Province is 57.1, 5.6 points higher than last year. Compared with last year, the level of information disclosure of the government portal websites in the He Nan province is gradually narrowing, and the content of the openness is changing from partial openness to full openness, and the quality of publicity has been improved from quantity to quantity and timeliness And detailed synchronization of the direction of development. The study also found that the level of online information disclosure of county government is mainly affected by the level of city government.

Keywords: Information Disclosure; Index System; Quantitative Evaluation

B.3 A Performance Assessment Report on the Emergency Management of Henan Province 2016
Mu Di, Chen An and Yue Chaolong / 067

Abstract: Based on the official data on the emergency management in 2016, according to the principles of performance assessment, the governmental competence on emergency management of the cities in Henan Province was evaluated in this paper. It indicated that Luoyang and Zhengzhou were on the top, while Xuchang and Zhoukou were low-ranked.

Keywords: Crisis; Emergency Management; Disasters

Ⅱ Report on Improve People's Livelihood and Share Development

B.4 Research Report on Income Distribution of Urban
and Rural Residents in Henan Province　　*Ren Xiaoli* / 080

Abstract: In recent years, Henan to urban and rural areas, regional coordination as the direction to adapt to, grasp and lead the new normal for large logic, and constantly bigger share of the " cake ", people share the results continue to expand, get a sense of continuous improvement, the province's urban and rural residents Income gap has been effectively alleviated, not only to achieve the farmers income growth over the years to catch up with urban residents, and the income gap between urban and rural residents was shrinking trend, and income disparity is lower than the national average. The future development of Henan is to accurately grasp the new stage of economic change and future development requirements, to face the difficulties in the distribution of income and problems, to adopt targeted reform measures to enhance the income level of the residents to solve the shared development problems, Cake " bigger, but also through the reform of the cake is good", to achieve sound economic and social development.

Keywords: Income Distrbution; Income of Urban and Rural Residents; Allocation Gap; Reform

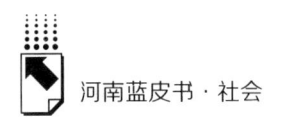

B.5　A Research Report of Structural Contradictions
of the Employment in Henan Province　　*Yan Ci* / 091

Abstract: The employment is always the core problem of the current social development, which is the important thing of the social functioning in economy, people's livelihood, and education. As the most populous province of Henan, only to guarantee the stability of the employment market order, to promote the benign development of the society. At present, the employment environment of Henan province is good, but there are certain structural contradictions of employment problems. We should absorb the social various aspects strength, accelerate transformation of the mode of economic development, relying on scientific and technological innovation, improve the quality of the laborers, change management mode, focus on promoting self-employment, break the barrier of the policy at the same time, efforts to expand employment opportunities and improve the quality of employment, to further speed up the transformation of Henan province towards the pace of the strong province of talent resources.

Keywords: Henan; Employment; Structural Contradictions

B.6　A Research Report of Endowment Service Problem
with Combination of Medical Care and Pension
in Henan Province　　*Feng Qinglin* / 105

Abstract: Endowment service with combination of medical care and pension is the key factor to realize healthy endowment, whether at the same time, access to basic old-age security and high quality health care services, has become the important factors that affecting the elderly people's choice of endowment way. In recent years, to meet the old man endowment real demand and improve the basic old-age service system construction, in starting and promoting combination of medical care and pension services into great effort of Henan Province. But that is still in its initial stage, faced with many difficulties in the practical operation and the restriction factor. So we need to introduced more and more measures to promote the development of combination of medical care and pension, promoting the fastest development.

Keywords: Henan Province; Ole Age Services; Combination of Medical Care and Pension

B. 7　A Research Report on Henan Private Education

Hu Dabai / 115

Abstract: Since reform and opening, Henan private education was started in a very difficult situation, developed and expanded step by step, then leaped into the front ranks of the country in scale of education, the educational quality. As in September 2017 the implementation of the new revision of the "private education promotion law", China's private education will appears from scale expansion to quality improvement of inflection point. Facing the transformation, Henan private education is still existing in low social awareness, such problems as inadequate funding, the same of operating mechanism. This research through the review on the development of private education in Henan and display of the status quo, based on the trend of economic and social development is analyzed, puts forward the measures to resolve contradictions.

Keywords: Henan; private Education

B. 8　A Research Report of the Development
　　　of Vocational Education in Henan　　*Wang Jianzhuang* / 130

Abstract: During the first decade of this century, the vocational education in Henan was achieved the scale expansion, 2009 – 2010 academic year reach maximum number registered in the school. Since then, the scale gradually narrowed into rational development period. Facing the historical task of constructing the system of modern vocational education, Henan has a good subjective and objective environment, but there are still some problems such as lacking of excellent teachers, no perfect vocational education system and disconnect of education form and the actual problem. Through the investigation and study, this paper analyzes the present situation and development trend of vocational education in Henan, and puts forward some countermeasures and suggestions.

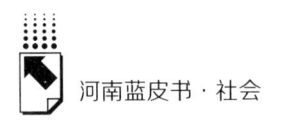

Keywords: Henan; Vocational Education

B.9 A Study on the Adaptation Predicament and Incorporation Path of the Elderly in Henan "Country to Residence" Community

Xu Jingbo / 144

Abstract: With the rapid progress of the urbanization process, many "country to residence" community emerge. The original living environment, lifestyle and values have undergone great changes, So that it is difficult for the elderly to integrate into the new community as soon as possible, resulting in a social adaptation dilemma. The questionnaire survey revealed that the problems were mainly related to the alienation of neighborhood, the lack of leisure and entertainment interaction, the lack of spiritual comfort, the adaptability of living environment and the identity crisis. In view of the above problems, we should expand the public space of "country to residence" and strengthen the social interaction of the elderly. Improve the spirit support system of the elderly to enhance the quality of spiritual life. Clear the identity attribution the elderly in "country to residence" community, resolve identity crisis. So to improve the well-being index of the elderly in "country to residence" community, thereby promote the harmony and stability of the family, community and social harmony and stability.

Keywords: Henan; "country to residence" Community; The Elderly

III Report on Poverty Governance and Social Assistance

B. 10　Research Report on the Regional Overall Poverty
　　　　of Henan Province　　　　　　　　　　*Li Sanhui* / 160

Abstract: Getting Rid of Regional Overall Poverty is helpful for, reaching the objective of realizing Well-off society and enhancing people's acquisition which are the key Henan social and economic goals. To solve the problem of Regional Overall Poverty, we should improve the poverty management pattern, intensify accurate poverty alleviation, detail implementation of classification support policy, explore asset earning support system, strengthen social force, rely on special industries to change poverty, strengthen the human capital investment to alleviate poverty, equalize the basic public services and innovate social governance model to enhance the soft power of poor areas.

Keywords: Regional Overall Poverty; Destitute Population; Poverty Alleviation

B. 11　The Countermeasures and Development Strategy
　　　　of Henan Precision Poverty Alleviation　　　*Meng Bai* / 174

Abstract: In the past, the work of poverty alleviation in some places in Henan Province has appeared in the city and county party and government leaders attaching great importance, but the grassroots cadres did not work hard to get rid of poverty, resulting in some grassroots cadres deceiving superiors, and put non-poor households included in the poverty stricken families to help. Since 2016,

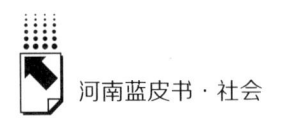

Henan Province in the precise identification, accurate poverty alleviation in the strict and real, and the poor counties in Henan Province at all levels of leadership put the poor households on the precise identification of poverty relief work in the first place, and actively change their ideas. Training township and village leaders on identifying poor family, taking methods on verification, the identify accurate results are more and more fair, objective and accurate, and the province was completed the goal of 1.1 million people out of poverty in 2016.

Keywords: Henan; Precision Poverty Alleviation

B.12 A Research Report of Financial Development Condition and Taking Targeted Measures to Help People Lift Themselves out of Poverty of Poverty Counties in Henan

Gao Furong / 185

Abstract: In "Twelfth five-year" period, Henan province puts the solution to poverty alleviation in objects and realizes the growing rich food and clothing as a top priority, exploring out the road of poverty alleviation and development with local characteristics. This article presents the 53 counties in Henan province during the twelfth five-year financial development condition, uses the methods of data envelopment analysis (DEA) to analyze the financial scale, structure and the efficiency of poverty alleviation funds in Henan, and puts forward the optimization strategy of financial allocation mechanism for poverty alleviation.

Keywords: Poverty Counties; DEA; Take Targeted Measures to Help people Lift Themselves out of Poverty

B. 13　A Study on the Actuality and Problems of Precise
　　　　Anti-poverty Policies in Henan Province　　*He Huijiang* / 197

Abstract: This paper summarizes the present situation and problems of the implementation of the policy of accurate poverty alleviation in Henan Province and puts forward some countermeasures and suggestions. Based on the explanation of the concept of precise poverty alleviation, this paper describes the policy of Henan poverty alleviation and its implementation background, analyzes the situation of the implementation of the policies in rural areas and cities, and points out the importance of poverty alleviation in the process of implementation, Accurate poverty alleviation, the government to actively promote the passive object of poverty, the accuracy of individual poverty alleviation target for the poor and accurate implementation of the content of poverty alleviation policies and other issues, and then put forward the development and implementation of urban poverty policy precision, promotion of broad participation in precision poverty alleviation targets, Improve the efficiency of the implementation of accurate poverty alleviation policy, and implementation of policies to improve urban and rural poverty reduction.

Keywords: Accurate Poverty Alleviation; Extensive Poverty Alleviation; Poverty Alleviation Policy

B. 14　A Case Study on the Resident Relocation Pilot
　　　　of the Yellow River Floodplain in Henan Province
　　　　　　　Henan Provincial People's Government Development
　　　　　　　Research Center of Social Research Group / 210

Abstract: This paper summarizes the present situation and problems of the implementation of the policy of accurate poverty alleviation in Henan Province and puts forward some countermeasures and suggestions. Based on the explanation of the concept of precise poverty alleviation, this paper describes the policy of Henan poverty alleviation and its implementation background, analyzes the situation of the implementation of the policies in rural areas and cities, and points out the importance of poverty alleviation in the process of implementation, Accurate poverty alleviation, the government to actively promote the passive object of poverty, the accuracy of individual poverty alleviation target for the poor and accurate implementation of the content of poverty alleviation policies and other issues, and then put forward the development and implementation of urban poverty policy precision, promotion of broad participation in precision poverty alleviation targets, Improve the efficiency of the implementation of accurate poverty alleviation policy, and implementation of policies to improve urban and rural poverty reduction.

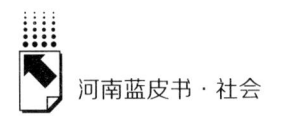

Keywords: Accurate Poverty Alleviation; Extensive Poverty Alleviation; Poverty Alleviation Policy

Ⅳ Report on Social Governance and System Innovation

B.15 Research Report on the Establishment of Henan Government Investment and Major Project-Driven Employment Evaluation Mechanism

Li Hongjian, Zhao Lujie / 221

Abstract: This paper summarizes the present situation and problems of the implementation of the policy of accurate poverty alleviation in Henan Province and puts forward some countermeasures and suggestions. Based on the explanation of the concept of precise poverty alleviation, this paper describes the policy of Henan poverty alleviation and its implementation background, analyzes the situation of the implementation of the policies in rural areas and cities, and points out the importance of poverty alleviation in the process of implementation, Accurate poverty alleviation, the government to actively promote the passive object of poverty, the accuracy of individual poverty alleviation target for the poor and accurate implementation of the content of poverty alleviation policies and other issues, and then put forward the development and implementation of urban poverty policy precision, promotion of broad participation in precision poverty alleviation targets, Improve the efficiency of the implementation of accurate poverty alleviation policy, and implementation of policies to improve urban and rural poverty reduction.

Keywords: Accurate Poverty Alleviation; Extensive Poverty Alleviation

B.16 Research on the Problems and Countermeasures
of Rural Governance in Henan *Cui Xuehua* / 234

Abstract: Rural governance is an important part of national governance. The survey found that there is a big gap between the current Henan province rural governance situation and the demands of the villagers, there are rural governance resources loss, economic foundation, weakening the traditional concept of "shake, three left behind the problem is serious, deterioration of the security situation, rights of poor channel and lack of public services has brought many new problems, new challenges to the province rural governance. We must renew the concept of governance, governance mechanism innovation, enrich the governance structure, perfect administrative measure, improve rural governance diversification, modernization level, continue to meet the basic demands of rural residents, improve the effectiveness of rural governance.

Keywords: Henan; Rural Governance

B.17 The Status Quo Analysis on the Community Construction
and Social Governance in Henan Province

Luo Yinghao / 242

Abstract: In recent years, Henan Province has steadily pushed the urban and rural community construction, perfected governance mechanism and service system, and the urban and rural communities have taken on a new look. But there are still some problems which can not meet the diversified and personalized service demands for the society and the urban and rural community residents. Therefore, we should shape the modern management and service concept, improve the legal construction, push the process which the government purchases the service based on the law, perfect the mechanism of community shared-governance and service system, strengthen the social organizations' ability to take over service and realize the community self-governance, which is the route choice to push the urban and rural community construction and innovate social governance in the 13th Five-Year Plan period in Henan.

Keywords: Henan; Community Construction; Social Governance

B.18 Investigation and Development Forecast of Professional Social Work in Henan Province

Zhang Mingsuo, Wang Zhikun and Jiang Shanshan / 255

Abstract: Through the survey of Zhengzhou social work service institutions and professional talents, we have grasped the status quo of professional social work in Henan Province and found some problems. Most of the social work professionals love social work, the basic social work agencies where the satisfaction of the Government to buy social work services. However, the Henan provincial government to buy social work professional services is also small, and the institutional mechanisms are not perfect; the social work of professional team building is not enough emphasis on the overall environment of social work recognition is low; social work practitioners most low income, The pressure is greater, more confused. With the construction of national central city of Zhengzhou and deepening the implementation of the Central Plains urban agglomeration construction strategy, the development of social work in Henan

Province will enter a sound and rapid development period, the government will further strengthen the development of professional social work, improve social work Institutional mechanisms.

Keywords: Henan; Social Work

V Report on Public Security and Online Public

B. 19 Analysis on the Present Situation of Food Safety
and Consumer Perception in Henan Province in 2016

Zhou Dan, Wang Xin and Chen An / 275

Abstract: Food safety is the most basic material condition for the existence and development of human beings. It is also the most basic requirement of national stability and social development. Due to previous exposure of food safety issues, the Chinese government has taken a number of measures to regulate the food market. Based on the background of the development of food industry in Henan Province in 2016, this paper summarizes the current situation of food safety. At the same time, make consumers'psychological characteristics of food safety as the research object, through the questionnaire and interview analysis, there is a great difference between the food safety situation from the perspective of consumer perception and the actual situation. We proposed the existence phenomenon as "dislocation effect". The more manifest difference among the process is "contrary effect". That is distinction between safety evaluation and consumer behaviors. In the fact, the results of actual survey are admirable but the perception of food safety is not optimistic. Based on the differences, this paper further expounds the inherent reasons of the "dislocation effect" and "contrary effect". After that, according to the sampling results from Food and Drug Administration of Henan province for the year 2016, authenticating there is a deviation between current situation of consumer perception of food safety and the actual situation. Finally, the paper will put forward some feasible countermeasures to cope with the effects.

Keywords: Food Safety; Consumer Perception; Dislocation Effect

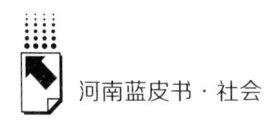

B.20　Analysis Report of Henan Network Public Opinion

Yin Lu / 292

Abstract: In 2016, the network public opinion has the distinct characteristic: the public opinion has tended to be calm, the intensity and the continuity of the outbreak has been weakened, the phenomenon of "public opinion forced" has been reduced, and the expression of discontent has turned to the private circle. At the same time, the public turned to be indifferent to opinions, the strength of opinions has been weakened and the public opinion related to official has increased in cyberspace. The governance of the network public opinion is a part of the social governance, its essence is not the government's control over the people, but the joint governance of government and the people. To return to rational public opinion requires public community's joint efforts, to believe the conscience and the concept of equality between the government and the people, and to stimulate the vitality of network. The key of public opinion governance is the interactive supervision and communication, to distinguish right from wrong, and to prevent the image of the government and the public opinion represented by a few people.

Keywords: Network public Opinion; Public Opinion Indifference; Public Opinion Governance

B.21　Research on the New Social Stratum's Political Participation of HeNan Province

Zhao Xiaoge / 303

Abstract: As the builder of Chinese socialism, the new social stratum as widely concerned by the whole society is the important force for building the harmonious society. The political participation of the new social stratum is the core issue at the national level. Through the survey of 3571 new social stratums of Henan Province, the article analyzes the situation, characteristics and problems of the new social stratum's political participation of Henan Province. According to the interview, the article investigates the internal characteristics of the new social stratum and influencing factors. Finally, the article puts forward some suggestions on how to improve the political participation of the new social stratums of Henan Province from the perspective of the state, government and local as well as the current strategy of economic and social development.

Keywords: Henan Province; New social Stratum; Political Participation

B.22　Analysis Report on Significant Demolition Event in Henan Province　　　　　　　　　　　　*Pan Yanyan* / 316

Abstract: The rapid development of urbanization is accompanied by a large amount of land expropriation and house demolition. During the process of land acquisition and demolition, "violent demolition" and "illegal demolitions" happened frequently in Henan Province. It has become a hot issue of the government and society. By sorting out the major demolition events in Henan Province in the past three years, it can be seen that demolition has some common characteristics, such as individual conflict and mass conflict, the problem of compensation is still the focus of contradiction, diversification of demolition and demolition measures, new media intervention to accelerate the spread of events, etc. The demolition also reflects the social problems such as the misbehavior of the government, the weak judicial remedy, the insufficiency of compensation mechanism, the loss of citizen's right to speak and the limited role of media supervision. Reasonable resolve the demolition is an important task of the current social management innovation, need government, society, media such as the main body of public participation, mutual coordination and balance of interests.

Keywords: Urbanization; Demolition Events; Social Governance

社会科学文献出版社　皮书系列

✤ 皮书起源 ✤

"皮书"起源于十七、十八世纪的英国,主要指官方或社会组织正式发表的重要文件或报告,多以"白皮书"命名。在中国,"皮书"这一概念被社会广泛接受,并被成功运作、发展成为一种全新的出版形态,则源于中国社会科学院社会科学文献出版社。

✤ 皮书定义 ✤

皮书是对中国与世界发展状况和热点问题进行年度监测,以专业的角度、专家的视野和实证研究方法,针对某一领域或区域现状与发展态势展开分析和预测,具备原创性、实证性、专业性、连续性、前沿性、时效性等特点的公开出版物,由一系列权威研究报告组成。

✤ 皮书作者 ✤

皮书系列的作者以中国社会科学院、著名高校、地方社会科学院的研究人员为主,多为国内一流研究机构的权威专家学者,他们的看法和观点代表了学界对中国与世界的现实和未来最高水平的解读与分析。

✤ 皮书荣誉 ✤

皮书系列已成为社会科学文献出版社的著名图书品牌和中国社会科学院的知名学术品牌。2016年,皮书系列正式列入"十三五"国家重点出版规划项目;2012~2016年,重点皮书列入中国社会科学院承担的国家哲学社会科学创新工程项目;2017年,55种院外皮书使用"中国社会科学院创新工程学术出版项目"标识。

中国皮书网

发布皮书研创资讯，传播皮书精彩内容
引领皮书出版潮流，打造皮书服务平台

栏目设置

关于皮书：何谓皮书、皮书分类、皮书大事记、皮书荣誉、
皮书出版第一人、皮书编辑部

最新资讯：通知公告、新闻动态、媒体聚焦、网站专题、视频直播、下载专区

皮书研创：皮书规范、皮书选题、皮书出版、皮书研究、研创团队

皮书评奖评价：指标体系、皮书评价、皮书评奖

互动专区：皮书说、皮书智库、皮书微博、数据库微博

所获荣誉

2008年、2011年，中国皮书网均在全国新闻出版业网站荣誉评选中获得"最具商业价值网站"称号；

2012年，获得"出版业网站百强"称号。

网库合一

2014年，中国皮书网与皮书数据库端口合一，实现资源共享。更多详情请登录www.pishu.cn。

权威报告·热点资讯·特色资源

皮书数据库
ANNUAL REPORT(YEARBOOK) DATABASE

当代中国与世界发展高端智库平台

所获荣誉

- 2016年，入选"国家'十三五'电子出版物出版规划骨干工程"
- 2015年，荣获"搜索中国正能量 点赞2015""创新中国科技创新奖"
- 2013年，荣获"中国出版政府奖·网络出版物奖"提名奖
- 连续多年荣获中国数字出版博览会"数字出版·优秀品牌"奖

成为会员

通过网址www.pishu.com.cn或使用手机扫描二维码进入皮书数据库网站，进行手机号验证或邮箱验证即可成为皮书数据库会员（建议通过手机号码快速验证注册）。

会员福利

- 使用手机号码首次注册会员可直接获得100元体验金，不需充值即可购买和查看数据库内容（仅限使用手机号码快速注册）。
- 已注册用户购书后可免费获赠100元皮书数据库充值卡。刮开充值卡涂层获取充值密码，登录并进入"会员中心"—"在线充值"—"充值卡充值"，充值成功后即可购买和查看数据库内容。

卡号：351648653872
密码：

数据库服务热线：400-008-6695
数据库服务QQ：2475522410
数据库服务邮箱：database@ssap.cn
图书销售热线：010-59367070/7028
图书服务QQ：1265056568
图书服务邮箱：duzhe@ssap.cn

子库介绍
Sub-Database Introduction

中国经济发展数据库

涵盖宏观经济、农业经济、工业经济、产业经济、财政金融、交通旅游、商业贸易、劳动经济、企业经济、房地产经济、城市经济、区域经济等领域，为用户实时了解经济运行态势、把握经济发展规律、洞察经济形势、做出经济决策提供参考和依据。

中国社会发展数据库

全面整合国内外有关中国社会发展的统计数据、深度分析报告、专家解读和热点资讯构建而成的专业学术数据库。涉及宗教、社会、人口、政治、外交、法律、文化、教育、体育、文学艺术、医药卫生、资源环境等多个领域。

中国行业发展数据库

以中国国民经济行业分类为依据，跟踪分析国民经济各行业市场运行状况和政策导向，提供行业发展最前沿的资讯，为用户投资、从业及各种经济决策提供理论基础和实践指导。内容涵盖农业，能源与矿产业，交通运输业，制造业，金融业，房地产业，租赁和商务服务业，科学研究，环境和公共设施管理，居民服务业，教育，卫生和社会保障，文化、体育和娱乐业等100余个行业。

中国区域发展数据库

对特定区域内的经济、社会、文化、法治、资源环境等领域的现状与发展情况进行分析和预测。涵盖中部、西部、东北、西北等地区，长三角、珠三角、黄三角、京津冀、环渤海、合肥经济圈、长株潭城市群、关中—天水经济区、海峡经济区等区域经济体和城市圈，北京、上海、浙江、河南、陕西等34个省份及中国台湾地区。

中国文化传媒数据库

包括文化事业、文化产业、宗教、群众文化、图书馆事业、博物馆事业、档案事业、语言文字、文学、历史地理、新闻传播、广播电视、出版事业、艺术、电影、娱乐等多个子库。

世界经济与国际关系数据库

以皮书系列中涉及世界经济与国际关系的研究成果为基础，全面整合国内外有关世界经济与国际关系的统计数据、深度分析报告、专家解读和热点资讯构建而成的专业学术数据库。包括世界经济、国际政治、世界文化与科技、全球性问题、国际组织与国际法、区域研究等多个子库。

法律声明

"皮书系列"(含蓝皮书、绿皮书、黄皮书)之品牌由社会科学文献出版社最早使用并持续至今,现已被中国图书市场所熟知。"皮书系列"的LOGO( )与"经济蓝皮书""社会蓝皮书"均已在中华人民共和国国家工商行政管理总局商标局登记注册。"皮书系列"图书的注册商标专用权及封面设计、版式设计的著作权均为社会科学文献出版社所有。未经社会科学文献出版社书面授权许可,任何使用与"皮书系列"图书注册商标、封面设计、版式设计相同或者近似的文字、图形或其组合的行为均系侵权行为。

经作者授权,本书的专有出版权及信息网络传播权为社会科学文献出版社享有。未经社会科学文献出版社书面授权许可,任何就本书内容的复制、发行或以数字形式进行网络传播的行为均系侵权行为。

社会科学文献出版社将通过法律途径追究上述侵权行为的法律责任,维护自身合法权益。

欢迎社会各界人士对侵犯社会科学文献出版社上述权利的侵权行为进行举报。电话:010-59367121,电子邮箱:fawubu@ssap.cn。

社会科学文献出版社

皮书系列

2017年

1997~2017 皮书品牌20年 YEAR BOOKS

智库成果出版与传播平台

社会科学文献出版社
SOCIAL SCIENCES ACADEMIC PRESS (CHINA)

社长致辞

2017年正值皮书品牌专业化二十周年之际，世界每天都在发生着让人眼花缭乱的变化，而唯一不变的，是面向未来无数的可能性。作为个体，如何获取专业信息以备不时之需？作为行政主体或企事业主体，如何提高决策的科学性让这个世界变得更好而不是更糟？原创、实证、专业、前沿、及时、持续，这是1997年"皮书系列"品牌创立的初衷。

1997～2017，从最初一个出版社的学术产品名称到媒体和公众使用频率极高的热点词语，从专业术语到大众话语，从官方文件到独特的出版型态，作为重要的智库成果，"皮书"始终致力于成为海量信息时代的信息过滤器，成为经济社会发展的记录仪，成为政策制定、评估、调整的智力源，社会科学研究的资料集成库。"皮书"的概念不断延展，"皮书"的种类更加丰富，"皮书"的功能日渐完善。

1997～2017，皮书及皮书数据库已成为中国新型智库建设不可或缺的抓手与平台，成为政府、企业和各类社会组织决策的利器，成为人文社科研究最基本的资料库，成为世界系统完整及时认知当代中国的窗口和通道！"皮书"所具有的凝聚力正在形成一种无形的力量，吸引着社会各界关注中国的发展，参与中国的发展。

二十年的"皮书"正值青春，愿每一位皮书人付出的年华与智慧不辜负这个时代！

社会科学文献出版社社长
中国社会学会秘书长

2016年11月

社会科学文献出版社简介

社会科学文献出版社成立于1985年，是直属于中国社会科学院的人文社会科学学术出版机构。成立以来，社科文献出版社依托于中国社会科学院和国内外人文社会科学界丰厚的学术出版和专家学者资源，始终坚持"创社科经典，出传世文献"的出版理念、"权威、前沿、原创"的产品定位以及学术成果和智库成果出版的专业化、数字化、国际化、市场化的经营道路。

社科文献出版社是中国新闻出版业转型与文化体制改革的先行者。积极探索文化体制改革的先进方向和现代企业经营决策机制，社科文献出版社先后荣获"全国文化体制改革工作先进单位"、中国出版政府奖·先进出版单位奖，中国社会科学院先进集体、全国科普工作先进集体等荣誉称号。多人次荣获"第十届韬奋出版奖""全国新闻出版行业领军人才""数字出版先进人物""北京市新闻出版广电行业领军人才"等称号。

社科文献出版社是中国人文社会科学学术出版的大社名社，也是以皮书为代表的智库成果出版的专业强社。年出版图书2000余种，其中皮书350余种，出版新书字数5.5亿字，承印与发行中国社科院院属期刊72种，先后创立了皮书系列、列国志、中国史话、社科文献学术译库、社科文献学术文库、甲骨文书系等一大批既有学术影响又有市场价值的品牌，确立了在社会学、近代史、苏东问题研究等专业学科及领域出版的领先地位。图书多次荣获中国出版政府奖、"三个一百"原创图书出版工程、"五个'一'工程奖"、"大众喜爱的50种图书"等奖项，在中央国家机关"强素质·做表率"读书活动中，入选图书品种数位居各大出版社之首。

社科文献出版社是中国学术出版规范与标准的倡议者与制定者，代表全国50多家出版社发起实施学术著作出版规范的倡议，承担学术著作规范国家标准的起草工作，率先编撰完成《皮书手册》对皮书品牌进行规范化管理，并在此基础上推出中国版芝加哥手册——《SSAP学术出版手册》。

社科文献出版社是中国数字出版的引领者，拥有皮书数据库、列国志数据库、"一带一路"数据库、减贫数据库、集刊数据库等4大产品线11个数据库产品，机构用户达1300余家，海外用户百余家，荣获"数字出版转型示范单位""新闻出版标准化先进单位""专业数字内容资源知识服务模式试点企业标准化示范单位"等称号。

社科文献出版社是中国学术出版走出去的践行者。社科文献出版社海外图书出版与学术合作业务遍及全球40余个国家和地区并于2016年成立俄罗斯分社，累计输出图书500余种，涉及近20个语种，累计获得国家社科基金中华学术外译项目资助76种、"丝路书香工程"项目资助60种、中国图书对外推广计划项目资助71种以及经典中国国际出版工程资助28种，被商务部认定为"2015-2016年度国家文化出口重点企业"。

如今，社科文献出版社拥有固定资产3.6亿元，年收入近3亿元，设置了七大出版分社、六大专业部门，成立了皮书研究院和博士后科研工作站，培养了一支近400人的高素质与高效率的编辑、出版、营销和国际推广队伍，为未来成为学术出版的大社、名社、强社，成为文化体制改革与文化企业转型发展的排头兵奠定了坚实的基础。

经济类 | 皮书系列 重点推荐

经 济 类

经济类皮书涵盖宏观经济、城市经济、大区域经济，提供权威、前沿的分析与预测

经济蓝皮书
2017年中国经济形势分析与预测

李扬/主编　2017年1月出版　定价：89.00元

◆ 本书为总理基金项目，由著名经济学家李扬领衔，联合中国社会科学院等数十家科研机构、国家部委和高等院校的专家共同撰写，系统分析了2016年的中国经济形势并预测2017年中国经济运行情况。

中国省域竞争力蓝皮书
中国省域经济综合竞争力发展报告（2015～2016）

李建平　李闽榕　高燕京/主编　2017年5月出版　定价：198.00元

◆ 本书融多学科的理论为一体，深入追踪研究了省域经济发展与中国国家竞争力的内在关系，为提升中国省域经济综合竞争力提供有价值的决策依据。

城市蓝皮书
中国城市发展报告No.10

潘家华　单菁菁/主编　2017年9月出版　估价：89.00元

◆ 本书是由中国社会科学院城市发展与环境研究中心编著的，多角度、全方位地立体展示了中国城市的发展状况，并对中国城市的未来发展提出了许多建议。该书有强烈的时代感，对中国城市发展实践有重要的参考价值。

皮书系列重点推荐 — 经济类

人口与劳动绿皮书
中国人口与劳动问题报告 No.18

蔡昉 张车伟/主编　2017年10月出版　估价：89.00元

◆ 本书为中国社会科学院人口与劳动经济研究所主编的年度报告，对当前中国人口与劳动形势做了比较全面和系统的深入讨论，为研究中国人口与劳动问题提供了一个专业性的视角。

世界经济黄皮书
2017年世界经济形势分析与预测

张宇燕/主编　2017年1月出版　定价：89.00元

◆ 本书由中国社会科学院世界经济与政治研究所的研究团队撰写，2016年世界经济增速进一步放缓，就业增长放慢。世界经济面临许多重大挑战同时，地缘政治风险、难民危机、大国政治周期、恐怖主义等问题也仍然在影响世界经济的稳定与发展。预计2017年按PPP计算的世界GDP增长率约为3.0%。

国际城市蓝皮书
国际城市发展报告（2017）

屠启宇/主编　2017年2月出版　定价：79.00元

◆ 本书作者以上海社会科学院从事国际城市研究的学者团队为核心，汇集同济大学、华东师范大学、复旦大学、上海交通大学、南京大学、浙江大学相关城市研究专业学者。立足动态跟踪介绍国际城市发展时间中，最新出现的重大战略、重大理念、重大项目、重大报告和最佳案例。

金融蓝皮书
中国金融发展报告（2017）

王国刚/主编　2017年2月出版　定价：79.00元

◆ 本书由中国社会科学院金融研究所组织编写，概括和分析了2016年中国金融发展和运行中的各方面情况，研讨和评论了2016年发生的主要金融事件，有利于读者了解掌握2016年中国的金融状况，把握2017年中国金融的走势。

经济类 皮书系列 重点推荐

农村绿皮书
中国农村经济形势分析与预测（2016~2017）

魏后凯　杜志雄　黄秉信/主编　2017年4月出版　估价：89.00元

◆ 本书描述了2016年中国农业农村经济发展的一些主要指标和变化，并对2017年中国农业农村经济形势的一些展望和预测，提出相应的政策建议。

西部蓝皮书
中国西部发展报告（2017）

徐璋勇/主编　2017年7月出版　估价：89.00元

◆ 本书由西北大学中国西部经济发展研究中心主编，汇集了源自西部本土以及国内研究西部问题的权威专家的第一手资料，对国家实施西部大开发战略进行年度动态跟踪，并对2017年西部经济、社会发展态势进行预测和展望。

经济蓝皮书·夏季号
中国经济增长报告（2016~2017）

李扬/主编　2017年9月出版　估价：98.00元

◆ 中国经济增长报告主要探讨2016~2017年中国经济增长问题，以专业视角解读中国经济增长，力求将其打造成一个研究中国经济增长、服务宏微观各级决策的周期性、权威性读物。

就业蓝皮书
2017年中国本科生就业报告

麦可思研究院/编著　2017年6月出版　估价：98.00元

◆ 本书基于大量的数据和调研，内容翔实，调查独到，分析到位，用数据说话，对中国大学生就业及学校专业设置起到了很好的建言献策作用。

社会政法类

社会政法类皮书聚焦社会发展领域的热点、难点问题，提供权威、原创的资讯与视点

社会蓝皮书
2017年中国社会形势分析与预测
李培林　陈光金　张翼/主编　2016年12月出版　定价：89.00元

◆ 本书由中国社会科学院社会学研究所组织研究机构专家、高校学者和政府研究人员撰写，聚焦当下社会热点，对2016年中国社会发展的各个方面内容进行了权威解读，同时对2017年社会形势发展趋势进行了预测。

法治蓝皮书
中国法治发展报告No.15（2017）
李林　田禾/主编　2017年3月出版　定价：118.00元

◆ 本年度法治蓝皮书回顾总结了2016年度中国法治发展取得的成就和存在的不足，对中国政府、司法、检务透明度进行了跟踪调研，并对2017年中国法治发展形势进行了预测和展望。

社会体制蓝皮书
中国社会体制改革报告No.5（2017）
龚维斌/主编　2017年3月出版　定价：89.00元

◆ 本书由国家行政学院社会治理研究中心和北京师范大学中国社会管理研究院共同组织编写，主要对2016年社会体制改革情况进行回顾和总结，对2017年的改革走向进行分析，提出相关政策建议。

社会政法类　皮书系列重点推荐

社会心态蓝皮书
中国社会心态研究报告（2017）

王俊秀　杨宜音 / 主编　2017年12月出版　估价：89.00元

◆ 本书是中国社会科学院社会学研究所社会心理研究中心"社会心态蓝皮书课题组"的年度研究成果，运用社会心理学、社会学、经济学、传播学等多种学科的方法进行了调查和研究，对于目前中国社会心态状况有较广泛和深入的揭示。

生态城市绿皮书
中国生态城市建设发展报告（2017）

刘举科　孙伟平　胡文臻 / 主编　2017年7月出版　估价：118.00元

◆ 报告以绿色发展、循环经济、低碳生活、民生宜居为理念，以更新民众观念、提供决策咨询、指导工程实践、引领绿色发展为宗旨，试图探索一条具有中国特色的城市生态文明建设新路。

城市生活质量蓝皮书
中国城市生活质量报告（2017）

中国经济实验研究院 / 主编　2017年7月出版　估价：89.00元

◆ 本书对全国35个城市居民的生活质量主观满意度进行了电话调查，同时对35个城市居民的客观生活质量指数进行了计算，为中国城市居民生活质量的提升，提出了针对性的政策建议。

公共服务蓝皮书
中国城市基本公共服务力评价（2017）

钟君　刘志昌　吴正杲 / 主编　2017年12月出版　估价：89.00元

◆ 中国社会科学院经济与社会建设研究室与华图政信调查组成联合课题组，从2010年开始对基本公共服务力进行研究，研创了基本公共服务力评价指标体系，为政府考核公共服务与社会管理工作提供了理论工具。

行 业 报 告 类

行业报告类皮书立足重点行业、新兴行业领域，
提供及时、前瞻的数据与信息

企业社会责任蓝皮书
中国企业社会责任研究报告（2017）

黄群慧　钟宏武　张蒽　翟利峰／著　2017年10月出版　估价：89.00元

◆ 本书剖析了中国企业社会责任在2016～2017年度的最新发展特征，详细解读了省域国有企业在社会责任方面的阶段性特征，生动呈现了国内外优秀企业的社会责任实践。对了解中国企业社会责任履行现状、未来发展，以及推动社会责任建设有重要的参考价值。

新能源汽车蓝皮书
中国新能源汽车产业发展报告（2017）

中国汽车技术研究中心　日产（中国）投资有限公司
东风汽车有限公司／编著　2017年7月出版　估价：98.00元

◆ 本书对中国2016年新能源汽车产业发展进行了全面系统的分析，并介绍了国外的发展经验。有助于相关机构、行业和社会公众等了解中国新能源汽车产业发展的最新动态，为政府部门出台新能源汽车产业相关政策法规、企业制定相关战略规划，提供必要的借鉴和参考。

杜仲产业绿皮书
中国杜仲橡胶资源与产业发展报告（2016～2017）

杜红岩　胡文臻　俞锐／主编　2017年4月出版　估价：85.00元

◆ 本书对2016年杜仲产业的发展情况、研究团队在杜仲研究方面取得的重要成果、部分地区杜仲产业发展的具体情况、杜仲新标准的制定情况等进行了较为详细的分析与介绍，使广大关心杜仲产业发展的读者能够及时跟踪产业最新进展。

企业蓝皮书
中国企业绿色发展报告 No.2（2017）

李红玉　朱光辉 / 主编　　2017 年 8 月出版　　估价：89.00 元

◆ 本书深入分析中国企业能源消费、资源利用、绿色金融、绿色产品、绿色管理、信息化、绿色发展政策及绿色文化方面的现状，并对目前存在的问题进行研究，剖析因果，谋划对策，为企业绿色发展提供借鉴，为中国生态文明建设提供支撑。

中国上市公司蓝皮书
中国上市公司发展报告（2017）

张平　王宏淼 / 主编　　2017 年 10 月出版　　估价：98.00 元

◆ 本书由中国社会科学院上市公司研究中心组织编写的，着力于全面、真实、客观反映当前中国上市公司财务状况和价值评估的综合性年度报告。本书详尽分析了 2016 年中国上市公司情况，特别是现实中暴露出的制度性、基础性问题，并对资本市场改革进行了探讨。

资产管理蓝皮书
中国资产管理行业发展报告（2017）

智信资产管理研究院 / 编著　　2017 年 6 月出版　　估价：89.00 元

◆ 中国资产管理行业刚刚兴起，未来将成为中国金融市场最有看点的行业。本书主要分析了 2016 年度资产管理行业的发展情况，同时对资产管理行业的未来发展做出科学的预测。

体育蓝皮书
中国体育产业发展报告（2017）

阮伟　钟秉枢 / 主编　　2017 年 12 月出版　　估价：89.00 元

◆ 本书运用多种研究方法，在体育竞赛业、体育用品业、体育场馆业、体育传媒业等传统产业研究的基础上，并对 2016 年体育领域内的各种热点事件进行研究和梳理，进一步拓宽了研究的广度、提升了研究的高度、挖掘了研究的深度。

皮书系列 重点推荐　国别与地区类

国际问题类

国际问题类皮书关注全球重点国家与地区，提供全面、独特的解读与研究

美国蓝皮书
美国研究报告（2017）
郑秉文　黄平 / 主编　2017年6月出版　估价：89.00元

◆ 本书是由中国社会科学院美国研究所主持完成的研究成果，它回顾了美国2016年的经济、政治形势与外交战略，对2017年以来美国内政外交发生的重大事件及重要政策进行了较为全面的回顾和梳理。

日本蓝皮书
日本研究报告（2017）
杨伯江 / 主编　2017年5月出版　估价：89.00元

◆ 本书对2016年日本的政治、经济、社会、外交等方面的发展情况做了系统介绍，对日本的热点及焦点问题进行了总结和分析，并在此基础上对该国2017年的发展前景做出预测。

亚太蓝皮书
亚太地区发展报告（2017）
李向阳 / 主编　2017年4月出版　估价：89.00元

◆ 本书是中国社会科学院亚太与全球战略研究院的集体研究成果。2017年的"亚太蓝皮书"继续关注中国周边环境的变化。该书盘点了2016年亚太地区的焦点和热点问题，为深入了解2016年及未来中国与周边环境的复杂形势提供了重要参考。

国别与地区类 皮书系列 重点推荐

德国蓝皮书

德国发展报告（2017）

郑春荣 / 主编　2017 年 6 月出版　估价：89.00 元

◆ 本报告由同济大学德国研究所组织编撰，由该领域的专家学者对德国的政治、经济、社会文化、外交等方面的形势发展情况，进行全面的阐述与分析。

日本经济蓝皮书

日本经济与中日经贸关系研究报告（2017）

张季风 / 编著　2017 年 5 月出版　估价：89.00 元

◆ 本书系统、详细地介绍了 2016 年日本经济以及中日经贸关系发展情况，在进行了大量数据分析的基础上，对 2017 年日本经济以及中日经贸关系的大致发展趋势进行了分析与预测。

俄罗斯黄皮书

俄罗斯发展报告（2017）

李永全 / 编著　2017 年 7 月出版　估价：89.00 元

◆ 本书系统介绍了 2016 年俄罗斯经济政治情况，并对 2016 年该地区发生的焦点、热点问题进行了分析与回顾；在此基础上，对该地区 2017 年的发展前景进行了预测。

非洲黄皮书

非洲发展报告 No.19（2016～2017）

张宏明 / 主编　2017 年 8 月出版　估价：89.00 元

◆ 本书是由中国社会科学院西亚非洲研究所组织编撰的非洲形势年度报告，比较全面、系统地分析了 2016 年非洲政治形势和热点问题，探讨了非洲经济形势和市场走向，剖析了大国对非洲关系的新动向；此外，还介绍了国内非洲研究的新成果。

地方发展类

地方发展类皮书关注中国各省份、经济区域，提供科学、多元的预判与资政信息

北京蓝皮书

北京公共服务发展报告（2016~2017）

施昌奎/主编　2017年3月出版　定价：79.00元

◆ 本书是由北京市政府职能部门的领导、首都著名高校的教授、知名研究机构的专家共同完成的关于北京市公共服务发展与创新的研究成果。

河南蓝皮书

河南经济发展报告（2017）

张占仓　完世伟/主编　2017年4月出版　估价：89.00元

◆ 本书以国内外经济发展环境和走向为背景，主要分析当前河南经济形势，预测未来发展趋势，全面反映河南经济发展的最新动态、热点和问题，为地方经济发展和领导决策提供参考。

广州蓝皮书

2017年中国广州经济形势分析与预测

庾建设　陈浩钿　谢博能/主编　2017年7月出版　估价：85.00元

◆ 本书由广州大学与广州市委政策研究室、广州市统计局联合主编，汇集了广州科研团体、高等院校和政府部门诸多经济问题研究专家、学者和实际部门工作者的最新研究成果，是关于广州经济运行情况和相关专题分析、预测的重要参考资料。

文化传媒类

文化传媒类皮书透视文化领域、文化产业，
探索文化大繁荣、大发展的路径

新媒体蓝皮书
中国新媒体发展报告 No.8（2017）

唐绪军 / 主编　　2017年6月出版　　估价：89.00元

◆ 本书是由中国社会科学院新闻与传播研究所组织编写的关于新媒体发展的最新年度报告，旨在全面分析中国新媒体的发展现状，解读新媒体的发展趋势，探析新媒体的深刻影响。

移动互联网蓝皮书
中国移动互联网发展报告（2017）

官建文 / 主编　　2017年6月出版　　估价：89.00元

◆ 本书着眼于对2016年度中国移动互联网的发展情况做深入解析，对未来发展趋势进行预测，力求从不同视角、不同层面全面剖析中国移动互联网发展的现状、年度突破及热点趋势等。

传媒蓝皮书
中国传媒产业发展报告（2017）

崔保国 / 主编　　2017年5月出版　　估价：98.00元

◆ "传媒蓝皮书"连续十多年跟踪观察和系统研究中国传媒产业发展。本报告在对传媒产业总体以及各细分行业发展状况与趋势进行深入分析基础上，对年度发展热点进行跟踪，剖析新技术引领下的商业模式，对传媒各领域发展趋势、内体经营、传媒投资进行解析，为中国传媒产业正在发生的变革提供前瞻性参考。

经济类

"三农"互联网金融蓝皮书
中国"三农"互联网金融发展报告（2017）
著（编）者：李勇坚 王弢　　2017年8月出版／估价：98.00元
PSN B-2016-561-1/1

G20国家创新竞争力黄皮书
二十国集团（G20）国家创新竞争力发展报告（2016~2017）
著（编）者：李建平 李闽榕 赵新力 周天勇
2017年8月出版／估价：158.00元
PSN Y-2011-229-1/1

产业蓝皮书
中国产业竞争力报告（2017）No.7
著（编）者：张其仔　　2017年12月出版／估价：98.00元
PSN B-2010-175-1/1

城市创新蓝皮书
中国城市创新报告（2017）
著（编）者：周天勇 旷建伟　　2017年11月出版／估价：89.00元
PSN B-2013-340-1/1

城市蓝皮书
中国城市发展报告 No.10
著（编）者：潘家华 单菁菁　　2017年9月出版／估价：89.00元
PSN B-2007-091-1/1

城乡一体化蓝皮书
中国城乡一体化发展报告（2016~2017）
著（编）者：汝信 付崇兰　　2017年7月出版／估价：85.00元
PSN B-2011-226-1/2

城镇化蓝皮书
中国新型城镇化健康发展报告（2017）
著（编）者：张占斌　　2017年8月出版／估价：89.00元
PSN B-2014-396-1/1

创新蓝皮书
创新型国家建设报告（2016~2017）
著（编）者：詹正茂　　2017年12月出版／估价：89.00元
PSN B-2009-140-1/1

创业蓝皮书
中国创业发展报告（2016~2017）
著（编）者：黄群慧 赵卫星 钟宏武等
2017年11月出版／估价：89.00元
PSN B-2016-578-1/1

低碳发展蓝皮书
中国低碳发展报告（2016~2017）
著（编）者：齐晔 张希良　　2017年3月出版／估价：98.00元
PSN B-2011-223-1/1

低碳经济蓝皮书
中国低碳经济发展报告（2017）
著（编）者：薛进军 赵忠秀　　2017年6月出版／估价：85.00元
PSN B-2011-194-1/1

东北蓝皮书
中国东北地区发展报告（2017）
著（编）者：姜晓秋　　2017年2月出版／定价：79.00元
PSN B-2006-067-1/1

发展与改革蓝皮书
中国经济发展和体制改革报告No.8
著（编）者：邹东涛 王再文　　2017年4月出版／估价：98.00元
PSN B-2008-122-1/1

工业化蓝皮书
中国工业化进程报告（2017）
著（编）者：黄群慧　　2017年12月出版／估价：158.00元
PSN B-2007-095-1/1

管理蓝皮书
中国管理发展报告（2017）
著（编）者：张晓东　　2017年10月出版／估价：98.00元
PSN B-2014-416-1/1

国际城市蓝皮书
国际城市发展报告（2017）
著（编）者：屠启宇　　2017年2月出版／定价：79.00元
PSN B-2012-260-1/1

国家创新蓝皮书
中国创新发展报告（2017）
著（编）者：陈劲　　2017年12月出版／估价：89.00元
PSN B-2014-370-1/1

金融蓝皮书
中国金融发展报告（2017）
著（编）者：王国刚　　2017年2月出版／定价：79.00元
PSN B-2004-031-1/6

京津冀金融蓝皮书
京津冀金融发展报告（2017）
著（编）者：王爱俭 李向前
2017年4月出版／估价：89.00元
PSN B-2016-528-1/1

京津冀蓝皮书
京津冀发展报告（2017）
著（编）者：文魁 祝尔娟　　2017年4月出版／估价：89.00元
PSN B-2012-262-1/1

经济蓝皮书
2017年中国经济形势分析与预测
著（编）者：李扬　　2017年1月出版／估价：89.00元
PSN B-1996-001-1/1

经济蓝皮书·春季号
2017年中国经济前景分析
著（编）者：李扬　　2017年6月出版／估价：89.00元
PSN B-1999-008-1/1

经济蓝皮书·夏季号
中国经济增长报告（2016~2017）
著（编）者：李扬　　2017年9月出版／估价：98.00元
PSN B-2010-176-1/1

经济信息绿皮书
中国与世界经济发展报告（2017）
著（编）者：杜平　　2017年12月出版／定价：89.00元
PSN G-2003-023-1/1

就业蓝皮书
2017年中国本科生就业报告
著（编）者：麦可思研究院　　2017年6月出版／估价：98.00元
PSN B-2009-146-1/2

经济类 皮书系列 2017全品种

就业蓝皮书
2017年中国高职高专生就业报告
著(编)者：麦可思研究院　2017年6月出版／估价：98.00元
PSN B-2015-472-2/2

科普能力蓝皮书
中国科普能力评价报告（2017）
著(编)者：李富　强李群　2017年8月出版／估价：89.00元
PSN B-2016-556-1/1

临空经济蓝皮书
中国临空经济发展报告（2017）
著(编)者：连玉明　2017年9月出版／估价：89.00元
PSN B-2014-421-1/1

农村绿皮书
中国农村经济形势分析与预测（2016~2017）
著(编)者：魏后凯　杜志雄　黄秉信
2017年4月出版／估价：89.00元
PSN G-1998-003-1/1

农业应对气候变化蓝皮书
气候变化对中国农业影响评估报告 No.3
著(编)者：矫梅燕　2017年8月出版／估价：98.00元
PSN B-2014-413-1/1

气候变化绿皮书
应对气候变化报告（2017）
著(编)者：王伟光　郑国光　2017年6月出版／估价：89.00元
PSN G-2009-144-1/1

区域蓝皮书
中国区域经济发展报告（2016~2017）
著(编)者：赵弘　2017年6月出版／估价：89.00元
PSN B-2004-034-1/1

全球环境竞争力绿皮书
全球环境竞争力报告（2017）
著(编)者：李建平　李闽榕　王金南
2017年12月出版／估价：198.00元
PSN G-2013-363-1/1

人口与劳动绿皮书
中国人口与劳动问题报告 No.18
著(编)者：蔡昉　张车伟　2017年11月出版／估价：89.00元
PSN G-2000-012-1/1

商务中心区蓝皮书
中国商务中心区发展报告 No.3（2016）
著(编)者：李国红　单菁菁　2017年4月出版／估价：89.00元
PSN B-2015-444-1/1

世界经济黄皮书
2017年世界经济形势分析与预测
著(编)者：张宇燕　2017年1月出版／定价：89.00元
PSN Y-1999-006-1/1

世界旅游城市绿皮书
世界旅游城市发展报告（2017）
著(编)者：宋宇　2017年4月出版／估价：128.00元
PSN G-2014-400-1/1

土地市场蓝皮书
中国农村土地市场发展报告（2016~2017）
著(编)者：李光荣　2017年4月出版／估价：89.00元
PSN B-2016-527-1/1

西北蓝皮书
中国西北发展报告（2017）
著(编)者：高建龙　2017年4月出版／估价：89.00元
PSN B-2012-261-1/1

西部蓝皮书
中国西部发展报告（2017）
著(编)者：徐璋勇　2017年7月出版／估价：89.00元
PSN B-2005-039-1/1

新型城镇化蓝皮书
新型城镇化发展报告（2017）
著(编)者：李伟　宋敏　沈体雁　2017年4月出版／估价：98.00元
PSN B-2014-431-1/1

新兴经济体蓝皮书
金砖国家发展报告（2017）
著(编)者：林跃勤　周文　2017年12月出版／估价：89.00元
PSN B-2011-195-1/1

长三角蓝皮书
2017年新常态下深化一体化的长三角
著(编)者：王庆五　2017年12月出版／估价：88.00元
PSN B-2005-038-1/1

中部竞争力蓝皮书
中国中部经济社会竞争力报告（2017）
著(编)者：教育部人文社会科学重点研究基地
南昌大学中国中部经济社会发展研究中心
2017年12月出版／估价：89.00元
PSN B-2012-276-1/1

中部蓝皮书
中国中部地区发展报告（2017）
著(编)者：宋亚平　2017年12月出版／估价：88.00元
PSN B-2007-089-1/1

中国省域竞争力蓝皮书
中国省域经济综合竞争力发展报告（2017）
著(编)者：李建平　李闽榕　高燕京
2017年2月出版／定价：198.00元
PSN B-2007-088-1/1

中三角蓝皮书
长江中游城市群发展报告（2017）
著(编)者：秦尊文　2017年9月出版／估价：89.00元
PSN B-2014-417-1/1

中小城市绿皮书
中国中小城市发展报告（2017）
著(编)者：中国城市经济学会中小城市经济发展委员会
中国城镇化促进会中小城市发展委员会
《中国中小城市发展报告》编纂委员会
中小城市发展战略研究院
2017年11月出版／估价：128.00元
PSN G-2010-161-1/1

中原蓝皮书
中原经济区发展报告（2017）
著(编)者：李英杰　2017年6月出版／估价：88.00元
PSN B-2011-192-1/1

自贸区蓝皮书
中国自贸区发展报告（2017）
著(编)者：王力　2017年7月出版／估价：89.00元
PSN B-2016-559-1/1

社会政法类

北京蓝皮书
中国社区发展报告（2017）
著（编）者：于燕燕　2017年4月出版／估价：89.00元
PSN B-2007-083-5/8

殡葬绿皮书
中国殡葬事业发展报告（2017）
著（编）者：李伯森　2017年4月出版／估价：158.00元
PSN G-2010-180-1/1

城市管理蓝皮书
中国城市管理报告（2016~2017）
著（编）者：刘林　刘承水　2017年5月出版／估价：158.00元
PSN B-2013-336-1/1

城市生活质量蓝皮书
中国城市生活质量报告（2017）
著（编）者：中国经济实验研究院
2018年7月出版／估价：89.00元
PSN B-2013-326-1/1

城市政府能力蓝皮书
中国城市政府公共服务能力评估报告（2017）
著（编）者：何艳玲　2017年4月出版／估价：89.00元
PSN B-2013-338-1/1

慈善蓝皮书
中国慈善发展报告（2017）
著（编）者：杨团　2017年6月出版／估价：89.00元
PSN B-2009-142-1/1

党建蓝皮书
党的建设研究报告No.2（2017）
著（编）者：崔建民　陈东平　2017年4月出版／估价：89.00元
PSN B-2016-524-1/1

地方法治蓝皮书
中国地方法治发展报告No.3（2017）
著（编）者：李林　田禾　2017年4月出版／估价：108.00元
PSN B-2015-442-1/1

法治蓝皮书
中国法治发展报告No.15（2017）
著（编）者：李林　田禾　2017年3月出版／定价：118.00元
PSN B-2004-027-1/1

法治政府蓝皮书
中国法治政府发展报告（2017）
著（编）者：中国政法大学法治政府研究院
2017年4月出版／估价：98.00元
PSN B-2015-502-1/2

法治政府蓝皮书
中国法治政府评估报告（2017）
著（编）者：中国政法大学法治政府研究院
2017年11月出版／估价：98.00元
PSN B-2016-577-2/2

法治蓝皮书
中国法院信息化发展报告No.1（2017）
著（编）者：李林　田禾　2017年2月出版／定价：108.00元
PSN B-2017-604-3/3

反腐倡廉蓝皮书
中国反腐倡廉建设报告No.7
著（编）者：张英伟　2017年12月出版／估价：89.00元
PSN B-2012-259-1/1

非传统安全蓝皮书
中国非传统安全研究报告（2016~2017）
著（编）者：余潇枫　魏志江　2017年6月出版／估价：89.00元
PSN B-2012-273-1/1

妇女发展蓝皮书
中国妇女发展报告No.7
著（编）者：王金玲　2017年9月出版／估价：148.00元
PSN B-2006-069-1/1

妇女教育蓝皮书
中国妇女教育发展报告No.4
著（编）者：张李玺　2017年10月出版／估价：78.00元
PSN B-2008-121-1/1

妇女绿皮书
中国性别平等与妇女发展报告（2017）
著（编）者：谭琳　2017年12月出版／估价：99.00元
PSN G-2006-073-1/1

公共服务蓝皮书
中国城市基本公共服务力评价（2017）
著（编）者：钟君　刘志昌　吴正杲　2017年12月出版／估价：89.00元
PSN B-2011-214-1/1

公民科学素质蓝皮书
中国公民科学素质报告（2016~2017）
著（编）者：李群　陈雄　马宗文
2017年4月出版／估价：89.00元
PSN B-2014-379-1/1

公共关系蓝皮书
中国公共关系发展报告（2017）
著（编）者：柳斌杰　2017年11月出版／估价：89.00元
PSN B-2016-580-1/1

公益蓝皮书
中国公益慈善发展报告（2017）
著（编）者：朱健刚　2018年4月出版／估价：118.00元
PSN B-2012-283-1/1

国际人才蓝皮书
中国国际移民报告（2017）
著（编）者：王辉耀　2017年4月出版／估价：89.00元
PSN B-2012-304-3/4

国际人才蓝皮书
中国留学发展报告（2017）No.5
著（编）者：王辉耀　苗绿　2017年10月出版／估价：89.00元
PSN B-2012-244-2/4

海洋社会蓝皮书
中国海洋社会发展报告（2017）
著（编）者：崔凤　宋宁而　2017年7月出版／估价：89.00元
PSN B-2015-478-1/1

社会政法类 — 皮书系列 2017全品种

行政改革蓝皮书
中国行政体制改革报告（2017）No.6
著(编)者：魏礼群　2017年5月出版 / 估价：98.00元
PSN B-2011-231-1/1

华侨华人蓝皮书
华侨华人研究报告（2017）
著(编)者：贾益民　2017年12月出版 / 估价：128.00元
PSN B-2011-204-1/1

环境竞争力绿皮书
中国省域环境竞争力发展报告（2017）
著(编)者：李建平　李闽榕　王金南
2017年11月出版 / 估价：198.00元
PSN G-2010-165-1/1

环境绿皮书
中国环境发展报告（2017）
著(编)者：刘鉴强　2017年4月出版 / 估价：89.00元
PSN G-2006-048-1/1

基金会蓝皮书
中国基金会发展报告（2016~2017）
著(编)者：中国基金会发展报告课题组
2017年4月出版 / 估价：85.00元
PSN B-2013-368-1/1

基金会绿皮书
中国基金会发展独立研究报告（2017）
著(编)者：基金会中心网　中央民族大学基金会研究中心
2017年6月出版 / 估价：88.00元
PSN G-2011-213-1/1

基金会透明度蓝皮书
中国基金会透明度发展研究报告（2017）
著(编)者：基金会中心网　清华大学廉政与治理研究中心
2017年12月出版 / 估价：89.00元
PSN B-2015-509-1/1

家庭蓝皮书
中国"创建幸福家庭活动"评估报告（2017）
国务院发展研究中心"创建幸福家庭活动评估"课题组著
2017年8月出版 / 估价：89.00元
PSN B-2015-508-1/1

健康城市蓝皮书
中国健康城市建设研究报告（2017）
著(编)者：王鸿春　解树江　盛继洪
2017年9月出版 / 估价：89.00元
PSN B-2016-565-2/2

教师蓝皮书
中国中小学教师发展报告（2017）
著(编)者：曾晓东　鱼霞　2017年6月出版 / 估价：89.00元
PSN B-2012-289-1/1

教育蓝皮书
中国教育发展报告（2017）
著(编)者：杨东平　2017年4月出版 / 估价：89.00元
PSN B-2006-047-1/1

科普蓝皮书
中国基层科普发展报告（2016~2017）
著(编)者：赵立　新陈玲　2017年9月出版 / 估价：89.00元
PSN B-2016-569-3/3

科普蓝皮书
中国科普基础设施发展报告（2017）
著(编)者：任福君　2017年6月出版 / 估价：89.00元
PSN B-2010-174-1/3

科普蓝皮书
中国科普人才发展报告（2017）
著(编)者：郑念　任嵘嵘　2017年4月出版 / 估价：98.00元
PSN B-2015-512-2/3

科学教育蓝皮书
中国科学教育发展报告（2017）
著(编)者：罗晖　王康友　2017年10月出版 / 估价：89.00元
PSN B-2015-487-1/1

劳动保障蓝皮书
中国劳动保障发展报告（2017）
著(编)者：刘燕斌　2017年9月出版 / 估价：188.00元
PSN B-2014-415-1/1

老龄蓝皮书
中国老年宜居环境发展报告（2017）
著(编)者：党俊武　周燕珉　2017年4月出版 / 估价：89.00元
PSN B-2013-320-1/1

连片特困区蓝皮书
中国连片特困区发展报告（2017）
著(编)者：游俊　冷志明　丁建军
2017年4月出版 / 估价：98.00元
PSN B-2013-321-1/1

流动儿童蓝皮书
中国流动儿童教育发展报告（2016）
著(编)者：杨东平　2017年1月出版 / 定价：79.00元
PSN B-2017-600-1/1

民调蓝皮书
中国民生调查报告（2017）
著(编)者：谢耘耕　2017年12月出版 / 估价：98.00元
PSN B-2014-398-1/1

民族发展蓝皮书
中国民族发展报告（2017）
著(编)者：郝时远　王延中　王希恩
2017年4月出版 / 估价：98.00元
PSN B-2006-070-1/1

女性生活蓝皮书
中国女性生活状况报告No.11（2017）
著(编)者：韩湘景　2017年10月出版 / 估价：98.00元
PSN B-2006-071-1/1

汽车社会蓝皮书
中国汽车社会发展报告（2017）
著(编)者：王俊秀　2017年12月出版 / 估价：89.00元
PSN B-2011-224-1/1

青年蓝皮书
中国青年发展报告（2017）No.3
著(编)者：廉思 等　　2017年4月出版 / 估价：89.00元
PSN B-2013-333-1/1

青少年蓝皮书
中国未成年人互联网运用报告（2017）
著(编)者：李文革 沈洁 季为民
2017年11月出版 / 估价：89.00元
PSN B-2010-165-1/1

青少年体育蓝皮书
中国青少年体育发展报告（2017）
著(编)者：郭建军 杨桦　　2017年9月出版 / 估价：89.00元
PSN B-2015-482-1/1

群众体育蓝皮书
中国群众体育发展报告（2017）
著(编)者：刘国永 杨桦　　2017年12月出版 / 估价：89.00元
PSN B-2016-519-2/3

人权蓝皮书
中国人权事业发展报告 No.7（2017）
著(编)者：李君如　　2017年9月出版 / 估价：98.00元
PSN B-2011-215-1/1

社会保障绿皮书
中国社会保障发展报告（2017）No.8
著(编)者：王延中　　2017年1月出版 / 估价：98.00元
PSN G-2001-014-1/1

社会风险评估蓝皮书
风险评估与危机预警评估报告（2017）
著(编)者：唐钧　　2017年8月出版 / 估价：85.00元
PSN B-2016-521-1/1

社会管理蓝皮书
中国社会管理创新报告 No.5
著(编)者：连玉明　　2017年11月出版 / 估价：89.00元
PSN B-2012-300-1/1

社会蓝皮书
2017年中国社会形势分析与预测
著(编)者：李培林 陈光金 张翼
2016年12月出版 / 定价：89.00元
PSN B-1998-002-1/1

社会体制蓝皮书
中国社会体制改革报告No.5（2017）
著(编)者：龚维斌　　2017年3月出版 / 定价：89.00元
PSN B-2013-330-1/1

社会心态蓝皮书
中国社会心态研究报告（2017）
著(编)者：王俊秀 杨宜音　　2017年12月出版 / 估价：89.00元
PSN B-2011-199-1/1

社会组织蓝皮书
中国社会组织发展报告（2016~2017）
著(编)者：黄晓勇　　2017年1月出版 / 定价：89.00元
PSN B-2008-118-1/2

社会组织蓝皮书
中国社会组织评估发展报告（2017）
著(编)者：徐家良 廖鸿　　2017年12月出版 / 估价：89.00元
PSN B-2013-366-1/1

生态城市绿皮书
中国生态城市建设发展报告（2017）
著(编)者：刘举科 孙伟平 胡文臻
2017年9月出版 / 估价：118.00元
PSN G-2012-269-1/1

生态文明绿皮书
中国省域生态文明建设评价报告（ECI 2017）
著(编)者：严耕　　2017年12月出版 / 估价：98.00元
PSN G-2010-170-1/1

土地整治蓝皮书
中国土地整治发展研究报告 No.4
著(编)者：国土资源部土地整治中心
2017年7月出版 / 估价：89.00元
PSN B-2014-401-1/1

土地政策蓝皮书
中国土地政策研究报告（2017）
著(编)者：高延利 李宪文
2017年12月出版 / 定价：89.00元
PSN B-2015-506-1/1

医改蓝皮书
中国医药卫生体制改革报告（2017）
著(编)者：文学国 房志武　　2017年11月出版 / 估价：98.00元
PSN B-2014-432-1/1

医疗卫生绿皮书
中国医疗卫生发展报告 No.7（2017）
著(编)者：申宝忠 韩玉珍　　2017年4月出版 / 估价：85.00元
PSN G-2004-033-1/1

应急管理蓝皮书
中国应急管理报告（2017）
著(编)者：宋英华　　2017年9月出版 / 估价：98.00元
PSN B-2016-563-1/1

政治参与蓝皮书
中国政治参与报告（2017）
著(编)者：房宁　　2017年9月出版 / 估价：118.00元
PSN B-2011-200-1/1

宗教蓝皮书
中国宗教报告（2016）
著(编)者：邱永辉　　2017年4月出版 / 估价：89.00元
PSN B-2008-117-1/1

行业报告类

SUV蓝皮书
中国SUV市场发展报告（2016~2017）
著(编)者：靳军　2017年9月出版／估价：89.00元
PSN B-2016-572-1/1

保健蓝皮书
中国保健服务产业发展报告 No.2
著(编)者：中国保健协会 中共中央党校
2017年7月出版／估价：198.00元
PSN B-2012-272-3/3

保健蓝皮书
中国保健食品产业发展报告 No.2
著(编)者：中国保健协会
　　　　中国社会科学院食品药品产业发展与监管研究中心
2017年7月出版／估价：198.00元
PSN B-2012-271-2/3

保健蓝皮书
中国保健用品产业发展报告 No.2
著(编)者：中国保健协会
　　　　国务院国有资产监督管理委员会研究中心
2017年4月出版／估价：198.00元
PSN B-2012-270-1/3

保险蓝皮书
中国保险业竞争力报告（2017）
著(编)者：项俊波　2017年12月出版／估价：99.00元
PSN B-2013-311-1/1

冰雪蓝皮书
中国滑雪产业发展报告（2017）
著(编)者：孙承华 伍斌 魏庆华 张鸿俊
2017年8月出版／估价：89.00元
PSN B-2016-560-1/1

彩票蓝皮书
中国彩票发展报告（2017）
著(编)者：益彩基金　2017年4月出版／估价：98.00元
PSN B-2015-462-1/1

餐饮产业蓝皮书
中国餐饮产业发展报告（2017）
著(编)者：邢颖　2017年6月出版／估价：98.00元
PSN B-2009-151-1/1

测绘地理信息蓝皮书
新常态下的测绘地理信息研究报告（2017）
著(编)者：库热西·买合苏提
2017年12月出版／估价：118.00元
PSN B-2009-145-1/1

茶业蓝皮书
中国茶产业发展报告（2017）
著(编)者：杨江帆 李闽榕　2017年10月出版／估价：88.00元
PSN B-2010-164-1/1

产权市场蓝皮书
中国产权市场发展报告（2016～2017）
著(编)者：曹和平　2017年5月出版／估价：89.00元
PSN B-2009-147-1/1

产业安全蓝皮书
中国出版传媒产业安全报告（2016~2017）
著(编)者：北京印刷学院文化产业安全研究院
2017年4月出版／估价：89.00元
PSN B-2014-384-13/14

产业安全蓝皮书
中国文化产业安全报告（2017）
著(编)者：北京印刷学院文化产业安全研究院
2017年12月出版／估价：89.00元
PSN B-2014-378-12/14

产业安全蓝皮书
中国新媒体产业安全报告（2017）
著(编)者：北京印刷学院文化产业安全研究院
2017年12月出版／估价：89.00元
PSN B-2015-500-14/14

城投蓝皮书
中国城投行业发展报告（2017）
著(编)者：王om艳 丁伯康　2017年11月出版／估价：300.00元
PSN B-2016-514-1/1

电子政务蓝皮书
中国电子政务发展报告（2016~2017）
著(编)者：李季 杜平　2017年7月出版／估价：89.00元
PSN B-2003-022-1/1

杜仲产业绿皮书
中国杜仲橡胶资源与产业发展报告（2016～2017）
著(编)者：杜红岩 胡文臻 俞锐
2017年4月出版／估价：85.00元
PSN G-2013-350-1/1

房地产蓝皮书
中国房地产发展报告 No.14（2017）
著(编)者：李春华 王业强　2017年5月出版／估价：89.00元
PSN B-2004-028-1/1

服务外包蓝皮书
中国服务外包产业发展报告（2017）
著(编)者：王晓红 刘德军
2017年6月出版／估价：89.00元
PSN B-2013-331-2/2

服务外包蓝皮书
中国服务外包竞争力报告（2017）
著(编)者：王力 刘春生 黄育华
2017年11月出版／估价：85.00元
PSN B-2011-216-1/2

工业和信息化蓝皮书
世界网络安全发展报告（2016~2017）
著(编)者：洪京一　2017年4月出版／估价：89.00元
PSN B-2015-452-5/5

工业和信息化蓝皮书
世界信息化发展报告（2016~2017）
著(编)者：洪京一　2017年4月出版／估价：89.00元
PSN B-2015-451-4/5

皮书系列 2017全品种 — 行业报告类

工业和信息化蓝皮书
世界信息技术产业发展报告（2016~2017）
著(编)者：洪京一　2017年4月出版　估价：89.00元
PSN B-2015-449-2/5

工业和信息化蓝皮书
移动互联网产业发展报告（2016~2017）
著(编)者：洪京一　2017年4月出版　估价：89.00元
PSN B-2015-448-1/5

工业和信息化蓝皮书
战略性新兴产业发展报告（2016~2017）
著(编)者：洪京一　2017年4月出版　估价：89.00元
PSN B-2015-450-3/5

工业设计蓝皮书
中国工业设计发展报告（2017）
著(编)者：王晓红　于炜　张立群
2017年9月出版　估价：138.00元
PSN B-2014-420-1/1

黄金市场蓝皮书
中国商业银行黄金业务发展报告（2016~2017）
著(编)者：平安银行　2017年4月出版　估价：98.00元
PSN B-2016-525-1/1

互联网金融蓝皮书
中国互联网金融发展报告（2017）
著(编)者：李东荣　2017年9月出版　估价：128.00元
PSN B-2014-374-1/1

互联网医疗蓝皮书
中国互联网医疗发展报告（2017）
著(编)者：宫晓东　2017年9月出版　估价：89.00元
PSN B-2016-568-1/1

会展蓝皮书
中外会展业动态评估年度报告（2017）
著(编)者：张敏　2017年4月出版　估价：88.00元
PSN B-2013-327-1/1

金融监管蓝皮书
中国金融监管报告（2017）
著(编)者：胡滨　2017年6月出版　估价：89.00元
PSN B-2012-281-1/1

金融蓝皮书
中国金融中心发展报告（2017）
著(编)者：王力　黄育华　2017年11月出版　估价：85.00元
PSN B-2011-186-6/6

建筑装饰蓝皮书
中国建筑装饰行业发展报告（2017）
著(编)者：刘晓一　葛道顺　2017年7月出版　估价：198.00元
PSN B-2016-554-1/1

客车蓝皮书
中国客车产业发展报告（2016~2017）
著(编)者：姚蔚　2017年10月出版　估价：85.00元
PSN B-2013-361-1/1

旅游安全蓝皮书
中国旅游安全报告（2017）
著(编)者：郑向敏　谢朝武　2017年5月出版　估价：128.00元
PSN B-2012-280-1/1

旅游绿皮书
2016~2017年中国旅游发展分析与预测
著(编)者：宋瑞　2017年2月出版　定价：89.00元
PSN G-2002-018-1/1

煤炭蓝皮书
中国煤炭工业发展报告（2017）
著(编)者：岳福斌　2017年12月出版　估价：85.00元
PSN B-2008-123-1/1

民营企业社会责任蓝皮书
中国民营企业社会责任报告（2017）
著(编)者：中华全国工商业联合会
2017年12月出版　估价：89.00元
PSN B-2015-510-1/1

民营医院蓝皮书
中国民营医院发展报告（2017）
著(编)者：庄一强　2017年10月出版　估价：85.00元
PSN B-2014-299-1/1

闽商蓝皮书
闽商发展报告（2017）
著(编)者：李闽榕　王日根　林琛
2017年12月出版　估价：89.00元
PSN B-2012-298-1/1

能源蓝皮书
中国能源发展报告（2017）
著(编)者：崔民选　王军生　陈义和
2017年10月出版　估价：98.00元
PSN B-2006-049-1/1

农产品流通蓝皮书
中国农产品流通产业发展报告（2017）
著(编)者：贾敬敦　张东科　张玉玺　张鹏毅　周伟
2017年4月出版　估价：89.00元
PSN B-2012-288-1/1

企业公益蓝皮书
中国企业公益研究报告（2017）
著(编)者：钟宏武　汪杰　顾一　黄晓娟　等
2017年12月出版　估价：89.00元
PSN B-2015-501-1/1

企业国际化蓝皮书
中国企业国际化报告（2017）
著(编)者：王辉耀　2017年11月出版　估价：98.00元
PSN B-2014-427-1/1

企业蓝皮书
中国企业绿色发展报告No.2（2017）
著(编)者：李红玉　朱光辉　2017年8月出版　估价：89.00元
PSN B-2015-481-2/2

企业社会责任蓝皮书
中国企业社会责任研究报告（2017）
著(编)者：黄群慧　钟宏武　张蒽　翟利峰
2017年11月出版　估价：89.00元
PSN B-2009-149-1/1

企业社会责任蓝皮书
中资企业海外社会责任研究报告（2016~2017）
著(编)者：钟宏武　叶柳红　张蒽
2017年1月出版　定价：79.00元
PSN B-2017-603-2/2

行业报告类

皮书系列 2017全品种

汽车安全蓝皮书
中国汽车安全发展报告（2017）
著（编）者：中国汽车技术研究中心
2017年7月出版 / 估价：89.00元
PSN B-2014-385-1/1

汽车电子商务蓝皮书
中国汽车电子商务发展报告（2017）
著（编）者：中华全国工商业联合会汽车经销商商会
　　　　　北京易观智库网络科技有限公司
2017年10月出版 / 估价：128.00元
PSN B-2015-485-1/1

汽车工业蓝皮书
中国汽车工业发展年度报告（2017）
著（编）者：中国汽车工业协会 中国汽车技术研究中心
　　　　　丰田汽车（中国）投资有限公司
2017年4月出版 / 估价：128.00元
PSN B-2015-463-1/2

汽车工业蓝皮书
中国汽车零部件产业发展报告（2017）
著（编）者：中国汽车工业协会 中国汽车工程研究院
2017年10月出版 / 估价：98.00元
PSN B-2016-515-2/2

汽车蓝皮书
中国汽车产业发展报告（2017）
著（编）者：国务院发展研究中心产业经济研究部
　　　　　中国汽车工程学会 大众汽车集团（中国）
2017年8月出版 / 估价：98.00元
PSN B-2008-124-1/1

人力资源蓝皮书
中国人力资源发展报告（2017）
著（编）者：余兴安 2017年11月出版 / 估价：89.00元
PSN B-2012-287-1/1

融资租赁蓝皮书
中国融资租赁业发展报告（2016～2017）
著（编）者：李光荣 王力 2017年8月出版 / 估价：89.00元
PSN B-2015-443-1/1

商会蓝皮书
中国商会发展报告No.5（2017）
著（编）者：王钦敏 2017年7月出版 / 估价：89.00元
PSN B-2008-125-1/1

输血服务蓝皮书
中国输血行业发展报告（2017）
著（编）者：朱永明 耿鸿武 2016年8月出版 / 估价：89.00元
PSN B-2016-583-1/1

社会责任管理蓝皮书
中国上市公司社会责任能力成熟度报告（2017）No.2
著（编）者：肖红军 王晓光 李伟阳
2017年12月出版 / 估价：98.00元
PSN B-2015-507-2/2

社会责任管理蓝皮书
中国企业公众透明度报告(2017)No.3
著（编）者：黄速建 熊梦 王晓光 肖红军
2017年4月出版 / 估价：98.00元
PSN B-2015-440-1/2

食品药品蓝皮书
食品药品安全与监管政策研究报告（2016～2017）
著（编）者：唐民皓 2017年6月出版 / 估价：89.00元
PSN B-2009-129-1/1

世界能源蓝皮书
世界能源发展报告（2017）
著（编）者：黄晓勇 2017年6月出版 / 估价：99.00元
PSN B-2013-349-1/1

水利风景区蓝皮书
中国水利风景区发展报告（2017）
著（编）者：谢婵才 兰思仁 2017年5月出版 / 估价：89.00元
PSN B-2015-480-1/1

碳市场蓝皮书
中国碳市场报告（2017）
著（编）者：定金彪 2017年11月出版 / 估价：89.00元
PSN B-2014-430-1/1

体育蓝皮书
中国体育产业发展报告（2017）
著（编）者：阮伟 钟秉枢 2017年12月出版 / 估价：89.00元
PSN B-2010-179-1/4

网络空间安全蓝皮书
中国网络空间安全发展报告（2017）
著（编）者：惠志斌 唐涛 2017年4月出版 / 估价：89.00元
PSN B-2015-466-1/1

西部金融蓝皮书
中国西部金融发展报告（2017）
著（编）者：李忠民 2017年8月出版 / 估价：85.00元
PSN B-2010-160-1/1

协会商会蓝皮书
中国行业协会商会发展报告（2017）
著（编）者：景朝阳 李勇 2017年4月出版 / 估价：99.00元
PSN B-2015-461-1/1

新能源汽车蓝皮书
中国新能源汽车产业发展报告（2017）
著（编）者：中国汽车技术研究中心
　　　　　日产（中国）投资有限公司 东风汽车有限公司
2017年7月出版 / 估价：98.00元
PSN B-2013-347-1/1

新三板蓝皮书
中国新三板市场发展报告（2017）
著（编）者：王力 2017年6月出版 / 估价：89.00元
PSN B-2016-534-1/1

信托市场蓝皮书
中国信托业市场报告（2016～2017）
著（编）者：用益信托研究院
2017年1月出版 / 定价：198.00元
PSN B-2014-371-1/1

信息化蓝皮书
中国信息化形势分析与预测（2016~2017）
著（编）者：周宏仁 2017年8月出版 / 估价：98.00元
PSN B-2010-168-1/1

21

皮书系列 2017全品种 — 行业报告类

信用蓝皮书
中国信用发展报告（2017）
著(编)者：章政 田侃　2017年4月出版 / 估价：99.00元
PSN B-2013-328-1/1

休闲绿皮书
2017年中国休闲发展报告
著(编)者：宋瑞　2017年10月出版 / 估价：89.00元
PSN G-2010-158-1/1

休闲体育蓝皮书
中国休闲体育发展报告（2016~2017）
著(编)者：李相如 钟炳枢　2017年10月出版 / 估价：89.00元
PSN G-2016-516-1/1

养老金融蓝皮书
中国养老金融发展报告（2017）
著(编)者：董克用 姚余栋
2017年8月出版 / 估价：89.00元
PSN B-2016-584-1/1

药品流通蓝皮书
中国药品流通行业发展报告（2017）
著(编)者：佘鲁林 温再兴　2017年8月出版 / 估价：158.00元
PSN B-2014-429-1/1

医院蓝皮书
中国医院竞争力报告（2017）
著(编)者：庄一强 曾益新　2017年3月出版 / 定价：108.00元
PSN B-2016-529-1/1

邮轮绿皮书
中国邮轮产业发展报告（2017）
著(编)者：汪泓　2017年10月出版 / 估价：89.00元
PSN G-2014-419-1/1

智能养老蓝皮书
中国智能养老产业发展报告（2017）
著(编)者：朱勇　2017年10月出版 / 估价：89.00元
PSN B-2015-488-1/1

债券市场蓝皮书
中国债券市场发展报告（2016~2017）
著(编)者：杨农　2017年10月出版 / 估价：89.00元
PSN B-2016-573-1/1

中国节能汽车蓝皮书
中国节能汽车发展报告（2016~2017）
著(编)者：中国汽车工程研究院股份有限公司
2017年9月出版 / 估价：98.00元
PSN B-2016-566-1/1

中国上市公司蓝皮书
中国上市公司发展报告（2017）
著(编)者：张平 王宏淼
2017年10月出版 / 估价：98.00元
PSN B-2014-414-1/1

中国陶瓷产业蓝皮书
中国陶瓷产业发展报告（2017）
著(编)者：左和平 黄速建　2017年10月出版 / 估价：98.00元
PSN B-2016-574-1/1

中国总部经济蓝皮书
中国总部经济发展报告（2016~2017）
著(编)者：赵弘　2017年9月出版 / 估价：89.00元
PSN B-2005-036-1/1

中医文化蓝皮书
中国中医药文化传播发展报告（2017）
著(编)者：毛嘉陵　2017年7月出版 / 估价：89.00元
PSN B-2015-468-1/1

装备制造业蓝皮书
中国装备制造业发展报告（2017）
著(编)者：徐东华　2017年12月出版 / 估价：148.00元
PSN B-2015-505-1/1

资本市场蓝皮书
中国场外交易市场发展报告（2016~2017）
著(编)者：高峦　2017年4月出版 / 估价：89.00元
PSN B-2009-153-1/1

资产管理蓝皮书
中国资产管理行业发展报告（2017）
著(编)者：智信资产管理研究院
2017年6月出版 / 估价：89.00元
PSN B-2014-407-2/2

文化传媒类

传媒竞争力蓝皮书
中国传媒国际竞争力研究报告（2017）
著（编）者：李本乾 刘强
2017年11月出版 / 估价：148.00元
PSN B-2013-356-1/1

传媒蓝皮书
中国传媒产业发展报告（2017）
著（编）者：崔保国 2017年5月出版 / 估价：98.00元
PSN B-2005-035-1/1

传媒投资蓝皮书
中国传媒投资发展报告（2017）
著（编）者：张向东 谭云明
2017年6月出版 / 估价：128.00元
PSN B-2015-474-1/1

动漫蓝皮书
中国动漫产业发展报告（2017）
著（编）者：卢斌 郑玉明 牛兴侦
2017年9月出版 / 估价：89.00元
PSN B-2011-198-1/1

非物质文化遗产蓝皮书
中国非物质文化遗产发展报告（2017）
著（编）者：陈平 2017年5月出版 / 估价：98.00元
PSN B-2015-469-1/1

广电蓝皮书
中国广播电影电视发展报告（2017）
著（编）者：国家新闻出版广电总局发展研究中心
2017年7月出版 / 估价：98.00元
PSN B-2006-072-1/1

广告主蓝皮书
中国广告主营销传播趋势报告 No.9
著（编）者：黄升民 杜国清 邵华冬 等
2017年10月出版 / 估价：148.00元
PSN B-2005-041-1/1

国际传播蓝皮书
中国国际传播发展报告（2017）
著（编）者：胡正荣 李继东 姬德强
2017年11月出版 / 估价：89.00元
PSN B-2014-408-1/1

国家形象蓝皮书
中国国家形象传播报告（2016）
著（编）者：张昆 2017年3月出版 / 定价：98.00元
PSN B-2017-605-1/1

纪录片蓝皮书
中国纪录片发展报告（2017）
著（编）者：何苏六 2017年9月出版 / 估价：89.00元
PSN B-2011-222-1/1

科学传播蓝皮书
中国科学传播报告（2017）
著（编）者：詹正茂 2017年7月出版 / 估价：89.00元
PSN B-2008-120-1/1

两岸创意经济蓝皮书
两岸创意经济研究报告（2017）
著（编）者：罗昌智 林咏能
2017年10月出版 / 估价：98.00元
PSN B-2014-437-1/1

媒介与女性蓝皮书
中国媒介与女性发展报告（2016~2017）
著（编）者：刘利群 2017年9月出版 / 估价：118.00元
PSN B-2013-345-1/1

媒体融合蓝皮书
中国媒体融合发展报告（2017）
著（编）者：梅宁华 宋建武 2017年7月出版 / 估价：89.00元
PSN B-2015-479-1/1

全球传媒蓝皮书
全球传媒发展报告（2017）
著（编）者：胡正荣 李继东 唐晓芬
2017年11月出版 / 估价：89.00元
PSN B-2012-237-1/1

少数民族非遗蓝皮书
中国少数民族非物质文化遗产发展报告（2017）
著（编）者：肖远平（彝）柴立（满）
2017年8月出版 / 估价：98.00元
PSN B-2015-467-1/1

视听新媒体蓝皮书
中国视听新媒体发展报告（2017）
著（编）者：国家新闻出版广电总局发展研究中心
2017年7月出版 / 估价：98.00元
PSN B-2011-184-1/1

文化创新蓝皮书
中国文化创新报告（2017）No.7
著（编）者：于平 傅才武 2017年7月出版 / 估价：98.00元
PSN B-2009-143-1/1

文化建设蓝皮书
中国文化发展报告（2016~2017）
著（编）者：江畅 孙伟平 戴茂堂
2017年6月出版 / 估价：116.00元
PSN B-2014-392-1/1

文化科技蓝皮书
文化科技创新发展报告（2017）
著（编）者：于平 于凤亮 2017年11月出版 / 估价：89.00元
PSN B-2013-342-1/1

文化蓝皮书
中国公共文化服务发展报告（2017）
著（编）者：刘新成 张永新 张旭
2017年12月出版 / 估价：98.00元
PSN B-2007-093-2/10

文化蓝皮书
中国公共文化投入增长测评报告（2017）
著（编）者：王亚南 2017年2月出版 / 定价：79.00元
PSN B-2014-435-10/10

皮书系列 2017全品种 — 文化传媒类·地方发展类

文化蓝皮书
中国少数民族文化发展报告（2016~2017）
著(编)者：武翠英 张晓明 任乌晶
2017年9月出版 / 估价：89.00元
PSN B-2013-369-9/10

文化蓝皮书
中国文化产业发展报告（2016~2017）
著(编)者：张晓明 王家新 章建刚
2017年4月出版 / 估价：89.00元
PSN B-2002-019-1/10

文化蓝皮书
中国文化产业供需协调检测报告（2017）
著(编)者：王亚南 2017年2月出版 / 定价：79.00元
PSN B-2013-323-8/10

文化蓝皮书
中国文化消费需求景气评价报告（2017）
著(编)者：王亚南 2017年2月出版 / 定价：79.00元
PSN B-2011-236-4/10

文化品牌蓝皮书
中国文化品牌发展报告（2017）
著(编)者：欧阳友权 2017年5月出版 / 估价：98.00元
PSN B-2012-277-1/1

文化遗产蓝皮书
中国文化遗产事业发展报告（2017）
著(编)者：苏杨 张颖岚 王宇飞
2017年8月出版 / 估价：98.00元
PSN B-2008-119-1/1

文学蓝皮书
中国文情报告（2016~2017）
著(编)者：白烨 2017年5月出版 / 估价：49.00元
PSN B-2011-221-1/1

新媒体蓝皮书
中国新媒体发展报告No.8（2017）
著(编)者：唐绪军 2017年6月出版 / 估价：89.00元
PSN B-2010-169-1/1

新媒体社会责任蓝皮书
中国新媒体社会责任研究报告（2017）
著(编)者：钟瑛 2017年11月出版 / 估价：89.00元
PSN B-2014-423-1/1

移动互联网蓝皮书
中国移动互联网发展报告（2017）
著(编)者：官建文 2017年6月出版 / 估价：89.00元
PSN B-2012-282-1/1

舆情蓝皮书
中国社会舆情与危机管理报告（2017）
著(编)者：谢耘耕 2017年9月出版 / 估价：128.00元
PSN B-2011-235-1/1

影视蓝皮书
中国影视产业发展报告（2017）
著(编)者：司若 2017年4月出版 / 估价：138.00元
PSN B-2016-530-1/1

地方发展类

安徽经济蓝皮书
合芜蚌国家自主创新综合示范区研究报告（2016~2017）
著(编)者：黄家海 王开玉 蔡宪
2017年7月出版 / 估价：89.00元
PSN B-2014-383-1/1

安徽蓝皮书
安徽社会发展报告（2017）
著(编)者：程桦 2017年4月出版 / 估价：89.00元
PSN B-2013-325-1/1

澳门蓝皮书
澳门经济社会发展报告（2016~2017）
著(编)者：吴志良 郝雨凡 2017年6月出版 / 估价：98.00元
PSN B-2009-138-1/1

北京蓝皮书
北京公共服务发展报告（2016~2017）
著(编)者：施昌奎 2017年3月出版 / 定价：79.00元
PSN B-2008-103-7/8

北京蓝皮书
北京经济发展报告（2016~2017）
著(编)者：杨松 2017年6月出版 / 估价：89.00元
PSN B-2006-054-2/8

北京蓝皮书
北京社会发展报告（2016~2017）
著(编)者：李伟东 2017年6月出版 / 估价：89.00元
PSN B-2006-055-3/8

北京蓝皮书
北京社会治理发展报告（2016~2017）
著(编)者：殷星辰 2017年5月出版 / 估价：89.00元
PSN B-2014-391-8/8

北京蓝皮书
北京文化发展报告（2016~2017）
著(编)者：李建盛 2017年4月出版 / 估价：89.00元
PSN B-2007-082-4/8

北京律师绿皮书
北京律师发展报告No.3（2017）
著(编)者：王隽 2017年7月出版 / 估价：88.00元
PSN G-2012-301-1/1

北京旅游蓝皮书
北京旅游发展报告（2017）
著(编)者：北京旅游学会 2017年4月出版 / 估价：88.00元
PSN B-2011-217-1/1

皮书系列 2017全品种

地方发展类

北京人才蓝皮书
北京人才发展报告（2017）
著(编)者：于淼　2017年12月出版／估价：128.00元
PSN B-2011-201-1/1

北京社会心态蓝皮书
北京社会心态分析报告（2016~2017）
著(编)者：北京社会心理研究所
2017年8月出版／估价：89.00元
PSN B-2014-422-1/1

北京社会组织管理蓝皮书
北京社会组织发展与管理（2016~2017）
著(编)者：黄江松　2017年4月出版／估价：88.00元
PSN B-2015-446-1/1

北京体育蓝皮书
北京体育产业发展报告（2016~2017）
著(编)者：钟秉枢　陈杰　杨铁黎
2017年9月出版／估价：89.00元
PSN B-2015-475-1/1

北京养老产业蓝皮书
北京养老产业发展报告（2017）
著(编)者：周明明　冯喜良　2017年8月出版／估价：89.00元
PSN B-2015-465-1/1

滨海金融蓝皮书
滨海新区金融发展报告（2017）
著(编)者：王爱俭　张锐钢　2017年12月出版／估价：89.00元
PSN B-2014-424-1/1

城乡一体化蓝皮书
中国城乡一体化发展报告·北京卷（2016~2017）
著(编)者：张宝秀　黄序　2017年5月出版／估价：89.00元
PSN B-2012-258-2/2

创意城市蓝皮书
北京文化创意产业发展报告（2017）
著(编)者：张京成　王国华　2017年10月出版／估价：89.00元
PSN B-2012-263-1/7

创意城市蓝皮书
天津文化创意产业发展报告（2016~2017）
著(编)者：谢思全　2017年6月出版／估价：89.00元
PSN B-2016-537-7/7

创意城市蓝皮书
武汉文化创意产业发展报告（2017）
著(编)者：黄永林　陈汉桥　2017年9月出版／估价：99.00元
PSN B-2013-354-4/7

创意上海蓝皮书
上海文化创意产业发展报告（2016~2017）
著(编)者：王慧敏　王兴全　2017年8月出版／估价：89.00元
PSN B-2016-562-1/1

福建妇女发展蓝皮书
福建省妇女发展报告（2017）
著(编)者：刘群英　2017年11月出版／估价：88.00元
PSN B-2011-220-1/1

福建自贸区蓝皮书
中国（福建）自由贸易实验区发展报告（2016~2017）
著(编)者：黄茂兴　2017年4月出版／估价：108.00元
PSN B-2017-532-1/1

甘肃蓝皮书
甘肃经济发展分析与预测（2017）
著(编)者：安文华　罗哲　2017年1月出版／定价：79.00元
PSN B-2013-312-1/6

甘肃蓝皮书
甘肃社会发展分析与预测（2017）
著(编)者：安文华　包晓霞　谢增虎
2017年1月出版／定价：79.00元
PSN B-2013-313-2/6

甘肃蓝皮书
甘肃文化发展分析与预测（2017）
著(编)者：王俊莲　周小华　2017年1月出版／定价：79.00元
PSN B-2013-314-3/6

甘肃蓝皮书
甘肃县域和农村发展报告（2017）
著(编)者：朱智文　包东红　王建兵
2017年1月出版／定价：79.00元
PSN B-2013-316-5/6

甘肃蓝皮书
甘肃舆情分析与预测（2017）
著(编)者：陈双梅　张谦元　2017年1月出版／定价：79.00元
PSN B-2013-315-4/6

甘肃蓝皮书
甘肃商贸流通发展报告（2017）
著(编)者：张应华　王福生　王晓芳
2017年1月出版／定价：79.00元
PSN B-2016-523-6/6

广东蓝皮书
广东全面深化改革发展报告（2017）
著(编)者：周林生　涂成林　2017年12月出版／估价：89.00元
PSN B-2015-504-3/3

广东蓝皮书
广东社会工作发展报告（2017）
著(编)者：罗观翠　2017年6月出版／估价：89.00元
PSN B-2014-402-2/3

广东外经贸蓝皮书
广东对外经济贸易发展研究报告（2016~2017）
著(编)者：陈万灵　2017年8月出版／估价：98.00元
PSN B-2012-286-1/1

广西北部湾经济区蓝皮书
广西北部湾经济区开放开发报告（2017）
著(编)者：广西北部湾经济区规划建设管理委员会办公室
广西社会科学院广西北部湾发展研究院
2017年4月出版／估价：89.00元
PSN B-2010-181-1/1

巩义蓝皮书
巩义经济社会发展报告（2017）
著(编)者：丁同民　朱军　2017年4月出版／估价：58.00元
PSN B-2016-533-1/1

广州蓝皮书
2017年中国广州经济形势分析与预测
著(编)者：庾建设　陈浩钿　谢博能
2017年7月出版／估价：85.00元
PSN B-2011-185-9/14

皮书系列 2017全品种 — 地方发展类

广州蓝皮书
2017年中国广州社会形势分析与预测
著(编)者：张强 陈怡霓 杨秦　2017年6月出版 / 估价：85.00元
PSN B-2008-110-5/14

广州蓝皮书
广州城市国际化发展报告（2017）
著(编)者：朱名宏　2017年8月出版 / 估价：79.00元
PSN B-2012-246-11/14

广州蓝皮书
广州创新型城市发展报告（2017）
著(编)者：尹涛　2017年7月出版 / 估价：79.00元
PSN B-2012-247-12/14

广州蓝皮书
广州经济发展报告（2017）
著(编)者：朱名宏　2017年7月出版 / 估价：79.00元
PSN B-2005-040-1/14

广州蓝皮书
广州农村发展报告（2017）
著(编)者：朱名宏　2017年8月出版 / 估价：79.00元
PSN B-2010-167-8/14

广州蓝皮书
广州汽车产业发展报告（2017）
著(编)者：杨再高 冯兴亚　2017年7月出版 / 估价：79.00元
PSN B-2006-066-3/14

广州蓝皮书
广州青年发展报告（2016~2017）
著(编)者：徐柳 王强　2017年9月出版 / 估价：79.00元
PSN B-2013-352-13/14

广州蓝皮书
广州商贸业发展报告（2017）
著(编)者：李江涛 肖振宇 荀振英
2017年7月出版 / 估价：79.00元
PSN B-2012-245-10/14

广州蓝皮书
广州社会保障发展报告（2017）
著(编)者：蔡国萱　2017年8月出版 / 估价：79.00元
PSN B-2014-425-14/14

广州蓝皮书
广州文化创意产业发展报告（2017）
著(编)者：徐咏虹　2017年7月出版 / 估价：79.00元
PSN B-2008-111-6/14

广州蓝皮书
中国广州城市建设与管理发展报告（2017）
著(编)者：董皞 陈小钢 李江涛
2017年7月出版 / 估价：85.00元
PSN B-2007-087-4/14

广州蓝皮书
中国广州科技创新发展报告（2017）
著(编)者：邹采荣 马正勇 陈爽　2017年7月出版 / 估价：79.00元
PSN B-2006-065-2/14

广州蓝皮书
中国广州文化发展报告（2017）
著(编)者：徐俊忠 陆志强 顾涧清　2017年7月出版 / 估价：79.00元
PSN B-2009-134-7/14

贵阳蓝皮书
贵阳城市创新发展报告No.2（白云篇）
著(编)者：连玉明　2017年10月出版 / 估价：89.00元
PSN B-2015-491-3/10

贵阳蓝皮书
贵阳城市创新发展报告No.2（观山湖篇）
著(编)者：连玉明　2017年10月出版 / 估价：89.00元
PSN B-2011-235-1/1

贵阳蓝皮书
贵阳城市创新发展报告No.2（花溪篇）
著(编)者：连玉明　2017年10月出版 / 估价：89.00元
PSN B-2015-490-2/10

贵阳蓝皮书
贵阳城市创新发展报告No.2（开阳篇）
著(编)者：连玉明　2017年10月出版 / 估价：89.00元
PSN B-2015-492-4/10

贵阳蓝皮书
贵阳城市创新发展报告No.2（南明篇）
著(编)者：连玉明　2017年10月出版 / 估价：89.00元
PSN B-2015-496-8/10

贵阳蓝皮书
贵阳城市创新发展报告No.2（清镇篇）
著(编)者：连玉明　2017年10月出版 / 估价：89.00元
PSN B-2015-489-1/10

贵阳蓝皮书
贵阳城市创新发展报告No.2（乌当篇）
著(编)者：连玉明　2017年10月出版 / 估价：89.00元
PSN B-2015-495-7/10

贵阳蓝皮书
贵阳城市创新发展报告No.2（息烽篇）
著(编)者：连玉明　2017年10月出版 / 估价：89.00元
PSN B-2015-493-5/10

贵阳蓝皮书
贵阳城市创新发展报告No.2（修文篇）
著(编)者：连玉明　2017年10月出版 / 估价：89.00元
PSN B-2015-494-6/10

贵阳蓝皮书
贵阳城市创新发展报告No.2（云岩篇）
著(编)者：连玉明　2017年10月出版 / 估价：89.00元
PSN B-2015-498-10/10

贵州房地产蓝皮书
贵州房地产发展报告No.4（2017）
著(编)者：武廷方　2017年7月出版 / 估价：89.00元
PSN B-2014-426-1/1

贵州蓝皮书
贵州册亨经济社会发展报告(2017)
著(编)者：黄德林　2017年3月出版 / 估价：89.00元
PSN B-2016-526-8/9

地方发展类 | 皮书系列 2017全品种

贵州蓝皮书
贵安新区发展报告（2016~2017）
著(编)者：马长青 吴大华　2017年6月出版／估价：89.00元
PSN B-2015-459-4/9

贵州蓝皮书
贵州法治发展报告（2017）
著(编)者：吴大华　2017年5月出版／估价：89.00元
PSN B-2012-254-2/9

贵州蓝皮书
贵州国有企业社会责任发展报告（2016~2017）
著(编)者：郭丽 周航 万强
2017年12月出版／估价：89.00元
PSN B-2015-511-6/9

贵州蓝皮书
贵州民航业发展报告（2017）
著(编)者：申振东 吴大华　2017年10月出版／估价：89.00元
PSN B-2015-471-5/9

贵州蓝皮书
贵州民营经济发展报告（2017）
著(编)者：杨静 吴大华　2017年4月出版／估价：89.00元
PSN B-2016-531-9/9

贵州蓝皮书
贵州人才发展报告（2017）
著(编)者：于杰 吴大华　2017年9月出版／估价：89.00元
PSN B-2014-382-3/9

贵州蓝皮书
贵州社会发展报告（2017）
著(编)者：王兴骥　2017年6月出版／估价：89.00元
PSN B-2010-166-1/9

贵州蓝皮书
贵州国家级开放创新平台发展报告（2017）
著(编)者：申晓庆 吴大华 李泓
2017年6月出版／估价：89.00元
PSN B-2016-518-1/9

海淀蓝皮书
海淀区文化和科技融合发展报告（2017）
著(编)者：陈名杰 孟景伟　2017年5月出版／估价：85.00元
PSN B-2013-329-1/1

杭州都市圈蓝皮书
杭州都市圈发展报告（2017）
著(编)者：沈翔 戚建国　2017年5月出版／估价：128.00元
PSN B-2012-302-1/1

杭州蓝皮书
杭州妇女发展报告（2017）
著(编)者：魏颖　2017年6月出版／估价：89.00元
PSN B-2014-403-1/1

河北经济蓝皮书
河北省经济发展报告（2017）
著(编)者：马树强 金浩 张贵
2017年4月出版／估价：89.00元
PSN B-2014-380-1/1

河北蓝皮书
河北经济社会发展报告（2017）
著(编)者：郭金平　2017年1月出版／定价：79.00元
PSN B-2014-372-1/2

河北蓝皮书
京津冀协同发展报告（2017）
著(编)者：陈璐　2017年1月出版／定价：79.00元
PSN B-2017-601-2/2

河北食品药品安全蓝皮书
河北食品药品安全研究报告（2017）
著(编)者：丁锦霞　2017年6月出版／估价：89.00元
PSN B-2015-473-1/1

河南经济蓝皮书
2017年河南经济形势分析与预测
著(编)者：王世炎　2017年3月出版／定价：79.00元
PSN B-2007-086-1/1

河南蓝皮书
2017年河南社会形势分析与预测
著(编)者：刘道兴 牛苏林　2017年4月出版／估价：89.00元
PSN B-2005-043-1/8

河南蓝皮书
河南城市发展报告（2017）
著(编)者：张占仓 王建国　2017年5月出版／估价：89.00元
PSN B-2009-131-3/8

河南蓝皮书
河南法治发展报告（2017）
著(编)者：丁同民 张林海　2017年5月出版／估价：89.00元
PSN B-2014-376-6/8

河南蓝皮书
河南工业发展报告（2017）
著(编)者：张占仓 丁同民　2017年5月出版／估价：89.00元
PSN B-2013-317-5/8

河南蓝皮书
河南金融发展报告（2017）
著(编)者：河南省社会科学院
2017年6月出版／估价：89.00元
PSN B-2014-390-7/8

河南蓝皮书
河南经济发展报告（2017）
著(编)者：张占仓 完世伟　2017年4月出版／估价：89.00元
PSN B-2010-157-4/8

河南蓝皮书
河南农业农村发展报告（2017）
著(编)者：吴海峰　2017年4月出版／估价：89.00元
PSN B-2015-445-8/8

河南蓝皮书
河南文化发展报告（2017）
著(编)者：卫绍生　2017年4月出版／估价：88.00元
PSN B-2008-106-2/8

河南商务蓝皮书
河南商务发展报告（2017）
著(编)者：焦锦淼 穆荣国　2017年6月出版／估价：88.00元
PSN B-2014-399-1/1

黑龙江蓝皮书
黑龙江经济发展报告（2017）
著(编)者：朱宇　2017年1月出版／定价：79.00元
PSN B-2011-190-2/2

皮书系列 重点推荐 — 地方发展类

黑龙江蓝皮书
黑龙江社会发展报告（2017）
著(编)者：谢宝禄　　2017年1月出版／定价：79.00元
PSN B-2011-189-1/2

湖北文化蓝皮书
湖北文化发展报告（2017）
著(编)者：吴成国　　2017年10月出版／估价：95.00元
PSN B-2016-567-1/1

湖南城市蓝皮书
区域城市群整合
著(编)者：童中贤　韩未名
2017年12月出版／估价：89.00元
PSN B-2006-064-1/1

湖南蓝皮书
2017年湖南产业发展报告
著(编)者：梁志峰　　2017年5月出版／估价：128.00元
PSN B-2011-207-2/8

湖南蓝皮书
2017年湖南电子政务发展报告
著(编)者：梁志峰　　2017年5月出版／估价：128.00元
PSN B-2014-394-6/8

湖南蓝皮书
2017年湖南经济展望
著(编)者：梁志峰　　2017年5月出版／估价：128.00元
PSN B-2011-206-1/8

湖南蓝皮书
2017年湖南两型社会与生态文明发展报告
著(编)者：梁志峰　　2017年5月出版／估价：128.00元
PSN B-2011-208-3/8

湖南蓝皮书
2017年湖南社会发展报告
著(编)者：梁志峰　　2017年5月出版／估价：128.00元
PSN B-2014-393-5/8

湖南蓝皮书
2017年湖南县域经济社会发展报告
著(编)者：梁志峰　　2017年5月出版／估价：128.00元
PSN B-2014-395-7/8

湖南蓝皮书
湖南城乡一体化发展报告（2017）
著(编)者：陈文胜　王文强　陆福兴　邝奕轩
2017年6月出版／估价：89.00元
PSN B-2015-477-8/8

湖南县域绿皮书
湖南县域发展报告No.3
著(编)者：袁准　周小毛　黎仁寅
2017年3月出版／估价：79.00元
PSN G-2012-274-1/1

沪港蓝皮书
沪港发展报告（2017）
著(编)者：尤安山　　2017年9月出版／估价：89.00元
PSN B-2013-362-1/1

吉林蓝皮书
2017年吉林经济社会形势分析与预测
著(编)者：邵汉明　　2016年12月出版／定价：79.00元
PSN B-2013-319-1/1

吉林省城市竞争力蓝皮书
吉林省城市竞争力报告（2016~2017）
著(编)者：崔岳春　张磊　　2016年12月出版／定价：79.00元
PSN B-2015-513-1/1

济源蓝皮书
济源经济社会发展报告（2017）
著(编)者：喻新安　　2017年4月出版／估价：89.00元
PSN B-2014-387-1/1

健康城市蓝皮书
北京健康城市建设研究报告（2017）
著(编)者：王鸿春　　2017年8月出版／估价：89.00元
PSN B-2015-460-1/2

江苏法治蓝皮书
江苏法治发展报告 No.6（2017）
著(编)者：蔡道通　龚廷泰　　2017年8月出版／估价：98.00元
PSN B-2012-290-1/1

江西蓝皮书
江西经济社会发展报告（2017）
著(编)者：张勇　姜玮　梁勇　　2017年10月出版／估价：89.00元
PSN B-2015-484-1/2

江西蓝皮书
江西设区市发展报告（2017）
著(编)者：姜玮　梁勇　　2017年10月出版／估价：79.00元
PSN B-2016-517-2/2

江西文化蓝皮书
江西文化产业发展报告（2017）
著(编)者：张圣才　汪春翔
2017年10月出版／估价：128.00元
PSN B-2015-499-1/1

街道蓝皮书
北京街道发展报告No.2（白纸坊篇）
著(编)者：连玉明　　2017年8月出版／估价：98.00元
PSN B-2016-544-7/15

街道蓝皮书
北京街道发展报告No.2（椿树篇）
著(编)者：连玉明　　2017年8月出版／估价：98.00元
PSN B-2016-548-11/15

街道蓝皮书
北京街道发展报告No.2（大栅栏篇）
著(编)者：连玉明　　2017年8月出版／估价：98.00元
PSN B-2016-552-15/15

街道蓝皮书
北京街道发展报告No.2（德胜篇）
著(编)者：连玉明　　2017年8月出版／估价：98.00元
PSN B-2016-551-14/15

街道蓝皮书
北京街道发展报告No.2（广安门内篇）
著(编)者：连玉明　　2017年8月出版／估价：98.00元
PSN B-2016-540-3/15

皮书系列 重点推荐 — 地方发展类

街道蓝皮书
北京街道发展报告No.2（广安门外篇）
著(编)者：连玉明　2017年8月出版 / 估价：98.00元
PSN B-2016-547-10/15

街道蓝皮书
北京街道发展报告No.2（金融街篇）
著(编)者：连玉明　2017年8月出版 / 估价：98.00元
PSN B-2016-538-1/15

街道蓝皮书
北京街道发展报告No.2（牛街篇）
著(编)者：连玉明　2017年8月出版 / 估价：98.00元
PSN B-2016-545-8/15

街道蓝皮书
北京街道发展报告No.2（什刹海篇）
著(编)者：连玉明　2017年8月出版 / 估价：98.00元
PSN B-2016-546-9/15

街道蓝皮书
北京街道发展报告No.2（陶然亭篇）
著(编)者：连玉明　2017年8月出版 / 估价：98.00元
PSN B-2016-542-5/15

街道蓝皮书
北京街道发展报告No.2（天桥篇）
著(编)者：连玉明　2017年8月出版 / 估价：98.00元
PSN B-2016-549-12/15

街道蓝皮书
北京街道发展报告No.2（西长安街篇）
著(编)者：连玉明　2017年8月出版 / 估价：98.00元
PSN B-2016-543-6/15

街道蓝皮书
北京街道发展报告No.2（新街口篇）
著(编)者：连玉明　2017年8月出版 / 估价：98.00元
PSN B-2016-541-4/15

街道蓝皮书
北京街道发展报告No.2（月坛篇）
著(编)者：连玉明　2017年8月出版 / 估价：98.00元
PSN B-2016-539-2/15

街道蓝皮书
北京街道发展报告No.2（展览路篇）
著(编)者：连玉明　2017年8月出版 / 估价：98.00元
PSN B-2016-550-13/15

经济特区蓝皮书
中国经济特区发展报告（2017）
著(编)者：陶一桃　2017年12月出版 / 估价：98.00元
PSN B-2009-139-1/1

辽宁蓝皮书
2017年辽宁经济社会形势分析与预测
著(编)者：曹晓峰　梁启东
2017年4月出版 / 估价：79.00元
PSN B-2006-053-1/1

洛阳蓝皮书
洛阳文化发展报告（2017）
著(编)者：刘福兴　陈启明　2017年7月出版 / 估价：89.00元
PSN B-2015-476-1/1

南京蓝皮书
南京文化发展报告（2017）
著(编)者：徐宁　2017年10月出版 / 估价：89.00元
PSN B-2014-439-1/1

南宁蓝皮书
南宁法治发展报告（2017）
著(编)者：杨维超　2017年12月出版 / 估价：79.00元
PSN B-2015-509-1/3

南宁蓝皮书
南宁经济发展报告（2017）
著(编)者：胡建华　2017年9月出版 / 估价：79.00元
PSN B-2016-570-2/3

南宁蓝皮书
南宁社会发展报告（2017）
著(编)者：胡建华　2017年9月出版 / 估价：79.00元
PSN B-2016-571-3/3

内蒙古蓝皮书
内蒙古反腐倡廉建设报告 No.2
著(编)者：张志华　无极　2017年12月出版 / 估价：79.00元
PSN B-2013-365-1/1

浦东新区蓝皮书
上海浦东经济发展报告（2017）
著(编)者：沈开艳　周奇　2017年2月出版 / 定价：79.00元
PSN B-2011-225-1/1

青海蓝皮书
2017年青海经济社会形势分析与预测
著(编)者：陈玮　2016年12月出版 / 定价：79.00元
PSN B-2012-275-1/1

人口与健康蓝皮书
深圳人口与健康发展报告（2017）
著(编)者：陆杰华　罗乐宣　苏杨
2017年11月出版 / 估价：89.00元
PSN B-2011-228-1/1

山东蓝皮书
山东经济形势分析与预测（2017）
著(编)者：李广杰　2017年7月出版 / 估价：89.00元
PSN B-2014-404-1/4

山东蓝皮书
山东社会形势分析与预测（2017）
著(编)者：张华　唐洲雁　2017年6月出版 / 估价：89.00元
PSN B-2014-405-2/4

山东蓝皮书
山东文化发展报告（2017）
著(编)者：涂可国　2017年11月出版 / 估价：98.00元
PSN B-2014-406-3/4

山西蓝皮书
山西资源型经济转型发展报告（2017）
著(编)者：李志强　2017年7月出版 / 估价：89.00元
PSN B-2011-197-1/1

皮书系列重点推荐 — 地方发展类

陕西蓝皮书
陕西经济发展报告（2017）
著(编)者：任宗哲 白宽犁 裴成荣
2017年1月出版 / 定价：69.00元
PSN B-2009-135-1/5

陕西蓝皮书
陕西社会发展报告（2017）
著(编)者：任宗哲 白宽犁 牛昉
2017年1月出版 / 定价：69.00元
PSN B-2009-136-2/5

陕西蓝皮书
陕西文化发展报告（2017）
著(编)者：任宗哲 白宽犁 王长寿
2017年1月出版 / 定价：69.00元
PSN B-2009-137-3/5

上海蓝皮书
上海传媒发展报告（2017）
著(编)者：强荧 焦雨虹 2017年2月出版 / 定价：79.00元
PSN B-2012-295-5/7

上海蓝皮书
上海法治发展报告（2017）
著(编)者：叶青 2017年6月出版 / 估价：89.00元
PSN B-2012-296-6/7

上海蓝皮书
上海经济发展报告（2017）
著(编)者：沈开艳 2017年2月出版 / 定价：79.00元
PSN B-2006-057-1/7

上海蓝皮书
上海社会发展报告（2017）
著(编)者：杨雄 周海旺 2017年2月出版 / 定价：79.00元
PSN B-2006-058-2/7

上海蓝皮书
上海文化发展报告（2017）
著(编)者：荣跃明 2017年2月出版 / 定价：79.00元
PSN B-2006-059-3/7

上海蓝皮书
上海文学发展报告（2017）
著(编)者：陈圣来 2017年6月出版 / 估价：89.00元
PSN B-2012-297-7/7

上海蓝皮书
上海资源环境发展报告（2017）
著(编)者：周冯琦 汤庆合
2017年2月出版 / 定价：79.00元
PSN B-2006-060-4/7

社会建设蓝皮书
2017年北京社会建设分析报告
著(编)者：宋贵伦 冯虹 2017年10月出版 / 估价：89.00元
PSN B-2010-173-1/1

深圳蓝皮书
深圳法治发展报告（2017）
著(编)者：张骁儒 2017年6月出版 / 估价：89.00元
PSN B-2015-470-6/7

深圳蓝皮书
深圳经济发展报告（2017）
著(编)者：张骁儒 2017年7月出版 / 估价：89.00元
PSN B-2008-112-3/7

深圳蓝皮书
深圳劳动关系发展报告（2017）
著(编)者：汤庭芬 2017年6月出版 / 估价：89.00元
PSN B-2007-097-2/7

深圳蓝皮书
深圳社会建设与发展报告（2017）
著(编)者：张骁儒 陈东平 2017年7月出版 / 估价：89.00元
PSN B-2008-113-4/7

深圳蓝皮书
深圳文化发展报告(2017)
著(编)者：张骁儒 2017年7月出版 / 估价：89.00元
PSN B-2016-555-7/7

丝绸之路蓝皮书
丝绸之路经济带发展报告（2017）
著(编)者：任宗哲 白宽犁 谷孟宾
2017年1月出版 / 定价：75.00元
PSN B-2014-410-1/1

法治蓝皮书
四川依法治省年度报告 No.3（2017）
著(编)者：李林 杨天宗 田禾
2017年3月出版 / 定价：118.00元
PSN B-2015-447-1/1

四川蓝皮书
2017年四川经济形势分析与预测
著(编)者：杨钢 2017年1月出版 / 定价：98.00元
PSN B-2007-098-2/7

四川蓝皮书
四川城镇化发展报告（2017）
著(编)者：侯水平 陈炜 2017年4月出版 / 估价：85.00元
PSN B-2015-456-7/7

四川蓝皮书
四川法治发展报告（2017）
著(编)者：郑泰安 2017年4月出版 / 估价：89.00元
PSN B-2015-441-5/7

四川蓝皮书
四川企业社会责任研究报告（2016~2017）
著(编)者：侯水平 盛毅 翟刚
2017年4月出版 / 估价：89.00元
PSN B-2014-386-4/7

四川蓝皮书
四川社会发展报告（2017）
著(编)者：李羚 2017年5月出版 / 估价：89.00元
PSN B-2008-127-3/7

四川蓝皮书
四川生态建设报告（2017）
著(编)者：李晟之 2017年4月出版 / 估价：85.00元
PSN B-2015-455-6/7

皮书系列 重点推荐

地方发展类·国际问题类

四川蓝皮书
四川文化产业发展报告（2017）
著（编）者：向宝云 张立伟
2017年4月出版 / 估价：89.00元
PSN B-2006-074-1/7

体育蓝皮书
上海体育产业发展报告（2016~2017）
著（编）者：张林 黄海燕
2017年10月出版 / 估价：89.00元
PSN B-2015-454-4/4

体育蓝皮书
长三角地区体育产业发展报告（2016~2017）
著（编）者：张林 2017年4月出版 / 估价：89.00元
PSN B-2015-453-3/4

天津金融蓝皮书
天津金融发展报告（2017）
著（编）者：王爱俭 孔德昌
2017年12月出版 / 估价：98.00元
PSN B-2014-418-1/1

图们江区域合作蓝皮书
图们江区域合作发展报告（2017）
著（编）者：李铁 2017年6月出版 / 估价：98.00元
PSN B-2015-464-1/1

温州蓝皮书
2017年温州经济社会形势分析与预测
著（编）者：潘忠强 王春光 金浩
2017年4月出版 / 估价：89.00元
PSN B-2008-105-1/1

西咸新区蓝皮书
西咸新区发展报告（2016~2017）
著（编）者：李扬 王军 2017年6月出版 / 估价：89.00元
PSN B-2016-535-1/1

扬州蓝皮书
扬州经济社会发展报告（2017）
著（编）者：丁纯 2017年12月出版 / 估价：98.00元
PSN B-2011-191-1/1

长株潭城市群蓝皮书
长株潭城市群发展报告（2017）
著（编）者：张萍 2017年12月出版 / 估价：89.00元
PSN B-2008-109-1/1

中医文化蓝皮书
北京中医文化传播发展报告（2017）
著（编）者：毛嘉陵 2017年5月出版 / 估价：79.00元
PSN B-2015-468-1/2

珠三角流通蓝皮书
珠三角商圈发展研究报告（2017）
著（编）者：王先庆 林至颖
2017年7月出版 / 估价：98.00元
PSN B-2012-292-1/1

遵义蓝皮书
遵义发展报告（2017）
著（编）者：曾征 龚永育 雍思强
2017年12月出版 / 估价：89.00元
PSN B-2014-433-1/1

国际问题类

"一带一路"跨境通道蓝皮书
"一带一路"跨境通道建设研究报告（2017）
著（编）者：郭业洲 2017年8月出版 / 估价：89.00元
PSN B-2016-558-1/1

"一带一路"蓝皮书
"一带一路"建设发展报告（2017）
著（编）者：孔丹 李永全 2017年7月出版 / 估价：89.00元
PSN B-2016-553-1/1

阿拉伯黄皮书
阿拉伯发展报告（2016~2017）
著（编）者：罗林 2017年11月出版 / 估价：89.00元
PSN Y-2014-381-1/1

北部湾蓝皮书
泛北部湾合作发展报告（2017）
著（编）者：吕余生 2017年12月出版 / 估价：85.00元
PSN B-2008-114-1/1

大湄公河次区域蓝皮书
大湄公河次区域合作发展报告（2017）
著（编）者：刘稚 2017年8月出版 / 估价：89.00元
PSN B-2011-196-1/1

大洋洲蓝皮书
大洋洲发展报告（2017）
著（编）者：喻常森 2017年10月出版 / 估价：89.00元
PSN B-2013-341-1/1

皮书系列重点推荐 — 国际问题类

德国蓝皮书
德国发展报告（2017）
著(编)者：郑春荣　2017年6月出版 / 估价：89.00元
PSN B-2012-278-1/1

东盟黄皮书
东盟发展报告（2017）
著(编)者：杨晓强　庄国土
2017年4月出版 / 估价：89.00元
PSN Y-2012-303-1/1

东南亚蓝皮书
东南亚地区发展报告（2016~2017）
著(编)者：厦门大学东南亚研究中心　王勤
2017年12月出版 / 估价：89.00元
PSN B-2012-240-1/1

俄罗斯黄皮书
俄罗斯发展报告（2017）
著(编)者：李永全　2017年7月出版 / 估价：89.00元
PSN Y-2006-061-1/1

非洲黄皮书
非洲发展报告No.19（2016~2017）
著(编)者：张宏明　2017年8月出版 / 估价：89.00元
PSN Y-2012-239-1/1

公共外交蓝皮书
中国公共外交发展报告（2017）
著(编)者：赵启正　雷蔚真
2017年4月出版 / 估价：89.00元
PSN B-2015-457-1/1

国际安全蓝皮书
中国国际安全研究报告(2017)
著(编)者：刘慧　2017年7月出版 / 估价：98.00元
PSN B-2016-522-1/1

国际形势黄皮书
全球政治与安全报告（2017）
著(编)者：张宇燕
2017年1月出版 / 定价：89.00元
PSN Y-2001-016-1/1

韩国蓝皮书
韩国发展报告（2017）
著(编)者：牛林杰　刘宝全
2017年11月出版 / 估价：89.00元
PSN B-2010-155-1/1

加拿大蓝皮书
加拿大发展报告（2017）
著(编)者：仲伟合　2017年9月出版 / 估价：89.00元
PSN B-2014-389-1/1

拉美黄皮书
拉丁美洲和加勒比发展报告（2016~2017）
著(编)者：吴白乙　2017年6月出版 / 估价：89.00元
PSN Y-1999-007-1/1

美国蓝皮书
美国研究报告（2017）
著(编)者：郑秉文　黄平　2017年6月出版 / 估价：89.00元
PSN B-2011-210-1/1

缅甸蓝皮书
缅甸国情报告（2017）
著(编)者：李晨阳　2017年12月出版 / 估价：86.00元
PSN B-2013-343-1/1

欧洲蓝皮书
欧洲发展报告（2016~2017）
著(编)者：黄平　周弘　江时学
2017年6月出版 / 估价：89.00元
PSN B-1999-009-1/1

葡语国家蓝皮书
葡语国家发展报告（2017）
著(编)者：王成安　张敏　2017年12月出版 / 估价：89.00元
PSN B-2015-503-1/2

葡语国家蓝皮书
中国与葡语国家关系发展报告·巴西（2017）
著(编)者：张曙光　2017年8月出版 / 估价：89.00元
PSN B-2016-564-2/2

日本经济蓝皮书
日本经济与中日经贸关系研究报告（2017）
著(编)者：张季风　2017年5月出版 / 估价：89.00元
PSN B-2008-102-1/1

日本蓝皮书
日本研究报告（2017）
著(编)者：杨伯江　2017年5月出版 / 估价：89.00元
PSN B-2002-020-1/1

上海合作组织黄皮书
上海合作组织发展报告（2017）
著(编)者：李进峰　吴宏伟　李少捷
2017年6月出版 / 估价：89.00元
PSN Y-2009-130-1/1

世界创新竞争力黄皮书
世界创新竞争力发展报告（2017）
著(编)者：李闽榕　李建平　赵新力
2017年4月出版 / 估价：148.00元
PSN Y-2013-318-1/1

泰国蓝皮书
泰国研究报告（2017）
著(编)者：庄国土　张禹东
2017年8月出版 / 估价：118.00元
PSN B-2016-557-1/1

土耳其蓝皮书
土耳其发展报告（2017）
著(编)者：郭长刚　刘义　2017年9月出版 / 估价：89.00元
PSN B-2014-412-1/1

亚太蓝皮书
亚太地区发展报告（2017）
著(编)者：李向阳　2017年4月出版 / 估价：89.00元
PSN B-2001-015-1/1

印度蓝皮书
印度国情报告（2017）
著(编)者：吕昭义　2017年12月出版 / 估价：89.00元
PSN B-2012-241-1/1

国际问题类 皮书系列 重点推荐

印度洋地区蓝皮书
印度洋地区发展报告（2017）
著（编）者：汪戎　　　2017年6月出版／估价：89.00元
PSN B-2013-334-1/1

英国蓝皮书
英国发展报告（2016~2017）
著（编）者：王展鹏　　2017年11月出版／估价：89.00元
PSN B-2015-486-1/1

越南蓝皮书
越南国情报告（2017）
著（编）者：谢林城
2017年12月出版／估价：89.00元
PSN B-2006-056-1/1

以色列蓝皮书
以色列发展报告（2017）
著（编）者：张倩红　　2017年8月出版／估价：89.00元
PSN B-2015-483-1/1

伊朗蓝皮书
伊朗发展报告（2017）
著（编）者：冀开远　　2017年10月出版／估价：89.00元
PSN B-2016-575-1/1

中东黄皮书
中东发展报告No.19（2016~2017）
著（编）者：杨光　　　2017年10月出版／估价：89.00元
PSN Y-1998-004-1/1

中亚黄皮书
中亚国家发展报告（2017）
著（编）者：孙力　吴宏伟　2017年7月出版／估价：98.00元
PSN Y-2012-238-1/1

　　皮书序列号是社会科学文献出版社专门为识别皮书、管理皮书而设计的编号。皮书序列号是出版皮书的许可证号，是区别皮书与其他图书的重要标志。

　　它由一个前缀和四部分构成。这四部分之间用连字符"-"连接。前缀和这四部分之间空半个汉字（见例）。

《国际人才蓝皮书：中国留学发展报告》序列号示例

```
                   该品种皮书首次出版年份
"皮书序列号"英文简称        本书在该丛书名中的排序
        PSN B-2012-244-2/4
        皮书封面颜色     该丛书名包含的皮书品种数
           本书在所有皮书品种中的序列
```

　　从示例中可以看出，《国际人才蓝皮书：中国留学发展报告》的首次出版年份是2012年，是社科文献出版社出版的第244个皮书品种，是"国际人才蓝皮书"系列的第2个品种（共4个品种）。

社会科学文献出版社　　皮书系列

❖ 皮书起源 ❖

"皮书"起源于十七、十八世纪的英国，主要指官方或社会组织正式发表的重要文件或报告，多以"白皮书"命名。在中国，"皮书"这一概念被社会广泛接受，并被成功运作、发展成为一种全新的出版形态，则源于中国社会科学院社会科学文献出版社。

❖ 皮书定义 ❖

皮书是对中国与世界发展状况和热点问题进行年度监测，以专业的角度、专家的视野和实证研究方法，针对某一领域或区域现状与发展态势展开分析和预测，具备原创性、实证性、专业性、连续性、前沿性、时效性等特点的公开出版物，由一系列权威研究报告组成。

❖ 皮书作者 ❖

皮书系列的作者以中国社会科学院、著名高校、地方社会科学院的研究人员为主，多为国内一流研究机构的权威专家学者，他们的看法和观点代表了学界对中国与世界的现实和未来最高水平的解读与分析。

❖ 皮书荣誉 ❖

皮书系列已成为社会科学文献出版社的著名图书品牌和中国社会科学院的知名学术品牌。2016年，皮书系列正式列入"十三五"国家重点出版规划项目；2012~2016年，重点皮书列入中国社会科学院承担的国家哲学社会科学创新工程项目；2017年，55种院外皮书使用"中国社会科学院创新工程学术出版项目"标识。

中国皮书网

www.pishu.cn

发布皮书研创资讯,传播皮书精彩内容
引领皮书出版潮流,打造皮书服务平台

栏目设置

关于皮书:何谓皮书、皮书分类、皮书大事记、皮书荣誉、皮书出版第一人、皮书编辑部

最新资讯:通知公告、新闻动态、媒体聚焦、网站专题、视频直播、下载专区

皮书研创:皮书规范、皮书选题、皮书出版、皮书研究、研创团队

皮书评奖评价:指标体系、皮书评价、皮书评奖

互动专区:皮书说、皮书智库、皮书微博、数据库微博

所获荣誉

2008年、2011年,中国皮书网均在全国新闻出版业网站荣誉评选中获得"最具商业价值网站"称号;

2012年,获得"出版业网站百强"称号。

网库合一

2014年,中国皮书网与皮书数据库端口合一,实现资源共享。更多详情请登录www.pishu.cn。

权威报告·热点资讯·特色资源

皮书数据库

ANNUAL REPORT(YEARBOOK) DATABASE

当代中国与世界发展高端智库平台

所获荣誉

- 2016年，入选"国家'十三五'电子出版物出版规划骨干工程"
- 2015年，荣获"搜索中国正能量 点赞2015""创新中国科技创新奖"
- 2013年，荣获"中国出版政府奖·网络出版物奖"提名奖
- 连续多年荣获中国数字出版博览会"数字出版·优秀品牌"奖

成为会员

通过网址www.pishu.com.cn或使用手机扫描二维码进入皮书数据库网站，进行手机号验证或邮箱验证即可成为皮书数据库会员（建议通过手机号码快速验证注册）。

会员福利

- 使用手机号码首次注册会员可直接获得100元体验金，不需充值即可购买和查看数据库内容（仅限使用手机号码快速注册）。
- 已注册用户购书后可免费获赠100元皮书数据库充值卡。刮开充值卡涂层获取充值密码，登录并进入"会员中心"—"在线充值"—"充值卡充值"，充值成功后即可购买和查看数据库内容。

数据库服务热线：400-008-6695
数据库服务QQ：2475522410
数据库服务邮箱：database@ssap.cn

图书销售热线：010-59367070/7028
图书服务QQ：1265056568
图书服务邮箱：duzhe@ssap.cn

皮书品牌 20 年
1997~2017
YEAR BOOKS

更多信息请登录

皮书数据库
http://www.pishu.com.cn

中国皮书网
http://www.pishu.cn

皮书微博
http://weibo.com/pishu

皮书博客
http://blog.sina.com.cn/pishu

皮书微信"皮书说"

请到当当、亚马逊、京东或各地书店购买，也可办理邮购

咨询/邮购电话：010-59367028　59367070
邮　　箱：duzhe@ssap.cn
邮购地址：北京市西城区北三环中路甲29号院3号楼
　　　　　华龙大厦13层读者服务中心
邮　　编：100029
银行户名：社会科学文献出版社
开户银行：中国工商银行北京北太平庄支行
账　　号：0200010019200365434